大学入試シリーズ

407

明治大学

商学部－学部別入試

教学社

問 4　空欄 **エ** に当てはまる適当な地名を次のA～Dからひとつ選び、その記号を解答欄にマークしなさい。

A　カラハリ砂漠　　B　サハラ砂漠
C　ナミブ砂漠　　D　ルブアルハリ砂漠

問 5　空欄 **オ** に当てはまる適当な地名を次のA～Dからひとつ選び、その記号を解答欄にマークしなさい。

A　ヴィクトリア湖　　B　タンガニーカ湖
C　チャド湖　　D　ナセル湖

問 6　**表**中の空欄 **カ** に当てはまる貿易品として適当なものを次のA～Dからひとつ選び、その記号を解答欄にマークしなさい。

A　カシューナッツ　　B　牛肉
C　ダイヤモンド　　D　天然ガス

問 7　下線部a)に関連する語句として最も適当なものを次のA～Dからひとつ選び、その記号を解答欄にマークしなさい。

A　アルプス－ヒマラヤ造山帯　　B　紅海
C　サヘル　　D　大地溝帯

問 8　下線部b)のようなアフリカにある地下水路の名称を次のA～Dからひとつ選び、その記号を解答欄にマークしなさい。

A　カナート　　B　カレーズ　　C　フォガラ　　D　マンボ

問 9 下線部c)で交易された物品のうち、アフリカ大陸に持ち込まれた代表的なものとして最も適切なものの名称を次のA～Dからひとつ選び、その記号を解答欄にマークしなさい。

A 金　　B 塩　　C 象牙　　D 布地

問10 下線部d)について、ナイル川流域のダム建設によって生まれた人造湖の名称を次のA～Dからひとつ選び、その記号を解答欄にマークしなさい。

A ヴィクトリア湖　　B タンガニーカ湖
C チャド湖　　D ナセル湖

〔Ⅱ〕 日本の貿易に関する次の文および表をみて、設問に答えなさい。

現代の国際社会においてはナショナリズムの高揚や国家のイデオロギー、新型コロナウィルス感染拡大防止対策、脱炭素エネルギー経済に向けた方針などに国・地域間で相違があるものの、大きく捉えると、人類の生活は地球規模での生産(供給)と消費(需要)の２つの活動の循環を基盤として成り立っている。貿易はこの２つの活動を結びつける重要な駆動源となっている。そのような構造下では、自国で生産できない財を他国から輸入し、自国で生産したものを他国に輸出することで自国と他国の必要な財の不足を補う目的で国際貿易が展開されており、近年にかけては加工貿易a)も存在感を示している。しかし、この国際貿易においては懸念される側面もある。それは輸出国における産業の空洞化b)と、輸入国における過度な輸入依存による国内の食料自給率c)の低下である。双方とも、自国経済の自立と独立に向けて看過できず、それらのことは日本経済の持続的繁栄d)に向けて目下の大きな課題となっている。

表　日本のおもな貿易相手国・地域の輸出入状況(2020年)

貿易相手国	輸出入額(億円)	主要輸出入品と輸出・輸入に占める割合(%) 上段：輸出／下段：輸入		
ア	150.819	一般機械(22.6)	電気機器(21.2)	エ (6.0)
	174.931	電気機器(29.2)	一般機械(19.5)	衣類(8.4)
アメリカ	126.122	エ (27.1)	一般機械(22.5)	電気機器(14.3)
	74.369	一般機械(13.7)	電気機器(12.1)	オ (7.5)
イ	47.392	電気機器(27.0)	一般機械(18.1)	プラスチック(5.7)
	28.591	集積回路(40.1)	一般機械(8.5)	プラスチック(3.9)
オーストラリア	12.954	エ (45.8)	一般機械(12.4)	カ (9.8)
	38.211	液化天然ガス(33.8)	石炭(26.8)	鉄鉱石(14.1)
ドイツ	18.752	電気機器(27.4)	一般機械(18.3)	エ (10.6)
	22.660	オ (21.2)	エ (15.4)	一般機械(14.3)
ウ	4.526	エ (47.1)	一般機械(11.6)	カ (10.4)
	19.696	原油(93.2)	揮発油(2.1)	金属鉱と金属くず(1.2)

出所：『データブック　オブ・ザ・ワールド2022』二宮書店

問1　ア　に当てはまる国・地域名を次のA～Dのうちから1つ選び、その記号を解答欄にマークしなさい。

A　台湾　　　　B　サウジアラビア

C　ロシア　　　D　中国

問2　イ　に当てはまる国・地域名を次のA～Dのうちから1つ選び、その記号を解答欄にマークしなさい。

A　台湾　　　　B　サウジアラビア

C　ロシア　　　D　中国

問3 **ウ** に当てはまる国・地域名を次のA～Dのうちから1つ選び、その記号を解答欄にマークしなさい。

A　台湾　　B　サウジアラビア
C　ロシア　　D　中国

問4 **エ** に当てはまる品目を次のA～Dのうちから1つ選び、その記号を解答欄にマークしなさい。

A　牛肉　　B　乗用車
C　医薬品　　D　バスとトラック

問5 **オ** に当てはまる品目を次のA～Dのうちから1つ選び、その記号を解答欄にマークしなさい。

A　牛肉　　B　乗用車
C　医薬品　　D　バスとトラック

問6 **カ** に当てはまる品目を次のA～Dのうちから1つ選び、その記号を解答欄にマークしなさい。

A　牛肉　　B　乗用車
C　医薬品　　D　バスとトラック

問7　下線部a)について述べた**説明文として適当なもの**を次のA～Dからひとつ選び、その記号を解答欄にマークしなさい。

A　政府が輸入品に輸入関税をかけたり、輸出品に輸出奨励金をかける等、国内産業の保護を目的とした貿易

B　国家間の商品・サービスの取引に際して、政府が関税や数量制限、輸出

補助金等の手段により貿易を制限することなく自由な輸出入を許容した貿易

C　原材料や燃料を輸入し、これらを製品や半製品にして輸出する貿易

D　垂直貿易の対語であり、主として工業製品が相互に輸出入されるような先進国相互間の貿易

問 8　下線部b)について述べた**説明文として適当なもの**を次のA～Dからひとつ選び、その記号を解答欄にマークしなさい。

A　国内にある企業が安い労働力や用地、市場の拡大等を求めて海外に生産拠点を移すことで、その企業が立地する地域の産業が衰退する現象

B　出生率の低下、平均寿命の伸び等が原因で先進工業国に多く見られる、総人口に対する65歳以上の老年人口の割合が大きくなる現象

C　都心部の地価高騰により、郊外に住居を求め中心市街地の人口が空洞化する現象

D　農山村地域から人口が流出し、商店・学校・医療機関等が閉鎖され、活力が乏しくなる現象

問 9　下線部c)について述べた**説明文として適当なもの**を次のA～Dからひとつ選び、その記号を解答欄にマークしなさい。

A　食用や飼料に用いられる穀物のうち、国内生産でまかなえる比率

B　国民が消費する食料のうち、国内生産でまかなえる比率

C　農産物の量に食料の生産地から食卓までの距離を掛けて算出される値

D　牛肉・卵等の畜産物から接取するカロリーを、それが含有するカロリーではなく、これらを生産するのに要した飼料の持つカロリーで計算した値

問10　下線部d)には、「すべての人がいかなる時にも活動的で健康的な生活に必要な食生活上のニーズと嗜好を満たすために、十分で安全かつ栄養ある食料を、物理的、社会的及び経済的にも入手可能であるときに達成される状況」

が求められる。**この課題に関連する語として適当なもの**を次のA～Dからひとつ選び、その記号を解答欄にマークしなさい。

A　セーフガード　　B　緑の革命

C　白い革命　　D　食料安全保障

〔Ⅲ〕ヨーロッパの経済・政治・地理的統合の歴史について述べた次の文章を読み、問に答えなさい。

ヨーロッパにおいては、大きく北西部の大半の国々に居住する［ a ］系、南西部や地中海沿岸ではラテン系、東部ではスラブ系が大半を占めているが、このような民族的な分類を基盤としつつも、近年にかけては、ヨーロッパの民族的一体性のみならず経済的・政治的な結びつきが着実に進んでいる。

経済的な結びつきの出発点は、1952年に発足した［ ア ］がある。これは当時の経済活動の血液ともいうべき石炭と鉄鋼を、フランス、旧西ドイツ、イタリア、ベネルクス3国の6か国の域内で融通するという目的で始まった共同体である。とりわけ、ドイツ北西部に位置する［ b ］工業地帯では、炭田と水運を背景に鉄鋼・機械・化学工業が発達した。第2次世界大戦後、ヨーロッパ諸国の復興に向け、各国の個別利益を捨てて大同につくことに諸国が同意し、各国の関税主権撤廃や、域内での物流の自由化などを図る関税同盟が形成された。この結果、フランス、旧西ドイツ、イタリア、ベネルクス3国の6か国から成る経済が統合された共同体、すなわち［ イ ］が1958年に発足し、ヨーロッパ単一市場が出現した。また、同年、これら6か国の加盟国は原子力の利用と開発を共同で行う組織としての［ ウ ］を結成した。単一市場内の物流をさらに円滑にするためには支払い決済に各国が自国の通貨を使っていたのでは関税同盟の利益を十分に享受できない。1992年に締結したマーストリヒト条約によって、ヨーロッパ中央銀行の設立や通貨統合、非関税障壁の撤廃等の経済統合の強化が図られ、域内を自由に流通する通貨としての［ エ ］が創設された。このような展開に伴い、ヨーロッパ議会、ヨーロッパ委員会、閣僚委員会、ヨーロッパ裁判所が中心となり、これまでの地域的経済統合が［オ］に改組された。一方で、域内諸国を束ねる当組織と域外諸国との繋がりもそれまでに形成されてきており、経済的な繋がりとして1995年1月1日には、同年度に発足した国連の機関である［カ］に加盟し、世界貿易の自由化の流れに加わってきた歴史がある。

次に経済的な側面で達成された成果が政治的な側面での協力を促してきた経緯である。経済的な結びつきによって、ヨーロッパの政治的統合の起点となるヨーロッパ議会やヨーロッパ委員会、ヨーロッパ連合理事会等の成立が促され、政治的結びつきが強化された。政治的な側面での協力体制は、域内で暮らす人々の暮らしに直結した農業の保護と食料の安定供給を目的とした政策においても整備され、域内諸国が農業の共同市場を運営するためにとる政策としての［キ］が発令されたことにより、ヨーロッパ各地域の農業の伝統的な特性に大きな変化をもたらした。また、域内の人々の暮らしに大きく関わる教育にも協力体制が敷かれ、加盟国間の学生・教員の流動化を図り、人材育成と教育の質の向上を目指す［ク］計画が1987年に設立している。近年ではイギリスによる加盟国からの離脱、いわゆる［ケ］の問題も浮上し、ヨーロッパ諸国の政治的な繋がりの在り方についての議論が絶えない状況である。さらには、域外諸国との繋がりは経済的・政治的な繋がり以外に、軍事的な繋がりとしての［コ］があり、1949年にアメリカ合衆国、カナダ、西ヨーロッパ諸国によって形成された。

ヨーロッパをまたがる経済的、政治的な結びつきは、諸外国に対する貿易推進の原動力となった。域内国と域外国の貿易を支える海の大動脈としては、バルト海、ヨーロッパとアジアに挟まれ、漁業等が盛んな［c］や、紅海と地中海を結んだことでヨーロッパとアジア、アフリカ間での交易を促進させた1869年に開通した［d］運河等がある。また、域内諸国とアジア諸国の貿易の玄関口としても捉えられる［e］は、小アジア半島を中心としたアジアと、ダーダネルス海峡やボスポラス海峡を隔てたヨーロッパにまたがる国であり、ヨーロッパ諸国にとって、政治経済両側面において戦略的に重要な国家の1つともなっている。

問1　空欄［a］～［e］に当てはまる適当な語を解答欄に記入しなさい。

問2 空欄 ア ～ コ に当てはまる適当な語を英語の略称表記で解答欄に記入しなさい。

※空欄エおよびケは設問省略。

〔Ⅳ〕 日本経済の発展と余暇について述べた次の文章と**表**をみて、設問に答えなさい。

第2次世界大戦によって日本の国土は大きなダメージを受けたが、1950年代後半からの高度経済成長は日本を先進国の地位に押し上げた。日本の高度経済成長を牽引したのは、鉄鋼・石油化学などの素材工業と、電気機械・精密機械などの機械工業であり、工業地域は関東南部から九州北部にかけての ア とよばれる地域に集中していた。1960年に発足した池田勇人内閣は「所得倍増計画」を掲げ、日本国民の生活の質は大幅に向上した。しかし、1970年代に イ を契機とした石油危機(オイルショック)によって物価が高騰し、高度成長期は終わりを告げた。エネルギー価格の上昇により鉄鋼・石油化学などの素材工業から ウ ・機械工業へと産業構造の転換が進んだ。1970年代後半からは ウ や半導体などの輸出拡大に伴い、アメリカ合衆国やヨーロッパ諸国との貿易摩擦が深刻化した。1980年代後半には土地の価格や株価が高騰するバブル経済が発生し、東京への一極集中が進んだ(a)1990年代には国内景気は後退した。2000年代以降は低成長期が続いているが、戦後の混乱期を経て経済成長を遂げた日本では総じて国民の生活は豊かになった。また、政府の労働政策によって大企業を中心に労働時間の短縮が進み、1980年代以降は週休2日制も普及した。余暇時間の増加によって人々の消費活動は活発になり、余暇を楽しむためのレジャーへの支出も増加した。**表**は2020年の日本とヨーロッパの主要国の休日日数の数値をまとめたものである。これを見ると、日本の年間休日数はヨーロッパの国々の値とほぼ変わらない。しかし、日本はヨーロッパの国々と比較して エ が少ないことが特徴である。ヨーロッパでは夏に長期の オ を取ってリゾート(b)で過ごすのが一般的であるが、これがヨーロッパの国々の エ の長さに表れていると言える。一方、日本の余暇の過ごし方(c)としては、これまでは日帰りまたは一泊程度の短期間の観光が多いとされてきたが、祝日の多さもこのような観光スタイルと関連していると考えられる。日本の今後の観光産業のあり方については、少子化による人口減少が見込まれるため、より積極的な外国人観光客を誘致するための施策も必要である。例えば、ムスリム観光客の増加に対応して、［カ］を得た食品を提供するなどの配慮も必要になってくるだろう。

表　2020年の日本とヨーロッパ主要国の休日日数

	週休日[1)]	週休日以外の休日[2)]	年次有給休暇[3)]	年間休日数(計)
日本	104	16	17.9	137.9
イギリス	104	8	20	132
ドイツ	104	9	30	143
フランス	104	9	25	138
イタリア	104	9	25	138

※データは2020年の値

注1）　年間の「日曜日」及び「土曜日」の日数(週休2日制を想定)。

2）　日本は土日に当たる祝日を除き、振替休日を含む。欧州は日曜日の祝日を除く。

3）　繰越日数を含まない。日本は平均付与日数。常用労働者が30人以上の民営法人が対象。
イギリス、フランスは法定の最低付与日数。ドイツ、イタリアは労使協約で合意した平均付与日数。

出所：労働政策研究・研修機構「データブック国際労働比較2022」を元に作成

問1　文中の空欄［ア］～［カ］にあてはまるもっとも適当な語を解答欄**ア**～**カ**に記入しなさい。

問2　下線a)について、大都市の都心地域において官公庁や大企業の本社・支店が集まっている地域一帯の名称として適当な語を日本語で解答欄**キ**に記入しなさい。

問3　下線b)について、映画祭が開催されることで有名なフランスのリゾート地で、コートダジュール地方にある都市名を解答欄**ク**に記入しなさい。

問4　下線c)について、持続可能な環境保全を考えながら、自然環境、および文化・歴史などを学び体験することを主な目的とした観光のありかたの名称として適当な語を解答欄**ケ**に記入しなさい。

問5　下線c)について、洞爺湖や有珠山などのユネスコが認定する自然公園で、地球科学的に重要な地形や地質を保全し、科学教育の場として活用することで持続可能な地域発展を目指すことを目的とする取り組みの名称として適当な語を解答欄**コ**に記入しなさい。

〔V〕　日本の降水中のpH値を示した次の地図をみて問に答えなさい。

問　図中のそれぞれの地点の数値は、日本の降水中のpH(水素イオン濃度)の平成28年度～令和2年度までの各年度の値で、(　)内の数値は5年間平均値である。下記の①と②について、解答欄に4行以内で述べよ。

①　日本の酸性雨の状況とその地域的特徴。

②　図に示された5年間のpHの推移とその理由として考えられること。

〔解答欄〕1行 13.7cm

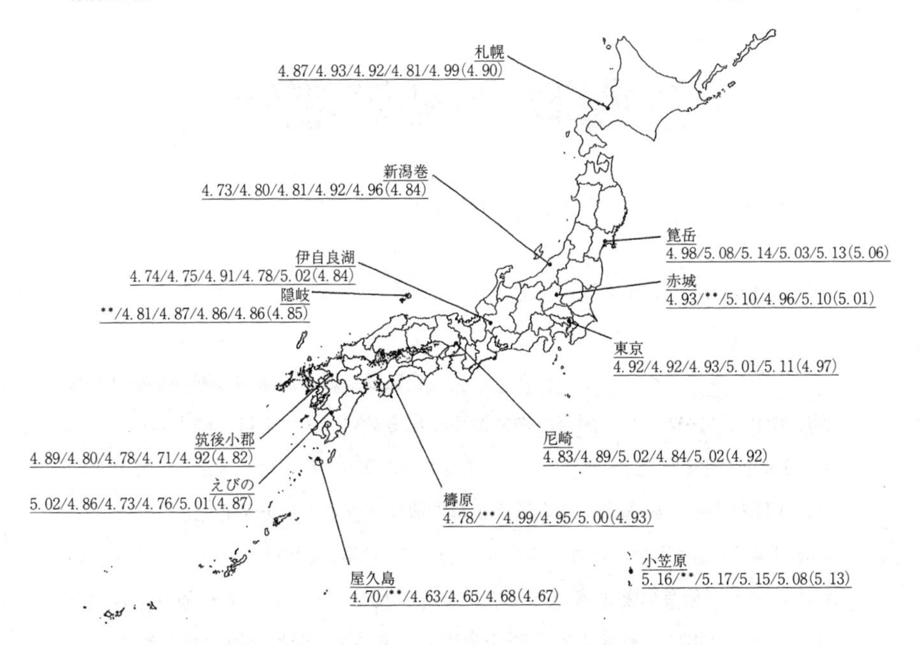

図　降水中の pH の分布図

平成28年度/平成29年度/平成30年度/令和1年度/令和2年度（5年間平均値）

** 当該年平均値が有効判定基準に適合せず、棄却された。

注：平均値は降水量加重平均により求めた。

出所：令和4年版環境白書を改変

令和2年度のデータならびに5年間のうち3年分のデータが示されていない地点(計6地点)を除いた。

政治・経済

（60分）

〔Ⅰ〕 次の文を読んで、下の問に答えなさい。

三十年戦争はドイツを中心にヨーロッパの覇権を巡る国際的な戦争となり、17世紀の半ばに終結した。国際法(a)の父と呼ばれるグロティウスは、戦中の（ ア ）年に『戦争と平和の法』を著した。（ イ ）年に調印されたウェストファリア条約は、国際社会が主権国家を基本単位として構成されることを示した。

18世紀初頭のサン＝ピエールによる『（ A ）案』などは、戦争を起こさないために国際平和機構と国家連合の構想を説いた。アメリカの大統領ウィルソンは、（ ウ ）年に平和原則14カ条を提唱し、その後、国際連盟(b)が設立された。

しかし、第二次世界大戦が勃発するなど、国際連盟は世界平和の維持という機能を十分に果たさなかった。このため新たな国際機関として、戦後に国際連合(c)（以下、国連）が設立され、1946年にロンドンで第1回の総会が開催された。

2022年現在、国連の代表的な組織である総会は全加盟国で、（ B ）は15カ国でそれぞれ構成されており、必要に応じて特別総会や緊急特別総会(d)が開催されることがある。国連の総会による設立機関には、国連児童基金（UNICEF）や国連世界食糧計画（WFP）、（ C ）（UNCTAD）などが挙げられる。また、専門機関には、国際労働機関（ILO）や国連食糧農業機関（FAO）、（ D ）（WHO）などが挙げられる。

国連は設立以来、平和的に紛争解決と停戦維持をするよう努めてきた。（ エ ）年の「平和のための結集」決議などがその例である。これまで軍備の削減と規制を行うために、軍縮に関連した条約(e)が発効された。

問１ （ A ）～（ D ）にもっとも適切な語句を省略せずに記入しなさい。

問2 （ ア ）、（ イ ）、（ ウ ）、（ エ ）に入る数字の組み合わせとして、適切なものを1つ選びマークしなさい。

① (ア) 1625 (イ) 1648 (ウ) 1918 (エ) 1950

② (ア) 1624 (イ) 1649 (ウ) 1919 (エ) 1950

③ (ア) 1624 (イ) 1648 (ウ) 1919 (エ) 1949

④ (ア) 1625 (イ) 1649 (ウ) 1918 (エ) 1949

⑤ (ア) 1626 (イ) 1649 (ウ) 1919 (エ) 1950

問3 下線部(a)に関連して、もっとも適切なものを1つ選びマークしなさい。

① 日本において全権委任状は国会の承認を経て、内閣総理大臣が認証する。

② 国際法の存在形式として認められているのは、国家間が同意する条約だけである。

③ 国際司法裁判所は、判決を自ら執行する権限を認められている。

④ 外交特権を規定する外交関係に関するウィーン条約は、1961年に採択された。

⑤ 公海自由の原則は、国連海洋法条約が発効したことで成立した。

問4 下線部(b)に関連して、もっとも適切なものを1つ選びマークしなさい。

① 設立当時の常任理事国は、イギリス、フランス、ドイツ、日本である。

② アメリカはベルサイユ条約を批准し、国際連盟に加盟した。

③ 設立当時、理事会は10カ国で構成され、非常任理事国は6カ国であった。

④ 総会は全会一致制をとっていたが、理事会は多数決制をとっていた。

⑤ 日本とドイツは1933年、イタリアは1937年に国際連盟を脱退した。

問5 下線部(c)に関連して、もっとも適切なものを1つ選びマークしなさい。

① 中華民国は創設メンバーとして国連に加盟し、1975年まで中国を代表していた。

② 設立当時の加盟国数は61であり、2022年現在の加盟国数は218であ

る。

③　初代事務総長を務め、世界秩序維持に貢献したリーはノルウェー出身である。

④　重要問題に関する事項は、総会で投票する構成国の4分の3以上で表決される。

⑤　日本は1958年に国連に加盟し、その当時の総理大臣は鳩山威一郎である。

問6　下線部(d)に関連して、もっとも適切なものを1つ選びマークしなさい。

①　1982年にイスラエルによるレバノン領ゴラン高原併合を侵略行為と断定した。

②　1981年にナイロビを不当に統治する南アフリカを非難する決議案を採択した。

③　1958年にヨルダンとレバノンからの外国軍の早期撤退を要請する決議案を採択した。

④　1965年にイスラエルに対してエルサレム併合中止と難民救済の決議案が成立した。

⑤　1956年にイギリス、ドイツ、イスラエル軍の即時撤退を要求する決議案を採択した。

問7　下線部(e)に関連して、条約の採択年と条約名の組み合わせで、もっとも適切なものを1つ選びマークしなさい。

①　2008年　クラスター弾に関する条約

②　1989年　化学兵器禁止条約

③　1972年　核拡散防止条約

④　1981年　部分的核実験禁止条約

⑤　1988年　弾道ミサイル削減条約

〔Ⅱ〕 次の文を読んで、下の問に答えなさい。

日本では、第二次世界大戦後に農地改革(a)が実施された。しかし、高度成長期以降、労働力が農村部から都市部へと移動し、工業所得の伸びが農業所得の伸びを上回るようになった。その結果、農家の世帯数が減少することとなった。また、販売農家の中で年間60日以上自営農業に従事している65歳未満の世帯員がいない(　A　)が増加した。

政府は1961年に農業基本法(b)を制定した。その後、農家世帯と勤労者世帯の所得格差は縮小したが、それは主に農外所得の増加によるものであった。主食である米は、(　B　)制度の生産者米価に基づいて政府が買い上げたために、生産が増え続けた。しかし、食生活の変化などによって大量の余剰米が発生し、巨額の赤字を生むこととなった。

このような政府による介入が、市場に与える効果を分析してみよう。図は米の市場をあらわしている。はじめに政府が介入しない状況を考えると、需要曲線と供給曲線が交差するところが市場均衡点となり、均衡価格はp_2となる。このとき、消費者が市場取引によって得られる便益をあらわした消費者余剰は、(　ア　)の面積で測られる。一方で、生産者の利潤をあらわす生産者余剰は、(　イ　)であらわされる。ここで、政府が生産者から一定の価格p_3ですべて買い入れて、買い入れ価格よりも安い価格p_1で消費者に独占的に販売する場合、$(x_2 - x_1)$だけ生産が過剰となる。このときの消費者余剰は(　ウ　)、生産者余剰は(　エ　)であらわされる。しかし、政府がこのような政策をおこなうためには、米の買い入れにかかる費用と売上の差を補助金として支出することとなる。米の買い入れにかかる費用は$p_3 \times x_2$であるのに対して、米の販売による売上は$p_1 \times x_1$となる。よって、社会的余剰は(　オ　)だけ減少する。このように、政府による市場への介入は経済厚生を損失させる可能性がある。

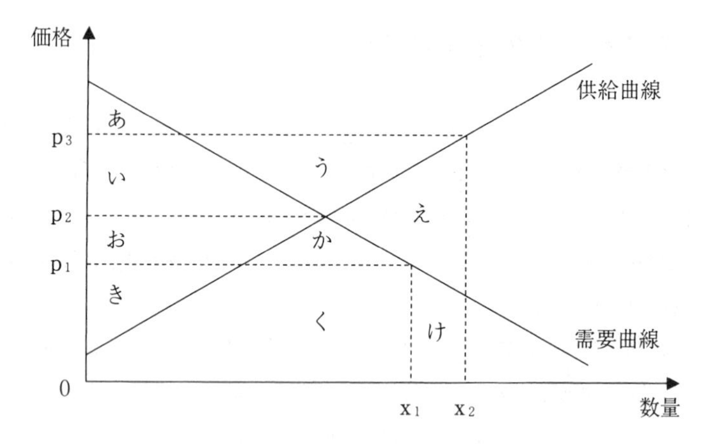

1970年以降、政府は米の過剰生産を抑制するために(　C　)政策をとった。また、1990年代には米の部分輸入自由化に踏み切った。1999年には、食料・農業・農村基本法が制定された。その後、残留農薬などの食品の安全性に対する不安に対して、2003年には(　D　)が制定された。気候変動や国際情勢の変化で食糧の安定的確保(c)がたびたび議論されるようになっている。

問1　(　A　)～(　D　)にもっとも適切な語句を省略せずに記入しなさい。

問2　下線部(a)に関連して、農地改革に関する説明として、もっとも適切なものを1つ選びマークしなさい。

① 政府の主導により実施され、1町歩を超える貸付地に対して在村地主による小作料の上限を設定した。

② 政府の主導により実施され、2町歩を超える不在地主の貸付地を政府が買い上げて小作農に売り渡した。

③ GHQの指令により実施され、不在地主の貸付地全部を政府が買い上げて小作農に売り渡した。

④ GHQの指令により実施され、1町歩を超える不在地主の貸付地をGHQが買い上げて小作農に売り渡した。

⑤ 政府の主導により実施され、地方自治体による農業の大規模化を推奨し

た。

問３　下線部(b)に関連して、1961年の農業基本法に関する説明として、もっとも適切なものを１つ選びマークしなさい。

①　農地を細分化して多くの農家に独立をうながした。

②　農業の近代化を促進し生産性の向上をはかった。

③　食料自給率の目標値を示し農業への参入を推奨した。

④　食糧の安定的確保を目指して輸入量と備蓄量を調整した。

⑤　自然環境の保全など農業の多面的機能を発展させることとした。

問４　(　ア　)と(　ウ　)に入る組み合わせとして、適切なものを１つ選びマークしなさい。

①　ア：あ＋い　　　ウ：あ＋い＋お＋か

②　ア：あ＋い＋お　ウ：あ＋い＋う

③　ア：あ＋い　　　ウ：あ＋い＋お

④　ア：あ＋い＋お　ウ：あ＋い＋お＋か

⑤　ア：あ＋い　　　ウ：あ＋い＋う

問５　(　イ　)と(　エ　)に入る組み合わせとして、適切なものを１つ選びマークしなさい。

①　イ：い＋お＋き　エ：お＋き

②　イ：い＋お＋き　エ：い＋お＋か＋き

③　イ：い＋お＋き　エ：い＋う＋お＋き

④　イ：お＋き　　　エ：い＋お＋き

⑤　イ：お＋き　　　エ：い＋う＋お＋き

問６　(　オ　)に入るものとして、適切なものを１つ選びマークしなさい。

①　え

②　え＋け

③　い＋う＋お＋か

④ い＋う＋え＋お＋か

⑤ い＋う＋え＋お＋か＋け

問７ 下線部(c)に関連して、2000年以降の各国の食糧(料)自給率の説明として、もっとも適切なものを１つ選びマークしなさい。

① 生産額ベースの食糧自給率において、日本は100％を超えている。

② カロリーベースの食糧自給率において、カナダは200％を超えている。

③ 魚介類の自給率において、日本は100％を超えている。

④ 生産額ベースの食糧自給率において、イギリスは100％を超えている。

⑤ カロリーベースの食糧自給率において、アメリカは100％を超えている。

〔Ⅲ〕 次の文を読んで、下の問に答えなさい。

株主とは、株式の持ち主であり、会社(a)のオーナーである。株主には様々な権利が認められているが、特に重要な三大権利として議決権、 利益配当請求権(b)、(A)請求権がある他、株主代表訴訟を提起する権利や株主優待を受け取る権利もある。また、株主が受け取るリターンには配当以外に株価の値上がり益がある。株価が上昇して株主の資産価額が増えると、その分消費支出の増加につながる。逆に株価が下落した場合、株主の資産価額が低下し、個人消費支出が減少することがある。後者を特に(B)という。

一方、企業が株式を上場させると上場企業になり、株式市場で株式が売買されるようになる。上場企業になると、企業の信用度やステータス、ブランド力が上昇するというメリットを享受できるが、デメリットも存在する。その一つに敵対的買収のリスクが挙げられる。こうしたことから、買収防衛策(c)を導入する企業も見られるが、敵対的買収からの防衛には企業業績を高く保ち、株価を高めることが有効である。そこで、業績を向上させるために、企業はM&Aや広告宣伝投資、デジタル投資などを積極的に行っている。

例えば、M&Aはシナジーを得ること、事業規模の拡大、シェアの拡大などを目的に行われる。生産規模を大きくして大量生産を行えば、製品1単位当たりの生産コストを低減でき、(　C　)を得ることができる。しかし、日本では原則として、競争を実質的に制限するような一定規模を超えるトラストは独占禁止法(d)により禁止されており、こうした行為は公正取引委員会(e)により監視されている。

また、広告宣伝投資を積極的に行うことで、非価格競争により売上を伸ばす戦略をとる企業もある。さらに、デジタル投資では近年、金融と情報技術を融合した新しいサービスや事業領域である(　D　)が注目されており、大企業や金融機関だけでなくベンチャー企業なども担い手となっている。しかし、株価は業績や企業戦略といった企業固有の要因以外に、金利や為替相場(f)、政治、国際情勢、天候など企業外部の要因の影響も受ける。こうしたことから、株主と企業の双方にとって実際の株価の動きを予想することはかなり難しいといえる。

問1　(　A　)〜(　D　)にもっとも適切な語句を入れなさい。

問2　下線部(a)に関連して、現行の会社法で新設することができない会社企業の形態を1つ選びマークしなさい。

①　株式会社　②　有限会社　③　合資会社
④　合名会社　⑤　合同会社

問3　下線部(b)に関連して、配当せずに企業に蓄積される利益として、もっとも適切なものを1つ選びマークしなさい。

①　引当金　②　減価償却費　③　固定資産
④　内部留保　⑤　キャッシュフロー

問4　下線部(c)に関連して、もっとも適切な用語と説明の組み合わせを1つ選びマークしなさい。

①　ポイズンピル：買収対象企業に友好的な別会社や投資家に買収してもらう。

②　ホワイトナイト：既存株主に時価を大幅に下回る価格で株式を引き受ける権利を与え、買収を仕掛けられた際に発動させ買収者の議決権割合を下

げる。

③　スコーチドアースディフェンス：優良な資産・事業を売却し、買収の魅力を低下させる。

④　パックマンディフェンス：買収される企業の経営陣が退職する際、多額の退職金を払うことにより現金を流出させ買収コストを引き上げる。

⑤　ゴールデンパラシュート：買収しようとしている企業に対し、逆に買収を仕掛ける。

問５　下線部(d)に関連して、1997年の改正の内容として、もっとも適切なものを１つ選びマークしなさい。

①　売上が一定額以上の会社に対する年１回の事業報告の義務付け。

②　事業支配力が過度に集中する持株会社の設立の禁止。

③　金融持株会社設立の禁止。

④　カルテルなどの不当な取引、不公正な取引方法の禁止。

⑤　有力企業が競合他社の事業活動を支配または排除する私的独占の禁止。

問６　下線部(e)の説明として、もっとも適切なものを１つ選びマークしなさい。

①　経済産業省管轄の独立行政機関であり、６名の委員で構成される。

②　建設業界の入札談合の摘発は業務の対象外である。

③　証券市場において公正な価格形成が行われているか監視している。

④　内部統制についてのディスクロージャーが十分か監視している。

⑤　委員長と委員は両議院の同意を得て内閣総理大臣が任命する。

問７　下線部(f)に関連する記述として、もっとも適切なものを１つ選びマークしなさい。

①　為替相場が円安になると、海外からの輸入品の価格競争力が向上する。

②　１ドル＝100円から１ドル＝120円に変化すると、輸出先での販売価格が１ドルの日本の輸出品の売上は、円ベースで換算すると20％下落する。

③　円安の進行は、企業の生産拠点の海外移転を促進するため、国内の産業

空洞化につながる。

④　円高ドル安の進行は、日本の不動産価格を相対的に下落させるため、アメリカから日本への資金流入を加速する。

⑤　変動相場制移行後、ドル円相場が最高値の1ドル＝75円32銭を記録した当時、日本は民主党政権下であった。

〔Ⅳ〕 次の文を読んで、下の問に答えなさい。

技術革新によって、私たちの生活は、便利なものになっている。「イノベーション」を経済の発展を作り出す革新ととらえたのは、オーストリア出身の経済学者シュンペーター(a)である。21世紀に入ってからも技術革新は続いていて、私たち消費者は、技術革新の産物としての商品・サービスを享受している。

近年は、特に、金融分野で技術革新が進んでいる。ITの進展に伴い、金融商品・サービスにも変化が生じている。(　A　)とは、複雑な技術を使って送金や取引情報を記録するもので、新しい金融商品やサービスなどの信頼性を支える仕組みとして利用されている。仮想通貨ともよばれる、ビットコインに代表される(　B　)は、現在1500種類とも3000種類とも言われているが、投機対象となることがあり、価値の乱高下が起こりやすい。2021年には、(b)世界で初めて法定通貨としてビットコインを認めた国も出てきた。

(　C　)は、インターネットを通じて、自分のやりたいことやアイデアを具体的に発表し、趣旨に賛同する支援者から資金を募ることを可能にした。これにより、プロジェクト起案者と支援者が世界中で直接つながることが可能になってきている。また、これまでも利用されていた、クレジットカードやデビットカードなどに加えて、電子マネーや携帯端末上に表示するQRコードなど、決済方法の多様化も進んでいて、(c)金融を取り巻く状況も変わってきている。また、資産運用を支援するための制度も導入されるなど、(d)日本の家計の資産運用をめぐる状況も変化しつつある。

しかし、技術革新に伴い、望ましくない事態が生じることもある。例えば、企業と消費者の間には商品・サービスについての情報の非対称性があるが、技術革新が進展すると、ここから生じる問題が深刻になることがある。そこで、消費者問題[(e)]が生じないように、消費者保護基本法が改正されて、消費者基本法[(f)]となるなど、各種の法律や制度の整備が進められている。また、金融分野では、国際的な対応が迫られる中、利用者保護や犯罪によって得られた資金の出所をわからなくする（　D　）を防止するため、2019年に資金決済法や金融商品取引法などが改正された。

問１（　A　）〜（　D　）にもっとも適切な語句を入れなさい。

問２　下線部(a)の人物の著作として、適切なものを１つ選びマークしなさい。

① 経済学及び課税の原理
② 経済発展の理論
③ 危険と不確実性理論
④ 国民経済学原理
⑤ 政治経済学の国民的体系

問３　下線部(b)に関連して、もっとも適切な国を１つ選びマークしなさい。

① エルサルバドル　② グアテマラ　③ エクアドル
④ ホンジュラス　⑤ サンサルバドル

問４　下線部(c)に関連して、もっとも適切なものを１つ選びマークしなさい。

① キャッシュレス決済の進展に伴い、マネタリーベースは大きく減少している。
② 財務省造幣局が発行する１万円札は、流通高において通貨の50％以下である。
③ 2022年現在において、日本銀行は、中央銀行デジタル通貨を導入していない。
④ マイナス金利政策の導入によって、多くの消費者が、マイナス金利で住宅ローンを組むことができるようになった。
⑤ クレジットカードとは、決済時に機械でカードを読み取ると、指定の銀行口座から即時に代金が引き落とされるものである。

問5　下線部(d)に関連して、もっとも適切なものを1つ選びマークしなさい。

① iDeCo（企業型確定拠出年金）とは、確定拠出年金法に基づいて実施されていて、加入は強制である。

② NISAは、正式には少額投資非課税制度という。

③ 12歳未満の者の口座名義によるジュニアNISAが、2024年1月に始まる予定である。

④ 日本の家計貯蓄率は、ドイツ、フランス、アメリカと比較しても一貫して高い水準を保っている。

⑤ 近年の日本の家計における金融資産構成は、現金・預金の比率がアメリカ、ユーロエリアと比べて低い。

問6　下線部(e)に関連して、もっとも適切なものを1つ選びマークしなさい。

① 多重債務が問題となる中、改正出資法で、総借入額は、年収の半分までとなった。

② 製造物の欠陥で身体や財産に損害が生じた場合、製造者が消費者に対する賠償責任を負うことを規定した製造物責任法（PL法）が、1985年に施行された。

③ 消費者トラブルの続出を受けて、消費者安全法が1976年に制定された。

④ 民法、割賦販売法などの規定では対応できないようなトラブルでも消費者を救済できるように2009年に新たに制定されたのが特定商取引法である。

⑤ 消費者庁は、消費者行政の司令塔を目指し、2009年に内閣府の外局として設置された。

問7　下線部(f)に関連して、この法律が制定された時の内閣総理大臣を選びマークしなさい。

① 小渕恵三　② 麻生太郎　③ 森喜朗

④ 小泉純一郎　⑤ 安倍晋三

数学

（60分）

分数形で解答する場合は，それ以上約分できない形で答えなさい。また，根号を含む形で解答する場合は，根号の中に現れる自然数が最小となる形で答えなさい。

〔Ⅰ〕 次の各問の $\boxed{}$ に入る数値を下の表から選んでアルファベットをマークせよ。同じアルファベットを選んでもかまわない。

1. 平面上の点 O, A, B, C について、$\vec{u}=\overrightarrow{OA}, \vec{v}=\overrightarrow{OB}, \vec{w}=\overrightarrow{OC}$ とするとき、$|\vec{u}|=|\vec{v}|=|\vec{w}|=5,\ \vec{u}\cdot\vec{v}=15,\ \vec{u}\cdot\vec{w}>0,\ \vec{v}\perp\vec{w}$ を満たすならば、

$$\vec{w}=\boxed{(1)}\,\vec{u}-\boxed{(2)}\,\vec{v}$$

と書ける。

2. A グループが 3 人、B グループが 2 人の 2 つのグループに分かれて、A のメンバー 1 人対 B のメンバー 1 人で、テニスの試合を何試合か行う。但し、どの人も、必ず 1 試合以上は対戦し、同じ相手とは、1 試合しか対戦しないものとする。このとき、総試合数が、3 の場合の対戦の組合せは、$\boxed{(3)}$ 通りであり、4 の場合の対戦の組合せは、$\boxed{(4)}$ 通りである。

3. $0<\theta<\dfrac{\pi}{2}$ のとき、$\sin\theta+\cos 2\theta=\sin 3\theta$ を満たすならば、

$$\theta=\boxed{(5)}\,\pi \quad \text{または、}\theta=\boxed{(6)}\,\pi$$

である。(但し、$\boxed{(5)} \leqq \boxed{(6)}$。)

A. 0　　B. 1　　C. 2　　D. 3

E. 4　　F. 6　　G. 8　　H. 10

I. 12　　J. 14　　K. 18　　L. 20

M. $\frac{1}{2}$　　N. $\frac{1}{3}$　　O. $\frac{1}{4}$　　P. $\frac{1}{5}$

Q. $\frac{1}{6}$　　R. $\frac{3}{4}$　　S. $\frac{5}{4}$　　T. $\frac{3}{2}$

U. $\frac{2}{5}$　　V. $\frac{3}{5}$　　W. $\frac{4}{5}$　　X. $\frac{5}{6}$

Y. $\frac{6}{5}$　　Z. $\frac{7}{5}$

〔Ⅱ〕　次のア～チに当てはまる0～9の数字を解答欄にマークせよ。

$y = x^3 - 2x + 1$ で定まる曲線を C とする。a を実数とし、$y = x + a$ で定まる直線を、ℓ とする。C と ℓ が、2つの共有点を持つならば、$a = -$ [ア] または、$a =$ [イ] である。

$a = -$ [ア] のとき、ℓ は、$x =$ [ウ] で、C に接し、もう1つの共有点は、$(-$[エ]$, -$[オ]$)$ である。

$a =$ [イ] のとき、ℓ は、$x = -$[カ] で、C に接し、もう1つの共有点は、$($[キ]$,$ [ク]$)$ である。

$-$[エ] $< b <$ [キ] を満たすどの b についても、$a = b^3 -$ [ケ] $b + 1$ とすれば、ℓ は、$x = b$ で、C と共有点を持つ。

このとき、ℓ は、$b = -$[コ]$,$ [サ] 以外の場合に、C と3つの共有点を持ち、

$$x = b, \frac{-b \pm \sqrt{[シス] - [セ]\,b^2}}{[ソ]}$$ で、C と交わる。

このとき更に、$b = \sqrt{3}$ とすると、ℓ と C で囲まれた図形の面積は、$\dfrac{[タ]}{[チ]}$ である。

〔Ⅲ〕 xy 平面上で、$x \geqq 0, y \geqq 0$ の範囲を考える。この範囲の点で、x, y 座標が共に整数であるものを、整数点と呼ぶ。(以下では、整数点といったら、x, y 座標は、0以上の整数とする。) 整数点 A について、次の条件 (P) を考える。

(P) A と原点 $(0,0)$ を結ぶ線分上に、整数点は、A と原点しかない。

更に、自然数 n に対して、直線 $x+y=n$ 上の条件 (P) を満たす整数点の個数を、a_n とする。このとき、次の問に答えよ。

1.(1) a_5, a_6 を求めよ。

(2) 整数点 $\mathrm{A}(a,b)$ について、A が、条件 (P) を満たすための必要十分条件を、(a, b を用いて) 述べよ。

2. p, q を異なる素数とするとき、

$$pq+1=a_{pq}+a_p+a_q+a_1$$

を示し、a_{pq} を、p, q の式として表せ。

3 あなたが言ったからといって、私は昼間に通うのをやめることができません。
4 あなたは文句を言うのをやめて、私の言うとおりに昼間に私の邸に来なさい。
5 あなたが不愉快だと言っても、私は昼夜を問わずあなたに命令できるのです。

問九 本文の内容と一致するものを次の1～5の中から一つ選び、その符号をマークせよ。

1 宮が突然昼間に訪問してきたときに、女は宮の女房として恥ずかしくない立ち居振る舞いをしようと決意した。あたかも女房のように応対しようとする女に、宮は女との身分差を感じて自らの軽率さをはしたなく思った。
2 宮邸で暮らして毎日宮に会えることになっても、どうせ悲しい思いをするのではないかと女は宮に伝えた。しかし、顔を合わせればこそ恋しさがまさるという、宮の思いは変わらなかった。
3 宮が高欄に寄りかかりながら歌を読みかけると、女はすぐに素晴らしい歌を返した。宮は女の歌に風情や情緒を感じないわけではなかったけれども、どこか物足りなく感じたのだった。
4 宮が少し色づいた檀の枝を折り、女の歌の力量を試そうとして歌を詠みかけた。女はその意図を理解し、宮の命が白露のように消えてゆくことを予感しつつ返歌した。
5 世間から身分違いの恋を非難されて、女は恋を貫くことに疲れてしまった。女が二人の将来への不安を和歌に詠んで別れをほのめかしたところ、宮は別れを拒否した。

問六　傍線部D「目さへあだあだしきにや」の解釈について最も適切なものを次の1～5の中から一つ選び、その符号をマークせよ。

1　女を見る目までも浮ついているのではないか
2　宮を見る目までもまがまがしいのではないか
3　宮を見る目までも恨みがましいのではないか
4　女を見る目までもずうずうしいのではないか
5　宮を見る目までも色めいているのではないか

問七　Ⅲの和歌の内容として、最も適切なものを次の1～5の中から一つ選び、その符号をマークせよ。

1　美しくもない私が宮様と昼間に逢うのは恥ずかしいのです。とても決まりが悪く落ち着かなく思われます。
2　美しくもない私のもとに宮様が昼間に来られるのは思いやりがありません。これからは少し距離を置きませんか。
3　美しくもない私に宮様が軽い気持ちで昼間からお声をかけるのはおやめください。心が揺れ動いて仕方ありません。
4　美しくもない私を宮様は昼間からどこに連れて行こうとなさるのでしょう。行き先がわからず不安に思われます。
5　美しくもない私を宮様は昼間に御覧になって幻滅されたようですね。つらいので姿を隠そうと思います。

問八　Ⅳの和歌の内容として、最も適切なものを次の1～5の中から一つ選び、その符号をマークせよ。

1　あなたが心苦しいと言うならば、私は昼夜の訪れをやめようと思います。
2　あなたも言うとおり、私は昼間にあなたをどこにでも連れて行けるのです。

惑いを宮はどのように表現しているか。該当する箇所を本文中から十一字で抜き出して記せ。

問三 傍線部B「うひうひしう」の解釈について最も適切なものを次の1～5の中から一つ選び、その符号をマークせよ。

1 恋わずらいのために苦しいと
2 眠れないためにつらいと
3 思慮が浅いために迷惑だと
4 慣れないために気恥ずかしいと
5 世間ずれしていないために美しいと

問四 傍線部C「スイガイ」を漢字に改めよ。

問五 Iの内容について、最も適切なものを次の1～5の中から一つ選び、その符号をマークせよ。

1 檀の葉が濃くなっていくように、私とあなたの詠む言葉は世の人々の胸に深く刻まれてゆきます。
2 檀の葉が濃く色づいていくように、私とあなたの詠み交わす言葉も愛情深いものとなってゆきます。
3 檀の葉が濃くなり秋も深まっていくように、私とあなたの詠み合う言葉にも恨みがつのってゆきます。
4 檀の葉が濃くなる秋が冬に近づくように、私とあなたの詠み交わす言葉もいつか枯れて散ってゆきます。
5 檀の葉が濃く紅葉するように、私とあなたの交わす言葉も紅の涙を流すほど悲しいものになってゆきます。

る、あらまほしう見ゆ。D目さへあだあだしきにや、とまでおぼゆ。

またの日、「昨日の御気色の、あさましうおぼいたりしこそ、心憂きもののあはれなりしか」とのたまはせたれば、

Ⅲ　葛城〈注3〉の神もさこそは思ふらめ久米路にわたすはしたなきまで

「わりなくこそ思ひ給うらるれ」と⑤聞こえたれば、立ち返り、

Ⅳ　行ひのしるしもあらば葛城のはしたなしとてさてややみなん

など言ひて、ありしよりは、時々おはしましなどすれば、こよなくつれづれもなぐさむ心地す。

〈注1〉のたまふさま——女が、宮の自邸に出仕するよう宮に誘われていたことをさす。

〈注2〉塩焼き衣——「伊勢の海人の塩焼き衣なれてこそ人の恋しきこともしらるれ」（古今六帖・第五・塩焼き衣・三二八五・読み人知らず）の第二句を引用している。

〈注3〉葛城の神——奈良県葛城山の神をいう。役行者（えんのぎょうじゃ）に命ぜられて葛城山と吉野の金峰山（きんぷせん）との間に岩橋をかけようとした葛城の神が、容貌の醜いことを恥じて夜の間だけ仕事をしたという伝説がある。

問一　傍線部①〜⑤の敬語のなかに、一つだけ敬意の方向が**異なるもの**がある。その敬語の敬意は誰から誰に向けられたものか。次の1〜5の中から一つ選び、その符号をマークせよ。

1　語り手から宮　　2　女から葛城の神　　3　伊勢の海人から女　　4　宮から女　　5　女から宮

問二　傍線部A「昼などはまだ御覧ぜねば、恥づかしけれど」は宮の訪問を受けた時の女の戸惑いが表現されている。その女の戸

4　他人の痛みを確認することはできなくても、まず痛みを訴えている人のために行動すべきではないだろうか。
5　懐疑論者は、知識というものが確実性を持たないという立場から、他人を情報として扱う傾向がある。

（三）

次の文章は「和泉式部日記」の一節である。女（和泉式部）のもとに宮（敦道親王）がひそかに通うようになり、二人の仲は親密になった。以下を読んで、後の問に答えよ。

二日ばかりありて、女車のさまにて、やをら①おはしましぬ。A昼などはまだ御覧ぜねば、恥づかしけれど、さまあしう恥ぢかくるべきにもあらず。また、〈注1〉のたまふさまにもあらば、恥ぢ聞こえさせてやはあらんずるとて、ゐざり出でぬ。日ごろのおぼつかなさなど語らはせ給ひて、しばしうち臥させ給ひて、「この聞こえさせしさまに、はやおぼし立て。かかる歩きの、つねにBうひしうおぼゆるに、さりとて参らぬはおぼつかなければ、はかなき世の中に苦し」とのたまはすれば、「ともかくも、のたまはせんままに、と思ひ給ふるに、見ても嘆く、と言ふことにこそ、思ひ給へわづらひぬれ」と聞こゆれば、「よし、見②給へ。〈注2〉塩焼き衣、にてぞあらん」とのたまはせて、出でさせ給ひぬ。

前近きCスイガイのもとに、をかしげなる檀（まゆみ）の紅葉の、すこし紅葉ぢたるを折らせ給ひて、高欄におしかからせ給ひて、

Ⅰ　ことの葉ふかくなりにけるかな

と③のたまはすれば、

Ⅱ　白露のはかなくおくと見しほどに

と聞こえさするさま、なさけなからずをかしと④おぼす。宮の御さま、いとめでたし。御直衣に、えならぬ御衣、出し袿にし給へ

した。

2　目前で暴力事件が起き、被害者のみならず加害者も怪我をした。ためらいながらも被害者と同時に加害者も介抱する手伝いをした。

3　友人がたびたび腹痛で登校することができなくなった。この本当の原因を探るべく担任教師と何度も話し合ったが、根本解決には至らなかった。

4　路上でうずくまっている高齢者に出くわした。救急救命士の知識を生かすべく用意をしていたところ、警察官が通りかかったので後の処置を委ねた。

5　体育の授業で持久走をしたところ、友人が胸の痛みを訴えながら走り続けた。虚言癖のある友人だったので、真偽を確認するためゴールまで並走した。

問七　次の一文を本文中に補うとしたらどこか。直前の一文の文末六字（句読点等も一字と数える）を本文中から抜き出して記せ。

確信がないことには黙っておくというのは、ある意味で知的には誠実なのだろうと思う。

問八　本文の論旨に**合わない**ものを次の1～5の中から一つ選び、その符号をマークせよ。

1　哲学者とは目の前の人のことを度外視してでも、みずからの知的好奇心を満足させようとしがちである。

2　体調不良を訴える人の多くは、必ずしもスケジュール変更などの具体的対応を要望しているわけではない。

3　私たちは具体的な人間だから、コミュニケーションにおいても具体的な行動を前提としておかなければならない。

てもらえないから。

4　懐疑論者に痛みを訴え、その痛みに共感してもらうためには、まずこちらが具体的な人間であることを理解してもらうことが必要だから。

5　懐疑論者と痛みを訴えている人の間には日常的な感覚のズレがあるため、痛みを訴える人の何とかして欲しいという思いは受け入れてもらえないから。

問五　空欄 ア ～ ウ に当てはまる言葉の組み合わせとして最も適切なものを次の1～5の中から一つ選び、その符号をマークせよ。

1　ア　思考　イ　方針　ウ　同情

2　ア　協議　イ　理解　ウ　疑念

3　ア　発言　イ　知識　ウ　共感

4　ア　表現　イ　立場　ウ　感情

5　ア　表出　イ　賛同　ウ　尊重

問六　傍線部D「知識よりも倫理を重視するならば、不確実性に由来する不安を引き受けつつも、ともかくまずは目の前のひとに向き合い、何かをしなくてはならない」とあるが、それを実践した例として最も適切なものを次の1～5の中から一つ選び、その符号をマークせよ。

1　SNS上で山岳遭難者の救助要請を発見した。フェイク情報の可能性もあるが、即刻警察に通報し、自らも現場に急行せよ。

1 例に挙げて　2 言葉を尽くして　3 埒外として　4 疑問視して　5 問題にして

問三 傍線部B「われ思う、ゆえにわれあり」とあるが、本文中の意味として最も適切なものを次の1～5の中から一つ選び、その符号をマークせよ。

1 すべての物事は疑うことができるが、その疑いを持つ自分の存在だけは疑うことが出来ない。
2 私たちの尊厳はすべて考えることの中にあり、その尊厳の中にこそ私たちの存在意義がある。
3 自分自身を反省し向上していくものは、自身の変化の足跡をかえりみることで自分を確認できる。
4 生きる意味を考えても答えは出ないが、すでに生きているということは確かであり変えられない。
5 人の気持ちは不確実だと考えてしまうが、人に囲まれて自分が存在していることは確実なことである。

問四 傍線部C「懐疑論者の前で痛みを訴えているそのひとは、とても辛かろうな」とあるが、筆者がそのように考える理由として最も適切なものを次の1～5の中から一つ選び、その符号をマークせよ。

1 懐疑論者に痛みを理解してもらうためには、どの程度の演技までが許容されるか、痛みと戦いながら深く悩まなければならないから。
2 懐疑論者が理解できるのは自分の心だけで、他人の心など存在すら疑わしく、そうした心の声を理解してもらうには時間がかかるから。
3 懐疑論者は何もかも疑うことが仕事であるため、その疑いを吹き飛ばすくらいの大袈裟な表現をしないと痛みを理解し状況よりも、自分の知識を重視したのだ、と私には見えた。

私も以前は、哲学者とはそういう存在なのだ、むしろ誰よりもそのように知を重視することにこそ意義があるのだ、と考えていたことがある。けれどいまはそれを疑っている。それはただ、確実な根拠なしに動き出すことを恐れているだけなのではないか、その不安ゆえに目の前の相手に向き合うことを避けているだけではないのか。

自分が確実な知識を得るということを、目の前の相手そのひとよりも重視したりしないような哲学者になりたいと思う。そして、そういう哲学のありかたを語りたいと思う。……けれど、とりあえずは寝込んだりしないように、もっと体力をつけないといけませんね。

（三木那由他「言葉の展望台」による）

問一 本文中の空欄 X ・ Y を補う適切な語の組み合わせとして最も適切なものを次の1～5の中から一つ選び、その符号をマークせよ。

1 X なにしろ Y わずかに
2 X すくなくとも Y たしかに
3 X いったん Y しばしば
4 X ともあれ Y それなりに
5 X かろうじて Y そうとうに

問二 傍線部A「俎上に載せて」と同じ意味を表す表現として最も適切なものを次の1～5の中から一つ選び、その符号をマーク知識の問題と、目の前のひととの関係における倫理の問題とをきちんと区別し、後者も意識するということには、単に哲学における新たな視点の可能性を示唆するだけでなく、現実のこの社会における意義もあるかもしれない。「ＶＯＧＵＥ　ＪＡＰＡＮ」の２０２０年5月22日のオンライン記事「『正しいと思うことを言い続けたら、それが定説になるのです』——女性外来のパイオニア、天野惠子。【世界を変えた現役シニアイノベーター】」では、従来の男性中心の医療の現場では女性患者が多く訴える痛みが顧みられず、それにより女性たちの医療へのアクセスが制限されていたことが語られている。これに対し天野は「はっきりとした症状がなくてもＱＯＬ(Quality Of Life：生活の質)が阻害されていると本人が感じれば、医師の診察を受けることができる」という方針を述べている。本当に相手が痛みを持っているかどうかを確かめることに焦点が当てられると、それが確かめられなかった痛みは「なかった」ことにされてしまう。だが確実な知識を絶対視せず、ともかく相手が痛みを訴えていて、それにきちんと対応しなければならないという観点からは、確かめられない痛みを訴える相手にも向き合わなければならない。

たぶん私も含め多くのひとにとって、確実でない何かを当てにして行動を起こすことは、不安を誘うのだろう。だから、確実な知識を求めたくなってしまう。けれども、現に痛みを訴えているひとのほうは、それを聞く側が確実な知識を得るまで待っている余裕など、ないことも多い。いま、痛いのだ。いま、助けがほしいのだ。^D知識よりも倫理を重視するならば、不確実性に由来する不安を引き受けつつも、ともかくまずは目の前のひとに向き合い、何かをしなくてはならない。ひょっとしたら自分の行動があまりうまくいかないかもしれないという可能性を引き受けつつ。

以前、こんなことがあった。私も含む性的マイノリティをターゲットにしたような差別に関して、問題提起をおこなうような宣言がネット上で出された。私の知っている哲学者の何人かはすぐさまそれに賛同の意思を示した。だが何人かは「これが本当に善であると言えるか確信がない」と述べ、意見を保留にした。後者には何度か一緒に食事をしたようなひともいた。でも、私が今後何か苦境に立たされたとき、そのひとたちを頼ることはないだろうとも思った。そのひとたちは、いま私が置かれているてをしてほしい」だとか、とにかく私とあなたがこれまでやってきたことを続けるのに支障が生じているから、何かしら軌道修正をしたいということを伝えているのではないか。その際、相手がこちらの痛みについて確実な知識を得られるかどうかなどということは究極的には問題でなく、ただ私とあなたとのあいだでの物事の進めかたの変更だけが問題となる。別に確信など持ってくれなくていいのだ。ただ、スケジュールの変更の可否について考えてみたり、不可能だったら不可能だったで、無理の生じないように少し物事の進めかたを変えてみたりしてほしいのである。「痛い」という言葉が日常のコミュニケーションにおいて用いられるとき、私たちはこれをそのようなことを求めるための言葉として用いているのではないだろうか？　そこにはそもそも確実な知識への憧れなどなく、それゆえに他者の心の懐疑論だってなかったはずなのだ。私たちはただ、誰かが「痛い」と言い出したのをきっかけにして、ともにやっていくやりかたを再考しているだけなのだから。

スタンリー・カヴェルという哲学者は、他者の心の懐疑論に関して同様のズレをかぎ取っている。カヴェルが1969年に出した論文集『言った通りを意味しなければならないか』(*Must We Mean What We Say?:A Book of Essays.* Cambridge University Press)に、「知ることと認めること」("Knowing and Acknowledging")という論文が収められている。カヴェルがその論文で注目するのは、「君が痛みを感じていると私は知っている」のような言い回しだ。これは哲学の議論ではふつう知識の表明と見なされ、「果たしてその知識は確実なのか？　その知識に根拠はあるのか？」と問われることになるが、カヴェルはそれに疑問を呈する。日常の会話においてそのような［ア］がなされたとき、話し手は確実な［イ］を表明しているわけではなく、むしろ痛みを訴えるひとへの［ウ］を表明しているのではないか、と言うのだ。「いまどれだけ辛いか、ちゃんとわかっているよ」と。痛みを訴えるひとを前にしたとき、単に「このひとは痛みを抱えているのだ」と確実に知ることは重要でも必要でもない。むしろ相手が痛みを抱えていることを認め、それにきちんと反応して何かをするということが重要なのではないか。カヴェルはそのように論じる。

そのひとが本当に痛みを持っているかどうかは、確かに懐疑論者の言う通りわからない。けれどそのひとは確かに脂汗をにじませたり呻いたりしながら、「痛い」と言っているのだ。それなのに目の前にいる哲学者は「果たしてこのひとが本当に痛みを経験していると言うだけの根拠はあるのか?」と考え続けるばかりで、何をしてくれるわけでもない。私がその痛みを訴えているひとだったなら、思うだろう。「疑ってくれても構わないから、とりあえず手当てをしてください」と。

想像してみてほしい。例えば学校の授業中にお腹が痛くなり、担任に「痛い」と訴えたとしよう。不幸なことに、この担任は哲学者だった。哲学者である担任は、「果たしてこの生徒が痛みを持っているというのは確実だろうか?」と考え始める。あなたはうまく伝わらなかったのかと、あえて苦し気に「痛いんです」と言い直す。担任は「これはひょっとしたらよくできた演技かもしれないから、やっぱりこの生徒が痛みを持っていると確実にはわからない」とよりいっそう深く悩み始める。めちゃくちゃ冷たく感じないだろうか? こんなひとが担任では、あまり安心して学校に通えなそうに思える。

こうしたあたりに、私は哲学者の感覚と日常的な感覚のズレを感じる。哲学者というのはよほど知識が好きなのか、「痛い」という訴えにも知識の問題を見出してしまうようだ。「これに関連する確実な知識を私は得ることができるのか?」という方向にすぐに進んでしまう。濱口竜介の映画『親密さ』(2012年)の第二部で、交際相手が自分を情報として見ているように感じたと語る女性が登場するが、哲学者の感覚はそれをどこか思い起こさせる。「痛い」と語るそのひとや、そのひとが置かれている具体的な状況を離れ、「痛い」という言葉やそれに伴う動作からいかにして、そしてどの程度まで正しい情報を獲得できるかと頭を悩ませているように思えるのだ。だが『親密さ』の女性が言うように、私たちは情報ではない。具体的な人間なのだ。

具体的な人間である私たちが日常において「痛い」と訴えるとき、私たちはそれによって自分が痛みを覚えていると相手に確実に知ってもらうことを求めているわけではなさそうに思える。むしろ、「通常の仕方で授業を受け続けることはできない」だとか、「約束通りに事を進めることができない」だとか、「仕事のスケジュールの変更が必要だ」だとか、「いまの作業を止めて手当したり感情を抱いたりしていると、私たちは確実に知っていると言えるだろうか？　「実はきのうこの世界は存在しなかったのかもしれない」と悩む機会はそれほど多くなさそうだが、「本当にほかのひとにも心はあるのだろうか？　ひょっとして私だけがこの世界で唯一の心を持つ存在なのでは？」と悩んだ覚えがあるひとは［　Y　］いるのではないか。他者の心の懐疑論は、そうした悩みと繋がる懐疑論だ。

　私が布団に横たわりながら思い浮かべたのも、他者の心の懐疑論だった。なぜかと言うと、他者の心の懐疑論を語るときに頻繁に持ち出される例が他者の痛みだからだ。

　誰かが「痛い」と言っているとする。でも、そのひとが本当に痛みを感じていると私たちは確実に知ることができるだろうか？　単に言っているだけなら嘘である可能性もあるから、「『痛い』と言っている以上は痛いに違いない」とは言えない。では、脂汗をにじませながらお腹を押さえ、呻くように「痛い」と言っていたらどうか？　その場合でもその脂汗も仕草も、すべては非常に上手な演技である可能性があるから、そうした事柄に基づいて「このひとは本当に痛いんだ」と確実に知ることはできない。ではほかに何か他者の痛みに関する根拠となるようなものはあるだろうか？　検査によって怪我を見つけたとしても、そのひとはひょっとしたら特殊な訓練によって怪我から痛みを感じないようになっていて、それにもかかわらず痛いふりをしているだけかもしれない。結局、他者の痛みについて確実に知る手段などないのではないか。懐疑論者はそのように言う。

　ベッドに横たわってスマホを手に持ち、方々に「すみません、ちょっと体調を崩しておりまして……」などとメールを送っていると、ついつい「果たして私が本当に体調不良で苦しんでいると、相手はわかってくれるだろうか？」などと考えてしまう。ひょっとしたらもっといかにも苦しそうな文面にしたほうが伝わりやすい？　でも、あまりやりすぎると逆に嘘っぽくなってしまう？　そんなふうに試行錯誤していて、ふと思ったのだ。C懐疑論者の前で痛みを訴えているそのひとは、とても辛かろうな、と。

（二）　次の文章を読んで、後の問に答えよ。

さて、体調を崩しているときに哲学者が考えることといったら何か？　それは何といっても懐疑論の問題だろう。いや、ほかの哲学者に「体調を崩しているとき、どんな哲学的問題に取り組みますか？」などと訊いたことはないので、そうでもないかもしれないが……。　X　、私は布団にくるまりながら懐疑論に想いを馳せていたのだった。

懐疑論というのは人間の持つ知識が確実性を持たないことを主張する立場で、「このくらい明白な知識ならさすがに確実だろう」と思われるような種類の知識をA組上に載せて、それが実際には確実でないと論じるのをその基本的なスタイルとする。例えば「きのうもこの世界は存在していた」というのは、このうえなく確実に正しい知識に思える。でも、「なんできのうもこの世界は存在していたと思うの？」と訊かれたらどう答えるだろう？　「だって、きのうのことを覚えているから」と言ったところで、「あなたはその記憶ごと今朝いきなり生まれたのかもしれない」などと返されそうだ。「きのう以前の日付の新聞や手紙があるよ」と言っても、「それも今朝まとめてそんなふうに生まれた可能性は否定できないよね？」と来る。こういうふうに続けているうちに、実は「きのうもこの世界は存在していた」というのが絶対に正しいと言うだけの根拠はないのだと感じられていく。

懐疑論はだいたいこんなふうにして進み、懐疑論に取り組む哲学者の多くは、「それでも何か確実な知識があるはずだ」と知識に関する考察をおこなったり、「懐疑論の議論にはどこか変なところがあるはずだ」と懐疑論の批判的な検討を試みたりする。デカルトの有名なB「われ思う、ゆえにわれあり」も、懐疑論が成り立たない絶対確実な知識として提唱されたものだ。

いま見た懐疑論はどこか空想的でちょっとしたSF物語のように見えるかもしれないが、もう少し身近な懐疑論として、他者の心の懐疑論というのがある（中略）。自分が心を持っていて、いろいろなことを考えたり感じたりしているということを自分ではっきりと疑いの余地なくわかっている、と多くのひとは思っているはずだ。だが、自分以外のひとが心を持っていて、思考その符号をマークせよ。

1　たとえテレワークが制度化されていても、周囲の目を気にする傾向が続く限り、自らテレワークを実践することは容易なことではない。

2　対面による業務はプレッシャーを伴うもののそれなりの利点が存在し、半ば強制的にはじまったテレワークはコロナ禍の収束とともに縮小することになる。

3　「承認欲求の呪縛」はむしろ承認欲求が強いことから生じるものであるため、テレワークは承認欲求の問題に対する完全な解決とはならない。

4　テレワークが続くにしたがい、職場で味わったストレスの記憶が薄れ、会社へ「行きたい」という気持ちと「離れたい」という気持ちとの間を行き来することになってしまう。

5　「認められたい」という積極的な承認願望はテレワークでは充足されることがないので、テレワークを選ぶ人と会社に行くことを選択する人が対立するようになる。

1　テレワークを続ける中で、アイデンティティの一部は隠し、見せたい部分だけを認めてもらう。
2　自分のパーソナリティを効果的に知ってもらうために、無理をしても自分の見せたいところを見せる。
3　リモート会議の時に、見られたくないものを画面から外し、自分の好きなところだけをアピールする。
4　見せたくないところを隠し、見せたい部分だけ見せればよいので、目元や眉の魅力を強調する化粧をする。
5　マスクをかけることにより、顔の大半を覆うことで欠点を隠し、見せたいところだけをさらに見栄え良くする。

問五　傍線部C「そこに盲点がある」とあるが、ここでいう「盲点」の説明として最も適切なものを次の1～5の中から一つ選び、その符号をマークせよ。

1　個人主義の思想があまり広く定着していない日本では、これ以上分割できない個人という発想が希薄だということ。
2　パーソナリティは、長所も短所も含めた全体として成立しており、その均衡を失うと崩壊してしまうということ。
3　テレワークやマスク掛けなどによって隠された部分にこそ、その人の実存的な問題の本質が存在するということ。
4　若者など多くの人が部分的承認だけを求めるようになると、アイデンティティの危機につながるということ。
5　自己開示を行うことができないと承認欲求の大切な部分が満たされず、信頼関係も深まらないということ。

問六　傍線部D「承認欲求の大切な部分」を本文中の表現を用いて二十五字以内(句読点等も一字と数える)で説明せよ。(解答欄のマス目が一部太線になっているが、気にせずに解答すること)

問七　傍線部E「テレワークの限界」について筆者はどのように考えているか。最も適切なものを次の1～5の中から一つ選び、

問二　空欄［X］に入る最も適切な表現を次の1〜5の中から一つ選び、その符号をマークせよ。

1　情報の交流
2　感情の変化
3　仕事の分担
4　責任の範囲
5　対応の幅

問三　傍線部A「煩わしさからも逃れられる」とあるが、筆者が考える「煩わしさ」の内容として、最も適切なものを次の1〜5の中から一つ選び、その符号をマークせよ。

1　発言する時に緊張して手が震えるのを、相手に覚られないように隠さなければならないこと。
2　発言しなければならないというプレッシャーを絶えず感じながら、会議に出席し続けること。
3　自分の感情が意図せず相手に伝わることや、他人の感情にあわせて反応しなければならないこと。
4　表情の微妙な変化を相手に見られないように、大きめのマスクで顔の大部分を隠したりすること。
5　窓口業務や接客の仕事で、公衆衛生上の理由からマスクを掛けたいのに掛けられないということ。

問四　傍線部B「切り詰めた生活を送り、つらい日々を過ごしながらインスタグラムに晴れ姿をアップしたり、ユーチューブに自慢の動画を投稿したりする」とあるが、これと**類似しない**行動はどれか。次の1〜5の中から一つ選び、その符号をマークせよ。

気を悪くしないか心配になるからである。その意味でも、コロナ禍による半強制的なテレワークの実施は好都合だったといえよう。

ついでにいえば、コロナ禍による各種行事の中止や冠婚葬祭の簡素化も、承認欲求のしがらみを断ちたいという心理がいくらかは後押ししているように思える。

ところがテレワークを続けていくうちに、だんだんと職場で味わったストレスの記憶が薄れ、「承認欲求の呪縛」が解かれてくる。いっぽうで「認められたい」という積極的な承認願望が大きくなる。同じ承認欲求でも会社（内実は上司や同僚）から離れたいという気持ちと、会社に行きたいという気持ちが正反対の方向に表れ、双方のバランスが変化して後者が前者を上回るようになるのだ。

考えてみれば、それは必然的だといえよう。なぜなら離れたいという気持ちの原因になっている「呪縛」は、承認を失いたくないという心の中の承認欲求に基づくものだからである。理屈としては、会社から「離れたい」という気持ちが強い人ほど会社に「行きたい」という気持ちも強いわけであり、承認欲求が捨てられないものである以上、最終的には「行きたい」という気持ちが「離れたい」という気持ちを凌駕するはずである。

このように考えれば、会社に「行きたい」という感情だけでなく、会社から「離れたい」という感情のなかにも、Eテレワークの限界を究明する上で大切な要素が隠れている可能性がありそうだ。

（太田肇『日本人の承認欲求　テレワークがさらした深層』による）

問一　傍線部①～②のカタカナを漢字に改めよ。

関わる重要な意味を持っている。少し長くなるが、大事なポイントなので詳しく説明しよう。

人には承認欲求があり、他人から認められることを願う。ところがいったん認められると、その承認を失いたくないと思うようになる。一般に同じものでも獲得するときの価値より、失うときの価値のほうが大きく感じられるからである。そのため、無意識のうちに承認欲求にとらわれるようになるのだ（太田肇『「承認欲求」の呪縛』新潮社、二〇一九年）。

上司に信頼されて責任ある仕事を任されたのが負担になり、体調を崩した例や、社内表彰を受けた人が期待に応えなければならないというプレッシャーからつぎつぎに退職していったケースなどはその典型だ。そこには（中略）、日本企業特有の濃密な人間関係や期待の重みを下ろしにくい空気も働いていると考えられる。とりわけ日本人に多いまじめで几帳面な「メランコリー親和型」の人がストレスを招きやすいという研究もある（岩田一哲『職場のストレスとそのマネジメント――ストレス蓄積の過程に注目して』創成社、二〇一八年）。

周囲の人が残っていると帰りづらいとか、上司がよい顔をしないので休暇が取りづらいという気持ちの背景にも、自分の評価を下げたり、がっかりさせたりすることへの恐れがある。テレワークなら、そうした無用なプレッシャーを感じなくてもよいので仕事に集中できる。対面では消極的で目立たなかった社員が、リモートでは堂々と発言するようになったのも同じ理由である。もっといえば、リモートでは化粧や服装にも対面の場合ほど気を遣わなくてもよい。要するに、リモートなら気が楽なのだ。先にリモートやマスク掛けは好きなところだけアピールできることを指摘したが、同時に「守り」の面でもリモートは都合がよいのである。

すなわちテレワークを望む背景には、自分の内面にある「承認欲求の呪縛」から逃れたいという意識が働いている可能性がある。しかし、かりに以前からテレワークが制度化されていて自分の意思でそれを選択できたとしても、自らテレワークを始めることは、周りが残っていても先に帰ったり、上司がよい顔をしなくても休暇を取ったりするのと同じように難しい。周囲の人のかせていたというような例が少なくない。「自己開示」が自然と行われていたわけである。

要するに人間には背伸びをしたい、自分のよいところを見せて認められたいという欲望があるいっぽうで、ありのままの自分を丸ごと認めてほしいという欲求もあるのだ。後者を満たすにはリモートだと限界があるといえよう。

そもそも緊張感やストレスはある面で承認欲求と深く関わっていて、緊張感やストレスを感じない環境では承認欲求も十分に満たされないのが普通だ。ドキドキしない代わりにワクワクもしないのである。そしてコロナ下でテレワークが続くと、仕事や人間関係などに自信が持てなくなってきたとか、孤独感を覚える人やメンタルに不調をきたす人が増えてきたとかいうのも、無意識のなかで承認欲求の大切な部分[D]が満たされていなかったからだと考えられる。

承認とメンタルヘルスの関係について、裏付けとなる研究もある。

慢性疾患患者のストレスと自己効力感の関係についての先行研究では、自己効力感の高い人は低い人よりストレスが低く、うつ状態や不安が少ない傾向がみられた(鈴木伸一「ストレス管理」坂野雄二・前田基成編著『セルフ・エフィカシーの臨床心理学』北大路書房、二〇〇二年)。また自己効力感がバーンアウト(燃え尽き)の抑止に効果があるという先行研究もある(久保真人『バーンアウトの心理学――燃え尽き症候群とは』サイエンス社、二〇〇四年)。そして、他人からの承認が自己効力感を高めることも明らかになっている(小野公一「働く人々の生きがい感の構造について――看護師のデータに拠る分析の試み」亜細亜大学経営学会『経営論集』第四二巻第一・二号、二〇〇七年　ならびに太田肇『承認とモチベーション――実証されたその効果』同文舘出版、二〇一一年)。

要するにテレワークによって承認される機会が減ると自己効力感が低下し、それがメンタルの不調をもたらす原因になっていると考えても不自然ではなかろう。

ところで、ここに表れた「隠したい」という気持ちと「認められたい」という気持ちの葛藤は、テレワークへの向き合い方にまでたしかに短期的には、見せたいところだけ見せ、認めてもらうという部分的承認は都合がよいし、手軽に承認欲求を満たせる。ただ、そこで承認されているのはあくまでも自分のごく一部分であり、自分そのものではないのだ。

そもそも個人の人格、パーソナリティというものは、その人の長所も短所も含めた全体として成り立っている。だからこそ「個人」のことを英語でindividual、すなわちこれ以上分割できない単位というわけである。

アメリカなどでは新型コロナウィルスが①モウイを振るっている最中でも、マスクをつけることを拒否する人が多かった。なぜ感染のリスクを冒してまでマスクを拒否するのか理解に苦しむ人が多いかもしれないが、彼らにとってはマスクで口元を隠しながら社交することは、個人のアイデンティティを損なう重大問題なのである。リモートにしても、マスク掛けにしても、そこで隠れているのは一部分だが、人間を一つのパーソナリティとしてとらえた場合、見えない部分には面積の比率を遥かに上回る大切なものが覆い隠されているといえよう。

個人主義の思想がそれほど広く定着していない日本では、そこまで個人のアイデンティティにこだわる人は多くない。しかし丸ごとの自分を認められているか、自分の一部分だけを認められているかは、いわば実存的な問題であり、人の精神面に大きな差をもたらす。たとえばカウンセリングではクライアントに自己開示、すなわち自分自身の個人的な情報をありのまま話させることが重視される。ありのままの自分を包み隠さず話すなかで自分自身について深く知ることができ、それが自信にもつながる。また丸ごとの自分が受け入れられたら、互いの信頼関係も深まる。

職場の「飲みニケーション」や合宿研修も、飲んで素の自分をさらけ出したり、合宿で寝食を共にしたりすることで、仲間から受け入れられているという安心感が得られる。実際に若手社員の合宿研修に講師として参加していると、一泊しただけで彼らの態度がガラッと変わり、リラックスし積極的に発言するようになるのをたびたび目にする。日帰りの研修を一週間続けた以上の変わりようだ。彼らに聞いてみると一晩中、恋愛②ヘンレキの話題で盛り上がっていたとか、互いに包み隠さず身の上話に花を咲人間の感情は口元に多く表れる。とくに会話をしていると感情を隠すのが難しい。そのためマスクを掛けていると自分の感情を他人に読み取られない。感情だけでなく個人を識別する情報も与えないので偶然知人と出会っても、ときには気づかないふりができるし、面識がなければ匿名で会話をすることもできる。

コロナ禍がまだ広がる前の二〇一九年初頭、役所の窓口で職員がマスクを掛けることの是非について、ちょっとした論争が起きた。インフルエンザ予防など公衆衛生上の理由からマスクを掛けたがる職員がいるいっぽう、市民からはマスクを掛けて応対するのは失礼だという声が上がったのだ。

公衆衛生上の理由が第一であることは事実だろうが、一般企業でも客の前ではマスクを掛けたいという社員が少なくなかった。窓口業務や単純な接客の仕事は、できるだけ人格から切り離して機械的にこなしたいものだ。個人の感情を商品として売る「感情労働」〈A・R・ホックシールド〈石川准・室伏亜希訳〉『管理される心――感情が商品になるとき』世界思想社、二〇〇〇年〉への抵抗ともいえる。

このようにテレワークもマスク掛けも、自分が見せたくない部分を隠して適当に自己アピールできるので都合がよい。実際にテレワーク用に画像映りをよくするアイテムや、マスクで隠さない目元や眉の魅力を強調する化粧品が人気を集めた。それは^B^切り詰めた生活を送り、つらい日々を過ごしながらインスタグラムに晴れ姿をアップしたり、ユーチューブに自慢の動画を投稿したりするのと通じるところがある。

自分の見せたい部分だけを見せて認めてもらうというのは手軽だし、背伸びもできる。そして自分の一部しか見せていないのだから、批判されても人格的に傷つくことがない。そのため若者をはじめとする多くの人が、このような「部分的承認」を求めるようになる。

しかし、^C^そこに盲点がある。

国語

（六〇分）

（一）

次の文章を読んで、後の問に答えよ。

テレワーク経験者がしばしば口にするのが「気楽さ」である。またテレワークは対面と違って緊張しないし、ストレスを感じないともいわれる。リモート講義やリモート会議だと対面ほどプレッシャーを感じないので、ふだん発言しない人が堂々と意見をいうようになった。

その理由は、対面の場合に比べて［X］がかぎられているからである。リモート会議では、発言するときに周りの視線を感じない。また対面と違って表情の微妙な変化、手の震えなどを相手に覚られなくてすむし、相手の感情の起伏もはっきりと伝わってこない。そして見られたくない部分は画面の外に出すことができるし、いざとなったら画面をオフにすればよい。

とくに日本の職場では仕事の分担が不明確で集団的な業務が多く、場の空気やあうんの呼吸で仕事が進められるため、互いに相手が発する微妙な情報に対して敏感に反応する。したがってリモートだと不都合が生じやすい反面、A煩わしさからも逃れられるわけである。

マスクを掛けていると気楽だというのも、本質的な理由はリモートと同じだ。

解答編

英語

I **解答** (1)—2 (2)—1 (3)—3 (4)—2 (5)—4 (6)—3
(7)—3 (8)—4 (9)—1 (10)—2 (11)—4 (12)—1
(13)—2 (14)—1

◀解 説▶

(1)「最後に私たちが会ってから長く経ちますよね？」
付加疑問文の問題。肯定文の付加疑問文は，否定の疑問文の短縮形を続ける。本問は現在完了形なので，現在完了の疑問文の短縮形である2が正解。
(2)「今から2カ月後に，新しい事業取引規定が有効になります」
come into effect で「有効になる」という意味。
(3)「兄と私は以前，地元の森へと出かけたものだが，そこで私たちは新鮮な空気を吸い，バードウォッチングを楽しんだ」
空欄の後には完全な文が続いているので，不完全な文が後続する関係代名詞の2と4は不可。場所（our local forest）を先行詞とする関係副詞 where が正解。1の however は副詞で，文と文を接続しないので不可。
(4)「その先生が学校を去ることについて，生徒には秘密にされていた」
in the dark で「秘密で」という意味。
(5)「いったん外国に入ったら，そこの法律の支配下にあります。滞在中は必ずその法律に従わなければなりません」
be subject to 〜 で「〜の支配下にある」という意味。ここでの subject は形容詞であることにも注意。
(6)ジョン：誰に投票しようかと思っているんだ。もう決めた？
アリス：うん，もちろん。あなたも知ってるとおり，増税には賛成じゃないの。
for には「〜に賛成で」という意味がある。「〜に反対で」は against であることも知っておきたい。

(7)「ここにはインターネットや電話のサービスはありません。だから，郵便で手紙を出すことが家族と連絡を取るための唯一の手段です」
means は「手段」という意味。単複同形であることも知っておきたい。
(8)「人間は DNA の約 98％をチンパンジーと共有している」
share *A* with *B* で「*A* を *B* と共有する」という意味。
(9)「その国際共同体は，遅すぎることはないと言って会長が気持ちを変えるように要求した」
提案，要求を表す動詞は後続する that 節内で should *do* を用いるが，アメリカ英語ではこの should *do* の代わりに *do* を用いる。
(10)「あなたはこの問題を以前に解いたことがあるかのように感じるかもしれません」
as if〔though〕S had *done* で「まるで S が～したかのように」という意味。仮定法過去完了を用いた表現。
(11)「私たちは息子の学校での成績にとてもがっかりしています。あなたたち皆さんと同じくらい息子が学業に専念してくれていたらなあと思っています」
後半文から，息子の学業が芳しくないことが読み取れる。よって，4．「残念な，不幸な」が正解。
(12)「その通りの先にある別の店で売っているのは，高価なカバンのみで，しかもそれを法外な値段で売っています。そこを見た後では，この店の多くのものが手頃に思えます」
affordable は「（値段が）手頃な，購入しやすい」という意味。
(13)「卵から孵った後，ワシのひなは飛ぶことは言うまでもなく，立つこともできない」
let alone ～ で「～は言うまでもなく」という意味。
(14)「あなたの職歴について私に話してください。最初の仕事から始めて，直近の仕事まで年代順に進めてください」
order は「順番」という意味。chronological order で「年代順」という意味になる。

Ⅱ　**解答**　(1)―1　(2)―2　(3)―3　(4)―3　(5)―1　(6)―4

◆全　訳◆

＜会話1＞

ボビー：やあ，フィル。遅くなってごめんね。警察署に行かなければならなかったんだ。

フィル：警察署？　どうして？　何か起こったの？

ボビー：うん。泥棒が僕のアパートのドアの鍵を壊して中に入ったんだ。警察に知らせて，この件について報告書を出さなければならなかったんだ。

フィル：え！　あなたのアパートに誰かが入ったなんて信じられないよ。そいつは何を盗ったの？

ボビー：何も盗ってないんだよ！　信じられる？

フィル：じゃあ，盗人のくせに実際には盗んでないってこと？　それは奇妙だね。

ボビー：奇妙なのはそこじゃないんだよ。泥棒は台所のテーブルにメモを残していたんだよ。そのメモには「盗む価値のあるものを買いなさい」と書いてあったんだ。

フィル：あなたにそんなことが起こって残念だと思うけど，言わなければ。これはおもしろいけど，それと同時に無礼なことだって！

ボビー：君の言うとおりだよ！　とにかく，僕はただの大学生で，日々の出費の足しになるように2つアルバイトをしているんだ。そいつはおそらく適当に僕のアパートを選んだだけなのに，ここに住んでいる人が高価なものであふれるところに住んでいる人だと勝手に思うべきじゃなかったんだ。

＜会話2＞

テッド：やあ，ケニー。どうしていた？

ケニー：残念ながらあまりよくなくて。ちょっとブルーなんだ。

テッド：え，それは残念だな。えっと，これで君を励ませるかな。ちょっとブルーだって今言ったよね？　英語ではいろんな色を特定の気持ちや感情に当てはめることができるって興味深いよね。

ケニー：どういう意味？

テッド：うん，君はブルーだって言ったでしょ。ブルーという色は悲しさや落ち込みを連想させることが多いんだよ。赤色は怒りの感情と結びつけられるよ。

ケニー：あ，わかったよ。それで，緑色が嫉妬と結びつくように，黄色は恐れの感情と結びつくって君はきっと言うんだよね？

テッド：そのとおりだよ。ピンク，白，紫，灰色，全部にその色から連想する感情があるんだよ。

ケニー：それは面白いね。オレンジ色はどう？

テッド：わからないな。英語でオレンジ色が一般的に人の感情や気持ちを連想させるとは思えないんだ。

ケニー：それは残念だな。オレンジ色がどんな感情を連想させるのかなと思っていたんだ。

テッド：そうだな，それがどんな感情か想像できるよ。cat と hat，site と fight，red と said が韻を踏んでいるように，多くの言葉が韻を踏んでいるよね？

ケニー：rain と cane が韻を踏んでいるみたいなことを言っているの？

テッド：そのとおりだよ！　それで，orange という言葉はどんな言葉とも完璧に韻を踏んでいないことで有名なんだ。それを踏まえると，もしこの色にある感情をあてはめなければならないとしたら，それはおそらく孤独になると言えるね。

ケニー：その意味はわかるな。君がオレンジと感じたら教えてね。一緒にカラオケに行こう。

◀解　説▶

やや難。

⑴直前でボビーは泥棒が何も盗まなかったと述べている。よって，1.「実際に」を入れると，「泥棒は実際には何も盗まなかったんだね」となり，流れに合う。他の選択肢はそれぞれ，2.「意図的に」，3.「知ったかぶりをして」，4.「間違えて」という意味。

⑵空欄の後でフィルは「これはおもしろいけど，それと同時に無礼なことだ！」と泥棒についての感想を述べている。フィルはこの感情をボビーに伝えなければならないと推察できるので，2.「言わなければならない」が正解。他の選択肢はそれぞれ，1.「私はあなたの近所で二度とそんな

ことが起こらないようにした」，３.「警察にはするべき仕事がある」，４.「あなたはそんなには知っていない」という意味。

⑶泥棒が狙いそうな人を表しているものを選ぶ。３.「高価なものであふれているところに住んでいる」が正解。他の選択肢はそれぞれ，１.「大してお金を持っていない貧しい学生である」，２.「学校で勉強が忙しい間に押し入る泥棒を招く」，４.「高級なブランドとして予想外に売れるテーブルを所有している」という意味。

⑷ I bet S will *do* で「Sはきっと〜と思う」という意味。bet は「賭ける」という意味で，直訳すると「私はSが〜することに賭ける」という意味。

⑸ rain と韻を踏んでいる単語を選ぶ。

⑹空欄の前の文で，orange は，どんな単語とも韻を踏んでいないことで有名だと述べられている。４.「それ（オレンジがどんな単語とも韻を踏んでいないこと）を踏まえると」を入れると，後続する「もしその色（オレンジ）にある感情をあてはめなければならないとしたら，それはおそらく孤独になると言えるね」という流れに合う。他の選択肢はそれぞれ，１.「言うのは早すぎるけど」，２.「百聞は一見にしかずなので」，３.「話す方法において」という意味。

Ⅲ　解答

問１．(あ)－１　(い)－１　(う)－３　(え)－３　(お)－４

問２．A．using　B．spoke　C．brought　D．fallen

問３．⑴－４　⑵－４　⑶－４　⑷－１　⑸－３

問４．A群－２　B群－４

◆全　訳◆

≪アガサ=クリスティの失踪≫

1926年12月3日金曜日の午後9時30分を少し過ぎたとき，アガサ=クリスティは自分のひじ掛けイスから立ち上がり，バークシャーの自宅の階段を上がった。彼女は眠っている7歳の娘のロザリンドにおやすみのキスをし，再び階段を降りた。そして自分のモーリスカウリーに乗り込み，夜の中へと消えた。彼女は11日間，再び目撃されることはなかった。

彼女の失踪は，それまでに実行された最大の捜索の一つを引き起こすことなった。アガサ=クリスティはすでに有名な作家だったので，数百人の民間人とともに千人以上の警察官がこの事件を担当した。飛行機も初めてこの捜索に加わった。

内務大臣のウィリアム=ジョンソン=ヒックスは，彼女の発見を急ぐように警察に促した。シャーロック=ホームズの著者であるアーサー=コナン=ドイルとピーター=ウィムジィ卿シリーズの著者であるドロシー=L.セイヤーズというイギリスで最も有名な推理小説家の2人がこの捜索に招かれた。この専門家たちの知識が行方不明の作家の発見に役立つのではないかと期待された。

警察が彼女の車を発見するまで大して時間はかからなかった。それはギルフォードの近くのニューランズコーナーの急な坂道で乗り捨てられていた。しかし，アガサ=クリスティ自身の痕跡はなかった（中略）。

捜索の初日が，2日目，3日目と進んでいったが，依然として彼女の痕跡はなく，憶測が高まり始めた。報道は大騒ぎし，何が起こったかについて一層恐ろしい説をでっち上げた。

これはアガサ=クリスティの推理小説の要素をすべて取り込んだ完全に煽情的な話であった。車の事故現場の近くにサイレントプールとして知られている天然の水源地があり，そこで2人の幼い子どもが亡くなったとされていた。この小説家はわざとおぼれ死んだと憶測で話すジャーナリストもいた。

しかし，彼女の死体はどこにも見つからず，彼女の職業生活はこれほど楽観的に思えたことはなかったので，彼女の自殺はありそうもなかった。彼女の6作目の小説『アクロイド殺し』はよく売れていて，彼女の名前はすでによく知られていた。

この事件は宣伝行為に過ぎず，自分の新しい本を販売するための巧妙な策略であると言う人もいた。さらに悪質な事件の展開をほのめかす人もいた。第一次世界大戦ではパイロットで，常々女たらしであった彼女の夫アーチー=クリスティに殺害されたといううわさもあった。彼には情婦がいることが知られていた。

熱心な秘術信仰者であったアーサー=コナン=ドイルは，この謎を解くために超常的な力を試しに使ってみた。彼は答えが手に入ることを期待して，クリスティの手袋の片方を有名な霊媒師のところに持って行った。だが，それは答えを出してくれなかった。

ドロシー=セイヤーズは，ありうる手がかりを探すためにこの作家の失踪現場を訪れた。これもやはり無駄に終わった。

この捜索の2週目までに，このニュースは世界中に広まった。これはニューヨークタイムズの第一面にさえなった。

彼女が失踪した後，丸11日間，12月14日までアガサ=クリスティの居場所はついにわからなかった。彼女はハロゲートのホテルで無事に発見されたが，状況はとても奇妙だったので，解決した以上に疑問が持ち上がった。クリスティ自身は何が起こったかに対する手がかりを何も与えることができなかった。彼女は何も覚えていなかったのだ。何が起こったのかの全貌を明らかにすることは警察に任された。

アガサ=クリスティは家を出て，ロンドンまで旅をし，途中で車をぶつけたという結論に至った。それから彼女はハロゲートまで列車に乗ったのだ。温泉町に到着するとすぐに，現在のオールドスワンホテルであるスワンハイドロにほとんど荷物を持たないでチェックインした。奇妙なことに，彼女はテレサ=ニールという夫の情婦の名前を偽名として使った。

ハロゲートは1920年代においては優美さの極みであり，おしゃれで若々しいものであふれていた。アガサ=クリスティは，舞踏会，ダンスパーティー，パームコートの娯楽に加わったときも，疑念を引き起こすようなことは何もしなかった。彼女は結局，ホテルのバンジョーの演奏者の一人であるボブ=タッピンに正体を見抜かれ，この人物が警察に通報した。警察は彼女の夫であるクリスティ大佐にこっそりと知らせ，彼はアガサ=クリスティを引き取るためにすぐにやって来た。

しかし彼の妻は急いで去ろうとはしなかった。実際に，彼女は彼をホテルのラウンジに待たせておいて，その間にイブニングドレスに着替えた。

アガサ=クリスティは11日間の失踪生活について決して語ることはなく，何年間にも渡って1926年12月3日から14日の間に実際に何が起こったのかについては多くの推測がなされてきた。

彼女は車の衝突の結果で完全な記憶喪失になったと彼女の夫は話した。しかし，伝記作家のアンドリュー=ノーマンによると，この小説家は徘徊症状態，つまりより専門的に言うと心因性催眠として知られている状態になっていたのかもしれない。それは心的外傷やうつによって引き起こされる珍しい状態である。

彼女がテレサ=ニールという新しい人格を取り入れ，新聞の中の自分の写真を認識できなかったことは，彼女が心因性の記憶喪失に陥っていたことの表れであるとノーマンは言う。

「彼女は自殺するつもりだったと思います」とノーマンは話している。「彼女の心の状態はとても落ち込んでいて，彼女は後に自伝的小説である『未完の肖像』でセリアという役を通してこのことを描いています」

まもなく彼女は完全に回復し，再び作家として執筆を始めた。しかし，彼女はもう夫が女たらしであることをがまんする気はなかった。彼女は1928年に彼と離婚し，後に有名な考古学者であるマックス=マローワンと結婚した。

この失われた11日間の間に何が起こったのか明確にはわからないだろう。アガサ=クリスティは，エルキュール=ポアロでさえも解けない謎を残したのである。

◀解　説▶

問1．(あ) hint at ～ で「～をほのめかす」という意味。

(い) search for ～ で「～を探す」という意味。

(う) piece together ～ で「～をつなぎ合わせる，～の全体像を掴む」という意味。

(え) in hurry で「急いで」という意味。

(お) pick up ～ で「～を拾い上げる，（中断後に）また始める」という意味。ここでは目的語が her writer's pen「作家のペン」なので，執筆を始めたことを意味している。

問2．A．失踪の謎を解決するためにアーサー=コナン=ドイルが試みたことを考える。直後に paranormal powers「超常的な力」という名詞があるので，これを目的語として取る動詞は use だとわかる。空欄は tried の後にあるので，try *doing*「試しに～する」の形だと判断し，動名詞にした using が正解。

B．空欄の後に about があるので，自動詞が入ると判断できる。speak を過去形にして spoke を入れると文意が通る。

C．bring on ～ で「～を引き起こす」という意味。ここでは前の名詞を修飾する過去分詞にすると「心的外傷やうつによって引き起こされる珍しい状態」となり，文意が通る。

D．fall into ～ で「～に陥る」という意味。ここでは過去完了形で用いられているので fall の過去分詞である fallen が正解。

問3．やや難。(1) spark は他動詞で「～の引き金となる，～を引き起こす」という意味。よって，4．「～の引き金となる」が正解。2は「ぴかっと光る」，3は「～を照らす」という意味。

(2)下線部の専門家とは，捜索のために招かれた推理小説作家の2人（ドイルとセイヤーズ）を指している。第9・10段で，事件解決に向けたこの2人の試みがいずれもうまくいかなかったことが述べられているので，4．「ドイルとセイヤーズのどちらも期待されていたほど捜索には役に立たないと判明した」が正解。他の選択肢はそれぞれ，1．「ドイルとセイヤーズはクリスティと協力し，警察をだますことに成功した」，2．「ドイルは自分の超常的な力でクリスティの手袋の片方を見つけたが，この行方不明の小説家を見つけることはできなかった」，3．「ドイルはセイヤーズよりも優秀な探偵だと判明した」という意味。

(3)アガサ=クリスティの失踪に関する説として本文で述べられていないものを選ぶ。

1．「自分の新しい小説がよく売れるようにするために，クリスティはわざと行方を消した」　第8段第1文（Some said …）で述べられている。

2．「クリスティはよくわかっていないある理由で自殺した」　第6段最終文（Some journalists ventured …）で述べられている。

3．「クリスティの夫は他の人を愛していたので，彼女を殺した」　第8段第3・4文（There were rumours … have a mistress.）で述べられている。

4．「サイレントプールで彼女が溺死したとき，彼女は2人の子どもと一緒に亡くなった」　第6段第2文（Close to the …）に関連するが，彼女が2人の子どもと一緒に亡くなったとは述べられていない。

(4)下線部は「これはニューヨークタイムズの第一面にさえなった」という意味。イギリスの小説家失踪事件についてアメリカ人も関心があったことを表している。よって，1．「クリスティの失踪は，イギリス人と同様にアメリカ人にとっても関心事であった」が正解。他の選択肢はそれぞれ，2．「新聞記者がニューヨークのタイムズスクエアの前に現れた」，3．

「最前線の労働者がロンドンからニューヨークに移動した」，４．「ニューヨーク警察署もクリスティの捜索に関わった」という意味。

⑸下線部の文の主語である they は，直前にある複数名詞の circumstances を指している。空欄アの後にある more questions という名詞を目的語に取る動詞を考える。クリスティが発見された状況があまりにも奇妙だったので，多くの疑問が持ち上がったと考え，空欄アには raised を入れると文意が通る。ここでの raise は「～(問題や疑問など)をもたらす，～を提起する」という意味で用いられている。また，空欄イは raised more questions と比較対象になっていることに着目し，solved を入れると「解決した以上の疑問をもたらした」となり，文意が通る。

問４．A群：１．「クリスティは，娘にキスをした後で旧友のモーリスカウリーに偶然出会った」 第１段第３文（Then she climbed …）の内容と一致しない。モーリスカウリーは人名ではなく車の名前だが，もちろんこのことを知っている必要はなく，climbed into や drove off という表現からこれが車の名前だと判断したい。

２．「アンドリュー=ノーマンはクリスティの失踪と彼女の自殺願望を結びつけて考えている」 第19段の内容と一致する。

３．「ボブ=タッピンがハロゲートのホテルでクリスティに気がついたのは，そうするのが流行していたからだ」 本文中に記述なし。

４．「クリスティの記憶喪失は，テレサ=ニールを自分の子どもとして受け入れたことによって引き起こされた」 本文中に記述なし。

B群：１．「クリスティの精神状態が原因で，1926年の失踪以来，彼女はミステリー小説を書くのをやめた」 第20段の内容と一致しない。

２．「クリスティがバークシャーの自宅に着いたときに最もよく見せたいと思ったので，イブニングドレスに着替えるのに時間がかかったということは，この記事から明らかである」 本文中に記述なし。

３．「クリスティが失踪した謎は，シャーロック=ホームズとエルキュール=ポアロが協力していれば解決できただろうとこの著者は信じている」 最終段最終文（Agatha Christie left …）にエルキュール=ポアロでも解けなかったであろう謎とあるが，シャーロック=ホームズと協力すれば，という記述はない。

４．「警察がクリスティの失踪を調べるとき，彼女からの援助を受けなかったのは，何が彼女に起こったのかを彼女が思い出せなかったからである」 第12段第3～5文（Christie herself was … have taken place.）の内容と一致する。

Ⅳ **解答**

問1．(1)―3 (2)―3 (3)―2 (4)―1 (5)―3 (6)―2

問2．A．scanned B．hung C．assured D．carrying

問3．あ―4 い―3 う―2 え―1

問4．2

◆全 訳◆

≪正直であることの利点≫

数年前，有名なラビであるヘンリー=コーエン博士が，ある短い原稿について私の意見を求めた。「ある少年がこれをヨーロッパから送ってきて，私が彼のために売ってくれることを望んでいるのです」と彼は言った。「私はこれを読む時間を取れていないのですが」

私がほんの数段落を読むと，その記事はある旅行案内用のパンフレットから転用したものなのは明らかだった。しかし私はそう言わなかった。私は即答を避けた。「これについてはわかりません」と私は言った。「あなたのためにこれを私の代理人に送りましょう」

私がそれを返すと，ラビのコーエンはそのページにざっと目を通した。1分後，彼は驚いて私を見た。「あなたは時間を取ってわざわざこれをニューヨークに送り，そこの人にこれを読ませてあなたに手紙を書かせるつもりだと本気で言っているのですか？ あなたが今話せることを私に伝えるために，結局は1週間やそこらでまた戻ってこなくてはならなくなるのに」と彼は信じられないといった様子で尋ねた。私の当惑がはっきりわかったのだろう，彼はおだやかに微笑んだ。「常にこれを覚えておいてください」と彼は言った。「正直であることは世界で最も素晴らしい労働節約のための方策なのです」

その後しばらくの間，私は彼の助言について考えた。私自身と他の人たちの両方の，貴重な時間とかけがえのないエネルギーを無駄にする欺きに，どれくらい長い間私が携わってきたかを自らに問い続けた。すべて，駆け引きという独善的な口実のもとにである。次第に，正直であることは労働節約の方策以上のものであることがわかり始めた。正直であることは，すべての人間関係において究極の節約なのだ。例を挙げてみよう。

正直であることは時間を節約する。私は「無料の」ダンス教室から「無料の」墓地まであらゆるものを提供する知らない人からの電話で邪魔されることが多い。そのような電話の間，無言のままで，貴重な時間を費やし，私をいらいらさせ，気分を害することになる，相手が暗唱している話を聞いていた頃があった。しかし今は，すぐに電話をかけてきた人をさえぎることにしている。「私には興味のない話だとわかっているのに，あなたに時間を取らせるのはよくないでしょう」と私は話すのだ。そして，電話を切る。

私の知り合いの夫妻は，彼らの社会生活において完全に正直でいようという新年の決断をした。「これはすべて，毎週月曜日の朝に次の週末の予定を私たちと立てるために電話をかけてくる友だちがきっかけで始まったのです」とその妻は説明してくれた。「私たちが彼らに会いたいかどうかに関係なく，即座に言い訳が思い浮かばなかったので，いいよと私は言っていたのです。それから，夫と私は断る方法を考え出そうとしてその週の間ずっと時間を費やすようになったものでした。最終的に，どんな誘いも断ってかまわないのだと気がついたのです」

正直であることは礼節である。数カ月前，あるクラブの会合で，私はある交換留学生が私たちの国での彼の１年について称賛の気持ちを込めて話すのを聞いた。「しかし，私にはまだ理解できないことが１つあるのです」と彼は付け加えた。「アメリカ人は自分が果たすことができる以上の約束をすることが多いのです。『私に会いに来て』とか『集まらないといけないね』というようなことを彼らはいつも言います。しかし，それに続いて行動する人はほとんどいません。誰もがいい人でありたいと思っているようですが，正直でないことは不親切だと思うのです。礼儀正しくあることを意図しているかもしれませんが，結局は無礼になってしまうのです」

正直な質問は正直な返答に値するが，それはごく当たり前の礼儀にすぎないのだ。私たちの近所の人が最近新しい子犬を手に入れた。彼女は獣医に３回電話したが，その電話はつながらなかった。ついに４回目の電話で，彼女は受付の人に対して単刀直入に「先生はもうたくさんの患者を抱えすぎていると思いますか？」と尋ねた。沈黙が漂った。そして，受付は答えた。「あなたが率直なので，私も率直に言いましょう。確かに先生は適切に対応できる以上の患者を抱えていると思います。もし私があなたなら，まだあまり評価されていない若い医者がいる動物病院に電話するでしょう」

正直であることで，不必要に手立てを考え出さなくてもよい。最近，私の友だちのひとりが引っ越しという面倒な仕事を経験した。引っ越し業者が入れ物や箱をまとめているとき，彼女は貴重な花瓶を目にしていないことに気がついた。注意しながら，4人の男がすべての木の削りくずが入った入れ物，すべての紙の箱を調べ，私の友だちと彼女の幼い娘はクローゼットや食器棚を調べた。1時間後，あきらめようとしたとき，彼女は台所の床にガラスの破片が光るのを目にした。女の子は母親を見て，急に泣き出した。「私が今朝早くに落としたの」と彼女は白状した。当然のことながら，私の友だちは宝物を失ったことで悲しんだ。しかし彼女は自分の子どもが引き起こした不必要な手間をもっと悲しく思った。「あなたは6人の人の1時間を無駄にしたのよ」と彼女は指摘した。「全部で6時間，ほとんど1日分の仕事よ」女の子は涙をぬぐった。「だけどお母さん，私には教訓になったと思うの」と彼女は言った。「もし本当のことが痛みとなるなら，本当のことを後回しにするのは痛みがひどくなるだけなのね」

正直であることは信頼を生み出す。血を見るのをとても怖がる小さな男の子が，歯を抜いてもらうために歯医者につれて行かれた。その子の父親も歯医者も彼に血は出ないと言って安心させた。もちろん出血はあったので，その子はひどく怒った。現在80歳のその男性は「今でもそのことを覚えています」と私に話した。「たとえそれが子どものためだと思っても，親は子どもにうそをつくべきではない。うそは関係を悪化させ，ずっとその関係を台なしにすることがあるのです」

正直であることは内面の平穏をもたらす。私の知っている女優が初めてハリウッドに行ったとき，より魅力的に見せようとして外国人であるふりをした。「多忙な日々と眠れない夜ばかりでした」と彼女は私に話してくれた。「それはひどい生活でした。自分ではないものになろうとしていたのです」ある日，ひとりのコラムニストが自分は本当のことを知っていて，その話を公表しようと思っていると彼女に話した。「人々があなたを本当にイギリス人だと思っているという事実が，あなたがいい女優であることを示しているのですよ」と彼は言った。「だけど，あなたはおびえたままでい続けることはできません。もしそうするなら，あなたには本当の仕事のためのエネルギーが残されていないことになるからです」 その女優はこの先一生，そのコラムニストに感謝するだろうと話しました。「彼は私に本当のことを認めさせ，その真実が私を自由にしてくれたのです」

正直であることについての最後の警告の言葉。求められていようがなかろうが，これは無礼で，無遠慮で立ち入った発言と混同されるべきではない。「攻撃的なまでに遠慮なく話す人は，あなたの新しい服や新しいイスのことが好きじゃないと話すことで満足を得ているのです」とある牧師が私に話してくれた。「さらに悪いことに，あなたについて話されている何かひどいことを彼らがあなたに話さなかったら，あなたの友だちではないと言う人がいるのです。私の仕事では，ときにつらい真実を話さなければならないことがあります。しかし，愛情のこもった方法で伝えられると完全に確信しなければ，私はその真実を伝えません。私が使っている，そして誰でも使うことができると思うルールは，その不愉快な仕事が私自身の心を傷つけるのでない限り，痛みを伴うような正直さを用いないようにすることです。こうすると，独善や優越感といった感情を得ようとして傷つけることはありません。また，自分が好きではない人に罰を与えようとして傷つけることもです」

時々，私たちのそれぞれが一歩下がって自分の日常生活を見つめるべきである。丁寧であっても，そうでなくても，私たちは欺くことで時間やエネルギーを無駄にしていないだろうか？　私自身も一歩下がって，正直であることは才能ではなく，技術でもなく，技能ですらないということを学んだ。それは習慣なのだ。そして大半の習慣を身につけるのと同じように，この習慣には集中と練習が必要である。しかし，いったん身につけると，それは幸運のコイン——一方の面には真実があり，もう一方の面には幸福がある——と同じくらい価値があるのだ。

◀解　説▶

問１．⑴ここでの free は「無料の」という意味。最初は無料という売り文句で提案されるが，最終的には有料で何らかの商品を購入させられるということを筆者は述べている。よって，３．「彼らは結局いくらかのお金をあなたに請求するだろう」が正解。他の選択肢はそれぞれ，１．「自由は現実の世界では容易に手に入れることができない」，2．「サービスはいつでも利用できる」，4．「空室は保証されていない」という意味。

⑵ hang up は「（電話を）切る」という意味。よって，3．「電話での会話を終える」が正解。他の選択肢はそれぞれ，1．「電話をかけてきた人にいらいらさせられる」，2．「頻繁に電話がかかってくることにうんざりする」，4．「電話を（切らずに）保留する」という意味。

⑶ a bit of crystal は「ガラスの破片」という意味だが，ここでは筆者の友だちの娘が割ってしまった花瓶の破片のことを指している。よって，2．「花瓶の断片」が正解。他の選択肢はそれぞれ，1．「ひらめくイメージ」，3．「レンズの一部」，4．「小さな宝石」という意味。

⑷ put off ～で「～を延期する」という意味。ここでの it は the truth「本当のこと」を指しているが，これは筆者の友だちの娘がガラスの花瓶を割ってしまったことを意味しており，下線部は「本当のことを（話すのを）延期する」という意味になる。よって，1．「白状するのを遅らせること」が正解。他の選択肢はそれぞれ，2．「秘密を暴露すること」，3．「真実を明らかにすること」，4．「うそをつく重荷を取り去ること」という意味。

⑸下線部は「あなた自身でないもの」という意味。第11段第2文（When she first …）の内容から，ここで述べられている女優は自分が外国人であると装っていたことがわかる。さらに同段第6文（"The fact that …）の内容から，この女優は自分がイギリス人であると装っていたことがわかる。よって，3．「イギリス人」が正解。

⑹下線部は「つらい真実を話す」という意味。つらい真実とは，真実ではあるが気分を害することを表している。よって，2．「真実ではあるが，それでも人の感情を傷つけてしまうかもしれないことを明らかにする」が正解。他の選択肢はそれぞれ，1．「正直でいることは大半の人が思っているより難しいことを他の人に知らせる」，3．「他のみんながちょうどその瞬間に考えていることを言う」，4．「自分の気持ちを話すが，不必要なまでに込み入った話し方をする」という意味。

問2．A．空欄の後の the pages に着目し，この語を目的語に取る動詞を考える。scan は「～をざっと読む」という意味。ここでは過去形になるが，n を重ねて ed をつけることに注意。

B．空欄の前にA silenceがあるので，この語を主語にする自動詞を考える。hangは「ただよう」という意味。ここでは過去形のhungが正解。

C．空欄の後にhim there would be no bloodと続いており，himとthereの間には接続詞のthatが省略されている。よって，第4文型を取る動詞を選ぶ。assure *A* (that) S Vで「*A*に～ということを言う，確信させる」という意味。ここでは過去形のassuredが正解。

D．空欄の後のoutに着目し，carry out～「～を実行する」になると判断する。空欄を含む文ではwaste *A doing*「*A*を～して無駄にする」という表現が使われているので，carryingが正解。

問3．あ．第5・6段では，正直に話すことで無駄な時間を使う必要がない事例が述べられている。よって，4．「正直であることは時間を節約する」が正解。

い．第7・8段では，正直に話すことは礼儀正しいことである事例が述べられている。よって，3．「正直であることは礼節である」が正解。

う．第10段では，うそをついた父が子どもからの信頼を失ったことが述べられている。よって，2．「正直であることは信頼を生み出す」が正解。

え．第11段では，うそをついていた女優が心穏やかに暮らせなかったことが述べられている。よって，1．「正直であることは内面の平穏をもたらす」が正解。

問4．1．「筆者の知り合いの夫婦は，他の人と週末の予定に同意したときはいつもすぐに謝った」 本文中に記述なし。

2．「コーエン博士に原稿について話す前，多くの人の時間とエネルギーを無駄にしたと筆者は思っている」 第4段第1・2文（I thought about … those of others?）に，筆者がコーエン博士と原稿について話した後にもらった助言について考え，これまで自分が，自分自身と他の人たちの時間とエネルギーをどれほど無駄にしてきたかと考えたことが述べられているので，一致している。

3．「若い医者の方が子犬を適切に扱う際にずっとがまん強いという理由で，筆者の近所の人は他の動物病院に行くように助言された」 本文中に記述なし。

4．「アメリカ人がお互いに会って，相手に従うのを拒むときはいつでも，行動の取り方が下手だと，この記事で述べられている交換留学生は信じている」 本文中に記述なし。

❖講 評

Ⅰの文法・語彙問題は例年通りの出題となっている。基本的な文法や語彙の知識を問うもので，高得点を狙いたい。

Ⅱでは2022年度までエッセーが出題されていたが会話文に変わった。会話文が2つ出題され，それぞれ3カ所の空所補充が問われている。会話の流れを正確に読み取らなければならず，やや難しい。

Ⅲの読解問題は，「アガサ=クリスティの失踪」がテーマの英文で，比較的読みやすい。問1の空所補充は一部難しい問題がある。問3の内容説明は複数の箇所と照合して解答を出さなければならないのでやや難しい。問4の内容真偽は，誤りの選択肢の内容が本文中に記述されていないものが多いので正解を絞りやすいが，細部まで正確に読み込む力も求められている。

Ⅳの読解問題は，「正直であることの利点」がテーマの英文で，難易度は例年通りで標準的である。第1～5段までの内容がつかみづらいと感じた受験生が多かったと思われるが，第6段以降は読みやすくなるので，粘り強く英文を読み進める力が求められていると言える。問1の内容説明は，直訳だけではない意味内容を把握しなければならず，真の読解力を試す良問である。問3の空所補充は，小見出しを選ぶ問題なので，後続する段の要旨をしっかり把握する必要がある。

日本史

I　解答　a－①　b－⑤　c－①　d－⑤　e－④
1．阿倍比羅夫　2．陸奥話記　3．無量光院
4．奥州総奉行　5．北畠顕家

◀解　説▶

≪古代～中世の東北地方史≫

b．光仁朝の780年に反乱を起こした蝦夷の族長は伊治呰麻呂である。呰麻呂は多賀城に火をかけ攻め落として引きあげたが，その後の消息は不明である。桓武朝になって蝦夷対策が強化され，坂上田村麻呂が征夷大将軍に就任して蝦夷の族長阿弖流為を降伏させた。

c．源頼義は平忠常の乱では父頼信とともに忠常の追討に成功し，前九年合戦では陸奥守兼鎮守府将軍となって陸奥の俘囚長安倍氏の反乱を鎮圧した。

d．「津軽」と「日本海交易の拠点」で十三湊とわかる。十三湊は中世の三津七湊の一つにあげられる。

e．難問。会津は，蘆名(あしな)氏を破った伊達政宗の城下となるが，1598年に豊臣秀吉の五大老の一人である上杉景勝の領地となる。「伊達政宗」から仙台を選択してしまいそうだが，伊達政宗が仙台に城下を構えて仙台藩の礎を築いたのは関ヶ原の合戦後の江戸時代のことである。

1．「斉明天皇の時代」「秋田・津軽地方が鎮定」から阿倍比羅夫とわかる。東北遠征後，阿倍比羅夫は百済復興の救援軍の将軍として出陣したが，663年に白村江の戦いで大敗した。

2．「前九年合戦の…軍記」から『陸奥話記』とわかる。これは，源頼義の戦功を中心に，合戦の経過を和風の漢文体で記した軍記物である。

3．やや難。「秀衡が平等院鳳凰堂を模した阿弥陀堂」から無量光院とわかる。奥州藤原氏の保護のもと，平泉には藤原清衡による中尊寺，藤原基衡による毛越寺，藤原秀衡による無量光院などの大寺院が建立されたが，現存するのは中尊寺金色堂のみである。なお，1952年の発掘調査で，平等院鳳凰堂よりやや大ぶりの無量光院遺構が検出されている。

4．源頼朝は，1189年に奥州藤原氏を滅ぼした直後，「陸奥国の御家人の統率や訴訟取次」のため平泉に奥州総奉行を設置した。
5．北畠顕家は北畠親房の長男で，義良親王（のちの後村上天皇）を奉じて陸奥に下り，多賀城（多賀国府）に旧幕府機構に似た構造の陸奥将軍府を置き，陸奥・出羽の2国を統治した。

Ⅱ　解答

A−②　B−⑤　C−③　D−⑤　E−⑤
あ．貝塚　い．按司　う．おもろさうし　え．グラント　お．旧慣

◀解　説▶

≪琉球・沖縄史≫

A．難問。1872年に琉球藩王となった尚泰は，1879年の琉球処分に際して首里城を明け渡し，東京に居を移して侯爵に列せられた。
B．難問。沖縄県での最初の衆議院議員選挙は1912年であったが，宮古・八重山地域は除かれていた。なお，これらの地域を含む沖縄全体が選挙区となって総選挙が実施されたのは1920年である。
C．難問。1945年4月1日，アメリカ軍は沖縄本島に上陸し，激しい地上戦のなか，多くの島民が巻き込まれ（死者の数は10万人とも言われる），日本守備軍も約10万人が玉砕し，6月23日には日本軍の組織的な戦闘は終了した。沖縄返還後の1974年，沖縄県は沖縄の戦没者追悼と平和を祈る日として6月23日を慰霊の日と定めた。
D．1952年4月28日のサンフランシスコ平和条約発効直前の4月1日，琉球列島アメリカ民政府のもとに琉球政府が設立され，そのトップが主席である。なお，その行政権は主席に属していたが，実際の権限は琉球列島アメリカ民政府が掌握していた。ここでリード文をわかりやすくするために若干の補足をする。アメリカ軍が沖縄本島に上陸した1945年4月1日に琉球列島アメリカ軍政府が設置されて軍政が敷かれ，1950年12月に琉球列島アメリカ民政府と改められて軍政から民政に移行し，1972年5月に沖縄が祖国に復帰するまで存続した。ちなみに，1968年に初めて実施された琉球政府主席公選で当選したのは屋良朝苗である。彼は沖縄復帰後初の県知事にも就任した。
い．12世紀頃から琉球に登場する地域の政治的支配者を按司と呼ぶ。軍

事的拠点ともみられるグスクを中心に琉球各地に成長し，中には中国・東南アジアとの交易を行って勢力を拡大するものが出た。

う．やや難。「琉球・奄美の古代歌謡集」から『おもろさうし』とわかる。「おもろ」とは呪術性・抒情性を含む叙事詩のことであるが，その編纂には琉球王国尚氏の王権強化とそれにともなう政教一致の支配体制確立が関わっていると考えられる。

え．難問。グラントは，アメリカ軍人で南北戦争中の北軍最高司令官となって北軍を勝利に導き，戦後は第18代大統領となった。在任中の1872年にワシントンを訪れた岩倉遣外使節団と会見し，任期終了後は世界視察に旅立ち，その途中の1879年に訪日して明治天皇に謁見すると，琉球問題に関し日清両国間を斡旋した。

お．やや難。琉球王国以来の古い慣習や制度を残す政策を旧慣温存政策と呼び，1903年まで続いた。

III 解答

(a)—④　(b)—⑤　(c)—③　(d)—②　(e)—④

(1)政談　(2)田中丘隅　(3)神尾春央　(4)村方騒動

(5)町会所

◀解　説▶

≪江戸時代中期以降の政治・経済≫

(a)8代将軍徳川吉宗は側用人を廃止した代わりに，将軍と幕閣の取り次ぎなどを職務とする御用取次を設け，側衆の中より任命した。

(b)公事方御定書の「法令103条を収めた下巻」をヒントに御定書百箇条を導く。

(c)「越後平野」と「町人請負新田」から紫雲寺潟新田とわかる。なお，飯沼新田は下総国飯沼周辺の農民によって開かれた新田，五郎兵衛新田は信濃国の市川五郎兵衛によって開かれた新田，そして川口新田は摂津国に，鴻池新田は河内国に開かれた町人請負新田である。

(d)「義民」「下総」から佐倉藩領百姓一揆（代表越訴型一揆）を想起し，首謀者となった木内宗吾を導く。なお，木内宗吾は佐倉惣五郎とも呼ばれる。多田嘉助は信濃国松本藩領百姓一揆の首謀者として，磔茂左衛門は上野国沼田藩領百姓一揆の首謀者として，松木庄左衛門は若狭国小浜藩領百姓一揆の首謀者として処刑されたが，いずれも義民として祀られている。

佐野政言は田沼意知を刺殺した旗本で，「世直し大明神」ともてはやされた。

(e)「1787年」は1782年から続いた天明の飢饉が終わる年で，全国の主要都市で打ちこわしが発生した。特に江戸の打ちこわしは前年の関東地方での洪水による大凶作の影響で激しさを増した。

(1)徳川吉宗の諮問に答えるために荻生徂徠が著したのは『政談』である。その内容で，「旅宿ノ境界」にいる武士の土着論はおさえておきたい。

(2)正解は田中丘隅。「東海道川崎宿の名主」がヒントになる。丘隅が著した農政書『民間省要』が町奉行大岡忠相を通じて8代将軍徳川吉宗に献上されたことをきっかけに登用された。

(3)「勘定奉行」と本多利明著『西域物語』に引用された「胡麻の油と百姓は絞れば絞るほど出るものなり」の文が神尾春央のヒントになる。

(4)農民の貧富の差の拡大，農民の階層分化，豪農と小百姓，小作人との対立などを背景に，村役人らの富農層の不正に抗議する運動を村方騒動と呼ぶ。18世紀後半から増大した。

Ⅳ　解答

(A)―③　(B)―⑤　(C)―④　(D)―③　(E)―①

ア．なべぞこ不況　イ．近代化促進　ウ．太平洋
エ．公害対策基本　オ．美濃部亮吉

◀解　説▶

≪高度経済成長期の社会経済≫

(A)サンフランシスコ平和条約を調印した1951年，日本経済は朝鮮戦争の特需景気により実質国民総生産と工業生産が戦前水準を超えた。

(B)難問。「生産性向上を図る運動」は，第二次世界大戦後，アメリカによる対外援助政策の一環として開始され，資本主義諸国の国際的運動として展開された。その目的に，経済発展を通じて国民の生活水準を上昇させ，社会主義化の拡大を防ぐことがあった。日本においてもアメリカからの働きかけで，1955年に日本生産性本部が設立された。

(C)難問。1958～66年に総評の議長をつとめた太田薫は，東京オリンピック開催の1964年，国民所得倍増計画を掲げる池田勇人首相と会談し，公務員給与を民間に準じることを合意させ，日本の労働者全体の賃金水準などを決定する春闘を構想した。

(D)難問。三越は江戸時代に始まる百貨店の老舗であったが，スーパーマーケットのダイエーが 1972 年に百貨店の三越を抜いて売上高で第 1 位となった。これは，高度成長期の大量生産と大量消費を背景とした流通革命の一例である。

ア．難問。米ソ冷戦の緊張緩和の影響もあり，1955 年は世界経済が好況を続け，日本も輸出を伸ばした。さらに 1956 年には日ソ国交回復と国連への加入が実現し，国際社会に日本が正式に復帰したことによって，貿易が拡大した。この神武景気は 1957 年に終わり，翌年にかけてなべぞこ不況を迎えるが，1959 年には設備投資の増加などにより，岩戸景気といわれる好況に転じた。戦後の景気の循環はしっかり整理しておきたい。

イ．難問。1963 年，中小企業基本法とともに中小企業近代化促進法が制定された。前者は国が実施すべき中小企業政策の基本的な枠組みを定めた法律，後者は中小企業の生産性・設備・技術開発力などの近代化を促進することを目的とする法律で，高度経済成長を支える中小企業の生産性の向上と国際競争力の強化をはかった。

ウ．東京湾沿岸の京葉から東海・近畿・瀬戸内そして北九州へ連なる帯状の地域を太平洋ベルト地帯と呼ぶ。新幹線や高速道路の整備によって，京浜・中京・阪神・北九州の四大工業地帯と結ばれていった。

オ．美濃部亮吉は，憲法学者美濃部達吉の長男で，1938 年には東京帝国大学在学中に師事した大内兵衛とともに人民戦線事件で検挙された。1967 年には革新統一候補として東京都知事に当選し，3 期 12 年にわたって都政につとめた。1980 年に無所属で参議院議員に当選したが，任期途中で死去した。

❖講　評

Ⅰ　弥生時代の遺跡，古代の東北経営・反乱・合戦などに関連する人物，さらに中世の東北に設置された機関などの知識を問う。e の伊達政宗・上杉景勝の領地に関する問いは難問で，3．無量光院の問いはやや難である。これらの問いは教科書に加えて用語集を用いた学習で正確な知識を習得していないと正解は難しい。

Ⅱ　貝塚時代・グスク時代・尚氏王朝時代の琉球の歴史と，明治から戦後の沖縄県の歴史に関する知識を問う。頻出テーマではあるが，A～

Cは消去法が使いづらく難問である。『おもろさうし』を解答させる［う］，旧慣温存政策に関する［お］がやや難であり，グラントを記述させる［え］は難問である。この大問での難問の正解率を上げるには，教科書だけでなく用語集の解説なども精読しなければならない。

Ⅲ　教科書に準じた文章で，享保の改革から寛政の改革までの政治や経済に関する基本・標準レベルの知識を問う。この大問は全問正解を目指したい。

Ⅳ　高度経済成長期の社会経済に関する知識を問う。受験生が苦手とする時代とテーマであり，難問も多く点数に結びつきにくいと思われる。(B)生産性向上運動を起こしたアメリカ，(C)太田薫，(D)三越，ア．なべぞこ不況，イ．中小企業近代化促進法は難問である。これらは「政治・経済」の科目でも習う内容であり，その知識も活用したい。2022年度にも戦後の経済史が出題されているように，明治大学は戦後史を大問で出題することが多いので，はやめに戦後史をまとめておきたい。

全体的に難問が多くみられたが，まずは基本・標準レベルの設問をミス無く正解したい。そして難問の正答率を上げるために用語集・図説を用いながら教科書を精読し，過去問をはじめとする問題演習を重ねたい。

世界史

I

解答

設問1．ア．マルタ　イ．バオダイ
ウ．ゴ=ディン=ジェム　エ．南ベトナム解放民族戦線
オ．トンキン湾　カ．ニクソン　キ．（設問省略）
ク．赤色クメール〔クメール=ルージュ〕　ケ．ヘン=サムリン
コ．ドイモイ
設問2．a．ゴルバチョフ　b．東南アジア条約機構〔SEATO〕
c．朴正熙　d．中越戦争　e．国連平和維持活動〔PKO〕

◀解　説▶

≪冷戦期のベトナム≫

設問1．ア．マルタ会談が行われたマルタ島はシチリア島の南に位置し，十字軍期に結成されたヨハネ騎士団が本拠をおいた島としても知られる。
イ．バオダイは阮朝最後の皇帝で1945年に退位していたが，1949年，フランスによってベトナム国の国家元首とされた。
オ．やや難。トンキン湾事件はアメリカがベトナムに介入するための捏造事件。
カ．ニクソンは，ベトナム戦争終結を模索する中で1972年に訪中し，翌年，ベトナム（パリ）和平協定でベトナムからの撤退を実現した。のちにウォーターゲート事件で大統領を辞任した。
ク．赤色クメールはクメール=ルージュとも呼ばれ，文化大革命の影響を受けて中国に接近し，民主カンプチアを樹立後，ポル=ポトを中心に極端な共産主義政策を実施して，国民の大虐殺を行った。
コ．ドイモイはベトナム語で刷新を意味し，ゴルバチョフのもとでペレストロイカを推進するソ連との関係が改善したことでベトナムでも経済再建政策が進められた。
設問2．a．ペレストロイカで国内改革を進めたソ連の指導者ゴルバチョフは，外交面では新思考外交を展開し，アメリカとの協調を進めた。
b．東南アジア条約機構は米・英・仏を中心とする反共軍事同盟。東南ア

ジアの加盟国はタイ・フィリピンのみであった。

c．朴正熙は，1961年，クーデタで権力を握り，63年に大統領となった軍人。以後，開発独裁によって韓国の経済発展を促した。

d．親中国派のポル=ポト政権がベトナム軍のカンボジア侵攻で崩壊すると，懲罰を行うとして中国がベトナムに侵攻して中越戦争が勃発したが，短期間で中国軍が撤退して終了した。

e．国連平和維持活動は，1956年のスエズ戦争で派遣された平和維持軍に始まり，冷戦後は紛争解決のために実施されることが多くなった。

Ⅱ　解答

1．鄭芝竜　2．オランダ東インド会社　3．呉三桂
4．鄭成功　5．東林　6．康熙帝　7．興中会
8．中華革命党　9．李登輝　10．陳水扁

◀解　説▶

≪近世以降の台湾≫

1・4．問題文中から1と4が親子で，台湾を拠点に反清復明活動を展開した鄭氏であると判断できる。父の鄭芝竜が清に恭順した後も息子の鄭成功は抵抗を続け，明王朝の姓である朱姓を与えられたことから国姓爺と呼ばれた。

2．オランダ東インド会社は台湾南部に要塞を築き，ゼーランディア城と名付けて拠点とした。

5．顧憲成を中心とする東林派と，宦官と結びついた非東林派による官僚の党派争いは，明衰退の一因となった。

6．清の第4代皇帝の康熙帝は遷界令で沿岸住民を移住させ，鄭氏の台湾を経済的に孤立させた。

8．孫文が結成した中華革命党は，1919年の五・四運動後，大衆的な中国国民党に改編された。

9．1949年以降の台湾では，大陸出身者（外省人）が主流派を形成したが，李登輝は台湾生まれ（本省人）として初めて総統となった。

Ⅲ 解答

問1．D　問2．A　問3．B　問4．B　問5．D
問6．C　問7．B　問8．C　問9．C　問10．A

◀解　説▶

≪帝国主義と第一次世界大戦≫

問1．D．正文。ロシアとオーストリアの対立から三帝同盟が崩壊すると，ドイツのビスマルクはロシアとの関係を維持するため，密かに再保障条約を結んだ。

問2．A．誤文。急進社会党結成のきっかけとなったのはドレフュス事件。ブーランジェ事件は1880年代のクーデタ未遂事件。

問5．D．誤文。第一次世界大戦期にフランスで挙国一致内閣を率いたのはクレマンソー。ド=ゴールは第二次世界大戦中，亡命政府を樹立してドイツに抵抗した軍人。

問6．難問。A．誤文。ドイツ軍が初めて毒ガスを用いたのはイープルの戦い。

B．誤文。ヴェルダン要塞はフランスの要塞で，第一次世界大戦中，ドイツの攻撃を受けた。

D．誤文。大戦中にドイツの攻撃を受けたルシタニア号はイギリスの客船。

Cを正文と判断するのは難しいが，消去法で判断できる。

問7．B．誤文。ドイツはマリアナ諸島をスペインから購入した。Bを誤文と判断するのは難しいが，A・C・Dが正文と判断できるので，消去法で解答できる。

問8．A．誤文。宥和政策をチャーチルに批判されたのはネヴィル=チェンバレン。ジョゼフ=チェンバレンはその父で，19世紀末に植民相として帝国主義政策を推進した政治家。

B．誤文。チャーチルは1945年の総選挙に敗北して退陣した。1951年の総選挙で勝利し，第2次内閣を組織した。

D．誤文。チャーチルはスエズ戦争の前年に引退している。

問10．A．正文。イタリアはサン=ジェルマン条約で「未回収のイタリア」であった南チロル，トリエステを獲得した。

B・C．誤文。ヌイイ条約はブルガリア，トリアノン条約はハンガリーとの講和条約。

D．誤文。セーヴル条約に不満を持ったトルコ共和国のムスタファ=ケマルが，ローザンヌ条約を結んだ。

Ⅳ 解答

問1．4　問2．4　問3．1　問4．4　問5．2
問6．2　問7．1　問8．2　問9．1　問10．2

◀解　説▶

≪古代から近代までのヨーロッパ≫

問1．難問。1．誤文。ルネサンスは14世紀のイタリアで始まった。
2．誤文。ルネサンスはフランス語で再生を意味する。
3．誤文。ヒューマニストはスコラ学のようなキリスト教的価値観ではなく，人間的な価値観や本質を追求した。
4を正文と判断するのは難しいが，誤文を判断して消去法で判断できる。
問2．4．誤文。プラクシテレスは前4世紀のアテネの彫刻家なので，ヘレニズム期の彫刻である「ラオコーン」を作製できない。
問3．1．誤文。キリスト教を公認したのは，ローマ皇帝コンスタンティヌス。ディオクレティアヌスはキリスト教の大迫害を行ったローマ皇帝。
問5．2．誤文。メルセン条約は870年に成立した。
問7．1．誤文。ステンカ=ラージンは17世紀後半に反乱を起こした。
問9．1．誤文。ナポレオンはエジプト遠征でオスマン軍に勝利したが，アブキール湾の海戦ではイギリスに敗北した。
問10．2．誤文。プロイセン=オーストリア戦争でイタリア王国はプロイセン側につき，ヴェネツィアを獲得した。

Ⅴ 解答

18世紀初め，スペイン=ハプスブルク家の断絶後，フランス王ルイ14世が孫をスペイン王としたことで，スペイン継承戦争が勃発した。ユトレヒト条約でフランス，スペインが合併しないことなどを条件にフェリペ5世の王位が承認されたが，ルイ14世は多くの海外領土を失った。

◀解　説▶

≪スペイン継承戦争≫

18世紀初頭に起こったスペイン継承戦争は，スペイン=ハプスブルク家の断絶を契機に，フランス王ルイ14世が孫のフェリペ5世をスペイン王に即位させたことでオーストリア=ハプスブルク家と対立し，戦争に発展した。イギリス，オランダ，プロイセンなどはフランスのブルボン家の勢力拡大を阻止するためにオーストリアを支援したため，フランス・スペイン側は次第に劣勢となった。1713年のユトレヒト条約で，フランスとスペインが将来にわたって合併しないこと，また，フランスはニューファンドランドなどアメリカ大陸の領土の一部をイギリスに割譲することでフェリペ5世の王位が承認され，フランスの勢力拡大は阻止された。一方，イギリスはスペインからジブラルタルを獲得するなど，国力を大きく伸ばすことになった。

戦争の原因となったスペイン=ハプスブルク家の断絶，ブルボン家とハプスブルク家によるヨーロッパの覇権をめぐる対立，ユトレヒト条約による結果について言及できるかがポイントとなる。

❖講　評

Ⅰ　冷戦期という短い期間のベトナムとそれに関連した事柄が問われた。現代史であり，また，ベトナム以外にカンボジアなど東南アジアからの出題が多かったが，設問1のオのトンキン湾事件以外は教科書レベルで，現代史の対策をしておけば十分解答できる。

Ⅱ　近世以降の台湾の動向を問題文に，関連する内容が問われた。大半の空欄は教科書レベルだが，空欄9・10の台湾の総統については冷戦期以降の内容であり，特に空欄10はまだ存命の人物名なので，戸惑った受験生も多かったと思われる。現在，国際的に注目されている台湾を扱い，また，2000年代の内容を含んでいることから，メッセージ性の強い設問であった。

Ⅲ　帝国主義と第一次世界大戦を軸に，問6のように大戦中の戦いの内容に関する出題など，やや細かい内容まで問われた。ただし，消去法で正文や誤文を選択することは可能であり，難度はそれほど高くない。

Ⅳ　2022年度と同様，古代から近代まで幅広い時代のヨーロッパについて問われた。設問は正文・誤文選択のみである。文化史が含まれており，また，「～世紀の○○」という年代に関連した設問は微妙な年代が含まれているため，深い学習が必要となる大問であった。年代に関連した設問の出来が，明暗を分けることになった。

Ⅴ　スペイン継承戦争についての論述問題。戦争に関して，まずはその原因，そしてその過程，最後に結末について述べればよいので，それほど難しくはない。

全体では，ここ数年続いている傾向として現代史の割合が多く，難度は高めといえる。

地理

I 解答

問1．A　問2．A　問3．C　問4．B　問5．A
問6．A　問7．D　問8．C　問9．D　問10．D

◀解　説▶

≪アフリカ地誌≫

問1．Aのアトラス山脈は，地中海に面してモロッコ，アルジェリア，チュニジアにまたがっている。

問4．Bのサハラ砂漠はアフリカ大陸の赤道以北の大部分を占めている世界最大の砂漠である。Aのカラハリ砂漠とCのナミブ砂漠はアフリカ大陸の赤道以南に位置し，Dのルブアルハリ砂漠はアラビア半島に位置する。

問5．Aのヴィクトリア湖からは白ナイル川が流れ出し，スーダンでエチオピアのタナ湖から流れ出した青ナイル川と合流してナイル川となる。

問6．やや難。Aのカシューナッツのアフリカでの生産は世界の約半分を占めており（2019年），タンザニアの生産量は世界の10位以内に入る。

問7．キリマンジャロ山は，アフリカ大地溝帯に形成された成層火山で，タンザニアとケニアの国境付近に位置している。

問8．Cのフォガラは伝統的な地下水路の北アフリカでの呼称である。Aのカナートはイラン，Bのカレーズはアフガニスタンでの呼称。Dのマンボは日本の同様の地下用水路である。

問9．やや難。Aの金，Bの塩，Cの象牙はいずれもアフリカ大陸に現在も産出し，古くからの交易品としても知られる。したがって持ち込まれたのはDの布地と判断する。

II 解答

問1．D　問2．A　問3．B　問4．B　問5．C
問6．D　問7．C　問8．A　問9．B　問10．D

◀解　説▶

≪日本の貿易≫

問1．日本にとって，最大の輸出入金額の貿易相手国は中国である。輸入品目に衣類があることに注意する。

問2．原油輸入先であるサウジアラビアは該当せず，集積回路の輸入先としてロシアは該当しない。残った2つのうち最大の貿易相手国である中国はアなのでイは台湾となる。なおサウジアラビアはウである。

問4．日本からイ以外の5カ国すべてに共通して輸出していることに着眼して乗用車と判断する。

問5・問6．オはアメリカとドイツから輸入している品目であり，エの乗用車を除くと，医薬品が該当する。サウジアラビアへの輸出品のカは，問4・問5より乗用車と医薬品を除くと，牛肉とバスとトラックが残り，この2つの選択肢の中ではバスとトラックが適当である。

問7．Aは保護貿易，Bは自由貿易，Dは水平貿易について述べたもの。

問8．Bは少子高齢化，Cはドーナツ化，Dは過疎化について述べたもの。

問9．Aは穀物自給率，Cはフードマイレージ，Dはオリジナルカロリーについて述べたもの。

III 解答

問1 a．ゲルマン b．ルール c．黒海
d．スエズ e．トルコ

問2．ア．ECSC イ．EEC ウ．EURATOM
エ．（設問省略） オ．EU カ．WTO キ．CAP
ク．ERASMUS ケ．（設問省略） コ．NATO

◀解 説▶

≪ヨーロッパの地域統合≫

問1．b．ルール工業地帯は，ルール炭田とライン川の水運を基礎に発達した工業地域である。

問2．キ・クは難問。アのECSCはヨーロッパ石炭鉄鋼共同体，イのEECはヨーロッパ経済共同体，ウのEURATOMはヨーロッパ原子力共同体である。1967年に，これらの原加盟6カ国で，オのEU（ヨーロッパ連合）の前身となるEC（ヨーロッパ共同体）が発足している。キのCAPはCommon Agricultural Policyの略で，意味は「共通農業政策」である。クのERASMUSはEuropean Region Action Scheme for the Mobility of University Studentsの略で，一般に「エラスムス計画」と呼ばれる。

Ⅳ　解答

問1　ア．太平洋ベルト　イ．第4次中東戦争
ウ．自動車　エ．年次有給休暇　オ．バカンス
カ．ハラール認証
問2．中心業務地区　問3．カンヌ　問4．エコツーリズム
問5．ジオパーク

◀解　説▶

≪日本経済の発展と余暇≫

問1．イの第4次中東戦争は1973年に勃発したが，これを契機とした原油価格の大幅高騰が世界的な不況である第1次石油危機をもたらした。不況にあえぐ先進諸国は，機械工業などのより付加価値の高い部門の比重を高めていき，日本ではウの自動車などが輸出品の主力となっていった。オのバカンスはフランス語で長期休暇やその過ごし方を意味する。フランスでは連続5週間の有給休暇を取得できる。カのハラール認証のハラールとはイスラム教で「許されている事象」をさし，食べることを許された食物をハラールフードという。豚肉や異教徒が処理した肉はハラールフードではないのでイスラム教徒は食べない。

問5．設問の文中の洞爺湖や有珠山は2009年に世界ジオパークに認定されている。

Ⅴ　解答

酸性雨は全国で見られる。北西の季節風や偏西風の風上になる日本海側が太平洋側に比べて酸性度が強いため，大陸由来の汚染物質が風で運ばれてきた可能性が高い。中国の環境対策による大気汚染物質排出量の減少により，酸性度は低下傾向にある。

◀解　説▶

≪日本の酸性雨の状況≫

酸性雨の原因となる硫黄酸化物や窒素酸化物は大気汚染の原因物質である。大気汚染対策が進んだ現在の日本では，原因物質の多くが中国から運ばれてくるので，日本海側の酸性度が太平洋側よりも高くなる。近年，中国での大気汚染対策も進みつつあり，大気汚染物質排出量が減少傾向にあるので，日本に運ばれる大気汚染物質も減少傾向を示している。

❖講　評

Ⅰ　アフリカの地形，東・中部アフリカ諸国の貿易についての標準的な出題。リード文や表中の空欄補充が中心で，ほとんどが教科書と地図帳を参照すれば解答できる。問6や問9はやや難問だが消去法で解答できる。

Ⅱ　日本の貿易やそれに関連する事項についての標準的な出題。表中の空欄の国名や品目を判断する設問が中心で，設問ごとに見れば詳細な知識が必要にも思えるが，選択肢が共通の設問を結びつければ，どの設問も解答できる。基本的な輸出入品目を把握しているかどうかを問う設問である。問7〜問10はいずれも基本的な語句の意味を問う平易な設問である。

Ⅲ　ヨーロッパの地域統合の進展過程をテーマにした地誌的な出題。記述形式のため，正確な知識が求められることから，やや難問に感じた受験生も多いだろう。問2のキ・クは資料集などを通じて掘り下げた学習が前提の難問だった。しかし，それ以外は教科書を参照して解答できる基本事項であった。

Ⅳ　日本の経済発展の過程をテーマにし，都市，生活・文化にまたがっての幅広い出題。個々の設問は教科書を参照して解答できる標準的な設問だが，Ⅲと同様に記述形式のため，やや難度が高めだった。

Ⅴ　酸性雨の原因である大気汚染原因物質が中国から運ばれてくることと，中国の環境問題対策の変化を理解していれば書けるので難問ではない。しかし，地図の数値と矛盾しないような文章表現をできたかどうかが問われる。

政治・経済

I 解答

問1．A．恒久平和　B．安全保障理事会
C．国連貿易開発会議　D．世界保健機関

問2．①　問3．④　問4．⑤　問5．③　問6．③　問7．①

◀解　説▶

≪国際政治・安全保障≫

問1．A．恒久平和が適切。「ヨーロッパ恒久平和」「永久平和論（案）」などの表記も用いられる。

問2．①が適切。イ．三十年戦争が開戦年（1618年）から三十年後に終結したことを想起する。ウ．ウィルソンの平和原則14カ条（1918年）の翌年にパリ講和会議があり，さらにその翌年の1920年に国際連盟が成立した。

問3．④正文。
①誤文。全権委任状は内閣が発行し，天皇が認証する。
②誤文。国際慣習法なども国際法として認められる。
③誤文。国際司法裁判所は判決を強制的に履行させる権限を持たない。

問4．⑤正文。
①誤文。国際連盟の設立当初の常任理事国はイギリス・フランス・イタリア・日本であった。
②誤文。アメリカは上院の反対があり，国際連盟には加盟しなかった。
③誤文。設立当初の理事会は①でみた4カ国の常任理事国のほか，4カ国の非常任理事国で構成されていた。
④誤文。総会・理事会とも全会一致制を採用していた。

問5．③正文。
①誤文。中華民国は1971年に国連を追放され，中華人民共和国が加盟した。
②誤文。設立当時の加盟国数は51カ国，2022年での加盟国数は193カ国である。
④誤文。総会での重要事項は，出席投票国の3分の2の賛成が必要である。

⑤誤文。日本が国連に加盟したのは1956年，鳩山一郎内閣のときである。

Ⅱ　解答

問1．A．副業的農家　B．食糧管理　C．減反
D．食品安全基本法
問2．③　問3．②　問4．①　問5．⑤　問6．②　問7．⑤

◀解　説▶

≪食糧・農業問題，消費者余剰と生産者余剰≫

問1．B．食糧管理（制度）が適切。主食を意味する食「糧」で，食「料」ではないことに注意したい。
D．食品安全基本法が適切。「食品の安全性」「2003年」から判断したい。
問2．③正文。まず，農地改革はGHQの指令によって実施されたのだから，①・②・⑤は誤文。また，買い上げたのは日本政府であるため，④が誤文とわかる。
問3．②正文。農業基本法はサラリーマンと同程度の収入を得る自立経営農家の育成を目指したが失敗に終わった。
問4．①適切。消費者余剰は，需要曲線とその財の価格の平行線で囲まれる領域の面積で表すことができる。そのため，アには「あ＋い」，政府の販売価格がp_1となった時の消費者余剰を示すウには「あ＋い＋お＋か」が入る。
問5．⑤適切。生産者余剰は，供給曲線とその財の価格の平行線で囲まれる領域の面積で表すことができる。そのため，イには「お＋き」，政府の買い入れ価格がp_3の時の生産者余剰を示すエには「い＋う＋お＋き」が入る。
問7．難問。⑤正文。
①誤文。日本の生産額ベースでの食料自給率は65％前後。
②誤文。カナダのカロリーベースでの食料自給率が200％を超えるようになったのは2008年以降であり，「2000年以降」とはいえない。
③誤文。日本の魚介類の食料自給率は57％程度（2021年）。
④誤文。イギリスの生産額ベースの食料自給率は100％を超えていない。

Ⅲ 解答

問1．A．残余財産分配　B．キャピタル・ロス
C．スケールメリット〔規模の利益〕
D．フィンテック（FinTech）
問2．②　問3．④　問4．③　問5．②　問6．⑤　問7．⑤

◀解　説▶

≪株式市場・公正取引委員会≫

問1．A．残余財産分配（請求権）が適切。会社が解散などをした際に，残った資産を分配して受け取ることができる権利のこと。
D．フィンテック（FinTech）が適切。Finance と Technology をかけ合わせた造語であり，近年注目されている分野である。
問4．③正文。
①誤文。ホワイトナイトの記述である。
②誤文。ポイズンピルの記述である。
④誤文。ゴールデンパラシュートの記述である。
⑤誤文。パックマンディフェンスの記述である。
問5．②正文。1997年の独占禁止法改正により，持株会社が解禁されたが，その状況にあっても，事業支配力が過度に集中する持株会社の設立は禁止された。
問7．⑤正文。民主党政権下の2011年10月，東日本大震災後の日本では，保険会社の戦略などを見越して投資家が円を大量に購入し，異常な円高となっていた。
①誤文。円安時は輸入に不利になり，価格競争力は低下する。

Ⅳ 解答

問1．A．ブロックチェーン　B．暗号資産
C．クラウドファンディング
D．マネーロンダリング〔資金洗浄〕
問2．②　問3．①　問4．③　問5．②　問6．⑤　問7．④

◀解　説▶

≪金融分野の技術革新≫

問3．①が適切。しかし，エルサルバドルではビットコインの価値の暴落もあり，当初予定されていた金融都市の建設は進んでいない。
問4．③正文。

④誤文。マイナス金利は預金金利や住宅ローンに適用されない。
⑤誤文。デビットカードの説明である。
問5．②正文。
①誤文。iDeCoの加入は任意である。
③誤文。未成年を対象としたジュニアNISAは，2023年でその役割を終える予定である。
④誤文。バブル崩壊以降，日本の家計貯蓄率は世界的に低い水準である。
⑤誤文。日本の金融資産における現金・預金の割合は他国と比べて高い。
問6．⑤正文。
①誤文。貸金業法で，総借入額は年収の3分の1までとなった（総量規制）。
②誤文。PL法の制定は1994年である。
③誤文。消費者安全法は2009年に制定された。
④誤文。2000年に訪問販売法が改正され，特定商取引法となった。
問7．④が適切。消費者保護基本法が改正され，2004年に消費者基本法となった。2001年から2006年までは小泉純一郎内閣である。

❖講　評

記述式の空所補充問題と正文選択問題が中心である。

Ⅰ　国際政治・安全保障に関する問題。問1は基本的事項中心であったが，問4・問5は国際連盟・国際連合に関する丁寧な学習が必要であった。過去の緊急特別総会の内容について聞く問6には，戸惑った受験生も多かったであろう。問7の軍縮条約もやや詳細な知識を必要とした。

Ⅱ　食糧問題を中心とした出題がなされた。問1・問3は基本的な内容であり，問2も基本的な知識をもとに落ち着いて解けば解答は可能である。問4～問6は大学の経済学で学ぶ内容であるが，文章を注意深く読み込んで粘り強く対処したい。問7は近年の知識だけでは正解を絞り込むことができず，難しかった。

Ⅲ　株式市場・公正取引委員会について出題された。問1のAは教科書等ではあまり触れられることのない内容だった。一方，Dのフィンテック（FinTech）は近年の重要用語としておさえておきたい。問4は企業の買収防衛策についての詳細な知識を必要とした。

Ⅳ　金融分野の技術革新について問われた。問１についてはいずれも，Ⅲの問１．フィンテック同様，おさえておきたい時事用語である。問２・問６・問７は基本的事項についての理解が十分あれば解答は可能だが，問３は詳細な知識を必要とした。問４・問５などは金融に関する現代的な諸問題について総合的な理解が求められていた。

数学

I　解答

1．(1)—S　(2)—R　2．(3)—F　(4)—I
3．(5)—Q　(6)—O

◀解　説▶

≪平面ベクトル，順列・組合せ，三角方程式≫

1．実数 p，q を用いて

$$\vec{w}=p\vec{u}+q\vec{v}$$

と表す。$|\vec{u}|=|\vec{v}|=|\vec{w}|=5$，$\vec{u}\cdot\vec{v}=15$ より

$$|\vec{w}|^2=|p\vec{u}+q\vec{v}|^2$$

$$|\vec{w}|^2=p^2|\vec{u}|^2+2pq\vec{u}\cdot\vec{v}+q^2|\vec{v}|^2$$

$$25=25p^2+30pq+25q^2$$

$$5p^2+6pq+5q^2=5 \quad \cdots\cdots①$$

$\vec{v}\perp\vec{w}$ より，$\vec{v}\cdot\vec{w}=0$ だから

$$\vec{v}\cdot(p\vec{u}+q\vec{v})=0$$

$$p\vec{u}\cdot\vec{v}+q|\vec{v}|^2=0$$

$$15p+25q=0$$

$$3p+5q=0 \quad \cdots\cdots②$$

$\vec{u}\cdot\vec{w}>0$ より

$$\vec{u}\cdot(p\vec{u}+q\vec{v})>0$$

$$p|\vec{u}|^2+q\cdot\vec{u}\cdot\vec{v}>0$$

$$25p+15q>0$$

$$5p+3q>0 \quad \cdots\cdots③$$

②より　$p=-\dfrac{5}{3}q$

①，③に代入して

$$\begin{cases} 5\left(-\dfrac{5}{3}q\right)^2+6\cdot\left(-\dfrac{5}{3}q\right)q+5q^2=5 \\ 5\cdot\left(-\dfrac{5}{3}q\right)+3q>0 \end{cases}$$

$$\begin{cases} q^2 = \dfrac{9}{16} \\ q < 0 \end{cases}$$

$$q = -\frac{3}{4}$$

よって，$p = \dfrac{5}{4}$ となる。

$$\therefore \quad \vec{w} = \frac{5}{4}\vec{u} - \frac{3}{4}\vec{v} \quad \rightarrow (1), \ (2)$$

２．Aグループの３人を a_1，a_2，a_3，Bグループの２人を b_1，b_2 とする。総試合数が３のとき，a_1，a_2，a_3 はそれぞれ１試合ずつ b_1 または b_2 と対戦するが，３人とも b_1 ばかり，b_2 ばかりと対戦することはないので，求める組合せは

$2^3 - 2 = 6$ 通り　→(3)

次に総試合数が４のとき，a_1，a_2，a_3 のうち１人のみが２試合 b_1 と b_2 と対戦し，他の２人は b_1 または b_2 と対戦することになる。求める組合せは

${}_3C_1 \cdot 2^2 = 12$ 通り　→(4)

３．$\sin 3\theta - \sin\theta - \cos 2\theta = 0$ として

$$2\cos 2\theta \cdot \sin\theta - \cos 2\theta = 0$$

$$2\cos 2\theta\left(\sin\theta - \frac{1}{2}\right) = 0$$

$$\therefore \quad \sin\theta = \frac{1}{2}, \ \cos 2\theta = 0$$

$0 < \theta < \dfrac{\pi}{2}$，$0 < 2\theta < \pi$ より

$$\theta = \frac{\pi}{6}, \ 2\theta = \frac{\pi}{2}$$

$$\therefore \quad \theta = \frac{1}{6}\pi, \ \frac{1}{4}\pi \quad \rightarrow (5), \ (6)$$

II　解答

ア．1　イ．3　ウ．1　エ．2　オ．3　カ．1
キ．2　ク．5　ケ．3　コ．1　サ．1　シ．1
ス．2　セ．3　ソ．2　タ．9　チ．2

◀解　説▶

≪3次方程式の解の配置，面積≫

$C: y=x^3-2x+1$，$l: y=x+a$ より

$$x^3-2x+1=x+a$$

$$x^3-3x+1=a \quad \cdots\cdots①$$

$f(x)=x^3-3x+1$ とする。C と l が2つの共有点をもつとき，①は異なる2つの実数解をもつ，すなわち，$y=f(x)$ と $y=a$ が2つの共有点をもつ。

$$f'(x)=3x^2-3=3(x+1)(x-1)$$

増減表は右の表のようになり，求める a の値は

x	$\cdots$	-1	$\cdots$	1	$\cdots$
$f'(x)$	+	0	−	0	+
$f(x)$	↗	3	↘	−1	↗

$a=-1$ または $a=3$　→ア，イ

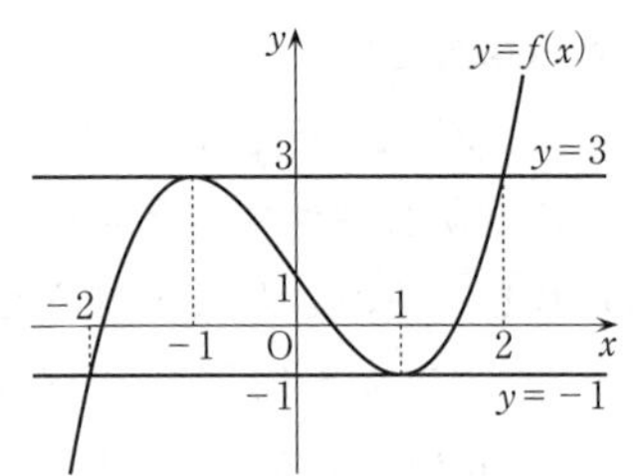

(i) $a=-1$ のとき，①より

$$x^3-3x+1=-1$$

$$x^3-3x+2=0$$

$$(x-1)^2(x+2)=0$$

$$\therefore \quad x=1,\ -2$$

よって，l は $x=1$ で C に接し，もう1つの共有点は $(-2,\ -3)$ である。→ウ〜オ

(ii) $a=3$ のとき，①より

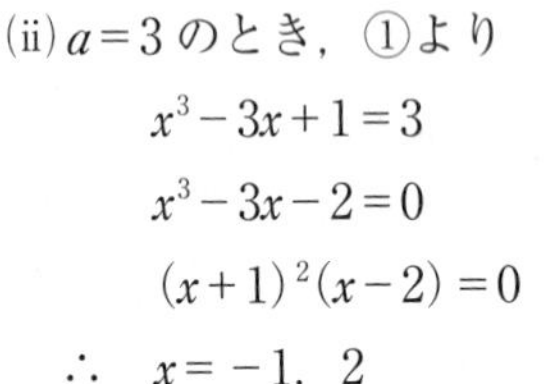

$$x^3-3x+1=3$$

$$x^3-3x-2=0$$

$$(x+1)^2(x-2)=0$$

$$\therefore \quad x=-1,\ 2$$

よって，l は $x=-1$ で C に接し，もう1つの共有点は $(2,\ 5)$ である。

→カ〜ク

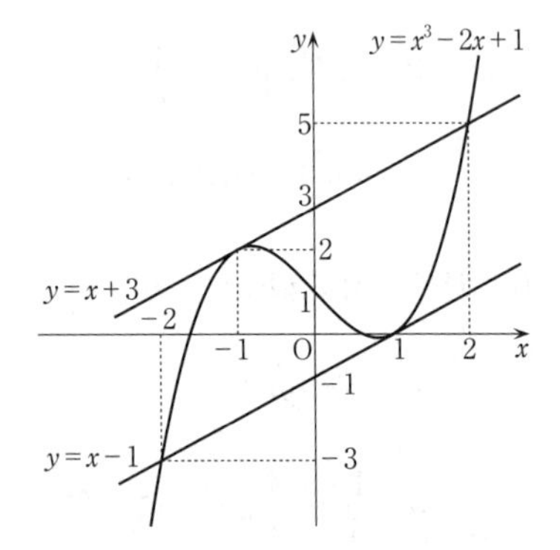

次に，①は

$$x^3-3x+1=b^3-3b+1$$

とすると $x=b$ を解にもつ。よって，次図より，$-2<b<2$ のとき

$$a=b^3-3b+1 \quad →ケ$$

とすれば C と l は共有点を3つもてるが，(i)，(ii)により

$$b=-1,\ 1 \quad →コ，サ$$

のときは共有点が2つとなるので，$b \neq \pm 1$ のとき，3つの共有点をもつ。このとき，共有点の x 座標は

$$x^3-3x+1=b^3-3b+1$$
$$x^3-b^3-3(x-b)=0$$
$$(x-b)(x^2+bx+b^2-3)=0$$
$$\therefore \quad x=b,\ \frac{-b\pm\sqrt{12-3b^2}}{2} \quad \to シ〜ソ$$

また，$b=\sqrt{3}$ のとき，C と l は $x=\sqrt{3}$，0，$-\sqrt{3}$ で，交わることになる。このとき

$$a=f(\sqrt{3})$$
$$=(\sqrt{3})^3-3\sqrt{3}+1$$
$$=1$$

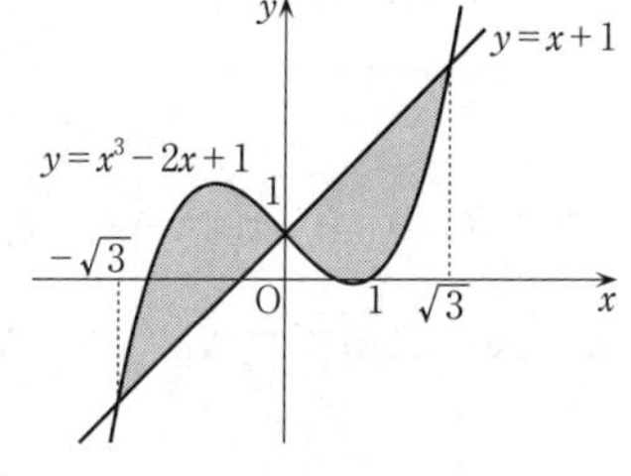

求める面積 S は

$$S=\int_{-\sqrt{3}}^{0}\{(x^3-2x+1)-(x+1)\}dx+\int_{0}^{\sqrt{3}}\{(x+1)-(x^3-2x+1)\}dx$$
$$=\int_{-\sqrt{3}}^{0}(x^3-3x)\,dx-\int_{0}^{\sqrt{3}}(x^3-3x)\,dx$$
$$=\left[\frac{1}{4}x^4-\frac{3}{2}x^2\right]_{-\sqrt{3}}^{0}-\left[\frac{1}{4}x^4-\frac{3}{2}x^2\right]_{0}^{\sqrt{3}}$$
$$=0-\left(\frac{9}{4}-\frac{9}{2}\right)-\left\{\left(\frac{9}{4}-\frac{9}{2}\right)-0\right\}$$
$$=\frac{9}{4}\times 2$$
$$=\frac{9}{2} \quad \to タ，チ$$

III 解答

1．(1)　a_5：$x+y=5$ 上の条件 (P) を満たす整数点の個数。

$x \geqq 0$，$y \geqq 0$ で，$x+y=5$ 上の整数点は6個あり

$A_0(0,\ 5)$，$A_1(1,\ 4)$，$A_2(2,\ 3)$，$A_3(3,\ 2)$，$A_4(4,\ 1)$，$A_5(5,\ 0)$

とする。線分 OA_0，OA_5 上には，それぞれ整数点 $(0,\ 1)$，$(1,\ 0)$ などが存在する。よって，A_0，A_5 は条件 (P) を満たさない。線分 OA_1 上で，

x 座標が整数のものは，OA_1 : $y=4x$ なので

$\mathrm{O}(0,\ 0)$，$\mathrm{A}_1(1,\ 4)$　…条件（P）を満たす

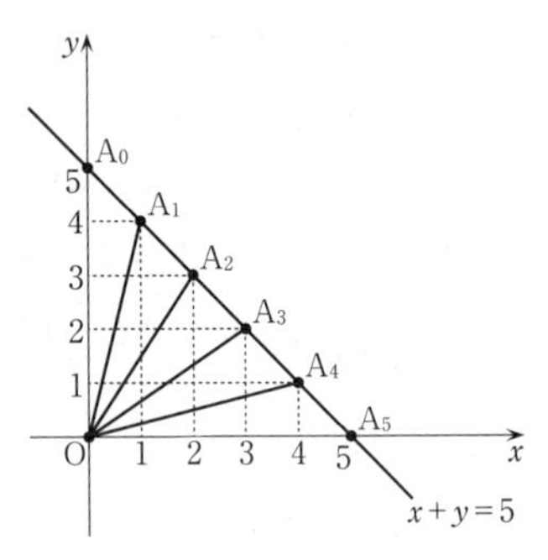

同様に線分 OA_2 $\left(y=\dfrac{3}{2}x\right)$，$\mathrm{OA}_3$ $\left(y=\dfrac{2}{3}x\right)$，

OA_4 $\left(y=\dfrac{1}{4}x\right)$ で考えると

$\mathrm{O}(0,\ 0)$，$\left(1,\ \dfrac{3}{2}\right)$，$\mathrm{A}_2(2,\ 3)$

$\mathrm{O}(0,\ 0)$，$\left(1,\ \dfrac{2}{3}\right)$，$\left(2,\ \dfrac{4}{3}\right)$，

$\mathrm{A}_3(3,\ 2)$

$\mathrm{O}(0,\ 0)$，$\left(1,\ \dfrac{1}{4}\right)$，$\left(2,\ \dfrac{1}{2}\right)$，$\left(3,\ \dfrac{3}{4}\right)$，$\mathrm{A}_4(4,\ 1)$

となる。よって，A_1，A_2，A_3，A_4 は条件（P）を満たすことになり

$a_5=4$　……(答)

a_6：$x+y=6$ 上の条件（P）を満たす整数点の個数。

$x+y=6$（$x\geqq 0$，$y\geqq 0$）上の整数点は7個あり

$\mathrm{B}_0(0,\ 6)$，$\mathrm{B}_1(1,\ 5)$，$\mathrm{B}_2(2,\ 4)$，$\mathrm{B}_3(3,\ 3)$，$\mathrm{B}_4(4,\ 2)$，$\mathrm{B}_5(5,\ 1)$

$\mathrm{B}_6(6,\ 0)$

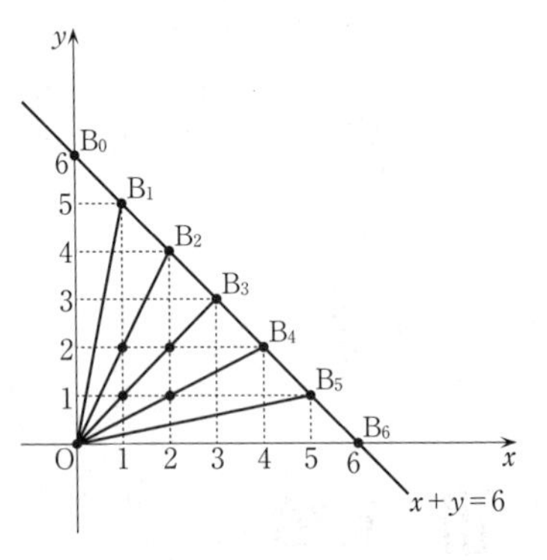

とする。線分 OB_0，OB_6 上には，それぞれ整数点（0，1），（1，0）などが存在する。よって，B_0，B_6 は，条件（P）を満たさない。ここで，線分 OB_1（$y=5x$），OB_2（$y=2x$），OB_3（$y=x$），OB_4 $\left(y=\dfrac{1}{2}x\right)$，$\mathrm{OB}_5$ $\left(y=\dfrac{1}{5}x\right)$ で，x 座標が整数であるものを考えると

$\mathrm{O}(0,\ 0)$，$\mathrm{B}_1(1,\ 5)$

$\mathrm{O}(0,\ 0)$，$(1,\ 2)$，$\mathrm{B}_2(2,\ 4)$

$\mathrm{O}(0,\ 0)$，$(1,\ 1)$，$(2,\ 2)$，$\mathrm{B}_3(3,\ 3)$

$\mathrm{O}(0,\ 0)$，$\left(1,\ \dfrac{1}{2}\right)$，$(2,\ 1)$，$\left(3,\ \dfrac{3}{2}\right)$，$\mathrm{B}_4(4,\ 2)$

$$O(0,\ 0),\ \left(1,\ \frac{1}{5}\right),\ \left(2,\ \frac{2}{5}\right),\ \left(3,\ \frac{3}{5}\right),\ \left(4,\ \frac{4}{5}\right),\ B_5(5,\ 1)$$

となる。よって，B_1，B_5のみが条件（P）を満たすことになり

$a_6=2$　……(答)

(2)　整数点A$(a,\ b)$について

$a=0$のとき，条件（P）を満たすのは　$b=0$または1

$b=0$のとき，条件（P）を満たすのは　$a=0$または1

$a=1$のとき，bは0以上の整数，$b=1$のとき，aは0以上の整数であれば条件（P）を満たす。

$a\geqq2$，$b\geqq2$のとき，a，bの最大公約数をgとして

$a=a'g$，$b=b'g$　（a'，b'は自然数）

と表すと線分OA：$y=\dfrac{b}{a}x \iff y=\dfrac{b'}{a'}x$上に点（$a'$，$b'$）はある。したがって，$g=1$なら条件（$P$）を満たし，$g\geqq2$なら条件（$P$）を満たさない。

以上より，求める必要十分条件は，「$(a,\ b)=(0,\ 0)$，$(1,\ 0)$，$(0,\ 1)$」または，「$a\geqq1$かつ$b\geqq1$でa，bは互いに素」である。……(答)

2．pは素数なので，$p\geqq2$だから，$x+y=p$上の整数点（a，b）について，$a=1$，2，…，$p-1$のものを考える。a，bの最大公約数をgとして

$a=a'g$，$b=b'g$　（a'，b'は自然数）

とおくと

$a+b=p \iff (a'+b')g=p$　……①

$a'+b'\geqq2$，pは素数だから

$g=1$

よって，aとbは互いに素であるから

$a_p=p-1$

同様に，$a_q=q-1$である。また，$x+y=1$上には（1，0），（0，1）が条件（P）を満たすので，$a_1=2$である。

$x+y=pq$上の整数点は，①と同様にして，$(a'+b')g=pq$とすると，a，bが互いに素にならないのは，2以上のgが存在するときで，それは

$g=p$またはq

の場合である。$g=p$のとき，$a'+b'=q$となるa'は$q-1$通り，$g=q$のとき，$a'+b'=p$となるa'は$p-1$通りあり，これらはすべて異なる。これ

以外は互いに素となるので，条件（P）を満たす。よって

$$a_{pq}=pq-1-(q-1)-(p-1)=pq-p-q+1 \quad \cdots\cdots(答)$$

となり

$$a_{pq}+a_p+a_q+a_1=pq-p-q+1+(p-1)+(q-1)+2$$

$$a_{pq}+a_p+a_q+a_1=pq+1 \qquad (証明終)$$

◀解　説▶

≪直線上の整数点（格子点）≫

1．(1)では，$n=5$，6 として，グラフを利用して，具体化して求めると(2)へとつながる。(2)では，(1)で，$n=6$ のとき，$(a,\ b)=(2,\ 4)$，$(3,\ 3)$，$(4,\ 2)$ すなわち，a と b が，互いに 1 以外の公約数をもつとき（互いに素でないとき），条件（P）を満たさないことから類推できる。最大公約数を g とおいて，$g=1$ でなければならないことを示す。

2．1 の (2) を利用する。$(a,\ b)=(1,\ pq-1)$，$(2,\ pq-2)$，…，$(pq-1,\ 1)$ より，a と b が互いに素なものをみつけること，逆に，互いに素でない，共通の因数をもつものを考え，全体の個数より引くことで示した。

❖講　評

大問 3 題の出題で，「数Ⅰ・A」，「数Ⅱ・B」からの出題が 1 題ずつ，小問集合として，平面ベクトル，順列・組合せ，三角方程式を扱った出題が 1 題であった。

Ⅰ　1 では，$\vec{w}=p\vec{u}+q\vec{v}$ として，定数 p，q の方程式を求めるとよい。2 では「人」を扱っており区別できるので，a_1，a_2，a_3，b_1，b_2 とおいて考える。どちらのグループに注目して考えるかを決め，組合せの数を求める。3 では，因数分解などを利用して積にすることになる。

Ⅱ　「C，l の共有点の x 座標」$\Longleftrightarrow$「方程式①の実数解」となることに注目する。だから，①を変形して，$y=f(x)$ と $y=a$ との交点としても解はつねに，C と l の共有点の x 座標である。

Ⅲ　否定を基盤とした条件（P）の理解が大切である。

1．(1)　$n=5$，6 と実験することで，条件（P）を満たす A の x 座標，y 座標の関係を考えて，(2)につなげることになる。

(2)　a と b の最大公約数を g とおいて，$g=1$ でなければならないことを

示せばよい。

2．$p=2$，$q=3$とすると，「$2\cdot3+1=a_6+a_2+a_3+a_1$」は，1．より $a_6=2$，$a_3=2$，$a_2=1$，$a_1=2$ より明らかである。まずは，a_{pq} すなわち，$x+y=pq$ 上の整数点（a，b）を考え，1．の(2)より，a と b が互いに素となるものを数え上げることになる。

文単語といった基礎の学習をしっかりした上で読解力を磨くことが求められる。設問の形式と難易度は、例年とあまり変わらない。

〝やめよう〟の意。全体としては、「あらば」の「ば」が未然形に接続して仮定であるから、〝修行の霊験があるならば、昼間見ないままにしておこうか、いや、そうはいかない〟となる。女がきまりわるがるからと言っても昼間に通わないことはできない、と解釈できる。正解は3である。

問九　1は全体が誤り。選択肢に当たる記述は本文にはない。2は傍線部Bの宮の会話の後の女の言葉とそれを受けた宮の言葉の内容ととれるので正解。女の「のたまはせんままに」は〈注1〉、そして宮の言葉の中の〈注2〉と二つの〈注〉をそれぞれ参照する。3は和歌ⅠとⅡのやりとりだが、「すぐに」と「物足りなく」の内容が本文にない。4も和歌ⅠとⅡのやりとりだが、「女の歌の力量を試そうとして」が本文からは読み取れない。5は和歌ⅢとⅣのやりとりを指しているが、「世間から身分違いの恋を非難され」がない。また、女の歌は「別れをほのめかした」ものではない。

❖講　評

例年通り、現代文二題、古文一題の構成であり、文章の長さや設問数、難易度も例年並みである。

一は、コロナ禍によってテレワークが実施されたことによって承認欲求をめぐる問題がさまざまな形で表面化し、テレワークに携わる人々の心に影響を与えたと述べる。近現代の日本社会における価値観の再検討の必要を論じた二〇二一・二〇二二年度の出題に通じる問題意識に立っていると言える。

二は、哲学の一つの分野である懐疑論の説明が目の前で痛みを訴える人を例になされ、そこに哲学者の感覚と日常的な感覚のズレを感じると指摘する。そして、知識を重視する懐疑論と、目の前の人との関係における倫理の問題とは区別するべきで、目の前の相手を重視する哲学者になりたいと述べる。

三は、日記『和泉式部日記』からの出題である。自邸に出仕するよう誘っていた女の元に、宮が昼間に訪問して女との歌のやりとりをし、その後の手紙のやり取りをする場面からの出題であった。助詞・助動詞・敬語・和歌の修辞・古そういう状況を踏まえて傍線部の語義に合致するのは4である。その他の選択肢は宮のそのときの状況を言っているのではない。1の「恋わずらい」も、二人は会っているので誤りである。

問五　連歌の短句であるⅠは「ことの葉」が掛詞で、一つは宮と女が交わす言葉、もう一つは直前の、宮が手折った檀の紅葉を言う。紅葉が色濃くなるように、宮と女が交わす言葉も深くなっているという意味である。よって2が正解。1は「世の人々の胸に」、3は「恨み」、4は「冬に近づくように」「枯れて散ってゆきます」、5は「涙を流すほど悲しいものに」がそれぞれ誤り。

問六　傍線部Dは、「とまでおぼゆ」（＝〝とさえ思われた〟）に続き、尊敬語がないので、女の感想である。日記で「見る」「聞く」「思ふ」などの知覚語が出てきたら、主語は筆者（本文では女）となることが多い。ここで、選択肢は2・3・5に絞られる。傍線部の解釈だが、「あだあだしき」は〝①不誠実でいいかげんな態度である、②移り気である・好色がましい、③中身がなく、いいかげんである・内容が空虚である〟の意味であるが、傍線部の直前で宮の様子を「あらまほしう見ゆ」（＝〝理想的に思われる〟）とあり、宮を非難する①や③の意味ではなく、②の意味でとり宮のことを女が好色めいた目で見る、と解釈する。正解は5である。

問七　和歌Ⅲは難解だが、上の句は〝葛城の神も私のように思っているでしょう〟と直訳できる。「葛城の神」とは〈注3〉に、容貌の醜いことを恥じて夜の間だけ仕事をしたとある。下の句は「はしたなき」が「橋た無し」（＝〝橋がない〟）と「はしたなし」（＝〝体裁が悪い、みっともない〟）の掛詞で、「まで」が程度を表す。要するに、容貌に自信のない女が昼間に顔を見られた決まり悪さを訴えている。よって1が正解。2と3の強い非難は読み取れず、4・5は状況把握が誤っている。

問八　和歌Ⅳの「行ひのしるし」は〝修行の霊験〟であるが、女への誠意を認めてもらえることを暗示する。「葛城のはしたなし」は、問七の〔解説〕にあるように、葛城の神のように顔を見られるのをきまりわるく思う女の気持ちを言う。「さて」は〝そのまま〟の意。「や」は疑問・反語の係助詞。「やみ／な／ん」の「な」は強意、「ん」は意志でる橋が架けられないようなみっともなさくらいに（＝醜い私にとっては、昼間にお逢いするのは体裁の悪いことでございました）。

「ひどくきまりわるく思われます」と申しあげると、折り返し（宮から）、

役の行者のような行力が私にあるならば、葛城の神が橋を架けられなかったように昼間を恥じておいでのあなたを、そのままにしておきましょうか。

などと詠んで、今までよりは、しばしばおいでになったりするので、格別に手持ち無沙汰のわびしさも慰むような気持ちがする。

▲解　説▼

問一　傍線部②以外は会話文ではなく地の文なので、筆者（＝女）からの敬意であり、敬意の方向は宮である。②だけは会話文で、会話文の後に「のたまはせて」とある。登場人物は宮と女しかいないので、尊敬語が使われる会話主は宮であり、「給ふ」は尊敬語で、女に話しかけているので、敬意の方向は宮から女である。よって4が正解。

問二　宮が女のもとを訪ねた日の言葉・連歌には問いに該当する部分はない。傍線部②の下の「塩焼き衣、にてぞあらん」は十一字だが、引き歌は逢い慣れれば人恋しくなるという内容で、設問にある「女の戸惑い」には当たらない。翌日にきた「昨日の……あはれなりしか」の手紙の後に「のたまはせたれば」とあるので、宮の手紙とわかり、ここの「あさましうおぼいたりし」が正解。「あさましう」は〝驚きあきれて〟、「おぼい」は「思ふ」の尊敬語「おぼす」の連用形「おぼし」のイ音便、「たり」は完了の助動詞、「し」は過去の助動詞で、〝あきれていらっしゃったご様子〟の意となる。昨日の女の様子を述べた言葉である。

問三　傍線部B「うひうひしう」は「初々しい」であり、初心で物慣れない様子を言う語である。傍線部は会話文の中で、その末尾に「のたまはすれば」とあるから宮の会話である。傍線部の後に「さりとて参らぬはおぼつかなければ」（＝〝そうかといってお伺いしないと気がかりですので〟）とあるから、女への昼間の訪問について言ったのである。

なっていないので、（女は明るいところで姿を見られるのが）恥ずかしいけれど、（来訪してくれた宮に対して）みっともなく恥ずかしがって隠れるのもふさわしくない。それに、宮が（お邸に出仕するよう）お誘いになったとおりにでもなれば、（いつまでも）恥じらい申し上げていられるだろうかと思って、（居所から）にじり出た。（宮は）この数日間の御無沙汰のことなどお話しになって、しばらく横におなりになって、「私の申しあげたとおりに、早く決心をしなさい。今日のような忍び歩きは、いつも慣れないために気恥ずかしく思われるのですが、そうかといってお伺いしないと気がかりですので、頼りないあなたとの仲に苦しんでいるのです」とおっしゃるので、（女は）「いずれにしろ、お言葉どおりにと存じておりますが、見ても嘆くということが（ありますので）、（そのために）思い悩んでおります」と申しあげると、（宮は）「よし、見ていらっしゃい。塩焼き衣（のように逢い慣れてこそ人は恋しくなる）、（の通り）でしょう」とおっしゃって、お帰りになった。

（帰り際に宮は）庭先の透垣のもとに、いかにも美しい檀（まゆみ）の紅葉が、少しだけ色づいているのを折りなさって、欄干に寄りかかりなさって、

　私たちの言葉の情は檀の葉の紅葉のように濃やかになったものですね。

とおっしゃるので、

　白露がはかなげに置くように、宮様のかりそめの愛情をいただいたと思っておりましたうちに

と申しあげる（女の）様子を、物の趣を心得ていてすばらしいと（宮は）お思いになる。宮のご様子は、じつに立派である。御直衣（の下）に、なんともいえない美しいお召物を、出し袿（うちぎ）にして着ていらっしゃるのが、理想的に思われる。（女は）自分の目まで色めいているのではないか、とさえ思われた。

次の日、（宮から）「昨日のあなたのご様子が、（出仕後の私の心変わりを悲観して）嘆かわしいとお思いになっていらっしゃったのが、うらめしかったもののしみじみといとしく思った」と御文があったので、（女は、）

（容貌の醜いことを恥じて夜の間だけ仕事をしたという）葛城の神も私のように思っているでしょう。久米路に架け

ある。「知的」とあるが、「知識」は本文後半で、懐疑論者がこだわるポイントとして使われる言葉であり、筆者はその態度には反対しているので、この脱落文は後で否定されなければならない。挿入直後に「でも」と否定の言葉がくると考えると、この段落の3行目「ひともいた。」が正解である。

問八　1は第八段落の「痛みを経験……根拠はあるのか？」と考え続けるという内容と合致する。2は第十一段落の「物事の進めかたの変更だけが問題」という内容と合わない。3は第十一段落の内容と合致する。4は傍線部Dの段落とその前段落の内容と合致する。5は第十段落の内容と合致する。よって、本文の論旨と合わないのは2である。

三

出典　『和泉式部日記』

解答

問一　4

問二　あさましうおぼいたりし

問三　4

問四　透垣

問五　2

問六　5

問七　1

問八　3

問九　2

◆全　訳◆

二日ほどたって、（宮は）女車のいでたちで、そっとおいでになった。昼間のうちなどはまだ（宮は女の姿を）ご覧にもない」、痛みを訴える人は「とりあえず手当てをしてください」と思うだろう、と述べられている。1は「演技」が「許容されるか」とあるが、「演技が理解されるか」とならなければならない。また、2は「時間がかかる」が、3は「大袈裟な表現をしないと……理解してもらえない」が誤り。4は「具体的な人間」は傍線部の三段落後にあるが、理解してもらうのはどんな人間かではなく痛みである。5の「日常的な感覚のズレ」は三段落後にあり、「痛みを訴える人の……受け入れてもらえない」が適するので、これが正解。

問五　空欄アは、直前の「そのような」の指示内容、つまり空欄の二行前、哲学者カヴェルの『君が痛みを……』のような言い回し」をまとめた言葉で、3「発言」、4「表現」、5「表出」が入る可能性がある。空欄イと空欄ウは、「～ではなく、…ではないか」という、対義の関係にある。「確実な［イ］を表明」は、前の「知識の表明」のことなので、イには3、「知識」が入る。「知識」は本文後半で懐疑論者がこだわるポイントとして使われる言葉である。空欄ウは二行後の「相手が痛みを抱えていることを認め、……」を指すので、1の「同情」、3の「共感」が入る可能性がある。空欄ア～ウに適切に当てはまるのは3である。

問六　本文全体の内容を受け、本文の「痛み」を訴える人の例で傍線部Dを説明すると、「知識」とは「痛み」の根拠を疑うことで、「倫理」とは、痛がっている目の前の人に反応して何かをしなければいけないということ、「不確実性に由来する不安を引き受け」るとは、「痛み」の根拠は結局わからないのだが、それはそれとして受け入れて目の前の人のために行動するということである。その例として正しいのは1である。2は「加害者も」、4は「後の処置を委ねた」がともに余分な内容であり、3は「原因を探る」、5は「真偽を確認する」が傍線部の「不安を引き受け」と矛盾する。

問七　脱落文の「確信がない」をキーワードに本文をたどると、「確信がないことには黙っておく」という内容は、傍線部Dの次段落の性的マイノリティをターゲットにした差別に問題提起を行い、賛同の意見を保留にした人もいたという話題を指すとわかる。脱落文は、そういう人に「ある意味で知的には誠実なのだろうと思う」と理解を示した文で

問七　ひともいた。
問八　2

◆要　旨◆

懐疑論は人間の持つ知識が確実性を持たないことを主張する。例えば他者の心の懐疑論は、自分以外の人が心を持っていて、思考したり感情を抱いたりすることを疑う。誰かが「痛い」と言うとその痛みを疑うのである。しかし、痛がる人を目の前にしてその根拠を考え続ける哲学者は日常的な感覚がずれていると言える。痛がっている具体的な人間なら、痛みについて確実な知識を得られるかどうかが問題ではなく、痛みに反応して何かをするということが重要なのである。知識を重視するということは、確実な根拠なしに動くことを恐れているだけで、その不安ゆえに目の前の相手に向き合うことを避けているのではないだろうか。

▲解　説▼

問一　第一段落は、体調を崩したときの哲学者の考えることとして、普通は懐疑論だろうと推測するが、そうではないかもしれないと述べ、空欄Xを経て懐疑論に思いを馳せる。この文脈から〝どちらにしても〟という意味の4、「ともあれ」が入る。空欄Yを含む一文は、筆者が読者に他人に心があるかどうか悩んだことがないかを問いかけている。空欄Yでそういう人の度合いを推測するが、空欄の前の「それほど多くなさそうだが」と対応していることに気づけば、2、「たしかに」か、4、「それなりに」が相当する。よって正解はX・Yの組み合わせが適する4である。

問三　傍線部Bの段落は、すべての知識を疑う懐疑論の説明をした後、懐疑論に取り組む哲学者の方向として、確実な知識を探す考察をするか、懐疑論そのものを疑う批判的な試みをすると述べる。そして傍線部Bのデカルトの言葉は、直後に「懐疑論が成り立たない絶対確実な知識」とあることから、1が正解である。2は「尊厳」、4は「生きる意味」、5は「人に囲まれて自分が存在している」が話題からそれる。3は懐疑という全体の話題から外れる。

問四　傍線部Cの理由については、次段落に「痛みを訴えているひと」を目の前にして哲学者は「何をしてくれるわけで

問六　傍線部D「承認欲求」の説明は、前段落の「ありのままの自分を丸ごと認めてほしいという欲求」と言い換えることができる。ただ、ここだけでは傍線部の「大切な」が表現されていない。その説明は、二つ後の段落の「他人からの承認が自己効力感を高める」である。自分を認められると自己効力感が高まり、そして、自己効力感が低下するとメンタルに不調をきたす。だから大切なのである。解答は、この両者を字数制限内で要領よくまとめる。傍線部が名詞で終わっているので、名詞で終えるようにする。

問七　傍線部E「テレワークの限界」については、傍線部の四段落前からまとめがある。テレワークによって「承認欲求の呪縛」から逃れたとしても、テレワークを続けていくうちに積極的な承認願望が大きくなる。「呪縛」は承認欲求に基づいているからで、その結果テレワークに「限界」が生じると述べる。以上の説明に合致するのは3である。1は「たとえテレワークが制度化されていても」の前提が本文になく、2は本文が述べる「承認欲求」とは関係ないので誤り。4は「行き来する」が誤り。行きたいという気持ちが強まるのである。5は「対立」が本文にない内容である。

二

出典　三木那由他「言葉の展望台」（『群像』二〇二二年五月号）

解答

問一　4
問二　5
問三　1
問四　5
問五　3
問六　1

▲解　説▼

問二　この段落のキーセンテンスが、空欄Xを含む一文であり、リモート会議では何が「かぎられている」のかを、段落全体の内容から押さえる。それは、「周りの視線」「表情の微妙な変化」「手の震え」「相手の感情の起伏」、そして「見られたくない部分」である。これらをまとめたのは1である。ほかの選択肢であるが、2は「感情」が、3は「分担」がそれだけでは段落全体をカバーできず、4・5は本文と関係のない内容である。

問三　直前の「互いに相手が発する微妙な情報に対して敏感に反応する」ことが「煩わしさ」である。この内容を言い換えた選択肢は3でこれが正解。1・2・4は「互いに」という要素がない。5は全体的に内容が外れている。

問四　傍線部Bは、同じ段落の「自分が見せたくない部分を隠して適当に自己アピールできる」ことの、「テレワーク」「マスク掛け」以外で当てはまる例として取り上げられた部分である。設問条件の「類似しない」行為は2である。「自分のパーソナリティを効果的に知ってもらうため」が傍線部と類似しない。これは本文の後半、傍線部C以降で書かれる話題であり、傍線部Bは自己のパーソナリティを一部隠すわけで、2のようにすべてを知ってもらおうとするのではない。ほかの選択肢は、自己の一部を隠して自己アピールするという内容に合致する。

問五　傍線部Cの指示語「そこ」は、前段落の「自分の一部しか見せ」ない「部分的承認」を指す。だから傍線部の「盲点」は、一部しか見せないために隠れてしまった部分であり、傍線部の二つ後の段落の「長所も短所も含めた全体」の「パーソナリティ」のことである。それ以降は全体のパーソナリティを認めてもらわなければならない理由の説明が続いている。そして、傍線部②の次段落で「要するに」とまとめられており、「自分のよいところを見せて……欲望」のいっぽうで「ありのままの自分を丸ごと認めてほしいという欲求」もあると説明され、後者は、その次の段落で「承認欲求の大切な部分」と提示されている。よって正解は5である。1は「個人という発想が希薄」、2は「均衡を失うと」、3は「隠された部分にこそ」、「問題の本質が存在する」が「盲点」の説明と食い違う。4は全体が「盲点」の説明ではない。

国語

一

出典 太田肇『日本人の承認欲求――テレワークがさらした深層』〈第一章 「テレワークうつ」の正体は承認不足〉（新潮新書）

解答

問一 ①猛威 ②遍歴

問二 1

問三 3

問四 2

問五 5

問六 ありのままの自分が認められ自己効力感が高まること。（二十五字以内）

問七 3

◆要　旨◆

テレワークが始まると、対面と違って情報の交流が限られ「気楽さ」を感じることができる。そして、テレワークでは自分が見せたくない部分を隠して適当に自己アピールすることができる「部分的承認」を求めるようになる。ただ、人にはもともとその人の全体を認めてほしいという承認欲求があり、そして、それは自己効力感を高めることにもなる。承認欲求がいったん認められるとそれを失いたくないと思うようになる。この「承認欲求の呪縛」はテレワークで一旦解放されるが、この「呪縛」はもともと承認欲求に基づくものなので、再び、承認されたいという願望が上回るのである。

2022年度

問題と解答

■学部別入試

問題編

▶試験科目・配点

	教　科	科　　　目	配　点
学部別方式	外国語	「コミュニケーション英語Ⅰ・Ⅱ・Ⅲ，英語表現Ⅰ・Ⅱ」，ドイツ語（省略），フランス語（省略）から１科目選択	150 点
	選　択	日本史B，世界史B，地理B，政治・経済，「数学Ⅰ・Ⅱ・A・B」から１科目選択	100 点
	国　語	国語総合（漢文の独立問題は出題しない）	100 点
英語4技能試験利用方式	外国語	コミュニケーション英語Ⅰ・Ⅱ・Ⅲ，英語表現Ⅰ・Ⅱ ☆英語４技能資格・検定試験のスコアを出願資格として利用	300 点
	選　択	日本史B，世界史B，地理B，政治・経済，「数学Ⅰ・Ⅱ・A・B」から１科目選択	100 点
	国　語	国語総合（漢文の独立問題は出題しない）	150 点

▶備　考

- 「数学A」は「場合の数と確率，整数の性質，図形の性質」，「数学B」は「数列，ベクトル」から出題する。
- 英語４技能試験利用方式は，実用英語技能検定（英検），TEAP，TOEFL iBT®，IELTS™（アカデミックモジュールに限る），GTEC（CBT タイプに限る）のいずれかの試験において，所定の基準（詳細は省略）を満たし，出願時に所定の証明書類を提出できる者が対象。「英語」，「国語」，「地理歴史，公民，数学」の３科目の総合点で合否判定を行う。英語については，本学部の試験を受験する必要がある（１科目以上の欠席科目があった場合は，合否判定の対象外となる）。

英語

（80分）

〔Ⅰ〕 空欄に入る最も適切なものをそれぞれ1つ選び，その番号をマークしなさい。

(1) Do you remember ( ) the lights off before we came out?

1 switching
2 that you switch
3 to have switched
4 to switch

(2) I have two cars: one is made in Japan and ( ) in Germany.

1 another
2 others
3 the other
4 the others

(3) I should be obliged if you wouldn't interfere ( ) my private concerns.

1 at
2 for
3 in
4 on

(4) It was a little boy who pointed out the fact ( ) the king in the story was naked.

1 that
2 what
3 which
4 whose

(5) I understand you were wondering whether I'd be ( ) of making enough room for someone else on stage.

1 capable
2 feasible
3 possible
4 practicable

(6) Because the students have been busy preparing for their high school festival after school, they are very happy to have (　　) they had last week.

1 fewer homeworks than　　2 less homework than

3 little assignment　　4 many assignments

(7) You might instinctively know that singing a great song will (　　) better.

1 be felt for your　　2 change your feeling

3 make you feel　　4 repair you to

(8) Guests are (　　) their own travel arrangements to and from Haneda Airport.

1 advised to make　　2 followed up by

3 requesting to the show　　4 sold to

(9) Going over 160 kilometers per hour may (　　) you your life.

1 consume　　2 cost

3 pay　　4 spend

(10) I keep my fingers (　　) that you will succeed in your new business.

1 bathed　　2 crossed

3 manicured　　4 pointed

(11) Our teacher did not go (　　) on us when we failed to hand in our homework.

1 easy　　2 fulfilling

3 leisure　　4 painless

(12) Before he became famous as an actor, Teddy had been living on a (　　) income.

1 little　　2 rare

3 several　　4 small

(13) This vending machine is now out of (　　　), so can you please buy a bottle of water inside the shop?

1　arrangement　　2　design

3　order　　4　work

(14) Katy was at a loss for words when she read the (　　　) about her favorite actor dying in a car accident.

1　article　　2　diagram

3　picture　　4　prescription

(15) Did you know he is one of the most famous Olympic skiers? For him, skiing down that mountain is a (　　　).

1　bunch of flowers　　2　forest of trees

3　piece of cake　　4　slice of bread

(16) Bob and Ken (　　　) about money for an hour before they got into a quarrel.

1　discussed　　2　had been talking

3　have been discussing　　4　have talked

(17) Health care workers are always hard-pressed to (　　　) with the need for care when a pandemic hits.

1　demand　　2　keep up

3　make up　　4　supply

(18) We often (　　　) people good luck when they are about to give a speech.

1　hope　　2　praise

3　say　　4　wish

〔Ⅱ〕 空欄（ 1 ）～（ 3 ）に入る最も適切なものをそれぞれ1つ選び，その番号をマークしなさい。

In the late 1980s, a few years after the introduction of the Macintosh computer (and many, many years before the iPhone), Steve Jobs, the co-founder of Apple, was scheduled to give a presentation at a fancy hotel in southern California. The manager of the hotel was by nature a very calm man. He was used to celebrities like Mr. Jobs (who, by this time, was already quite famous) staying at his hotel and using its facilities. However, he was also a huge fan, and this made him uncharacteristically nervous. He was very worried that Mr. Jobs' presentation would not go according to plan.

On the day of Mr. Jobs' presentation, the manager went to the hotel's conference room early in the morning because he wanted to personally double-check that (1). When he opened the conference room door he found a technician already there, half hidden under a table, connecting computers and projectors and other equipment together.

At first, the manager was relieved because someone was already there making preparations for the presentation. But then he realized that no one had come to him to ask for permission to check or connect the equipment, especially at such an early hour. He was the hotel manager, (2). He was the one in charge of everything that happens in the hotel.

"Excuse me!" he called out to the technician in annoyance.

"Yes?" the technician answered, popping his head out from under the table for the first time. It was at this moment when the hotel manager realized that the technician was (3).

"Excuse me," the manager repeated slowly. His eyes were wide with shock, and he started to visibly sweat and shake. Not knowing what to say next, he said the first thing that popped into his head.

"I like computers," said the manager, almost in a whisper.

"I'm glad to hear that," came the reply as the man crawled back under the table, disappearing completely from view.

(1)　1　anything had its proper place
　　2　everyone was properly seated
　　3　everything was in order
　　4　something would go wrong if it could

(2)　1　after all
　　2　by all means
　　3　for all he knows
　　4　once and for all

(3)　1　anybody but the one and only Steve Jobs
　　2　more talented than the real Steve Jobs
　　3　none other than Steve Jobs himself
　　4　unable to find the presenter Steve Jobs

〔Ⅲ〕 次の英文を読み，設問に答えなさい。

On the streets of Manhattan and Washington, D.C., in neighborhoods in Seoul and parks in Paris, ginkgo[1] trees are gradually losing their bright yellow leaves in reaction to the first bout of frigid winter air.

This leaf drop, gradual at first, and then suddenly, carpets streets with golden, fan-shaped leaves every year. But around the world, scientists are documenting evidence of the event happening later and later, a possible indication of climate change.

"People would ask us, 'When should I come out to see peak ginkgo color?' and we would say the 21st of October," says David Carr, the director of the University of Virginia's Blandy Experimental Farm, which is home to The Ginkgo Grove, an arboretum[2] with over 300 ginkgo trees.

Carr, who's been at The Ginkgo Grove since 1997, says the trend toward warmer falls and later-in-the-season leaf color is a noticeable one. "Nowadays it seems to be closer to the end of October or the first week of November."

But this is not the first time the ancient species has confronted major climatic changes. And the story of ginkgos is not the familiar one of human carelessness with nature.

Thanks to fossils found in North Dakota, scientists know the species *Ginkgo biloba* has existed in its current form for 60 million years; it has genetically similar ancestors dating back 170 million years to the Jurassic Period.

In its nearly 200-million-year timeline, "they gradually were whittled down.(1) They almost went extinct. Then they have this renewal that comes from their association with (　　)(2)," says Peter Crane, author of the book *Ginkgo* and one of the world's foremost Ginkgo experts.

The International Union for the Conservation of Nature, an organization that tracks the survival of Earth's species, classifies the tree as endangered in the wild. Only a few rare populations are thought to potentially exist in China.

When you walk on those bright golden fans (　A　) on some rain-darkened sidewalk this fall, you're having a close encounter with a rare thing — a species that humans rescued from natural oblivion[3] and spread around the world. It's "such a great evolutionary story," Crane says, "and also a great cultural story."

On Earth today there are five different types of plants that produce seeds: flowering plants, the most abundant; conifers[4], plants with cones; gnetales[5], a diverse group of about 70 species including desert shrubs, tropical trees, and vines; cycads[6], another ancient group of palm-like trees — and the lonely ginkgo. In the plant kingdom's Ginkgoaceae family, there is just one living species, *Ginkgo biloba*.

Scientists think the world once contained many different species of ginkgo too. Fossilized plants found in a coal mine in central China that date back 170 million years show ginkgo-like trees with only slight variations in the shape of their leaves and number of seeds.

The species is often (　B　) to as a living fossil — a category that also includes horseshoe crabs[7] and royal ferns[8], among others — because it's a remnant of a once diverse group that existed millions of years ago. Because ginkgo is such an ancient species, it retains characteristics not often seen in more modern trees.

Ginkgo trees are either male or female, and they reproduce when a sperm from a male tree, carried by grains of pollen[9] floating on the wind, connects with a seed on a female tree and fertilizes it, not unlike the human fertilization process. They also show signs of potentially switching sex, from male to female. The phenomenon is rare to observe in ginkgos and not entirely understood, but it's thought males sometimes produce female branches <u>as a failsafe to ensure reproduction</u>(3).

One theory for the demise of the world's ginkgo species begins 130 million years ago, when flowering plants began diversifying and spreading. There are now more than 235,000 species of flowering plants. They rapidly evolved and proliferated, growing faster and using fruit to attract herbivores[10] and petals to attract more pollinators than ginkgos.

"It's possible that [ginkgos] were elbowed out of the way, that they faced competition from more modern plants," says Crane.
(4)

Already competing to survive, ginkgos began to disappear from North America and Europe during the Cenozoic Era, a time of global cooling that began around 66 million years ago. By the time the last ice age ended 11,000 years ago, the remaining survivors were relegated to China.

Ginkgo trees are notoriously stinky. Females produce seeds with an outer fleshy layer that contains butyric acid[11], the signature scent of human vomit.

As to why they evolved such a pungent stench, Crane says, "My guess is they were eaten by animals that liked smelly things. They then pass through the gut and germinate[12]."

Those same seeds may have helped ginkgo find favor with humans 1,000 years ago. Once (C) of their outer layer, ginkgo seeds resemble pistachios. It's then, when the trees had long since disappeared elsewhere, that people in China may have begun planting them and eating their seeds, Crane says. (Ginkgo seeds are edible only after the outer toxic layer is removed.)

It wasn't until German naturalist Engelbert Kaempfer took a late-17th-century trip to Japan, thought to have acquired ginkgos from China, that the plant was brought to Europe. Today, ginkgo is one of the most common trees along the U.S. East Coast. It's seemingly naturally resistant to insects, fungi[13], and high levels of air pollution, and has roots that can thrive under concrete.

The species was thought to be extinct in the wild until the early 20th century when a supposedly undomesticated population was found in western China. A
(5)
paper published in 2004 disagreed, suggesting instead that those trees had been cultivated by ancient Buddhist monks — but suggesting that other ginkgo havens might be found in the southwest of the country.

Then in 2012, a new paper cited evidence that a wild population did indeed exist in southwestern China's Dalou Mountains.

"I think there may [also] be some wild Ginkgo populations in the refugia area[14] of subtropical China. But it needs more exploration," says Cindy Tang, an ecologist at Yunnan University and author on the 2012 paper. Those wild populations are a potential treasure trove of genetic diversity for breeders (D) to improve the domesticated species.

Crane isn't worried about its future, though: The popularity of the species will help it survive. "Though its status in the wild may be precarious and difficult to access, it's a plant that's unlikely to ever go extinct," Crane says.

(出典：Sarah Gibbens, "Ginkgo Trees Nearly Went Extinct. Here's How We Saved These 'Living Fossils,'" *National Geographic*, 1 Dec. 2020)

注

1 ginkgo：イチョウ
2 arboretum：樹木園
3 oblivion：(ここでは)絶滅
4 conifers：球果植物
5 gnetales：グネツム目の植物
6 cycads：ソテツ科の植物
7 horseshoe crabs：カブトガニ
8 royal ferns：ロイヤルゼンマイ
9 pollen：花粉
10 herbivores：草食動物
11 butyric acid：酪酸
12 germinate：発芽する
13 fungi：菌類
14 refugia area：気候変化の影響を受けずに動植物群が残存している地域

問1 空欄（ A ）～（ D ）には，以下の動詞のいずれかが入る。それぞれに最も適切なものを選び，必要な場合は文意が通るように語形を変えて，解答欄に1語で記しなさい。

clean refer scatter seek

問2 下線部(1)～(5)について，最も適切なものをそれぞれ1つ選び，その番号をマークしなさい。

(1) この whittled down に意味が最も近いのは

1 recorded
2 reduced
3 rejected
4 reproduced

(2) この空欄に入る語句としてふさわしいものは

1 ancestors
2 endangered species
3 experiments
4 humans

(3) この as a failsafe to ensure reproduction とは

1 as an irregular failure on the part of nature
2 for the protection of their female offspring
3 in order to guarantee that they breed
4 so as to reflect their gender diversity

(4) この were elbowed out of the way に意味が最も近いのは

1 inevitably evolved
2 turned the corner
3 were cut down
4 were pushed away

(5) この population とは

1 a certain people in China
2 a group of ginkgos
3 mankind
4 wild animals

問 3 以下の各群について，本文の内容と一致するものを１つ選び，その番号をマークしなさい。

A群

1 There were more ginkgo trees alive worldwide at the end of the last ice age than there were 130 million years ago.

2 Ginkgo trees are still in danger of extinction because humans have been too careless with nature.

3 The trees found in ginkgo havens in southwestern China were actually cultivated by ancient Buddhist monks.

4 According to the article, scientists believe that it is possible for a single ginkgo tree to reproduce without the help of any other ginkgo trees.

B群

1 Peter Crane wrote the book *Ginkgo* because he was fascinated with the many ginkgo trees at David Carr's Blandy Experimental Farm.

2 Cindy Tang argued that climate change might have had a great influence on the leaf drop of ginkgo trees.

3 Peter Crane is clearly optimistic about ginkgo trees continuing to survive as a species.

4 According to David Carr, the seeds of ginkgo trees distracted animals that liked smelly food.

〔Ⅳ〕 次の英文を読み，設問に答えなさい。

Sometime toward the end of the last ice age, a gray wolf gingerly[1] approached a human encampment. Those first tentative steps set his species on the path to a dramatic transformation: By at least 15,000 years ago, those wolves had become dogs, and neither they nor their human companions would ever be the same. But just (あ) this relationship evolved over the ensuing millennia has been a mystery. Now, in the most comprehensive comparison yet of ancient dog and human DNA, scientists are starting to fill in some of the blanks, revealing where dogs and humans traveled together — and where they may have parted ways(1).

"It's a really cool study," says Wolfgang Haak, an archaeogeneticist[2] at the Max Planck Institute for the Science of Human History. "We're finally starting to see how the dog story and the human story match up."

Dogs are one of the biggest enigmas[3] of domestication. Despite decades of study, scientists still haven't (A) out when or where they arose, much less how or why it happened. A 2016 study concluded that dogs may have been domesticated twice, once in Asia and once in Europe or the Near East, but critics said there wasn't enough evidence to be sure. A few years later, researchers reported signs of dogs in the Americas as early as 10,000 years ago, yet those canines[4] appear to have vanished (い) a genetic trace. Other studies have found evidence of ancient dogs in Siberia and elsewhere, but scientists don't know how they got there or how they're related.

To fill in some of the blanks, two big names in dog and human genetics teamed up: Greger Larson, an evolutionary biologist at the University of Oxford, and Pontus Skoglund, a paleogenomicist[5] at the Francis Crick Institute. Larson, Skoglund, and colleagues sifted through[6] more than 2000 sets of ancient dog remains dating back nearly 11,000 years from Europe, Siberia, and the Near East. In the process, they added 27 ancient dog genomes to the five already on record.

They then compared those with the genomes of 17 humans living in the same places and times as the dogs.

The dog DNA alone revealed some surprises. As early as 11,000 years ago, there were already five distinct dog lineages; these gave rise to canines in the Near East, northern Europe, Siberia, New Guinea, and the Americas, the team reports today in *Science*. (う) dogs had already diversified so much by that time, "domestication had to occur long before then," Skoglund says. That fits with archaeological evidence: The oldest definitive dog remains come from Germany about 15,000 to 16,000 years ago.

Remarkably, pieces of these ancient lineages are still present in today's pooches[7]. Chihuahuas[8] can trace some of their ancestry to early American dogs, for example, (え) Huskies[9] sport genetic signatures of ancient Siberian dogs, the team found. "If you see a bunch of different dogs in a dog park," Skoglund says, "they may all have different ancestries that trace all the way back 11,000 years" [. . .].

When the researchers compared their dog DNA with modern and ancient wolf DNA, they got another surprise. Most domesticated animals pick up genetic material from their wild relatives — even after domestication — because the two species often live in close proximity and can still mate (think pigs and wild boars). But dogs show no such "gene flow" from wolves. Instead, the wolves gained new DNA from the dogs — a one-way street.

Larson <u>chalks this up to</u>(2) the intimate relationship between dogs and humans. If your pig or chicken becomes a bit wilder thanks to an infusion of feral[10] DNA, it doesn't matter, because you're going to eat them anyway, he explains. But dogs that go native make bad guards, hunting companions, and friends. "If you're a dog and you have a bit of wolf in you, that's terrible," Larson says. People will "get (お) the dog."

The wolf-dog analysis also suggests dogs evolved only once, from a now-extinct wolf population. Still, Larson, who led the 2016 study on multiple domestication events, says <u>more data are needed to seal the deal.</u>(3)

Then the scientists brought humans into the mix. They selected human DNA samples from the same places and eras for which they had ancient canine DNA, and traced the genetic history of each. "It's like you have an ancient text in two different languages, and you're looking to see how both languages have changed over time," Skoglund says.

In many places, the team found a strong overlap between human and dog genomes. For example, farmers and their pups in Sweden about 5000 years ago both trace their ancestry to the Near East. This suggests early farmers took their dogs with them as agriculture spread throughout the continent. "Writ large, as humans moved, they moved with their dogs," Larson says.

But sometimes the stories didn't match up. Farmers in Germany about 7000 years ago also came from the Near East and also lived with dogs. But those animals seem more similar to hunter-gatherer pups, which came from Siberia and Europe.

That suggests many early migrants adopted local dogs that were better (B) to their new environment, Haak says. The benefits were many, adds Peter Savolainen, a geneticist at the Royal Institute of Technology and an expert on dog origins. "They were cute. You could use them. You could even eat them."

Savolainen calls the study "very thorough," and adds it's "fantastic" that the researchers were able to bring together so many data. But he has long argued that dogs arose in Southeast Asia and says the work is incomplete without samples from that corner of the globe. "Without those, you could be (C) an important part of the picture."

For now, Larson says his team is analyzing "a ton" of wolf and dog genomes. He and his colleagues have also begun to look at ancient skull shape and genetic markers that could give clues to what early dogs looked like. Whatever he finds, he's counting on being (D). "We have to expect the unexpected," he says, "because that's all ancient DNA ever gives us."

（出典：David Grimm, “How Dogs Tracked Their Humans across the Ancient World,” *Science*, 29 Oct. 2020）

注

1 gingerly：用心深く
2 archaeogeneticist：考古遺伝学者
3 enigmas：謎
4 canines：イヌ科の動物
5 paleogenomicist：古代ゲノム学者
6 sifted through：～を精査した
7 pooches：犬
8 Chihuahuas：犬の種類の名前
9 Huskies：犬の種類の名前
10 feral：野生の，野生化した動物の

問1 空欄（ あ ）～（ お ）に入る最も適切なものを1つ選び，その番号をマークしなさい。

(あ)	1 how	2 what	3 which	4 who
(い)	1 away	2 for	3 toward	4 without
(う)	1 After	2 Because	3 Unless	4 Whether
(え)	1 including	2 unless	3 until	4 whereas
(お)	1 along with	2 away with	3 rid of	4 used to

問2 空欄（ A ）～（ D ）には，以下の動詞のいずれかが入る。それぞれに最も適切なものを選び，必要な場合は文意が通るように語形を変えて，解答欄に1語で記しなさい。

adapt　　figure　　miss　　surprise

問 3　下線部(1)〜(3)について，最も適切なものをそれぞれ1つ選び，その番号をマークしなさい。

(1)　この parted ways とは

1　arrived　　2　cooperated

3　rested　　4　separated

(2)　この chalks this up to と置き換えても文意が変わらないものは

1　attributes this to　　2　describes this to

3　leaves this　　4　submits this

(3)　この more data are needed to seal the deal とは

1　more data are needed before dogs start evolving from wolves once again

2　more data are needed before Larson will be allowed to retire from the team

3　more data are needed before the wolf domestication contract finishes

4　more data are needed before these results can be viewed as conclusive

問 4　以下の各群について，本文の内容と一致するものを1つ選び，その番号をマークしなさい。

A群

1　Dogs from Southeast Asia were first invented through genetic research by European scientists.

2　Human DNA and dog DNA are written in totally different code systems because they have nothing in common.

3　The research conducted by Greger Larson, Pontus Skoglund, and their team did not cover all world regions.

4　The research team believes that Southeast Asian dogs became extinct because they ran away from wolves.

B群

1 According to the article, ancient dog lineages that existed 11,000 years ago continue to exist in several different types of dog currently alive today.

2 Greger Larson is now working on dog skull shapes independently from Pontus Skoglund.

3 The research team demonstrated that humans finally succeeded in domesticating wolves in Germany about 15,000 to 16,000 years ago.

4 The researchers were astonished to find that dogs could locate human DNA even after domestication.

日本史

（60分）

〔Ⅰ〕 以下の文章は、古墳とヤマト政権について記したものである。文章内における a～eの【　　】に入る最も適切な語句を①～⑤から選び、マークしなさい。また、［ 1 ］～［ 5 ］の空欄に入る最も適切な語句を記しなさい。

5世紀後半から6世紀にかけて、大王を中心としたヤマト政権は、関東地方から九州中部におよぶ地方豪族を含めた支配体制を形成していった。『宋書』倭国伝には、倭の5王が中国の南朝に朝貢していたことが記されている。この5王とは、［ 1 ］と珍、済、興、武とされている。

この時代までの古墳は大王の権威を象徴するため、大規模な前方後円墳が近畿を中心にして展開されていたが、6世紀後半から7世紀にかけては、ヤマト政権の地方への政治的秩序の浸透もあり、首長層は大型の方墳や円墳を営むが、山間部や洋上の小島にも群集墳と呼ばれる小古墳群が数多く作られるようになった。奈良県橿原市のa【① 藤ノ木　② 岩橋千塚　③ 虎塚　④ 新沢千塚　⑤ 壬生車塚】古墳はその代表的なものである。群集墳には地方の有力農民も埋葬されており、彼らの台頭を物語るものと考えられている。

6世紀末から7世紀初めになると、各地の有力な首長が営んでいた前方後円墳の造営が終わる。隋の南北統一による強力な中央集権国家の成立による東アジアの国家情勢の変化に対応して、古い首長連合体制が終焉したものと考えられている。その後の大王の墓は、奈良県桜井市の段ノ塚古墳のように大王にのみ固有の［ 2 ］墳となったといわれている。やがて7世紀末から8世紀初めにかけての終末期古墳のなかには中国、朝鮮の文化的影響が色濃くうかがえる壁画を持つものも現れる。キトラ古墳の石室の壁には東西南北の方角にそれぞれ順番にb【① 青龍、白虎、朱雀、玄武　② 白虎、玄武、朱雀、青龍　③ 朱雀、青龍、玄武、白虎　④ 玄武、白虎、朱雀、青龍　⑤ 朱雀、白虎、玄武、青龍】の四神が配され、また精緻な天文図も描かれている。

農耕に関する祭祀は古墳時代の人々にとって大切であり、なかでも豊作を祈る春の祈年の祭りや収穫を感謝する秋の新嘗の祭は重要なものであった。人々は円錐形の山や高い樹木、巨石や孤島、川の淵などを神の宿る所と考え、祭祀の対象としていた。穢れを払い、災いを免れるための禊や祓、鹿の骨を焼いて吉凶を占う [3] の法、さらに裁判に際しては熱湯に手を入れさせて、手がただれるかどうかで真偽を判断する神判の [4] などの呪術的な風習もおこなわれたという。

ヤマト政権は、5世紀から6世紀にかけて氏姓制度と呼ばれる支配の仕組みを作り上げていった。豪族たちは血縁やその他の政治的関係をもとに構成された氏と呼ばれる組織に編成され、氏単位でヤマト政権の職務を分担し、大王は彼らに姓を与えた。中央の政治は臣姓、連姓の豪族から大臣・大連が任じられてその中枢を担い、その下の伴造が職務に奉仕する伴やそれを支える部と呼ばれる集団を率いて軍事・財政・祭祀・外交や文書行政などの職掌を分担した。このうち臣姓はc【① 中臣 ② 毛野 ③ 巨勢 ④ 筑紫 ⑤ 犬養】臣らのほか、吉備・出雲氏にも特別に与えられていた。

6世紀初めには、新羅と結んで筑紫国造の [5] が大規模な戦乱を起こした。大王軍はこの [5] の乱を2年がかりで制圧し、九州北部に屯倉を設けた。この屯倉を耕作した農民はd【① 品部 ② 部曲 ③ 田堵 ④ 作人 ⑤ 田部】と呼ばれている。

しかしながら、中央政権に帰順することのない勢力とのせめぎあいは律令にもとづく国家体制を確立する間も長く続いた。政府が蝦夷と呼んだ東北地方に住む人々に対しては、唐の高句麗攻撃により対外的緊張が高まった7世紀半ばには柵と呼ばれる城柵を設置するなど、支配地域の伸長に努めていった。この施設は朝廷が蝦夷の居住地域に支配を及ぼすための拠点となる官衙で、同時に柵戸と呼ばれる住民を付随し、また兵を駐屯させる軍事的拠点でもあるという複合的な性格を有していた。また、南九州の隼人と呼ばれた人々・地域に対しても抵抗を制圧し、あるいは中央へ帰順を促し、新たな行政区画をおいていった。

647年に渟足柵の柵が設けられたあと、こういった地域への勢力拡大はe【① 磐舟柵、出羽国、薩摩国、桃生城、多賀城 ② 磐舟柵、薩摩国、出羽国、多賀城、桃生城　③ 磐舟柵、多賀城、桃生城、薩摩国、出羽国　④ 磐舟柵、桃生城、薩摩国、多賀城、出羽国　⑤ 磐舟柵、出羽国、桃生城、多賀城、薩摩国】の設置という順番で行われたといわれている。

〔Ⅱ〕 以下の文章は、近世の貿易・対外交流について記したものである。文章内におけるA～Eの【　　　】に入る最も適切な語句を①～⑤から選び、マークしなさい。また、［　あ　］～［　お　］の中に入る最も適切な語句を記しなさい。

1540年代前半、九州南方の種子島にポルトガル人が漂着したことをきっかけにして、南蛮貿易が開始された。南蛮人と呼ばれたポルトガル人やスペイン人は、中国産生糸や鉄砲、火薬を日本にもたらし、日本の銀などと交易した。南蛮貿易は、キリスト教宣教師による布教活動と一体化しており、フランシスコ・ザビエルをはじめとした宣教師が相次いで来日した。イエズス会設立の宗教教育施設で中等教育を実施し、下級の神学校を兼ねた［　あ　］は、ヴァリニャーニによって安土・有馬に設置されたものである。宣教師たちの精力的な布教活動によって、キリスト教は急速に広まっていった。

1587年に豊臣秀吉は、九州の平定後に博多でバテレン追放令を発令し、松浦文書によれば宣教師にA【① 10　② 15　③ 20　④ 25　⑤ 30】日以内の国外退去を求めた。しかし、秀吉は海賊取締令を出して倭寇などの海賊行為を禁止し、海上支配を強化するとともに南方との貿易を奨励したため、貿易と布教を一体化させていたキリスト教の取り締まりは不徹底に終わった。

徳川幕府は、1609年にオランダ、1613年にイギリスに貿易の許可を与えた。徳川家康は、スペインとの貿易にも積極的であった。スペインとの通交は、サン・フェリペ号事件以来途絶えていたのであるが、たまたまルソンの前総督であるドン・ロドリゴが、B【① 常陸　② 上総　③ 相模　④ 土佐　⑤ 豊後】に漂着し、家康の支援による新造船でスペイン領のメキシコに送ったことをきっかけに復活した。しかし、日本とメキシコ間の貿易斡旋には失敗した。1613年に仙台藩主の伊達政宗も家臣である支倉常長をスペインに派遣してメキシコとの直接貿易を開こうと試みているが失敗している。

当時のポルトガル商人は、マカオに拠点を置いて中国産生糸を長崎に運び巨利を得ていた。1604年に幕府は、糸割符制度を設けて、糸割符仲間と呼ばれる特定の商人に輸入生糸を一括購入させ、ポルトガル商人らの利益独占を排除した。当初の糸割符仲間はC【① 博多・大坂・京都　② 長崎・大坂・堺　③ 長崎・京都・江戸　④ 長崎・堺・京都　⑤ 長崎・大坂・江戸】の三カ所商人であったが、のちに五カ所商人にひろがった。他方で、東南アジアを中心とした日本人の海外進出も盛んであった。駿河出身とされる［ い ］(？～1630)は、タイのアユタヤ朝に渡り、首都アユタヤにあった日本町の長になった。幕府は貿易家に対して海外渡航などを許可する朱印状を与えた。朱印状を携えた貿易船を朱印船という。

幕藩体制が固まるにつれて日本人の海外渡航や貿易に制限が加えられるようになった。この理由には、キリスト教の禁教政策と幕府による貿易の統制があげられる。すなわち、貿易活動を通じて西国の大名らが発展することを恐れたのである。1639年に幕府はポルトガル船の来航を禁止し、1641年には平戸のオランダ商館を長崎の出島に移してオランダ人と日本人の交流に制限を加えた。こうして日本は200年あまりの間、オランダ商館、中国の民間商船や朝鮮国・琉球王国・アイヌ民族以外の交渉を閉ざした。ドイツ人医師のケンペルによる著書『日本誌』を和訳した元オランダ通詞の志筑忠雄は、この閉ざされた状態を「鎖国」と訳した。志筑が訳した3編にわたる天文・物理学書で、1802年に完成した書物に『［ う ］』がある。

鎖国によって日本に来航する貿易船は、オランダ船と中国船だけになり、貿易港は長崎だけに限定された。中国では明が滅び、清が成立していたが、次第に長崎での貿易額が増加した。幕府は、輸入増加による銀の流出を抑制するため、1688年に清船の来航を年間でD【① 40　② 55　③ 70　④ 85　⑤ 100】隻に限った。

幕府は、朝鮮との講和を実現させた。1609年に対馬藩主の宗氏によって朝鮮との間に通交条約である［ え ］(または慶長条約ともいう)が結ばれ、近世日本と朝鮮の関係の基本となった。朝鮮からは使節が来日するようになり、初期の3回は、文禄・慶長の役の朝鮮人捕虜の返還を目的とした［ お ］と呼ばれた使節であった。そして、4回目からは通信使と呼ばれた。

琉球王国は、1609年に薩摩のE【① 島津家久 ② 島津義弘 ③ 島津義久 ④ 島津久光 ⑤ 島津忠義】(1576〜1638)の軍に征服されたことで薩摩藩の支配下にはいっていた。薩摩藩は、琉球王国の尚氏を王位につかせ、独立した王国として中国との朝貢貿易を継続させた。これにより、琉球王国は日明(のちに清)両属になった。鎖国体制下において日本と正式な国交のあった朝鮮と琉球王国のことを通信国と呼ぶ。

1604年に蝦夷地の松前氏は、家康からアイヌとの交易独占権を保障されたことで藩制を敷いた。和人地以外の蝦夷地におけるアイヌ集団との交易対象地域は、商場あるいは場所と呼ばれ、そこでの交易収入が家臣に与えられた。

幕府は、長崎、対馬、薩摩、松前の4つの窓口を通じて地域間の交流をもった。東アジアにおいては、伝統的な中国を中心とした冊封体制と、日本を中心とした4つの窓口を通じた外交秩序が共存する状態になったのである。

〔Ⅲ〕 以下の文章は、近代の政治、社会運動について記したものである。文章内における(a)〜(e)の【　　　】に入る最も適切な語句を①〜⑤から選び、マークしなさい。また、［(1)］〜［(5)］の中に入る最も適切な語句を記しなさい。

桂太郎は、藩閥、官僚、軍部に影響力を持つ山県有朋の派閥の一員として重責を担っていた。また、西園寺公望は、立憲政友会の初代総裁である［(1)］(1841－1909)の跡を継ぎ2代目の総裁に就いていた。桂太郎と西園寺公望は、情意投合し、交互に政権を授受しあう桂園時代を形成していた。

日露戦争後の内閣にとって、財政再建は大きな課題であった。ロシアから賠償金は得られず、また戦時中の臨時増税であった非常特別税は戦後も継続され、市民生活を圧迫していた。さらに、日露戦争の戦費は、非常特別税などだけでは補い切れず国債を発行して捻出していたため、国債の償還、利息の支払いは、国家財政を逼迫させていた。

そこで第二次西園寺内閣は、行財政の整理を行い、緊縮財政を図ろうとした。その一方で、軍部は、1907年に最初に裁可された(a)「【① 帝国国策要綱 ② 帝国国防方針 ③ 基本国策要綱 ④ 国策の基準 ⑤ 帝国国策遂行要領】」に基づき、長期的な軍備拡張を目指していた。中国で起きた辛亥革命などの情勢変化のために、陸軍は第二次西園寺内閣に、朝鮮駐屯のための2個師団の増設を要求した。

しかし緊縮財政を理由に第二次西園寺内閣が2個師団増設を拒否すると、これに反発した陸相［(2)］(1856－1933)は、天皇に帷幄上奏し、陸相を単独辞職した。さらに、陸軍は、後任の陸相を推挙しなかったことから、軍部大臣現役武官制が障壁となり、陸相を欠いた第二次西園寺内閣は崩壊した。

これを受けて元老会議の推薦により桂太郎が政権の座に就いた。しかし、大正天皇の侍従長兼内大臣に就いて間もない桂が、宮中から府中(政界)に復帰したことに世論は反発した。また、桂が長州閥、陸軍閥であったことから、藩閥や軍閥に対する批判も加わった。こうした世情の高まりから、「閥族打破・憲政擁護」の下に、立憲政友会の尾崎行雄や立憲国民党の犬養毅らの政治家、ジャーナリスト、商工業者らは、いわゆる第一次護憲運動を繰り広げ、桂内閣打倒の運動を展開した。この運動では、1880年に慶應義塾関係者らによって設立された東京銀座の実業家社交クラブの［(3)］も大きな役割を果たした。

これらの運動に対抗しようと桂は新党の結成を画策した。しかし詔勅を利用した政権運営や議会の停会を繰り返す桂内閣に対し、民衆は不満を募らせた。民衆は国会議事堂を包囲し、徳富蘇峰が創刊した(b)【① 平民新聞　② 中央新聞　③ 時事新報　④ 国民新聞　⑤ 中央公論】の発行所や交番を襲撃した。その結果、高揚した民衆の運動に押され桂内閣は崩壊した。これがいわゆる大正政変である。なお、桂が試みた新党は、その後、加藤高明を総裁とし(c)【① 立憲民主党　② 立憲改進党　③ 立憲帝政党　④ 立憲同志会　⑤ 立憲自由党】として結成された。

こうした民衆の運動は、1918年に勃発した米騒動にもみられた。都市の人口や工場労働者の増加により米の需要は高まったが、寄生地主制の下での米生産では、十分な供給を果たせず米価は高騰した。シベリア出兵を想定した米の投機的買い占めは、さらに米価を暴騰させた。こうしたなか米騒動が起き、それが全国的な運動に発展し、(d)【① 大隈重信　② 加藤友三郎　③ 山本権兵衛　④ 高橋是清　⑤ 寺内正毅】(1852－1919)内閣は退陣に追い込まれた。

こうした世論の中で後継として登場した首相原敬は、平民宰相と称され好評を博した。また陸相、海相、外相以外の閣僚を立憲政友会の会員から選出し本格的な政党内閣を組織したことも、原内閣への期待を高めた。原内閣は、教育の改善、交通・通信の整備拡充、産業の奨励、国防の充実の四大政綱を掲げ、政策を推進した。しかし、国民の期待した普通選挙の実現に対しては、選挙権の納税資格を3円以上に引き下げたこと、そして小選挙区制の導入だけにとどまり、時期尚早として実現を見送った。

そして普通選挙に関する改正法案が通過したのは、加藤高明内閣の下であった。この背景には、加藤内閣の前内閣である清浦奎吾内閣の倒閣を目指した第二次護憲運動の影響があった。貴族院の議員を母体とした清浦内閣は、特権階級内閣と批判を浴びた。超然内閣の清浦内閣に対し、立憲政友会、(e)【① 友愛会　② 黎明会　③ 憲政党　④ 憲政本党　⑤ 憲政会】、革新倶楽部の3党は、政党内閣の確立を期し、護憲三派を結成した。この護憲三派を中心に、打倒清浦内閣を目指し、政党内閣の実現のほかに、普選断行、貴族院改革、行政整理などを訴え、いわゆる第二次護憲運動が展開された。これに対し清浦内閣は議会を解散し選挙に打って出たものの、護憲三派の圧勝に終わり、清浦内閣は退陣した。

この倒閣によって、衆議院の第一党となった(e)総裁の加藤高明が首相となった。これ以降、1932年の五・一五事件による犬養毅内閣の倒閣まで、衆議院で多数を占める政党が政権を担う慣例いわゆる「憲政の　(4)　」が続いた。そして、加藤内閣の下で、普通選挙に関わる改正法案を成立させた。その一方で、社会主義運動の拡大などを抑止するため、治安維持法を立法化し、その法文において「国体ヲ変革シ又ハ　(5)　ヲ否認スルコト」を目的とした結社や政治活動を禁止すると定めた。

〔Ⅳ〕 以下の文章は、第二次世界大戦後の日本経済について記したものである。文章内における(A)～(E)の【　　　】に入る最も適切な語句を①～⑤から選びマークしなさい。また、ア ～ オ の中に入る最も適切な語句を記しなさい。

ＧＨＱは日本の軍国主義の温床となっていたと考えた財閥と寄生地主制の解体を経済民主化の中心課題とした。三井・三菱・住友・(A)【① 浅野　② 大倉　③ 渋沢　④ 古河　⑤ 安田】の四大財閥を含めた多くの財閥や持ち株会社が解体された。さらに、1947年に私的独占などを禁じる独占禁止法が成立し、この独占禁止法の運用のために、(B)【① 公正取引委員会　② 持株会社整理委員会　③ 金融庁　④ 会計検査院　⑤ 経済企画庁】が設置された。

戦災や軍需産業の崩壊による経済機能の麻痺に加えて、軍人の復員や海外居留者の引揚げによる人口の急増、さらに米の凶作も重なって、生活物資は極端に不足した。各地の焼け跡にできた闇市では物価統制の制度を無視した不正取引が公然と行われた。悪性のインフレが発生し、幣原喜重郎内閣は預金封鎖により旧円の流通を禁止し、新たに発行した円の引き出しを制限することで、貨幣流通量を抑制して、インフレ阻止をはかった。しかし、その効果は長続きしなかった。また、第一次吉田茂内閣の下では、石炭・鉄鋼・電力などの産業に重点的に資金供給を行なうために、1947年に復興金融金庫が設立された。こうした特定の産業に優先的に資金供給をはかる政策は、傾斜生産方式と呼ばれ、次の ア (1887～1978)内閣にも継承された。巨額の資金流入はこれらの産業における設備投資を促したが、一方で国内のインフレを助長した。

インフレ克服を目指して、第二次吉田茂内閣は、ＧＨＱが指示した イ 原則の実施に着手した。ＧＨＱによって招請されたドッジは、赤字を許さない均衡予算の編成、１ドル＝360円の単一為替レートを指示した(いわゆるドッジ＝ライン)。また、シャウプによって勧告された税制改革は直接税中心主義を唱え、それに従って所得税については累進課税方式が適用された。一方で、法人税に関して税率は一定とされた。

ドッジ＝ラインによりインフレは抑えられたが、不況が深刻化した。こうした中で、1950年に朝鮮戦争が始まり、この特需によって日本経済は活気を取り戻した。さらに、政府は産業政策の一環として、輸出振興を目的とした日本輸出銀行を設立し、1951年には産業への資金供給を行なう日本(C)【① 勧業　② 興業　③ 開発　④ 債券信用　⑤ 長期信用】銀行を設立した。

1951年にサンフランシスコ平和条約が締結され、翌年の条約の発効によって、日本は主権を回復した。1952年にＩＭＦ(国際通貨基金)、1955年にはＧＡＴＴ(関税及び貿易に関する一般協定)に加盟し、日本は経済的にも国際社会への復帰を果たした。戦後の中国との貿易に関しては、1952年に最初の貿易協定が結ばれてから、民間貿易として行われてきた。中国との貿易の拡大をはかり、政経分離を掲げていた第二次池田勇人内閣により、1962年、同国との準政府間貿易が始まった。これは、交渉に当たった廖承志と［ウ］(1885～1964)の頭文字をとって、ＬＴ貿易と呼ばれる。1963年、日本はＧＡＴＴ 12条国から、貿易の自由化を原則とする11条国に移行し、1964年にはＩＭＦ 14条国から、為替の自由化を原則とする(D)【① 4　② 6　③ 8　④ 10　⑤ 12】条国へと移行した。さらに、同年、ＯＥＣＤ(経済協力開発機構)への加盟も果たした。こうして、日本は先進国としての地位を築いていった。

1944年にアメリカ、ニューハンプシャー州の［エ］において連合国国際通貨金融会議が開かれ、戦後の世界経済の柱の一つが確立した。このいわゆる［エ］体制は、金1オンス＝35ドルと平価が設定されたドルを基軸通貨として、ドルと各国通貨との為替レートを固定とする固定為替相場制を採用し、世界経済の安定と自由貿易の発展を目指すものであった。しかし、ベトナム戦争による軍事費の増大や国際収支の大幅な赤字によって、アメリカはこの体制を維持することが難しくなった。1971年、(E)【① ケネディ　② ジョンソン　③ フォード　④ ニクソン　⑤ カーター】(1913～1994)大統領は、ドルの防衛を目的に、金・ドル交換の停止や10％の輸入課徴金を輸入品に課すことを発表し、日本や西ドイツといった国際収支の黒字国に対して為替レートの引き上げを要求した。これによって主要国は変動為替相場制に移行し、［エ］体制は揺らいだ。1971年末に、ワシントンの［オ］博物館で10カ国蔵相会議が開催され、ドルに対する主要国通貨の切り上げなどの合意が成立し、固定為替相場制への復帰が目指された。しかし、その後も主要国間での貿易不均衡の増大に変化はなく、1973年、主要国通貨は完全に変動為替相場制へと移行した。

世界史

（60分）

〔Ⅰ〕 次の文章をよく読み，下記の設問に答えなさい。

香港は，1842年から1997年まで，イギリスの植民地だった。1842年に締結されたアヘン戦争の講和の結果である南京条約によって香港島が，アロー戦争後1860年に締結された北京条約によって［ア］が割譲された。

この二つの戦争で清が敗れ，香港がイギリス植民地となったことは，江戸時代末期の日本に危機感を与えた。政治改革の必要性を訴える公羊学者魏源がアヘン戦争後に編纂した地理書［イ］は，その一部が日本語訳され，幕末志士の間で大いに読まれた。

香港は1941年から3年8ヶ月間ほど日本軍に占領されるが，太平洋戦争終結後は再びイギリス統治に戻った。

1970年代前半日本でアイドル歌手となった香港出身のアグネス・チャン（陳美齢）は，香港でも広東語の歌をレコーディングしており，1982年のアルバム『漓江曲』に収められた楽曲，『香港，香港』では，「カモメが飛ぶ自由港を見てください」と1970，80年代香港の繁栄を歌い，『鳥の歌』では「海に浮かぶとても小さな島，そこは楽園」「（鳥は）互いに助け，愛し，誰かを敵視する必要はない」と，香港と香港人を楽園と鳥にたとえて歌った。冷戦の時代，海を挟んで大陸の中国共産党と台湾の中国国民党が，イデオロギー対立をしていた時代であった。

一方で，「楽園」香港をめざして海や川を越えようとし，落命した人々は少なくなかった。中華人民共和国で1958年から行われた［ウ］政策の失敗によって，2000万を軽く超えるといわれる餓死者が出た時も，1966年から10年間続いた<u>文化大革命</u>[a]の時期も，香港には大陸から政治問題を抱えた「逃港者」が殺到した。香港の人口はこうした「逃港者」によって膨らんでいったと言っても過言ではない。政治問題を抱えた中華人民共和国の人民が，海を泳いで香港に逃れようとして叶わず，溺死体が香港沿岸へ頻繁に流れ着いた。

その「楽園」の存在に一大変化の兆しが見えたのは，イギリス首相 [エ] と，改革開放を推し進めた中国共産党の最高指導者鄧小平との間で，香港の中華人民共和国への返還が合意に至った 1984 年のことである。返還合意後，香港市民のうち，英語力があり経済的に豊かな者は，早々にイギリス連邦内のカナダやオーストラリアに移住して行った。香港はイギリスという「後ろ盾」があったがゆえに，ビクトリア・ピークから望む「百万ドルの夜景」が象徴するような，アジア随一の国際金融都市・自由貿易都市として繁栄し，川を隔てた向こうの，中華人民共和国とは異なる独自の発展を遂げたのである。

さらに 1989 年，北京で中国共産党に対して民主化要求をした青年たちが，中国人民解放軍によって武力鎮圧された天安門事件(b)が発生すると，大陸から香港を経由して欧米諸国へと民主活動家が政治亡命して行った。香港では大陸返還への不安と危機意識から，再び移住ブームが起きた。

1997 年に香港は中華人民共和国に返還(c)された。

清末から中華民国初期の中国人ジャーナリスト [オ] は，立憲君主制をめざす変法運動を推進したが，1898 年戊戌の政変で日本に亡命し，それから 14 年間もの間，日本を拠点に言論活動を続け，辛亥革命後に中華民国に帰国した。日本語の読み書きが流暢になってからの彼は，日本語に翻訳された欧州の書籍をさらに中国語翻訳して積極的に紹介し，現在の中国で使われている「日本語経由の外来語」の中には，この時代に彼が中国にもたらした語彙も少なくない。

[オ] は東京でベトナム人の民族主義者 [カ] と親しく交流し，[カ] の草稿『ベトナム亡国論』に加筆修正して出版している。[カ] は，1904 年末に日本へ向けて出発し，1905 年初頭香港に到着し，3 月に上海を訪問してから，4 月に横浜に到着している。日本への留学を推奨する「ドンズー(東遊)運動」の提唱者でもあった。彼はベトナムを植民地統治するフランス当局から危険視されていたため，フランスの圧力によって日本から出国せざるを得なくなり，1909 年に国外退去とされたが，活動拠点を日本から中国に移し，1912 年には広東で [キ] を結成して，辛亥革命同様にベトナムの武力解放をめざした。だが，1925 年上海でフランスの官憲に拘束され，その後はベトナムのフ(d)

エで軟禁されて一生を終えた。

現在のエチオピア連邦民主共和国の北部に位置した［ ク ］王国は，アフリカ，アラビア半島，インドを結ぶ交易によって栄え，4世紀頃にエジプトから伝わったキリスト教を受容した。現在でもエチオピアは，アフリカ最大のキリスト教国であり，ラリベラのエチオピア正教会岩窟教会群は世界遺産に登録されている。

エチオピア帝国は1895年イタリアに侵入されるが，フランスの支援で撃退し，19世紀末においても西欧列強の植民地化から免れたアフリカの国となった。しかし，20世紀に入ると，イタリアではムッソリーニが1922年の「［ ケ ］」によって政権を掌握した。彼は1935年には再びエチオピアに侵攻し，エチオピアはついに併合される。当時のエチオピア皇帝［ コ ］はイギリスに亡命した。第二次世界大戦が勃発すると，連合国軍がエチオピアに侵攻してイタリアを破り，皇帝は凱旋した。

1964年の東京オリンピック時，マラソンで優勝したエチオピア出身のアベベ・ビキラ選手は，［ コ ］の親衛部隊に勤務していた。しかし，皇帝は1974年に発生したエチオピア革命で，軍部によって廃位させられ，暗殺された。エチオピアはその年から急進的な社会主義体制をとるが，ソ連邦が消滅したと同年の1991年，エチオピアの社会主義体制も終焉を迎えた。

エチオピア北東部が，1993年に分離独立して国連加盟する(e)と，エチオピアは海岸線を持たない内陸国となった。また，この独立戦争によって，エチオピア北部には多くの難民キャンプが作られ，現在に至るも多数の難民が暮らしている。

設問 1 文中の空欄(ア～コ)に最も適する語句を記入しなさい。

設問 2 文中の下線部(a～e)に関する下記の設問に応えなさい。

a 文化大革命が起きた頃は，当時の中国最高実力者毛沢東の後継者と公式に認定されていたが，クーデタを起こそうとして失敗し，1971年飛行機でソ連への亡命を図ろうとしたが死亡した人物の名を書きなさい。

b 鄧小平によって抜擢され，天安門事件が発生した時に中国共産党総書記の地位にありながら，民主化運動をした学生達に同情的であったとして解任された人物の名を書きなさい。

c　1999年に中華人民共和国へ返還されたマカオは，どこの国が統治していたのか書きなさい。

d　フエに都を置き，1945年に滅んだベトナム最後の王朝名を書きなさい。

e　下線部eの国の名を書きなさい。

〔Ⅱ〕 次の文章をよく読み，文中の空欄（1～10）にもっとも適する語句を記入しなさい。

第二次世界大戦後，冷戦構造が深まるなかで，アジア・アフリカ諸国の間に，ラテンアメリカ諸国とともに第三勢力を形成しようとする潮流が生まれた。これらの地域は西側（資本主義）諸国の第一世界，東側（社会主義）諸国の第二世界に対して第三世界といわれるようになった。

1954年，インドなど南アジアや東南アジア5カ国首脳がスリランカの［ 1 ］に集まり，インドシナ休戦，水爆実験禁止，民族自決，中国の国連加盟支持を訴えるとともに，アジア・アフリカ諸国会議開催の構想を示した。また同年6月，インドのネルー首相は中国の［ 2 ］首相と会談し，平和五原則を発表した。翌55年，インドネシアのバンドンでアジア・アフリカ29カ国の代表が参加したアジア・アフリカ会議（バンドン会議）が開催され，平和十原則が採択された。この会議の精神を引き継ぐ形で，1961年9月，ユーゴスラヴィアの首都ベオグラードで，25カ国が参加して第1回［ 3 ］が開催され，平和共存，民族解放の支援，植民地主義の打破をめざして協力することが確認された。

フランス支配下の北アフリカでは，1956年にモロッコと［ 4 ］が独立を獲得した。しかし，アルジェリアでは多数のフランス人が入植していたため，独立に抵抗するフランス人入植者や現地軍部と［ 5 ］（ＦＬＮ）との間で武力抗争が1954年から続いていた。バンドン会議も国連もアルジェリア独立を支持したため，国際世論はフランスに不利な状況であった。こうした中，フランス大統領ド＝ゴールは62年，エヴィアン協定でついにアルジェリアの独立を承認した。

アメリカでは人種差別に対する国際世論の高まりの中で，1954年，連邦最高裁判所で公立学校における人種隔離を違憲とする［ 6 ］判決がくだされた。アメリカ南部では，［ 7 ］法と総称される，学校・鉄道・食堂などの公共施設での人種隔離などを定めた法律が施行されていた。こうした状況の中で，黒人を中心に南部の人種差別制度の撤廃を求める公民権運動が次第に高まっていった。こうした公民権運動の指導者がキング牧師であった。1963年8月，キング牧師は公民権法成立を求めるワシントン大行進での演説で，アメリカ独立宣言にうたわれた「平等」の完全な実現を訴えた。

イギリスの自治領南アフリカ連邦では，第二次世界大戦以前から，アパルトヘイト政策と呼ばれる非白人に対する人種差別的隔離政策が実施されていた。第二次大戦後，アパルトヘイト政策に対する国際的な非難が高まったものの，1961年，自治領は南アフリカ共和国として独立してイギリス連邦から脱退し，アパルトヘイト政策をなおも維持し続けた。しかし，1912年に創設され1923年に［ 8 ］と改称した組織の継続的な抵抗や国際連合の経済制裁をうけることとなり，人種隔離政策を続けることは困難な状況となった。1991年，国民党の党首であった［ 9 ］大統領は差別法を全廃し，94年には平等な選挙権を認めた。また南ローデシアでは，イギリス政府が黒人の参政権を認めたうえでの独立を準備していたが，1965年，白人政権はイギリスからの独立を一方的に宣言，ローデシア共和国と改称してなおも黒人差別政策を続けていた。その後アフリカ人組織の武力抵抗が開始され，南ローデシアは1980年に黒人主体の［ 10 ］共和国として独立した。

〔Ⅲ〕 次の文章をよく読み，下線(1～10)に関連するそれぞれの問(1～10)にもっとも適するものを(A～D)の中から一つ選び，解答欄にマークしなさい。

世界に先駆けて工業化を成し遂げたイギリスは，1851年，その工業化の成果を世界に誇るべく，第1回ロンドン万国博覧会を開催した。万国博覧会開催の総責任者はヴィクトリア女王[1]の夫君アルバート公で，会場はハイドパーク，そこに，ジョゼフ＝パクストン設計の鉄とガラスでできたクリスタルパレス(水晶宮)と呼ばれる博覧会会場が設営された。会場の半分にはイギリスとインドやカナダなどのイギリス植民地等の物産，残りの半分にはフランス，アメリカ[2]などの諸外国の物産が展示され，連日，多数の人々が訪れる大盛況となった。1851年5月1日の開会式から，同年10月11日の一般公開最終日までに，600万人以上の入場者を記録した。鉄道各社は万博見学のための割引運賃制を導入し，トマス＝クックの旅行会社は団体旅行を企画するなど，鉄道が広く一般の人々に利用される時代，すなわち庶民の娯楽や消費文化が開花する時代の先駆けとなった。

万博の展示品は4つのカテゴリーにわけられ，原料・機械・製造品・美術の4部門であった。各国，各地域の名産品も多数出展されたが，やはり中心をなしたのは，イギリスが世界に誇る工業製品の数々であった。しかし，美術部門があったとはいえ，彫塑や彫刻等は展示されたものの，絵画はまったく展示されず，美術部門は付随的プログラムとみなされたようである。絵画を欠いた美術部門の貧弱さは，当時から批判の的となり，博覧会ではライバルとなるフランスと対比されて，主催者側のおおいに反省するところとなったであろう。

同じ1851年，フランスではルイ＝ナポレオンがクーデタをおこし，翌52年，国民投票によって皇帝に即位し，ナポレオン3世のもとで第二帝政が始まった。ナポレオン3世は，1853年のアメリカ，ニューヨークの第2回万博に引き続いて，1855年，第3回万博をパリで開催した。当然のことながら，パリ万博ではフランスを代表する多くの絵画[3]が展示され，芸術の都パリを演出したのであった。ナポレオン3世は，万博開催の2年前，1853年からパリの大改造[4]をおこなった。近代的大都市の出現により，新しいブルジョア文化が花開き始めた。

ロンドンでは1862年，パリでは1867年に，それぞれ2回目の万博を開催したが，1851年のロンドン万博が平和のうちに開催されたのに対し，その後，イギリス・フランス両国はクリミア戦争[5]・アロー戦争等のさまざまな戦争に参戦していった。そのため，第2回ロンドン万博ではアームストロング砲，第2回パリ万博ではクルップ製大砲などの武器が堂々と展示されることとなった。また，ナポレオン3世は国民の人気を維持するため，イタリア統一戦争[6]への介入，インドシナ出兵，メキシコ遠征[7]など，積極的な対外政策を展開した。しかし，メキシコ遠征の失敗後，ナポレオン3世はプロイセン＝フランス戦争[8]に突入したあげく敗北し，第二帝政は崩壊した。こうしたさまざまな紛争はあったものの，万国博覧会等の国際的な催しは世界の交流をすすめ，国際的な社会主義運動[9]をはじめ，さまざまな国際組織[10]が結成されたのであった。

問1　下線部1に関連して，ヴィクトリア女王の治世にかかわる事柄について述べた次の文章のうち，もっとも適切なものを選びなさい。

A　グラッドストン内閣のもとで，英仏通商条約が締結された。

B　グラッドストン内閣は，ロスチャイルド家の支援のもと，スエズ運河株を買収した。

C　ジョゼフ＝チェンバレンは，植民相としてグラッドストン内閣に加わった。

D　グラッドストン内閣のもとで，アイルランドの小作人を保護する土地法が成立した。

問2　下線部2に関連して，19世紀後半のアメリカにかかわる事柄について述べた次の文章のうち，**誤っているもの**を選びなさい。

A　憲法修正第13条により，奴隷制が正式に廃止された。

B　南部では，シェアクロッパーと呼ばれる小作人制度が普及した。

C　ポピュリズムと呼ばれた，人民党を結成・支持した人々の政治運動が展開された。

D　フランスからアラスカを買収した。

問3　下線部3に関連して，19世紀のフランス絵画にかかわる事柄について述べた次の文章のうち，もっとも適切なものを選びなさい。

A　ロマン主義絵画の画家ダヴィドが、「ナポレオンの戴冠式」を描いた。

B　古典主義絵画の画家ドラクロアが、「キオス島の虐殺」を描いた。

C　写実主義の画家クールべが、「石割り」を描いた。

D　印象派の画家マネが、「印象・日の出」を描いた。

問4　下線部4に関連して，19世紀後半のパリにかかわる事柄について述べた次の文章のうち，**誤っているもの**を選びなさい。

A　オスマンにより，地下上下水道が建設された。

B　世界初の地下鉄「メトロ」が建設された。

C　リュミエール兄弟による映画の上映がおこなわれた。

D　世界初のデパート「ボン＝マルシェ」が開店した。

問5　下線部5に関連して，1877－78年にかけてのロシア＝トルコ戦争の講和の結果としてのベルリン条約で定められた事柄について述べた次の文章のうち，もっとも適切なものを選びなさい。

A　オーストリアはセルビアの占領と行政権を認められた。

B　オスマン帝国のルーマニア領有が認められた。

C　ボスニア・ヘルツェゴヴィナの独立が国際的に承認された。

D　東ルメリア自治州はオスマン帝国の自治州とされた。

問6　下線部6に関連して，イタリア戦争にかかわる出来事について述べた次の文章のうち，**誤っているもの**を選びなさい。

A　フランス王シャルル8世のイタリア侵入を皮切りに，戦争が始まった。

B　フランス王フランソワ1世は，「ローマの劫略」をおこなった。

C　カトー＝カンブレジ条約締結時のスペイン国王は，フェリペ2世であった。

D　カトー＝カンブレジ条約でイギリスは，フランスに領有していたカレーを失った。

問7　下線部7に関連して，19世紀後半のメキシコにかかわる事柄について述べた次の文章のうち，もっとも適切なものを選びなさい。

A　ナポレオン3世は，ディアス大統領の対外債務に関する支払い拒否宣言に対して，メキシコに武力干渉をした。

B　ディアス大統領はクリオーリョの出身であった。

C　フランス軍のメキシコ占領にともない，マクシミリアンが皇帝となった。

D　フランス軍はスペインの強い抗議によって、メキシコから撤退を余儀なくされた。

問8　下線部8に関連して，19世紀後半のプロイセンにかかわる事柄について述べた次の文章のうち，もっとも適切なものを選びなさい。

A　デンマーク戦争により，プロイセンはシュレスヴィヒ・ホルシュタイン両公国を失った。

B　プロイセン＝オーストリア戦争の結果，大ドイツ主義に基づくドイツ統一が優勢となった。

C　プロイセン＝フランス戦争中，ナポレオン3世をスダンで捕虜とした。

D　プロイセン＝フランス戦争中，ヴェルサイユ宮殿でドイツ帝国の成立が宣言され，ヴィルヘルム2世が初代皇帝として即位した。

問9　下線部9に関連して，インターナショナルにかかわる事柄について述べた次の文章のうち，もっとも適切なものを選びなさい。

A　1864年，各国の社会主義者がパリに集まって第1インターナショナルを結成した。

B　第1インターナショナルの指導者はマルクスであったが，フランスのバクーニンらの無政府主義者がマルクスの路線と対立した。

C　パリ＝コミューン後の弾圧により，第1インターナショナルは1876年に解散した。

D　1889年に，ロンドンで第2インターナショナルが結成された。

問10　下線部10に関連して，19世紀後半の国際的組織にかかわる事柄について述べた次の文章のうち，もっとも適切なものを選びなさい。

A　ナイティンゲールの主導により，国際赤十字が設立された。

B　国際労働機関が設立された。

C　国際郵便のための組織として，万国郵便連合が結成された。

D　ロシア皇帝アレクサンドル２世の呼びかけで，ハーグ万国平和会議が開催された。

〔Ⅳ〕 次の文章をよく読み，下線(１～10)に関連するそれぞれの問(１～10)に最も適するものを(１～４)の中から一つ選び，解答欄にマークしなさい。

ヨーロッパの貴族[1]というと，中世初期からずっと続く血統を基礎にしていると考えられがちであるが，実際はそうではなかった。多くの貴族は，中世末に入れ替わり，固定化していくのは16世紀以降である。15世紀にフランス[2]貴族の約５分の１は消滅しているし，ドイツ[3]の一部の地域では，15世紀の貴族の５分の１のみが，16世紀半ばまで生き残ったという。スペイン[4]では，1300年の有力貴族家系の６分の１のみが，16世紀にも生き残った。イングランド[5]でも，1300年の貴族の６分の１のみが16世紀まで生き残ったという。

なぜ貴族家系は絶えてしまうのか。まずは，医学の発達していない中世や近世において，幼少期や子供時代の死亡率が非常に高かったことがあげられる。貴族でもそれは同様であり，子供の死亡によって家が断絶してしまう危険は常にあった。また貴族特有の理由として，息子たちが戦闘[6]で死ぬ可能性があったことがあげられる。15世紀[7]には，イングランド貴族の男性の約半分が，暴力的な死を迎えたといわれている。さらに経済的に裕福ではない貴族の場合，長男のみを結婚させ，富の集中を図ることがあった。長男が死亡すれば，家は断絶してしまうことになる。

では新しい貴族はどこからやってきたのだろうか。中世末期の政治的動乱と戦争によって，社会的流動性はかなり高くなっていた。小貴族が大貴族に成り上がることもあったし，市民や大土地所有の農民が，貴族になることもあった。自らに仕えるものを補充しようとする君主は，忠実に仕えた者に褒賞として貴族の位を与えたし，金に困る君主は，金と引き換えに貴族の位を売った。しかし16世紀[8]になると，社会的上昇の機会は狭まっていく。カルロス1世[9]は，貴族内部にランクをもうけ，1520年に貴族の最高位にあたる一族をグランデとした。フランスではルイ14世[10]が貴族改めを行い，偽貴族を摘発しようとした。もっともフランスでは，近世においても官職を購入することで，法服貴族の地位を獲得できた。

問1 下線部1に関連して，フランス革命期に活躍した者達の中で，貴族だったものを選びなさい。

1 ラ＝ファイエット

2 エベール

3 マラー

4 ダントン

問2 下線部2に関連して，9－11世紀の西フランク王国またはフランスで起きた出来事について述べた文として，**誤っているもの**を選びなさい。

1 パリ伯ユーグ＝カペーが，フランス王に選出された。

2 ロロが，ノルマンディー公に封じられた。

3 ルイ9世が，十字軍を主導した。

4 ヴェルダン条約によって，西フランク王国が成立した。

問3 下線部3に関連して，18世紀のプロイセンについて述べた文として，**誤っているもの**を選びなさい。

1 プロイセン公国が，王国となった。

2 オスマン帝国などと，カルロヴィッツ条約を結んだ。

3 フリードリヒ＝ヴィルヘルム1世が，軍隊の強化に努めた。

4 フリードリヒ2世は，啓蒙専制君主であった。

問4 下線部4に関連して，15世紀のイベリア半島ついて述べた文として，もっとも適切なものを選びなさい。

1　カスティリャ王国の首都は，サラゴサであった。

2　アラゴン王国の首都は，トレドであった。

3　ナスル朝の首都は，グラナダであった。

4　ポルトガルのフェルナンドが，バルトロメウ＝ディアスの喜望峰到達を援助した。

問5　下線部5に関連して，8世紀から11世紀のイングランドについて述べた文として，**誤っているもの**を選びなさい。

1　エグバートがイングランドを統一した。

2　アルフレッド大王は，デーン人の侵入を撃退した。

3　ノルマンディー公ウィリアムは，ヘースティングズの戦いに勝利した。

4　ヘンリ2世が，プランタジネット朝を創始した。

問6　下線部6に関連して，古代ローマの戦いについて述べた文として，もっとも適切なものを選びなさい。

1　カンネーの戦いで，ハンニバルが敗北した。

2　ザマの戦いで，スキピオ軍が勝利した。

3　アクティウムの海戦で，アントニウスとクレオパトラの連合軍が勝利した。

4　アルベラの戦いで，ローマが勝利した。

問7　下線部7に関連して，15世紀に起きた出来事について述べた文として，**誤っているもの**を選びなさい。

1　フスが，異端として焚刑となった。

2　教会大分裂が終息した。

3　ペトラルカが，『叙情詩集』を執筆した。

4　フィレンツェのサンタ＝マリア大聖堂が，完成した。

問8　下線部8に関連して，16世紀の中南米にかかわる出来事について述べた文として，もっとも適切なものを選びなさい。

1　バルボアが，パナマ地峡を横断した。

2　教皇アレクサンデル6世が，植民地分界線(教皇子午線)を設定した。

3　コルテスが，リマを建設した。

4　ピサロが，テノチティトランを占領した。

問 9　下線部9に関連して，スペイン王カルロス1世または神聖ローマ帝国皇帝カール5世ついて述べた文として，**誤っているもの**を選びなさい。

1　カール5世が，ヴォルムス帝国議会にルターを召喚した。

2　シュマルカルデン同盟は，カール5世と戦った。

3　彼の治世に，第1次ウィーン包囲が起こった。

4　彼の治世に，ベラスケスが宮廷画家として活躍した。

問10　下線部10に関連して，ルイ14世とルイ15世の治世の間に活躍した芸術家として，**誤っているもの**を選びなさい。

1　ワトー

2　ブーシェ

3　コルネイユ

4　ルーベンス

〔V〕　対抗宗教改革について，3行以内で説明しなさい。

(解答欄：1行20.3cm)

地理

（60分）

〔Ⅰ〕 オーストラリア大陸の自然環境と産業について述べた次の文章を読み，問に答えなさい。

オーストラリア大陸は，約1億年前には［ a ］大陸の一部であったと考えられている。大部分は安定陸塊（りくかい）からなっており各地で鉄鉱石が産出されるが，特に西部の台地に［ b ］と呼ばれる一大産地がある。［ c ］鉄山はポートヘッドランドから，マウントトムプライス鉄山は［ d ］から，鉄鉱石をそれぞれ日本や中国に輸出している。一方，東部では，［ e ］山脈が南北を縦断しており，付近では［ ア ］が産出され，やはり日本や中国に輸出されている。

オーストラリア大陸の中央部を［ イ ］線が横断しており，［ ウ ］帯の影響を年中受けているため内陸部は乾燥帯となっている。しかし，［ e ］山脈が海から吹く［ エ ］風が内陸に吹きこむのを妨げるために，海岸部のシドニーは，［ X ］気候区となる。南海岸では高緯度のため［ ウ ］帯の影響は夏季だけになり，冬は［ オ ］風の影響を受けるため，年較差が少ない［ カ ］となり，西部のパース周辺では［ Y ］気候区が広がっている。

内陸部は低地である。［ e ］山脈西側の盆地の地下には帯水層があり，その盆地名の由来ともなっている［ キ ］井戸が掘削されて羊などの家畜の飲み水として利用されている。さらにその西側は砂漠である。内陸部の通信・交通の拠点であった［ ク ］は，ユネスコの世界遺産に登録された［ ケ ］への観光ルートの拠点でもあった。［ ケ ］は先住民族［ コ ］の聖地であり，2019年からは先住民族の信仰を尊重し，登山が禁止された。観光収入は先住民族の重要な収入源であり，この選択が先住民族の今後の生活にどのような影響を与えていくのか注目されている。

問１　空欄 a ～ e にあてはまる適当な地名を解答欄に記入しなさい。ただし, b は地区名を解答すること。

問２　空欄 ア ～ コ に当てはまるように適当な語を解答欄に記入しなさい。ただし, カ は気候区分名を漢字で記入し, コ には先住民族の呼称を記入すること。

〔Ⅱ〕 次の文章を読み，設問に答えなさい。

第二次世界大戦後，世界の政治・経済的な枠組みは大きな変貌を遂げてきた。国際貿易では，外国からの輸入品増大の影響より本国産業の存続・成長を守ることを目的とした従来の自国中心的な サ 貿易主義に代わって，ヒト・モノ・カネの３つの流れが自由化の道をたどり，しかもその規模は拡大し，速度を速めており，まさに今なお続く シ 貿易主義が時代の中心となっている。この貿易体制は，たとえばアメリカ合衆国では小麦を生産し，日本では自動車を生産するなどのように各国が優位性を発揮する財の生産に特化し，自国の財と比較した際に他国の財が優位であると判断される場合は他国の財を輸入し，自国の財が他国の財より優位な場合は自国の財を輸出するというように，相互に利益を享受し合うという仕組みの下に成立している。この仕組みによって国際的な規模での財の生産役割の棲(す)み分け，すなわち国際 ス 体制が形成されていったのである。このように国家間での財の交換が加速していくに伴って，世界市場で展開される各国間での貿易を下支えする世界的機関が必要とされ，WTO(世界貿易機関)が1995年に発足した。そのような世界規模での貿易体制が整備されていく一方で，２国間，あるいはそれ以上の複数の国々や地域間において，関税や数量制限，サービス貿易規制などの貿易に対する制御策を取り除くことを目的とする協定であるFTA(自由貿易協定)や，特定の２国間，または複数国の間で，関税撤廃や規制緩和に留まらず，国家や地域圏内の域内貿易・投資の自由化・円滑化を図り，政治・経済的関係の連携強化を目的とする協定である セ が次々と締結された。現代においては，急速なIT技術や物流インフラの発展を背景に，各国政治，および経済の世界的な結合が一層顕著となってきており，**表1**のように全世界で多様な結びつきによって構成される経済圏が複合的に形成されている中で，日本も戦略的な貿易政策が強く求められている。近年では，太平洋を取り囲む日本を含む複数の国々が参加国となり，加盟国間での経済的な関係性を強化する協定としての［ソ］に多くの関心が集められている。しかし，アメリカ合衆国の不参加表明とイギリス，中国，台湾の参加表明などが混在しており，その行く末は不透明である。

問１　空欄［サ］～［ソ］にあてはまる適当な語句を解答欄に記入しなさい。ただし，空欄［セ］と［ソ］は英語の略称表記で答えなさい。

問２　**表1**は，近隣地域において政治的・経済的に結合されている主要な地域経済圏の中でも，日本との貿易取引の多い地域経済圏ごとの輸出入品目および総額に対する割合を示した表である。表の内容を踏まえて，以下の問にそれぞれ答えなさい。

(1)　**表1**中の空欄［タ］～［ツ］は，それぞれASEAN，EU，アラブ首長国連邦から日本へ輸出される品目を示しているが，各空欄に入る適当な品目名を語群から選び解答欄に記入しなさい。

語群

・鉄鉱石・液化天然ガス・石炭・バナナ・菜種 ・衣類，同付属品・医薬品・茶製品・魚介類

(2)　**表1**中の空欄［テ］に入る地域経済協定圏は，ヨーロッパでの複数諸国による国際統合の様子を見て，その後に北米地域においてアメリカ合衆国，カナダ，メキシコとの間で形成された協定であるが，2020年7月には協定の見直しが図られ，新たな契約内容と名称にて3か国間で締結されている。この協定の新たな名称を英語の略称表記で解答欄に記入しなさい。

(3)　**表1**中の空欄 ト に入る地域経済協定圏は，1995年に発足され，南米の複数加盟国間における対外共通関税，財・サービス・労働力の流通の自由化による域内の経済統合を目指す目的の下に締結された。この協定の名称を英語の略称表記で解答欄に記入しなさい。

表1　日本のおもな貿易相手先別輸出入品目および総額に対する割合(2019)

貿易相手先	面積(千km²)	人口(万人)	主な輸出入品，および総額に対する割合(%)(上段：日本からの輸入，下段：日本への輸出) 1位	2位	3位	4位	5位
世界	130,094	771,346	電気機械(17.2)	一般機械(16.4)	自動車(15.6)	精密機械(6.1)	自動車部品(4.7)
			電気機械(15.3)	原油，粗油(10.1)	一般機械(9.1)	タ(5.5)	チ(4.1)
ASEAN	4,486.8	65,224	電気機械(20.5)	一般機械(17.7)	鉄鋼(8.3)	自動車部品(5.4)	自動車(4.8)
			電気機械(22.3)	タ(8.4)	チ(8.3)	一般機械(7.4)	精密機械(3.2)
EU	4,222.7	44,684	一般機械(21.9)	自動車(17.7)	電気機械(16.7)	自動車部品(5.9)	精密機械(3.8)
			ツ(17.2)	自動車(11.5)	一般機械(10.7)	電気機械(8.8)	精密機械(5.1)
テ	21,782.6	49,239	自動車(27.9)	一般機械(20.3)	電気機械(13.3)	自動車部品(6.6)	精密機械(4.7)
			電気機械(12.3)	一般機械(10.7)	精密機械(6.4)	肉類,同加工品(5.9)	ツ(5.7)
ト	13,904.8	30,926	一般機械(23.4)	自動車部品(19.8)	電気機械(13.7)	自動車(9.7)	有機化合物(6.6)
			鉄鉱石(34.2)	とうもろこし(11.6)	鶏肉(9.7)	コーヒー豆，同製品(5.1)	有機化合物(4.5)
アラブ首長国連邦	71.0	936	自動車(54.2)	一般機械(15.5)	自動車部品(4.9)	電気機械(4.9)	鉄鋼(4.5)
			原油，粗油(83.4)	揮発油(7.4)	タ(4.3)	アルミニウム，同合金(2.5)	液化石油ガス(1.5)

出所：『地理データファイル2021年度版』帝国書院。

〔Ⅲ〕 次の文章を読み，設問に答えなさい。

世界の国々において，民族，宗教，言語は歴史的経緯を経て，しばしば多様性を見せている。

世界宗教であるキリスト教とイスラームは，例えばアフリカにおいて，複雑な様相を見せている。イスラームはアフリカにおいては，西アジアとつながる北アフリカが典型的に信仰されている地域であるが，それより緯度が南でもイスラームが浸透を見せている地域がある。アフリカ東岸では，赤道以南でもイスラームの浸透が見られる。

多民族，多部族からなる国家では，民族間の対立を避けるため，複数の言語を公用語としている国が存在する。また，多民族，多部族からなる国家のうち植民地から独立した国では，共通して通じる言語が他にない，あるいは，民族，部族間の対立を避けるという理由で，旧植民地時代の宗主国の言語を公用語としている国も多い。世界には，ヨーロッパ系言語以外でも，国境を越えた複数の国家で，共通語，通商語として用いられている言語が存在する。その一つの例は，アラブ商人やインド商人が活躍したインド洋交易の歴史の中で形成され，現在もアフリカ東岸の複数の国で通用するスワヒリ語である。

帝国主義の時代には，プランテーション，鉱山，鉄道建設などの労働者として，華僑(かきょう)，印僑(いんきょう)といった国境を越えた労働力移動が見られた。そして，1990年以降においては，フィリピン，南アジアなどを送り出し国として，産油国などが，建設労働者や看護師，サービス業労働者の不足を補うために，多くの外国人労働者を受け入れた。こうして，現代では，国境を越えた出稼ぎ労働力の移動によって，特定の国で，少数民族集団が生ずることがある。

問1 クルド人は国家を持たない最大の民族とされるが，21世紀に入ってからの戦争の後，独裁国家から民主国家へと変わり，クルド人自治区においてクルド語を公用語として認めた国家がある。その国の名前として，最も適当なものを次のA～Fの中からひとつ選び，その記号を解答欄にマークしなさい。

A アルメニア　　B イラク　　C イラン

D　シリア　E　トルクメニスタン　F　トルコ

問 2　下の**表 2**はアフリカ大陸の東側に位置するエチオピア，ケニアとタンザニア(宗教的特質が著しく異なる島嶼部のザンジバルを除いた本土のみとする)の宗教比率と公用語を表にしたものである。①～③の国の組み合わせとして正しいものを，次の**A**～**F**の中からひとつ選び，その記号を解答欄にマークしなさい。

表 2

	信仰されている主な宗教				公用語
①	イスラーム 35 %	キリスト教 35 %	伝統信仰 30 %		スワヒリ語 英語
②	キリスト教 62.1 %	イスラーム 33.9 %	伝統信仰 2.7 %		アムハラ語
③	キリスト教 83.0 %	イスラーム 11.2 %	伝統信仰 1.7 %	ヒンドゥー教 *	スワヒリ語 英語

出所：『データブック　オブ・ザ・ワールド 2021』，二宮書店。
この表では，キリスト教の内訳のカトリック，プロテスタント，諸派は合算してある。
*は，正確なパーセンテージの数値が示せないが，わずかには存在するという意味である。

	①	②	③
A	エチオピア	ケニア	タンザニア
B	エチオピア	タンザニア	ケニア
C	ケニア	エチオピア	タンザニア
D	ケニア	タンザニア	エチオピア
E	タンザニア	エチオピア	ケニア
F	タンザニア	ケニア	エチオピア

問 3　下の**表 3**は，東南アジアと南アジアにおいて，仏教が国民の信仰において最大多数の宗教である国のうち代表的な 3 国(シンガポール，スリランカ，タイ)の宗教分布を表にしたものである。それぞれの国の地理的な民族・宗教・言語分布の背景や欧州列強による植民地支配の有無，独立の経緯，国の成り立ちなどを考慮して，①～③の宗教の組み合わせとして正しいものを，次の**A**～**F**の中からひとつ選び，その記号を解答欄にマークしなさい。

表3

	信仰されている主な宗教				
スリランカ	仏教 70 %	① 15 %	③ 8 %	② 7 %	
タイ	仏教 83 %	② 9 %	伝統信仰 2.5 %		
シンガポール	仏教 33.3 %	③ 18.3 %	② 14.7 %	道教 10.9 %	① 5.1 %

出所：『データブック　オブ・ザ・ワールド2021』，二宮書店。

	①	②	③
A	イスラーム	キリスト教	ヒンドゥー教
B	イスラーム	ヒンドゥー教	キリスト教
C	キリスト教	イスラーム	ヒンドゥー教
D	キリスト教	ヒンドゥー教	イスラーム
E	ヒンドゥー教	イスラーム	キリスト教
F	ヒンドゥー教	キリスト教	イスラーム

問4　次の国家と公用語の組み合わせのうち，その国家の**公用語にも国語にもなっていないもの**を，次の**A**～**F**の中からひとつ選び，その記号を解答欄にマークしなさい。それぞれの国の地理的な民族・宗教分布の背景や独立の経緯や民族政策を考慮すること。

A　イスラエルのヘブライ語　　**B**　イランのアラビア語

C　ウクライナのウクライナ語　　**D**　カザフスタンのロシア語

E　ニュージーランドのマオリ語　　**F**　パキスタンのウルドゥー語

問5　西アジアの国々の宗教分布のうち，キリスト教がある程度の比率を占める国が下の国のように，いくつか存在するが，そのうち，多くのキリスト教徒が存在するに至った成立要因が著しく異なる国が一国存在する。その国を次の**A**～**D**の中からひとつ選び，その記号を解答欄にマークしなさい。

A　アラブ首長国連邦　　**B**　カタール

C　クウェート　　**D**　レバノン

問6　インドの宗教に関する文のうち，**正しくないもの**を次のA～Fの中からひとつ選び，その記号を解答欄にマークしなさい。

A　ヒンドゥー教は，古代インドの民族宗教であるバラモン教を元にインド各地の宗教を取り入れながら，長い時間をかけて形成された一神教の宗教である。

B　インドの宗教別人口において，第二位はイスラームである。インドのムスリムの人口は1億人を超えると推計されている。

C　仏教は，バラモン教とカースト制度を批判する宗教としてインドで生まれ，東南アジアや東アジアに伝播(でんぱ)したが，インドでは衰退し，近年の調査では信徒の数は人口比において，ヒンドゥー教やイスラームと比べてわずかである。

D　シク教は，ヒンドゥー教を改革するために，イスラームの要素を取り入れた宗教である。信徒の男性は髪を切ったり，ヒゲをそってはならず，ターバンを頭に巻いて生活しているのが特徴の一つである。

E　インドには，仏教の創始者釈迦(しゃか)とほぼ同時代に活躍した人物が開祖であるジャイナ教も存在し，厳格な不殺生(ふせっしょう)，苦行，禁欲などを教義とする。

F　インドでは，ヒンドゥー教に殺生を戒める教義があり，仏教やジャイナ教の影響もあって，ベジタリアン(菜食主義者)が比較的多い。

問7　インドの言語について説明した次の文を読み，下線部A～Dのうち，**正しくないもの**をひとつ選び，その記号を解答欄にマークしなさい。

インドにおいて，<u>ヒンディー語が連邦公用語に指定されているが</u>(A)，使用が北部や中部に限定されており，<u>英語が実質的な共通語となっている</u>(B)。インドの北部から中部はベンガル語のようなインド・ヨーロッパ系の言語が大勢を占め，インド南部は，<u>パンジャーブ語のようなドラヴィダ系言語</u>(C)が大勢を占める。インドでは，<u>「言語州」と呼ばれるように，独立後，主要な地域言語を元に州を再編成し，比較的合理的に州の境界線が引かれてきた</u>(D)。

問 8　2020年末において，ポルトガル語を公用語の一つと**していない国**を次のA～Dの中からひとつ選び，その記号を解答欄にマークしなさい。

A　アンゴラ　　B　東ティモール
C　マダガスカル　　D　モザンビーク

問 9　2020年末において，フランス語を公用語の一つと**していない国**を次のA～Dの中からひとつ選び，その記号を解答欄にマークしなさい。

A　アルジェリア　　B　カナダ
C　スイス　　D　ハイチ

問10　グローバリゼーションの進展やインターネットの普及によって，世界で英語の使用が増えている一方，イギリスと旧イギリス植民地から独立した国の多くは，緩やかな連合体として，英連邦(The Commonwealth)というしくみを持っている。英連邦加盟国，あるいは，現在加盟国ではないが，旧植民地で現在も英語を公用語としている国のうち，独立の経緯や国教などの背景から，国家元首をイギリス国王とする国と，独自に国家元首を立てている国とが存在する。下に挙げる国のうち，2020年末，国家元首がイギリスのエリザベス二世女王であった国を次のA～Dの中からひとつ選び，その記号を解答欄にマークしなさい。

A　アイルランド　　B　カナダ
C　シンガポール　　D　マレーシア

〔Ⅳ〕　次の問は，OECDの報告書『国土・地域政策レビュー』(2016)に即して日本の状況について検討したものである。それぞれの設問に解答しなさい。

問 1　OECDは略称であるが，その意味として適当なものを次の**A**～**D**の中からひとつ選び，その記号を解答欄にマークしなさい。

A　経済協力開発機構　　**B**　国際労働機関

C　政府開発援助　　**D**　主要国首脳会議

問 2　現在行われている日本の国土政策における計画の名称として適当なものを次の**A**～**D**の中からひとつ選び，その記号を解答欄にマークしなさい。

A　国土総合開発計画

B　国土形成計画

C　国土建設計画

D　21世紀の国土のグランドデザイン

問 3　OECD 諸国と日本における年齢別人口動向を比較した次の**図 1** について述べた説明文としてもっとも適当なものを下の**A**～**D**の中からひとつ選び，その記号を解答欄にマークしなさい。

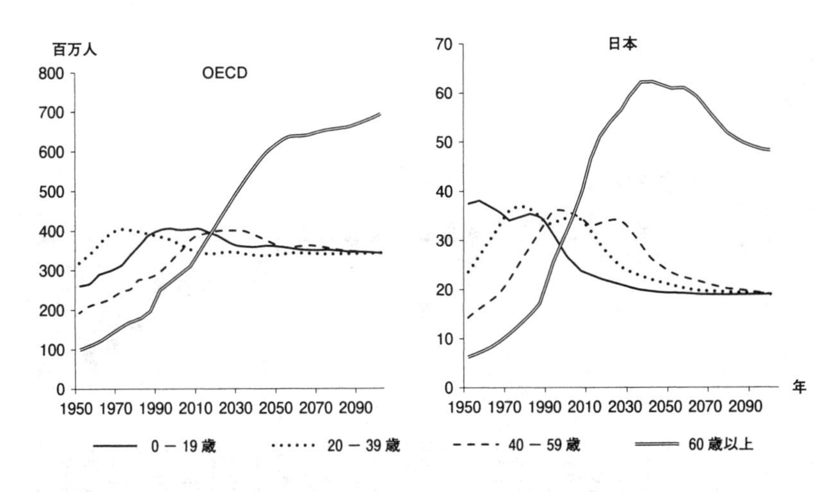

図 1　年齢階層別人口動向の比較

出所：OECD『国土・地域政策レビュー 日本 ポリシーハイライト』2016年

A　OECD でも日本でも，1950 年代から現在まで 60 歳以上人口の割合がもっとも大きい。

B　OECD でも日本でも，1950 年代はもっとも若い年齢層の割合がもっとも大きい。

C　OECD では，高齢化が長く進行するが，日本では 21 世紀半ばからは 60 歳以上の人口割合が減少すると予測されている。

D　OECD では，21 世紀中に 60 歳以上の人口割合が，日本よりもより高くなると予測されている。

問４　都市部と農村部との人口高齢化の差異に関する次の**図２**に関する説明文として**適当ではないもの**を次のA～Dの中からひとつ選び，その記号を解答欄にマークしなさい。

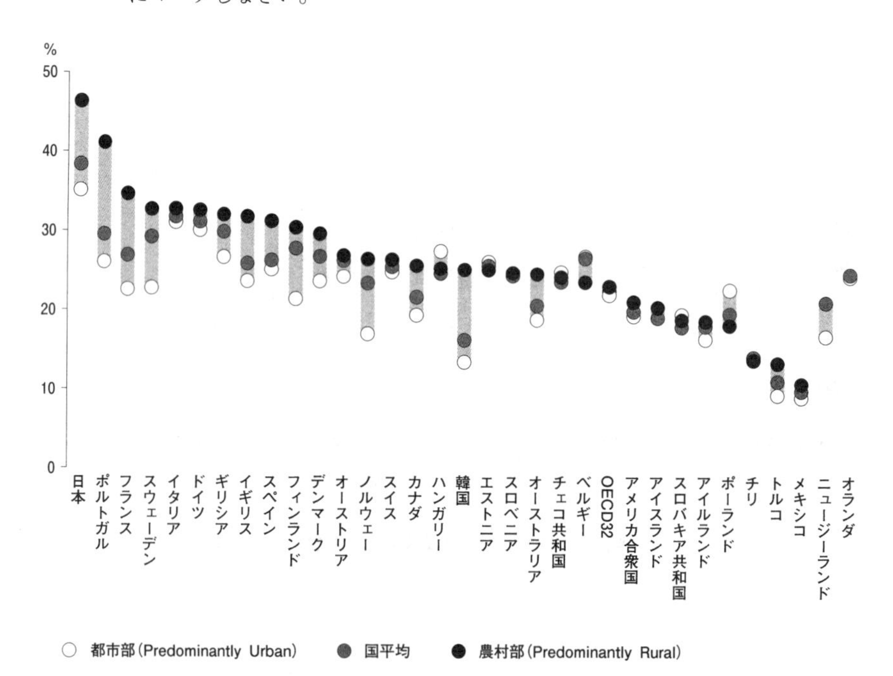

図２　国別，高齢者人口の生産年齢人口に対する比率(2012年)

注：高齢者人口の生産年齢人口に対する比率は，高齢者人口を生産年齢人口で除したものである。オーストラリア及びアメリカ合衆国は，2011年の数値。
出所：OECD『国土・地域政策レビュー　日本　ポリシーハイライト』2016年

A　西欧諸国でも，ポルトガルやフランスやイギリスで都市部と農村部の差が大きい。

B　つねに農村部の高齢化の水準が高い傾向が認められる。

C　日本の高齢化の水準は，国平均，都市部，農村部のいずれでももっとも高い。

D　北欧では，都市部と農村部の差が大きい傾向がみられる。

問 5　都市と農村の格差について次の**図 3** から読み取れることについて述べた説明文として適当なものを下の **A〜D** の中からひとつ選び，その記号を解答欄にマークしなさい。

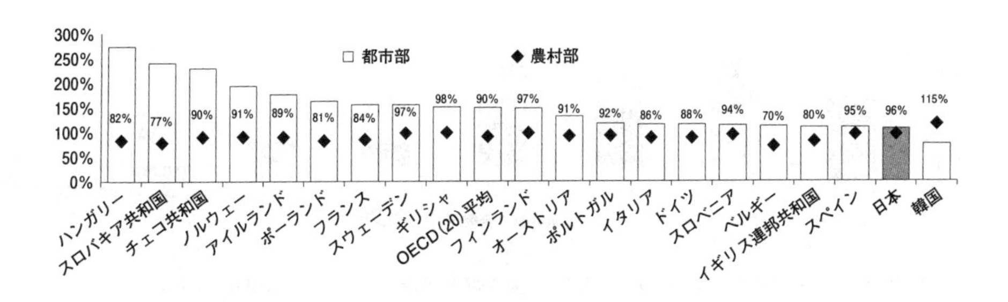

図 3　全国平均(100%)と比較した都市部及び農村部における国民一人あたりの GDP

出所：OECD『国土・地域政策レビュー　日本　ポリシーハイライト』2016 年
注：数値％は農村部

A　OECD 諸国の間でも農村部の相対的な所得水準は一様ではない。

B　都市部の水準が高いほど農村部の水準は低下する。

C　日本では，諸外国に比べて都市部と農村部の格差が大きい。

D　農村部の水準が全国平均を上回る国はみられない。

問6 OECD 7か国の実質GDP成長率の構成要因を示した次の**図4**に関する説明文として適当なものを下の**A**〜**D**の中からひとつ選び，その記号を解答欄にマークしなさい。

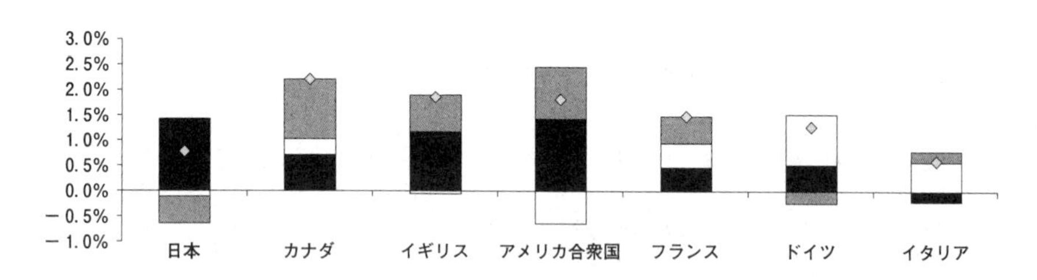

図4 実質GDP成長率の構成要因(OECD加盟国より7か国抜粋)1999年〜2011年

出所：OECD『国土・地域政策レビュー 日本 ポリシーハイライト』2016年
注：労働参加率の変化は，労働力率と雇用率の両変化を示している。生産年齢人口の増減は，人口動態の変化に含まれる。

A 年平均GDPの実質成長率がもっとも高いのはカナダである。

B 人口動態の変化が年平均GDPの実質成長率に負の要因となっているのは日本だけである。

C 労働者当たりの生産性の変化は，つねに積極的な(＋の)要因となっている。

D 労働参加率の変化は，つねに積極的な(＋の)要因となっている。

問7 日本における人口変化がもたらす負の影響について述べた説明文として<u>**適当ではないもの**</u>を次の**A**〜**D**の中からひとつ選び，その記号を解答欄にマークしなさい。

A 高齢化により国や自治体の支出が増大すること

B 国内市場の規模縮小により規模の経済の効果が制約されること

C 人口変動の地域差により生活サービス供給の地域格差が拡大すること

D 大都市都心部の人口密度が低下することにより治安が悪化すること

問 8　人口減少の積極的な側面について述べた説明文として**適当ではないもの**を次のA～Dの中からひとつ選び，その記号を解答欄にマークしなさい。

A　環境への負荷の軽減

B　混雑の緩和による生活条件の改善

C　土地利用の柔軟性の増大

D　労働生産性の拡大

問 9　日本において女性が社会で働くことと子どもを産むこととの関係を示している次の**図5**の説明文として適当なものを下のA～Dの中からひとつ選び，その記号を解答欄にマークしなさい。

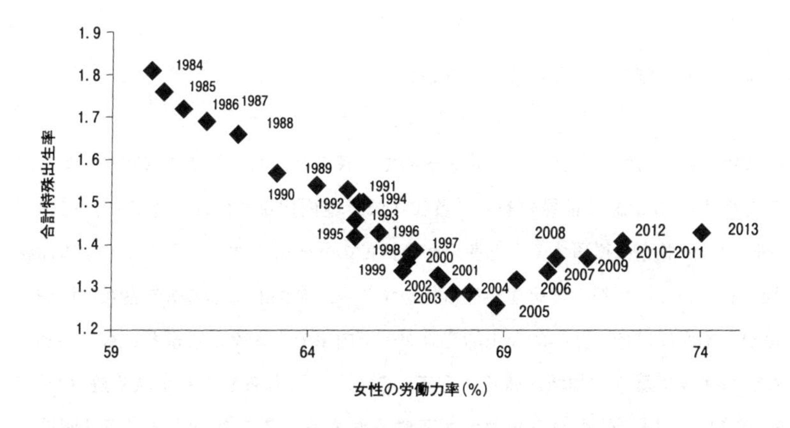

図5　日本における女性の労働力率と合計特殊出生率

出所：OECD『国土・地域政策レビュー 日本 ポリシーハイライト』2016年
注：図中の数字は西暦年。

A　2000年代前半以降，女性の社会進出が低下して，子どもの出生率は上昇した。

B　2000年代前半以降，女性の社会進出が進んで，子どもの出生率が低下した。

C　2000年代前半まで，女性の社会進出は低下してきたが，その後，上昇した。

D　2000年代前半まで，子どもの出生率は低下してきたが，その後，上昇した。

問10　SDGsについて述べた説明文として適当なものを次のA～Dの中からひとつ選び，その記号を解答欄にマークしなさい。

A　「美しい日本を取り戻す」ことを基本的な理念としている。

B　「国土の均衡ある発展」を基本的な理念としている。

C　「国民所得の倍増」を基本的な理念としている。

D　「だれ一人取り残さない世界をつくること」を基本的な理念としている。

〔V〕　次の文章を読み，設問に答えなさい。

遊牧とは，自然に生えた草や水を求めて，家畜と人間がともに移動して営む牧畜をさす。20世紀に世界の多くの遊牧地域で定住化がすすんだものの，モンゴル国では，牧畜に従事する人の割合が全人口の4分の1弱で，その多くが季節移動をしている。首都では急速な都市化がすすみ，全国的に車の所有台数は増加したが，草原には今も基本的な生活基盤が家畜由来で，人々が家畜とともに移動しながらゲルで暮らす地域が残る。近年，このような暮らしぶりが続く遊牧を“持続可能性”という観点から再評価する動きがある。ここでいう，持続可能性とは，生態系がその多様性と生産性を将来にわたって継続できることを指すとする。

モンゴル国の遊牧が持続可能であると評価される要因としていかなるものが考えられるか，環境汚染の元凶の一つといわれる集約的な工業的畜産と対比させ，解答欄に3行以内で述べよ。

（解答欄：1行20.3cm）

政治・経済

（60分）

〔Ⅰ〕 次の文を読んで，下の問に答えなさい。

労働基本権は，日本国憲法第27条が保障する（　A　）と第28条(a)が保障する労働三権から成る。しかし，労働をめぐる様々な問題も指摘されている。まず，長時間労働である。2018年に働き方改革関連法が成立し，特別条項を結んだ場合の残業の上限時間を最大で月100時間未満とすることになった。時間当たりの労働生産性（単位：購買力平価換算　USドル）を国際比較すると，2019年ではアメリカ約77ドル（8位），ドイツ約75ドル（12位），イギリス(b)約65ドル（16位）に対し，日本は約48ドルで21位であった。

つぎに，非正規雇用と正規雇用の待遇の差である。ヨーロッパでは非正規雇用者(c)の賃金は正規雇用者の8～9割程度であるが，日本では7割程度となっている。「同一価値労働同一賃金」の原則は，仕事が違っても，その価値が同じであれば同じ賃金を支払うべきだ，という考え方である。この原則は，労働条件の改善(d)を国際的に実現することを目的とする国連の専門機関である（　B　）によって掲げられてきた。

さらに，雇用における男女の格差がある。1985年に成立した男女雇用機会均等法は，1997年の改正で大幅に強化され，2016年にも重要な改正がなされた(e)。また，（　C　）は，乳幼児や介護が必要な家族を持つ労働者に育児や介護のための休業取得を事業主に義務づけた法律である。育児の場合，一定の条件を満たす男女は子供が1歳になるまで（場合によっては最長2歳まで），一定期間仕事を休むことができる。以前は第1子出産前後の就業継続者の割合は，4割程度で推移していたが，2010～14年は約53％へと上昇した。

少子高齢化社会(f)において，誰もがやりがいや充実感を持ち，責任を持って仕事をこなし，家庭や地域社会でも役割を果たし，人生のそれぞれの段階で多様な生き方が選べ，実現できることが重要である。このことは(　D　)と呼ばれ，2007年には(　D　)憲章が官民トップ会議により策定された。

問1　(　A　)～(　D　)にもっとも適切な語句を入れなさい(Bは英字は不可)。

問2　下線部(a)に関連して，日本国憲法第28条に関わる労働法として，もっとも適切なものを1つ選びマークしなさい。

①　最低賃金法　②　職業安定法　③　障害者雇用促進法
④　国家公務員法　⑤　労働安全衛生法

問3　下線部(b)に関連して，1838～48年頃にイギリスで起こった労働者による組織的な政治運動であり，普通選挙権などの要求を人民憲章に掲げ請願行動をしたものとして，もっとも適切なものを1つ選びマークしなさい。

①　インターナショナル運動　②　チャーチスト運動
③　オキュパイ運動　④　ラッダイト運動
⑤　ナショナル・トラスト運動

問4　下線部(c)に関連して，もっとも適切なものを1つ選びマークしなさい。

①　パートタイマーの労働条件を適正化するため，1993年に有期雇用労働法が制定され，違反企業に対する罰則が定められた。
②　派遣労働者とは，仕事が決まると派遣会社によって企業などに派遣され，就業先の企業と雇用契約関係を結ぶ労働者のことである。
③　現在，就業者の非正規雇用比率は男女それぞれ5割程度であり，2000年代以降，男性の非正規雇用者が大幅に増加した。
④　小泉政権下の労働者派遣法改正によって，製造業への派遣労働，派遣期間の延長が認められ，非正規雇用の増大につながった。
⑤　日本の解雇規制は最高裁が判例の積み重ねとして下した「整理解雇の三要件」に基づいており，正規雇用の社員を容易に解雇できる。

問5　下線部(d)に関連して，日本で主流の労働組合の形として，もっとも適切なものを1つ選びマークしなさい。

①　産業別組合　②　一般労働組合　③　企業別組合
④　民間労働組合　⑤　職業別組合

問6　下線部(e)に関連して，2016年の改正(2017年施行)の内容として，もっとも適切なものを1つ選びマークしなさい。

①　配偶者の妊娠・出産の申し出をした男性労働者に対して，個別に育児休業の周知・意向確認をすることが事業主に義務づけられた。
②　コース別雇用管理制度において，採用時の全国転勤要件を合理的理由なく付するなどの間接差別が禁止された。
③　女性に対するセクシュアル・ハラスメント防止の配慮義務が規定された。
④　教育訓練，福利厚生，定年・退職・解雇に際して，女性に対する差別的取扱いを禁止することが事業主に義務づけられた。
⑤　妊娠・出産等を理由としたハラスメントの防止措置をとることが事業主に義務づけられた。

問7　下線部(f)に関連して，少子化に関連する内容として，もっとも適切なものを1つ選びマークしなさい。

①　1994年にエンゼルプランが策定され，保育所の量的拡大などの両立支援が提言された。
②　2003年のゴールドプランによって，子どもの減少に歯止めをかけるための少子化対策庁が置かれた。
③　少子化が進んだため，2010年頃から東京都心部において，保育所に入所できない子どもの数が減り続けている。
④　合計特殊出生率とは，18歳から49歳までの結婚している女性が産む子どもの数のことであり，2015年に過去最低の1.26となった。
⑤　日本や韓国は，2020年においても女性の労働市場参加率が低いことから，フランスやスウェーデンと比べて少子化は進んでいない。

〔Ⅱ〕 次の文を読んで，下の問に答えなさい。

政府がおこなう経済活動を財政とよぶ。政府は必要となる資金を徴収し，さまざまな財・サービスを提供している。財政の持つ役割は，大きく3つに分類される。第1の機能は，資源配分の調整である。政府は，市場に配分をまかせると適切な供給がなされない公共財(a)を供給する。第2の機能は，所得再分配の機能である。所得分配の格差を指標化したものがジニ係数(b)である。そして，第3の機能は，経済の安定化である。これはビルト・イン・スタビライザー(c)と(　A　)財政政策(フィスカル・ポリシー)に分けられる。

歳入の中心は，家計や企業から徴収する税によってまかなわれる。憲法第84条では，税の賦課と徴収にあたって(　B　)主義を規定している。(　ア　)年とその翌年に出されたシャウプ勧告(d)にもとづいた税制が施行され，今日の日本の税制の基礎となっている。

政府は歳出を税でまかなえない場合に，国債を発行して不足額を補うことになる。(　イ　)年に成立した財政法では，建設国債を除いた赤字国債の発行を原則として禁止している。(　ウ　)年に開催されたオリンピック東京大会の反動などで起こった不況により，建設国債が発行された。赤字国債の発行にあたっては，その都度発行にかかる法律を制定しなければならないことから(　C　)国債とも呼ばれている。

ところが，当時の民主党政権下で(　エ　)年度から4年にわたって国会の審議なしに赤字国債が発行できる改正法を成立させた。財政赤字(e)はさまざまな弊害を生むことが懸念されている。(　D　)改革により，2019年10月におこなわれた消費税率引き上げによる増収は，全額が社会保障の財源にあてられている。

問1　(　A　)～(　D　)にもっとも適切な語句を入れなさい。

問2　下線部(a)に関連して，公共財の非競合性の説明として，もっとも適切なものを1つ選びマークしなさい。

① 財・サービスの供給にあたって，スケールメリットが存在しない。

② 財・サービスの供給をになう企業が，価格を操作できない。

③　財・サービスの供給にあたって，巨額の設備投資が必要となる。

④　同じ財・サービスを，複数の経済主体が同時に利用できる。

⑤　対価を支払わない経済主体が，支払った経済主体と同じ財・サービスを利用できる。

問3　下線部(b)に関連して，ジニ係数の特徴として，もっとも適切なものを1つ選びマークしなさい。

①　ジニ係数は所得分配の格差の程度を0～1の数値であらわし，0に近いほど不平等，1に近いほど平等であることをあらわす。

②　当初所得のジニ係数算出には公的年金が含まれないため，年金のみで生活する世帯が増えると当初所得のジニ係数は上昇する。

③　年収が全国民の中央値の3分の2よりも低い国民の割合を示す相対的貧困率が低い国は，ジニ係数も低い傾向にある。

④　社会主義国の発表するジニ係数は，自国の経済発展の度合いを強調したいという理念から，ジニ係数は過大に算出されやすい。

⑤　年収が全国民の平均値の半分よりも低い国民の割合を示す相対的貧困率が低い国は，ジニ係数が高い傾向にある。

問4　下線部(c)に関連して，ビルト・イン・スタビライザーの説明として，もっとも適切なものを1つ選びマークしなさい。

①　累進課税制度によって好況時に実質的な増税となり，景気が調整される。

②　財政政策と金融政策を同時に用いることで，景気が調整される。

③　不況時に公共事業を増やすことで需要を拡大させ，景気が調整される。

④　民間企業では対応が難しい長期的事業に投資をおこない，景気が調整される。

⑤　好況時には失業保険の給付が増加することになり，景気が調整される。

問5　下線部(d)に関連して，シャウプ勧告の内容として，もっとも適切なものを1つ選びマークしなさい。

① 付加価値税として消費税の導入を勧告した。

② 所得税の最高税率の引き上げを勧告した。

③ 所得税を地方税から国税に移すよう勧告した。

④ 直接税として相続税の創設を勧告した。

⑤ 直接税を税制の中心とするよう勧告した。

問6 下線部(e)に関連して，日本の財政の内容として，もっとも適切なものを1つ選びマークしなさい。

① 1999年から日本の政府債務残高の対ＧＤＰ比は，先進7カ国でイタリアに次いで高水準となっている。

② 国は2000年から法人税率を段階的に引き上げて財政健全化をはかっている。

③ 2010年以降で国のプライマリーバランスをみると，年度ごとの赤字額は増加している。

④ 2021年3月末時点で国債の保有比率がもっとも高いのは，民間銀行である。

⑤ 1990年度から1993年度まで，赤字国債の発行額がゼロの状態が達成された。

問7 （ ア ）～（ エ ）に入る数字として，もっとも適切ものを1つ選びマークしなさい。

①	(ア) 1950	(イ) 1945	(ウ) 1966	(エ) 2009
②	(ア) 1949	(イ) 1950	(ウ) 1964	(エ) 2005
③	(ア) 1949	(イ) 1947	(ウ) 1964	(エ) 2012
④	(ア) 1949	(イ) 1947	(ウ) 1962	(エ) 2009
⑤	(ア) 1950	(イ) 1947	(ウ) 1966	(エ) 2012

〔Ⅲ〕 次の文を読んで，下の問に答えなさい。

第二次世界大戦後の国際政治は，アメリカとソ連をそれぞれ頂点とする，2つの陣営が対立し合う東西冷戦(a)の時代に突入した。アメリカのトルーマン大統領は，（　ア　）年に共産圏に対する「封じ込め政策」を表明した指針である，トルーマン・ドクトリンを公表した。同年にアメリカの国務長官マーシャルは，ヨーロッパ経済復興援助計画を公表した。この計画はマーシャル・プランと呼ばれている。

アメリカと西欧諸国は，1949年にソ連を中心とする共産圏に対抗するための西側陣営の多国間軍事同盟である（　A　）を設立した。一方，東側陣営は，1949年に社会主義諸国の経済協力組織である（　B　）を発足した。さらに（　イ　）年に東側諸国は軍事同盟としてワルシャワ条約機構(b)を設立した。東西両陣営は軍備の拡張に走り，ICBMと呼ばれる（　C　）などの核兵器の保有量と高性能化を競い合った。

西側勢力と東側勢力が対立して起こった地域紛争はアメリカ・ソ連間の代理戦争であった。（　ウ　）年に金日成を首相とする北朝鮮，李承晩を大統領とする韓国という2つの国家が，北緯38度線を境にして朝鮮半島に建国された。北朝鮮と韓国の正式国名はそれぞれ（　D　）と大韓民国である。北朝鮮軍が1950年に北緯38度線を越えて進撃したことで朝鮮戦争(c)が勃発したが，1953年の休戦協定により戦闘は停止した。朝鮮戦争を契機に（　エ　）年，反共産主義同盟として東南アジア条約機構が設立された。

ベトナムでは1945年に（　カ　）が独立宣言をし，1949年に（　キ　）が成立した。（　オ　）年のジュネーブ休戦協定調印後，1955年に（　ク　）が成立した。アメリカはフランスに代わってインドシナ(d)への介入を行ったが，1970年代半ばまでにベトナムから撤兵した。その後，南部が解放されて南北統一が実現し，1976年にベトナム社会主義共和国が成立した。

問1　（　A　）～（　D　）にもっとも適切な語句を正確な漢字で記入しなさい。

問2　（　ア　）～（　オ　）に入る数字の組み合わせとして，もっとも適切なものを1つ選びマークしなさい。

① (ア) 1947　(イ) 1956　(ウ) 1947　(エ) 1953　(オ) 1954
② (ア) 1947　(イ) 1954　(ウ) 1948　(エ) 1956　(オ) 1952
③ (ア) 1946　(イ) 1955　(ウ) 1949　(エ) 1953　(オ) 1954
④ (ア) 1948　(イ) 1956　(ウ) 1948　(エ) 1954　(オ) 1953
⑤ (ア) 1947　(イ) 1955　(ウ) 1948　(エ) 1954　(オ) 1954

問3　（　カ　）～（　ク　）に入る国名の組み合わせとして，もっとも適切なものを1つ選びマークしなさい。

① (カ) ベトナム民主共和国　(キ) ベトナム国
　(ク) ベトナム共和国
② (カ) ベトナム国　(キ) ベトナム共和国
　(ク) ベトナム共和民主国
③ (カ) ベトナム共和国　(キ) ベトナム国
　(ク) ベトナム社会主義国
④ (カ) ベトナム民主共和国　(キ) ベトナム共和国
　(ク) ベトナム国
⑤ (カ) ベトナム共和国　(キ) ベトナム共和民主国
　(ク) ベトナム国

問4　下線部(a)に関連して，冷戦構造に関する記述として，もっとも適切なものを1つ選びマークしなさい。

① ソ連が1949年に東側の体制固めの一環として設置したコミンフォルムは，1966年に解散した。
② 第二次世界大戦後のベルリンは，アメリカ，ソ連，イギリスによる3カ国の共同管理下に置かれた。
③ 1946年にアメリカのフルトンで「鉄のカーテン」演説を行った当時，チャーチルはイギリスの首相であった。
④ 第二次世界大戦後の東西冷戦の象徴だった「ベルリンの壁」が崩壊したの

は，1989年11月であった。

⑤ 日本政府は1950年にアメリカとの間で旧日米安全保障条約に調印し，米軍は引き続き日本に駐留した。

問5 下線部(b)に関連して，もっとも適切なものを1つ選びマークしなさい。

① 東欧に属するユーゴスラビアは，ワルシャワ条約機構の加盟国であった。

② アルバニアは，1968年にチェコ事件に抗議してワルシャワ条約機構から脱退した。

③ 東欧の9カ国が友好相互援助条約に基づき，ワルシャワ条約機構を結成した。

④ ワルシャワ条約機構は，1992年にソ連の解体を受け正式に解散した。

⑤ ワルシャワ条約機構軍は，1965年に軍事介入をしてチェコの改革を抑圧した。

問6 下線部(c)に関連して，もっとも適切なものを1つ選びマークしなさい。

① 中華人民共和国政府は，1951年に北朝鮮を支援するため義援軍を送った。

② 南北朝鮮代表と米中代表は，1953年にピョンヤンで朝鮮休戦協定を締結した。

③ 朝鮮休戦協定が締結された当時のアメリカの大統領は，トルーマンであった。

④ 朝鮮戦争に派遣されたアメリカを中心とした軍隊は，国連憲章に基づいていた。

⑤ 当初，東南アジア条約機構は，アメリカ・フランスを含む8カ国が参加した。

問7 下線部(d)に関連して，もっとも適切なものを1つ選びマークしなさい。

① ベトナムのトンキン湾を巡視中の駆逐艦は，1962年に北ベトナムの魚雷艇の攻撃を受けて，アメリカは反撃のため北ベトナムを爆撃した。

② 大量虐殺を行ったポル＝ポト政権の元幹部を裁く，カンボジア・クメール・ルージュ裁判特別法廷が 2005 年に開廷した。

③ ベトナム和平協定が 1973 年に成立した当時のアメリカの大統領は，共和党に属するジョンソンであった。

④ 国連カンボジア暫定統治機構の監視下で総選挙が 1993 年に実施され，シアヌークを国王とするカンボジア王国が成立した。

⑤ テト攻勢は，ベトナム戦争中の 1967 年 1 月，ベトナムの旧正月(テト)に展開された南ベトナムによる侵攻作戦である。

〔Ⅳ〕 次の文を読んで，下の問に答えなさい。

交易がもたらす利益に注目し，古くから，東洋と西洋を繋ぐ交易路としてシルクロードが存在した。近年の中国の現代版シルクロード構想である(　A　)は，中国と欧州を陸海 2 つのルートで結び，巨大な経済圏の構築を目指すものである。

貿易が進展していくと，貿易摩擦問題が発生することがある。第二次世界大戦後の日本が，大量の工業製品を輸出するようになると，アメリカとの間で，次々と貿易摩擦が発生した。1980 年代のレーガン政権下，アメリカは財政赤字と貿易赤字という「双子の赤字」に苦しむことになる。これに対して，日銀総裁の経験者である(　ア　)を中心とするグループは，輸出の抑制ではなく，内需の拡大によって，日本の貿易黒字を縮小する政策を提案した。1985 年のプラザ合意，1987 年の(　B　)合意では，各国が為替相場安定のために，協調介入を行なうことになった。1989 年からは，日米構造協議(a)によって両国間の問題が話し合われた。1993 年からは，より広い範囲の日米間の経済問題について，(　C　)が開かれた。近年では，以前のような日米間の貿易摩擦は目立たなくなってきている。もはや，貿易摩擦が発生するのは，アメリカと日本の間だけではないからである。特に，近年ではアメリカの対中国の貿易赤字が拡大し，アメリカが貿易制裁を課し，中国(b)がその報復措置を発動するという事態が生じている。

第二次世界大戦後の国際社会では，自由貿易への障害を取り除くために，関税及び貿易に関する一般協定(GATT)が，自由，無差別，(　D　)の三原則の上にたち，ラウンド交渉(c)を行ってきた。さらに，世界貿易機関(WTO)(d)でも話し合いが進められるなど，現在でも国際貿易についての対策が協議されているが，多国間の協議がうまくいかないこともある。そこで，特定の国や地域の間で自由貿易協定(FTA)や経済連携協定(EPA)(e)を締結し，域内貿易の自由化を目指す動きもある。

問1　(　A　)〜(　D　)にもっとも適切な語句を入れなさい。

問2　(　ア　)に入る人物名として，もっとも適切なものを1つ選びマークしなさい。

①　一萬田尚登　②　前川春雄　③　三重野康
④　松下康雄　⑤　速水優

問3　下線部(a)に関連して，日米構造協議に関する記述として，もっとも適切なものを1つ選びマークしなさい。

①　1996年からアメリカのみが日本に対して年次改革要望書を提出することとなった。
②　菅直人内閣のもと，年次改革要望書は廃止された。
③　大規模小売店舗法の見直しを行うこととなった。
④　牛肉とオレンジの輸入について，スーパー301条が適用された。
⑤　日米半導体協定が締結された。

問4　下線部(b)に関連して，中国の貿易をめぐる記述として，もっとも適切なものを1つ選びマークしなさい。

①　日本の貿易相手国は，輸入は2009年，輸出は2018年に中国が初めてトップとなった。
②　現在の中国は，貿易依存度(輸出入額／GDP)が世界でもっとも高い。
③　現在の中国の輸入貿易において，日本の占める割合はもっとも高い。
④　中国は2001年にWTOに加盟した。

⑤ 現在の中国の輸出品において，もっとも大きな割合を占めるのは「繊維・衣類」である。

問5 下線部(c)に関連して，ラウンド交渉に関する記述として，もっとも適切なものを1つ選びマークしなさい。

① ディロンラウンドは，36か国が参加し，カリフォルニア州ディロンで行われた。

② ケネディラウンドでは，52か国が参加し，約4400品目で関税率の引き下げが決まったが，農業などの物品は除外された。

③ 東京ラウンドでは，82か国が参加し，多角的交渉によって，一括して工業製品の関税を平均25％引き下げることに合意した。

④ ウルグアイラウンドでは，123か国が参加し，知的財産権などについての話し合いが行われた。

⑤ WTOのもとで行われたドーハラウンドでは，182か国が参加して，牛肉とオレンジの輸入枠廃止が決定されたため，日本の農家に深刻な影響が生じた。

問6 下線部(d)に関連して，WTOに関する記述として，もっとも適切なものを1つ選びマークしなさい。

① 本部はスイスのジュネーブに置かれている。

② GATTでは認められていなかった，最恵国待遇の制度を導入した。

③ 加盟国中，1か国でも反対があると対抗措置が実施不可能となる，ネガティブ・コンセンサス方式を採用している。

④ 国際金融，為替相場，貿易の安定化を目的として設立された国際連合の専門機関である。

⑤ トランプ政権のもと，アメリカは2017年にWTOを脱退し，2021年バイデン政権のもと復帰した。

問7 下線部(e)に関連して，FTA・EPA・地域経済統合に関する記述として，もっとも適切なものを1つ選びマークしなさい。

① 欧州共同体(EC)は，1993年に発効したアムステルダム条約によって欧州連合(EU)へと改組された。

② 北米自由貿易協定(NAFTA)は，1967年に設立され，中南米自由貿易連合(ALADI)と統合し，2020年に，ラテンアメリカ統合連合(MERCOSUR)が誕生した。

③ 日本が初めてEPAを締結したのは，2002年のメキシコである。

④ 東南アジア諸国連合(ASEAN)は，1999年に東南アジア5か国で結成され，2001年にカンボジア，2015年にブルネイが加盟して，現在10か国が加盟している。

⑤ 1963年に創設されたアフリカ統一機構(OAU)を改組して，2002年にアフリカ連合(AU)が発足した。EUにならって，共通議会，裁判所，単一通貨導入などを目指している。

数学

（60 分）

分数形で解答する場合は，それ以上約分できない形で答えなさい。また，根号を含む形で解答する場合は，根号の中に現れる自然数が最小となる形で答えなさい。

〔Ｉ〕 次の各問の［　　］に入る数値を下の表から選んでアルファベットをマークせよ。同じアルファベットを選んでもかまわない。

1. それぞれ $1, 2, 3$ の番号が書かれた青のカード 3 枚と，赤のカード 3 枚，合計 6 枚のカードがある。このカードを，番号も色も見えない状態で，1 枚づつ引いて行きカードの色が何色かは問わずに，$1, 2, 3$ の番号が全てそろったら終了する。但し，何回目かに引いたカードの番号が，それ以前に引いたカードと同じ場合は，前に引いたカードを残して，その回に引いたカードを捨てる。このとき，$1, 2, 3$ の番号がそろうまでカードを引く回数は，最大で［(1)］回である。

(2)　（設問省略）

2. ある整数を，6 進数として表すと，2 以上の整数 a, b があって，$ab_{(6)}$ と 2 桁の数として書けている。この数を a 進数として表したとき，$123_{(a)}$ と書けるならば，$a =$［(3)］，$b =$［(4)］である。

3. 正の数 c について，直線 $y = x + c$ を，ℓ と置き，$y = x(x^2 - 2)$ で定まる曲線を，C とする。このとき，C と ℓ の共有点が 2 つならば，$c =$［(5)］である。このとき，更に，直線 $y = x - c$ を ℓ' と置くとき，C と ℓ, ℓ' で囲まれた図形（C と ℓ で囲まれた図形と，C と ℓ' で囲まれた図形を合わせた図形）の面積は，［(6)］となる。

A. 0	B. 1	C. 2	D. 3
E. 4	F. 5	G. 6	H. 7
I. 8	J. 9	K. 10	L. 11.2
M. 12	N. 12.5	O. 13	P. 13.5
Q. 14	R. 15.75	S. 17.3	T. 18
U. 20	V. 22	W. 24	X. 34
Y. 36	Z. 40		

〔Ⅱ〕　次のア～ツに当てはまる 0～9 の数字を解答欄にマークせよ。

座標平面の原点を O とし, 2 点 A(3,1), B(1,3) をとる。

$\overrightarrow{PA}\cdot\overrightarrow{PB}=0$ を満たす点 $P(x,y)$ の軌跡は,

$$x^2+y^2=\boxed{ア}x+\boxed{イ}y-\boxed{ウ}$$

を満たすので, 中心 $\left(\boxed{エ},\boxed{オ}\right)$, 半径 $\sqrt{\boxed{カ}}$ の円となる。

$|\overrightarrow{CA}|=\sqrt{2}$ となる円周上の点を, C とする。CO と AB が交わるとすると,

C の座標は,

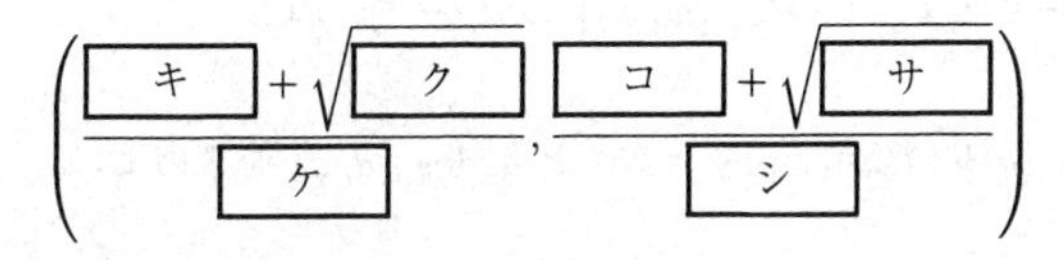

と決まる。更に円周上の点 D で, DO と AB は, 交わらず $2|\overrightarrow{DB}|=(1+\sqrt{3})|\overrightarrow{DC}|$ を

満たすならば, $\cos\angle CDB=\dfrac{\boxed{ス}}{\boxed{セ}}$ だから, $|\overrightarrow{DC}|=\boxed{ソ}$ となる。

従って, $\triangle CDB$ の面積は, $\dfrac{\boxed{タ}+\sqrt{\boxed{チ}}}{\boxed{ツ}}$ と決まる。

〔Ⅲ〕 $a_1=0$ で, 公差 が d の等差数列 $\{a_n\}$ から, 次の操作 $(*)$ により, 新しい数列 $\{b_n\}$ をつくる。

$(*)$ $f_1(x)=2d^2-2x^2$ とし, $n=2,3,4,\cdots$ について,

$$f_n(x)=-2(x-a_{n-1})(x-a_{n+1})$$

とする。このとき, 数列 $\{b_n\}$ を, 初項 b_1 が 0 で, $n \geqq 2$ について, 一般項 b_n を, xy 平面上 $x \geqq \dfrac{d}{2}, y \geqq 0$ の範囲で, x 軸と関数 $f_1(x), f_2(x), \cdots, f_n(x)$ のグラフで囲まれた図形の面積として定める。

このとき, 次の問に答えよ。

1. $\{a_n\}$ が, $a_1=0$, 公差 2 の等差数列のとき, $(*)$ によって与えられる数列 $\{b_n\}$ について,

(1) b_2, b_3 を定める図形を, 図示せよ。

(2) $\{b_n\}$ は等差数列となる。一般項 b_n を, 求めよ。

2. $k=1,2,3,\cdots$ について, 数列 $\{a_n(k)\}$ を, 次の様に定める。
$\{a_n(1)\}$ を, 初項 0, 公差 1 の等差数列とし, $k \geqq 2$ について, $\{a_n(k)\}$ を $\{a_n(k-1)\}$ から $(*)$ によってつくられる数列とする。

(1) $k=2,3,4$ について, $\{a_n(k)\}$ の公差を求めよ。

(2) $\{a_n(k)\}$ の公差を, d_k と置くとき, $\log_{d_2} d_{k+2}$ を求めよ。

問八　本文の内容と一致するものを次の1～5の中から一つ選び、その符号をマークせよ。

1　侍従は姫君から不思議な夢の話を聞き、中将が姫君を探していると察知した。たしかに、中将の気持ちは真実であるけれども、二人は結ばれるはずがないと思うと姫君がかわいそうでならなかった。

2　中将は姫君を必死で探し、仏の霊験によって居場所を探し出すことができた。しかし、浄衣とわらぐつで険しい龍田山を越えようとした中将は死んでしまい、霊魂となって姫君のもとに現れた。

3　姫君の霊魂は仏の導きで中将の夢の中に現れたが中将が自分を探しているとは知らなかった。そのため、恨みを込めた和歌を詠み、冷淡な態度を取ってしまった。

4　中将は夢に出てきた姫君の袖を掴みながら、姫君の詠んだ和歌に返事をしようとしたとたんに目覚めた。一方で、姫君も中将が自分の袖を引きとどめて和歌を詠みかけてきた夢を見た。

5　中将は正月に昇進したが、姫君が行方知れずなので喜べる心境ではなかった。それから、初瀬の参籠で姫君らしき人の夢を見て仏のお告げかと考えたが、信じ切れなかった。

問九　『住吉物語』は継子物語の一つである。平安期における継子物語の代表的な作品を次の1～5の中から一つ選び、その符号をマークせよ。

1　とりかへばや物語　　2　落窪物語　　3　平中物語　　4　竹取物語　　5　大和物語

問五　傍線部C「申す」の敬意は誰から誰に向けられているか。次の1～5の中から最も適切なものを一つ選び、その符号をマークせよ。

1　中将から姫君　　2　中将から関白　　3　中将から仏　　4　随身から中将　　5　随身から関白

問六　次の1～5の傍線部のうち、傍線部D「なむ」と文法的に同じ用法のものを一つ選び、その符号をマークせよ。

1　右大殿の弓の結に、上達部、親王たち多く集へたまひて、やがて藤の宴したまふ。花ざかりは過ぎにたるを、「ほかの散りなむ」とや教へられたりけん。

2　いと長い髪をかい切りて、手づから尼になりにけり。つかふ人集りて泣きけれど、いふかひもなし。「いと心憂き身なれば、死なむと思ふにも死なれず。」

3　板敷のしたにはひ歩きて、人にみなよませはててよめる。「塩竈にいつか来にけむ朝なぎに釣する船はここによらなむ」となむよみけるは。

4　思ひてとりて見れば、このわが思ふ人の文なり。書けることは、すみぞめのくらまの山に入る人はたどるたどるもかへり来ななむと書けり。

5　月日経ておこせたる文に、「あさましく、対面せで、月日の経にけること。忘れやしたまひにけむ」と、いたく思ひわびてなむはべる。

問七　Ⅱの和歌に込められた気持ちが端的に記されている箇所を、本文中から九字で抜き出して記せ。

4　海の底ならぬ、そこがどこかさえもわからずに困り果てておりましたところ、海人が「すみよし」、つまり住みよい場所だと申しておりましたよ。私は住吉という地におります。

5　海の底ならぬ、そこは竜宮のようだという住吉についてよく知らず、なんとなく恐ろしいと思って過ごしておりましたところ、海人は「すみよし」と申しましたよ。私は住吉で楽しく暮らしております。

問四　傍線部B「夢と知りなば」は「思ひつつ寝ればや人の見えつらむ夢と知りせばさめざらましを」（古今集・恋二・五五二・小野小町）の一節を踏まえている。傍線部Bの解釈として最も適切なものを次の1～5の中から一つ選び、その符号をマークせよ。

1　愛する姫君を恋しく思いながら寝たので、思いが通じて姫君が夢のなかに現れたのだろうか。夢と知っていれば覚めずにいたのに。住吉にいるであろう姫君にどうしても会いたい。

2　恋しい姫君の面影を思い出しながら寝たので、思いが通じて仏が姫君を夢に導いてくれたのだろうか。夢と知っていたならば目覚めたくなかったのに。振り払うように立ち去った住吉の姫君は、私を嫌いなのかもしれない。

3　美しい姫君の行方を考えながら寝たので、思いが通じて姫君は海の底に沈んだと知らせてくれたのだろうか。姫君の死を知っていれば夢から覚めずにいたのに。姫君は住吉で眠っているのだろうか。

4　愛しい姫君はどこに行ってしまったのかと思い悩んで寝たので、思いが通じて姫君が夢に現れたのだろうか。夢と知っていれば姫君も目覚めてくれるなと思っただろうに。住吉の姫君も私を探しているのかなあ。

5　麗しい姫君を思いながら寝たので、思いが通じて姫君が誰かの妻らしき人の姿で夢に出てきたのだろうか。夢と知っていれば覚めたくなかったのに。住吉にいるであろう姫君は誰と結婚したのだろう。

けり。D「となむありつる」とあはれに語り給へば、侍従、「げにいかばかり嘆き給ふらむ。まことの御夢にこそ」とて、忍び音を泣き給ひ

〈注1〉初瀬――現在の奈良県桜井市初瀬にある長谷寺のこと。
〈注2〉一七日（ひとなぬか）――七日間をいう。

問一　傍線部①「司召」の読みを、ひらがな五字で記せ。

問二　傍線部A「うちそばみ」の解釈として最も適切なものを次の1～5の中から一つ選び、その符号をマークせよ。
1　顔を隠して　2　目を伏せて　3　わきを向いて　4　後ろを振り返って　5　嫌な顔をして

問三　Iの和歌の解釈として、最も適切なものを次の1～5の中から一つ選び、その符号をマークせよ。
1　海の底ならぬ、そこの土地柄を知らないままにたどり着き悲しみにくれておりましたところ、海人が「すみよし」と慰めてくれましたよ。住吉は住みよいので、私は都に戻りません。
2　海の底ならぬ、そこにも都はあると聞いておりましたが、住吉がどこかもわからないまま世を捨てる思いでおりましたところ、海人は「すみよし」なんて申しますよ。住吉は居心地が良いので、私は出家を迷ってしまいますわ。
3　海の底ならぬ、そこになじめるかどうかもわからずに不安な旅を続けておりましたところ、仏の導きのように海人が「住吉はすみよし」と声をかけてくれましたよ。私は海人を信じて住吉にとどまっております。

(三) 次の文章は「住吉物語」の一節である。中将（関白の子で少将から昇進）は、行方をくらませた姫君は侍従（乳母の子）とともに、住吉で暮らしていた。以下を読んで、後の問に答えよ。

正月の司召①に、右大臣は関白になり給ふ。少将は中将になりて三位し給ふを、うれしとも思はで、ひとへに神仏に祈り、「姫君の行方知らせ給へ」と祈りけり。

はかなくも、はや夏も過ぎぬ。九月に初瀬〈注1〉に参りて、一七日〈注2〉籠り念じ侍りけり。七日といふ夜、暁がたに少しまどろみ侍りしに、御夢に、やんごとなき女房のうちそばみゐ給へるAを、あなうつくしやと見れば、姫君なり。胸うち騒ぎ、うれしさ限りなくて、「さても何処におはしますにか。かくいみじき目をば見せ給ふぞ。いかばかりか思ひ嘆くと知り給へる」と言へば、うち泣きて、「かくまでとは思はざりしを、いとあはれにぞ」と言ひて立ち給ふ。御袖を控へて、「おはし所知らせ給へ」とあれば、

Ⅰ　わたつ海のそことも知らで侘びぬればすみよしとこそ海人は言ふなれ

と言ひて立つを、御返事せむ心地してうち驚きけり。

いよいよ、「夢と知りなばB」と悲しく、「仏の御験にこそ」とて夜のうちに下向して、住吉と言ふ所をたづね参らせむとて、御供の人々に仰せられけるは、「御精進のついでに天王寺・住吉へ参らむと思ふなり。おのおのはこれより帰りて、この由を申せC」と仰せありければ、「いかに御供の人なくては」とて、「参らむ」と申す。「今夜の示現に任せたれば、そのままになむ。ことさらに思ふやうあり。言はむままにてあるべし」とて、「おのおのを返すなり」と仰せありければ、力なくてみなみな帰りぬ。

ただ随身一人具し給ひて、浄衣のなへらかなるに、薄色の衣に白き単衣着て、わらぐつはきて、龍田山をば出で給ふ。

さて住の江には、その暁姫君の、「夢に、少将殿の世に心細げにて、山中にただ一人草枕して泣き伏し給ふ所へ行きたりつるに、われを見つけて袖を控へてかくなむ。

Ⅱ　たづねかね深き山路に迷ふかな君が住みかをそこと知らせよ

問四　傍線部C「『小さな大人』」とはどのような存在か。最も適切なものを次の1～5の中から一つ選び、その符号をマークせよ。

1　仕事も遊びも大人に混じっておこなう存在
2　一人前でなく特別扱いもされない存在
3　子供と大人の間の中間的な存在
4　名付けが行われない不特定の存在
5　成人の男女の性別を超越した存在

問五　傍線部D「日本社会の流れを追って、『七つ前は神のうち』は伝統的観念ではないとして退けた柴田の幼児史と、アリエスによる『子供期』の発見はよく似ていることがわかる」とあるが、二人の見解のどのような点が類似していると筆者は考えているのか。最も適切なものを次の1～5の中から一つ選び、その符号をマークせよ。

1　かけがえのない子どもという観念が、歴史的産物だとする点
2　子どもを伝統的で非日常的な存在とする発想を肯定した点
3　七歳以上の子どもを「無服」と捉え、「子供期」という概念を提示した点
4　子どもを特別視することなく、大人と対等に扱おうとする点
5　近代以前は子どもの出生や死に対して誰もが無関心だったとする点

問六　本文中の二箇所の空欄［X］には二字の同じ言葉が入る。その言葉を本文中から抜き出して記せ。

問一　傍線部①〜③のカタカナを漢字に改めよ。

問二　傍線部A「民俗的な『子どもらしさ』はここで失われる、あるいは剝奪される」とあるが、その説明として最も適切なものを次の1〜5の中から一つ選び、その符号をマークせよ。

1　もはや「子宝」とはみなされず、保護の対象外として取り扱われる。
2　男女の性差を意識し始め、結婚を間近に控えた存在として扱われる。
3　村社会の一員とみなされるための基準を達成することが求められる。
4　「無服」の対象とされつつも、責任能力の有無を問われる存在になる。
5　一人前の人格を持つ存在として扱われ、神の子とみなされなくなる。

問三　傍線部B「この諺は近世後期から近代にかけて、幼児保護の社会意識が一般的に定着してきたことを背景に」とあるが、ここにいう「背景」をもたらした事実として最も適切なものを次の1〜5の中から一つ選び、その符号をマークせよ。

1　近世になり、武家服忌令により七歳以下は服忌対象から外れていったこと。
2　近世になり、「子どもらしさ」に対して、ある種の特権視が生じていたこと。
3　近世になり、庶民にも「家」が確立し、幼児に寛大な社会が現出したこと。
4　近世になり、子どもに対する強い関心と親密な感情が生まれてきたこと。
5　近世になり、無邪気な子供らしい子どもからの脱皮が期待されてきたこと。

としてひととおりのことができることが求められたのである。

宮本常一は『家郷の訓（おしえ）』（一九四三年）で、幼少期に両親ではなく、祖父母の世代に育てられ、しつけられた経験を印象深く綴っている。宮本だけではなく、民俗社会では父親も母親も労働に時間と体を取られ、子どもの面倒をみるのは祖父母や子守りの役割だったのだ。

「四つ位の折から祖父につれられては田や畑へ行った。その往復に際して荷のない時は、いつもオイコにのせて背負うてもらった。ちょうど猿曳（さるひき）の猿のように。これが実に嬉しかったものである」。

宮本は祖父のもとで六歳までしつけられ、七歳の春から父母の教化のもとに入った。「七歳から労働が教え込まれたのである。六歳の暮に外祖父が小さいオイコをこしらえてくれた」。

宮本は懐かしい思い出として語っているが、小さな子どもの頃から、［X］力になる準備をしてきたことになる。娘たちもまた小さなときから、祖母の手作業を見様見真似で覚えさせられた。七歳以前の子どもたちも、あどけなさにとどまっている暇はなかったのだ。

アリエスや柴田は、ある時代までの子どもの不在を発見し、ある時期以降の子どもの誕生を明らかにしたが、それでも子どもはずっといたはずだ。子どもの心は「子どもらしさ」を求められたが、体のほうは一刻も早く「子どもらしさ」を脱け出すことを期待されたのである。

（畑中章宏「子どもらしさ」による）

〈注〉「十三、七つ」――「お月様いくつ、十三七つ」の童謡から出た言葉。十三夜の七つ時（4時頃）の出たばかりの月のことで、まだ若いの意（『広辞苑』第六版による）。

の後の人々に大きな影響を及ぼしてきた。

アリエスによると、かつての伝統的な社会では、「子供が死亡したばあい、一部の人びとは悲嘆に暮れはしたが、一般的には子供にたいしてあまり保護はなされず、すぐに別の子供が代りに生れてこようと受けとられていたのである。子供は一種の③トクメイの状態からぬけ出ることはなかった」と言う。

つまり、「昔、子どもはいなかった」が、ある時期からその存在を認められるようになったというのである。現在では自明の観念となっている「子供」や「子供期」について、近代家族の成立とともに誕生した歴史的産物であることをアリエスは発見したとして、評価されてきたのだ。

近代以前のヨーロッパの社会では、子どもはC「小さな大人」として扱われ、子どもの出生や死に対しても無関心だった。生まれた子どものうち、七歳くらいの年齢まで生き残ったものだけが X 力として家族の数に加えられた。そして、身の周りの用を一人で足せるようになると、家庭から大人の世界へ放り出されて、「若い大人」として、仕事も遊びも大人に混じっておこなった。ところが、十七、八世紀に、中産階級を中心に子どもに対する強い関心と親密な家族感情が生まれてきたというのである。

こうして見ると、論拠はともかく、D日本社会の流れを追って、「七つ前は神のうち」は伝統的観念ではないとして退けた柴田の幼児史と、アリエスによる「子供期」の発見はよく似ていることがわかる。

それでは、あどけない子ども、無邪気な子どもらしい子どもは、どこにも存在しなかったのか。日本の民俗社会にも、子どもには子どもだけの世界があり、大きな子どもが小さな子どもを導いておこなわれる「祭」も各地にある。また子どもの遊びも大人の社会とは異なる伝承文化として受け継がれてきた。民俗社会に子どもは明らかに実在したはずである。

一方、かつての社会には共同でおこなう労働が多く、その教育目標は、「一人前」の村人を育てあげることだった。子どもが子どもを脱し、一人前とみなされるにはいくつかの基準があり、年齢、労働能力、技術、社会的地位、祭祀、婚姻資格など、村人

『先祖の話』で、「七歳までは子供は神だという諺が、今もほぼ全国に行われている」と強調したが、このときも具体的事例は示さなかった。「七つ前は神のうち」説は、こうしてその後、民俗学の分野で主流となり、歴史学や教育学などの分野でも受容されていった。なお、一九八〇年代末から九〇年代にかけて、民俗学の内部からも批判的言辞が提示されるようになった。

柴田の歴史的反証を整理すると次のようになる。

古代・中世の社会では、幼児は「無服」とされ、神事の挙行や刑罰的世界から疎外・排除されて、「尊卑」のない特別な存在とみなされていた。この幼児に対する「無服」は、『養老律令』（七五七年）で七歳までは服忌（ぶっき）の対象外にされたことにより、七歳を境界年齢とする観念もここから生まれたのだと言う。その後、近世の武家服忌令でも七歳以下は服忌の対象から外され、幼児は絶対責任無能力者という考えが浸透していった。民俗社会にも「七つから大人の葬式をするもの」という言い回しがあり、「七歳未満忌服なし」という表現もあって、七歳に満たないものは喪の忌みには関係がなく、浄・不浄の対象にならないと考えられていた。

しかし近世になり、庶民にとっても「家」が確立してくると、幼児は「子宝」として保護の対象とされるようになり、「無服」であることがある種の特権視を生じさせることになった。そうしたなかで、庶民のなかに幼児を大切に養育するという社会意識が定着していった。つまり、近世までは、「七つ前は神のうち」といった観念は存在しなかったということになる。そして近世後期になって、幼児に寛大な社会が初めて現出し、さらに近代になり、国家神道が浸透していくにつれ、「七つ前は神のうち」という俗説的表現が成立していったと柴田は言うのである。

言い方を換えれば、近世後期以前には、「子どもらしさ」が付け入る隙はなかったということになるだろうか。

「子どもらしさ」について考えようとするとき、「子ども」とはそもそも何歳から何歳ぐらいを指すのか、という疑問も生じる。

フランスの歴史学者フィリップ・アリエスは、『〈子供〉の誕生』（一九六〇年）で「子供期」という概念を提出し、子どもを論じるそいるという考え方があったように想像されると言う。

また、生まれたばかりの子どもは、「性」をはっきりさせない状態で①ショグウされていた。子どもが霊力を伴う時期に相当して、男か女かわからない状態の時期があった。大人にとってはその挙措動作が神秘的だと思われる時期であり、それが七つを経ると薄らいでいき、大人になっていくのである。だから、「男の子らしさ」や「女の子らしさ」を意識し、意識されるようになるのも七歳ぐらいを区切りにしたようだ。

七歳までの子どもはこのように、一人前の人格を持つとはみなされず、この世のものでも②イカイのものでもないという中途半端な存在だったが、七歳になると子供組に加入したり、正装して山岳登拝したり(「七つ子参り」)、氏子入りの儀礼などを経て共同体の成員として認められていく。A民俗的な「子どもらしさ」はここで失われる、あるいは剝奪されると言ってよい。しかしこうした通過儀礼は近世、近代の教育システムにも適用され、寺子屋入りや、義務教育の就学年齢も七歳を基準にしたのだった。

「七歳までは神の子」、あるいは「七つ前は神のうち」は、日本の民俗社会における無垢な子どもらしさの根拠とされてきた。この通説に対し、歴史学者の柴田純は『日本幼児史』(二〇一三年)で、Bこの諺は近世後期から近代にかけて、幼児保護の社会意識が一般的に定着してきたことを背景に、昭和になって生まれた俗説にすぎないと批判的検証を試みた。柴田は、「七つ前は神のうち」は日本の伝統的観念とは全く無関係で、前近代の幼児を語るとき、「枕言葉」のように使うことは厳に慎むべきだと主張する。ではなぜこうした俗説的表現が生まれ、定着したのだろう。

柴田によると、柳田国男は一九一四(大正三)年の「神に代(かわ)りて来る」において、「七歳になる迄は、子供は神さまだと謂って居る地方があります」と述べ、「七つ前は神のうち」説を提示したが、この段階では具体的な事例をあげたわけではなかったと言う。

しかしその後、一九三七(昭和十二)年に能田多代子(のうだたよこ)が「七つ前は神様」で青森県五戸(ごのへ)地方での事例を紹介し、同じ年に大間知(おおまち)篤三(とくぞう)が「七ツ前は神のうち」で常陸多賀郡高岡村での事例を紹介した。これらを受けてか柳田自身も、太平洋戦争中に書き継いだ

1　不可視の世界のメリット
2　人間中心の近代ヒューマニズム
3　生死を超越したダイナミズム
4　日本固有のコスモロジー
5　人類の壮大なストーリー

(二)

次の文章を読んで、後の問に答えよ。

「十三、七つ」〈注〉の歌のうち「七歳」に関しては、「七歳までは神の子」(「七つ前は神のうち」などとも言う)という諺が広く流布している。あどけない子ども、無心で無垢な子どもを示した民俗的な表現として、馴染みがある言葉だろう。

「七歳まで」、「七つ前」というこの年齢の区切りについては、柳田国男が『先祖の話』(一九四六年)で、六つ以下の子どもが死んだ場合、大人の葬送とは異なり、特別の埋葬地が設けられたことに注目している。子どもが死ぬと家の床下や、雨落ちの下に埋める民俗がある。その意味するところは、子どもが死ぬと、体内に宿っていた霊魂が「若葉の魂」となり、蘇生しやすいように配慮したのではないかと言う。つまり、小さな子どもは、いつでも霊界から帰すことができる存在だというふうに考えられていたようなのだ。

七歳までの小さな子どもの生身魂(いきみたま)は身体を離脱しやすいため、七歳までの通過儀礼には、魂を身体に鎮めて離れないようにする呪法が用いられた。さらに、出産から子どもの成育までにある「産神(うぶがみ)信仰」からも、幼い子どものなかには生きた霊魂が籠ってマークせよ。

1　現代医学にも限界があるため、特に不可視の分野については研究対象外と考えてきた。
2　医学はそれ自体が独立した学問であるため、他分野からの越境は認めてこなかった。
3　患者を生かすための治療に専念するあまり、不治の患者の治療は早々に断念してきた。
4　ひたすら西洋医学を信奉し、漢方のような東洋医術は一部しか採用してこなかった。
5　病院は科学的な空間でなければならないため、証明されていないものは排除してきた。

問六　傍線部E「ストレスの重圧」とほぼ同じ意味で使われている表現を本文中から五字で抜き出して記せ。

問七　傍線部F「小さなカミ」とあるが、それに関する記述として最も適切なものを次の1〜5の中から一つ選び、その符号をマークせよ。

1　近代以前には超越的な存在にすがって心の平穏を保っていたが、現代ではゆるキャラがその役割の一端を担っている。
2　現代社会では罵倒や差別が横行し、もはや超越的な存在は役に立つ機会の少ない小さな存在となってきている。
3　超越的存在を認めないことで無機質な領域ができ、その領域を埋めるためのゆるキャラが信仰の対象となっている。
4　カミがいないために人間関係を損失した現代人は、ゆるキャラを媒介にして関係を修復してきている。
5　人間関係の隙間がゆるキャラによって満たされるのは、ゆるキャラに無数の死者の影を認めているためである。

問八　空欄 Y に補うべき言葉として最も適切なものを次の1〜5の中から一つ選び、その符号をマークせよ。

2　神仏や死者の存在を前提として理解できる生の世界があり、我々はそこで生かされているということ。
3　人間は精神的な不可視の世界から離れることはできず、生死を貫通する世界も同様であるということ。
4　死は生の終焉ではなく、不可視の世界における生者と死者の新しい関係の始まりであるということ。
5　生の世界は見えるが、死の世界もその延長線上にあり、カミの存在によって初めて理解されるということ。

問三　傍線部C「宗教者であることが基本的な資格である」とあるが、その理由として最も適切なものを次の1～5の中から一つ選び、その符号をマークせよ。

1　営利目的の業務に従事しておらず、人々を平等に扱うことができるから。
2　生死の世界を体験しており、どんな質問や相談にも対応可能であるから。
3　日頃からカミの存在を実感し、その教えを人々に伝導してきているから。
4　生老病死など重要な場面でさまざまな人々を導いてきた経験があるから。
5　それぞれの信仰にもとづいた揺るぎない信念が人々の心を和らげるから。

問四　本文中の二箇所の空欄 X には同じ表現が入る。その表現として最も適切なものを次の1～5の中から一つ選び、その符号をマークせよ。

1　しながら　2　するように　3　しても　4　することで　5　する以上に

問五　傍線部D「現代医療のあり方」とあるが、この場合の例として最も適切なものを次の1～5の中から一つ選び、その符号を人類が直面している危機を直視 X 、人類が千年単位で蓄積してきた知恵を、近代化によって失われたものをも含めて発掘していくこと、それこそがいまわたしたちに与えられている大切な課題なのではないだろうか。

（佐藤弘夫『日本人と神』による）

〈注〉［谷山二〇一六］――谷山洋三『医療者と宗教者のためのスピリチュアルケア　臨床宗教師の視点から』（中外医学社・二〇一六年刊）の記述内容の引用であることを示す。

問一　傍線部A「カミ」とあるが、カタカナ表記した理由として最も適切なものを次の1～5の中から一つ選び、その符号をマークせよ。

1　時代や国家を越えたグローバルな視点から客観的に論じるため。
2　あらゆる民族の根源にある宗教的崇拝の心情を尊重するため。
3　人間を超越した聖なるものを日本古来の「神」と区別して表現するため。
4　近代以降の人間の精神性を近代以前の人間の信仰と区別するため。
5　前近代の人々の精神的支柱を可能な限り印象的に記述するため。

問二　傍線部B「生死の双方の世界を貫くストーリー」とあるが、その説明として最も適切なものを次の1～5の中から一つ選び、その符号をマークせよ。

1　生の世界で死は当然のものとして受けとめられるが、実はそこに神仏が力を貸しているということ。

欧米諸国と比べれば、日本列島はいまだに自然とカミと人との連続性、対称性を強く保持する社会である。かつて死者が風になって空中を飛翔する「千の風になって」という歌が大ヒットした。道端には何を祀るとも知れない無数の祠があり、野の花が生けられている。都市のここかしこに神社や祠が残っていて、祈りを捧げる人の姿がある。

東日本の各地にある草木供養塔は、山仕事を行う人々が伐採した草木を供養するために建立したものであり、針供養の行事などとともに、人間と草木・無生物を同じレベルの存在として把握しようとする日本人の発想方法を反映する現象である。しかし、その日本でもカミは着実に存在感を弱めつつある。

二一世紀に生きるわたしたちは、近代の草創期に思想家たちが思い描いたような、直線的な進化の果てに生み出された理想社会にいるのではない。近代化は人類にかつてない物質的な繁栄をもたらす一方で、人間の心に、昔の人が想像もしえなかったような無機質な領域を創り出した。民族差別の言説や弱者へ投げかける罵倒の言葉が、いまネット上に溢れている。

この問題の深刻さは、（中略）それが文明の進化に伴って浮上したものだということにある。いまそこにある危機が近代化の深まりのなかで顕在化したものであれば、［Y］を相対化できる長いスパンのなかで、文化や文明のあり方を再考していくことが必要である。

わたしは前近代に帰れ、といっているのではない。過去に理想社会が実在した、などといっているのでもない。どの時代を切り取っても、苦悩と怨嗟（えんさ）の声はあった。いまわたしたちが生きる世界を見直すために、近代を遥かに超える長い射程のなかで、現代社会の歪みを照射していくことの重要性を論じているのである。

これまでの歴史のなかで、カミは人にとってプラスの役割だけを果たしてきたわけではない。カミが人を支配する時代が長く続いた。特定の人々に拭いがたい〈ケガレ〉のレッテルを貼って差別を助長したのもカミだった。カミの名のもとに憎悪が煽られ、無数の人々が惨殺されるという愚行が繰り返されてきた。それはいまも続いている。

日本でも中国でも、D現代医療のあり方に対する反省に立って、医療の現場にカミを導入しようとする活動が始まっている。最先端の科学技術が君臨する場において目に見えぬものたちがどのような役割を果たしうるのか、今後の動向が注目される。

息の詰まるような人間関係の緩衝材として、新たに小さなカミを生み出そうとする動きも盛んである。一九九〇年代から始まるスピリチュアリティや精神世界の探求のブームは、そうした指向性の先に生まれたものだった。ペットブームもまた人間関係の緩衝材を求める人々の無意識の反映と考えられる。

もう一つ、わたしがいまの日本社会で注目したい現象は、列島のあらゆる場所で増殖を続けるゆるキャラである。もちろんディズニーのミッキーマウスをはじめ、動植物を擬人化したキャラクターは世界中にみられる。しかし、その数と活動量において、日本のキャラクターは群を抜いている。これほど密度の濃いキャラクター、ゆるキャラの群生地は、地球上の他の地域には存在しない。

大量のゆるキャラが誕生しているということは、それを求める社会的需要があるからにほかならない。それはなにか。わたしは現代社会の息の詰まるような人間関係のクッションであり、Eストレスの重圧に折れそうになる心の癒やしだと考えている。

ミッキーとハグしたくて、震災後再開したディズニーランドを真っ先に訪れたという類の話はいくらでも存在する。精神的に追い詰められたときでも、他人に心を開き甘えることは容易ではない。しかし、ゆるキャラに抱きつくことならさほど抵抗はない。ゆるキャラとの出会いが、心に溜まった澱を一挙に昇華するカタルシスとなるケースもあるのである。

現代社会におけるゆるキャラは、F小さなカミを創生しようとする試みであるとわたしは考えている。この社会からカミを締め出した現代人は、みずからを取り巻く無機質な光景におののいて、その隙間を埋める新たなカミを求めた。その先に生まれてきたものが、無数のキャラクターたちだった。群生する大量のゆるキャラは、精神の負荷に堪えかねている現代人の悲鳴なのである。

に錘鉛を下ろし、その構造に光を当てていくことが求められているのである。

いま日本列島においても世界の各地でも、現実社会のなかに再度カミを引き戻し、実際に機能させようとする試みが始まっているようにみえる。二〇一三年秋、わたしは「介護と看取り」をテーマとするシンポジウムに参加するため北京を訪れた。終了後に、中国のホスピスの現状をみせていただくために万明医院という病院を訪問し、スタッフと懇談する機会をもつことができた。

万明医院では病院の内部に、「往生堂」という名称の一室が設けられ、重篤な病状に陥った患者がそこに運ばれて、親族の介護を受けながら念仏の声に送られてあの世に旅立つシステムが作り上げられていた。敷地内の別の一室では、故人の遺体を前に、僧侶を導師としてたくさんの人々が念仏を称えていた。その儀式は数日間続けられるという。霊安室と死者の退出口を人目のつかない所に設けることによって、生と死の空間を截然と区別する日本の病院を見慣れていたわたしにとって、病院内に生の世界と死の世界が混在するこの光景は、たいへん衝撃的だった。

終末期医療や心のケアに宗教を介在させようとする動きは日本でも起きている。その代表的な運動が、東北大学をはじめ多くの大学で進められている臨床宗教師の育成である〔谷山二〇一六〕〈注〉。「臨床宗教師」は、キリスト教文化圏におけるチャプレンに相当する存在で、「被災地や医療機関、福祉施設などの公共空間で心のケアを提供する宗教者」をいう。その育成講座には、仏教、キリスト教、神道、新宗教などさまざまな信仰者が参加している。

C宗教者であることが基本的な資格であるが、自宗の優位を公言したり布教や伝道行為を行ったりすることは禁止されている。宗教者としての経験を生かし、相手の価値観を尊重［　X　］、みずからの病や親族の死などによって心に重荷を負った人々に寄り添い、看取りやグリーフケアを行うことを任務とするものである。東北大学病院緩和ケア病棟など、国公立の病院でも臨床宗教師の採用が進められている。

国語

（六〇分）

（一）

次の文章を読んで、後の問に答えよ。

およそこれまで存在した古今東西のあらゆる民族と共同体において、Aカミをもたないものはなかった。信仰の有無にかかわらず、大方の人にとってカミはなくてはならない存在なのである。

わたしたちが大切にする愛情や信頼も実際に目にすることはできない。人生のストーリーは可視の世界、生の世界だけでは完結しない。たとえそれが幻想であっても、大多数の人間は不可視の存在を取り込んだ、B生死の双方の世界を貫くストーリーを必要としている。

かつて人々は神仏や死者を大切な仲間として扱った。目に見えぬものに対する強いリアリティが共同体のあり方を規定していた。それゆえ、わたしたちが前近代の国家や社会を考察しようとする場合、その構成要素として人間を視野に入れるだけでは不十分である。人を主役とする従来の欧米中心の「公共圏」に関わる議論を超えて、人間と人間を超える存在が、いかなる関係をたもちながら公共空間を作り上げているかを明らかにできるかどうかが重要なポイントとなる。これまでの歴史学の主流をなしていた人間による「神仏の利用」という視点を超えて、人とカミが密接に関わり合って共存する前近代世界のコスモロジーの奥深く

解答編

英語

I **解答** (1)―1 (2)―3 (3)―3 (4)―1 (5)―1 (6)―2
(7)―3 (8)―1 (9)―2 (10)―2 (11)―1 (12)―4
(13)―3 (14)―1 (15)―3 (16)―2 (17)―2 (18)―4

◀解 説▶

(1)「出てくる前に電気を切ったのを覚えている？」
remember *doing* で「～したことを覚えている」という意味。remember to *do*「忘れず～する」と区別する。
(2)「私は車を2台持っています。1台は日本製で，もう1台はドイツ製です」
代名詞の one と the other は「(2つの中で) 1つは～，もう1つは…」という意味を表す。
(3)「私の個人的なことに干渉しないでいただければありがたく思います」
interfere in ～ で「～に干渉する」という意味。
(4)「この話の王様は裸だったという事実を指摘したのは幼い男の子だった」
空所の後に完全な文が続いているので，空所には接続詞が入る。このthat 節は同格節を導く働きで，後には the fact の説明が続く。また，ここでの It was ～ who … は強調構文であることにも注意。この文のように，強調したい語が人の場合には that の代わりに who を使うことができる。
(5)「他の出演者のために，私が十分なスペースを作ることができるかなとあなたが思っていることはわかっています」
be capable of *doing* で「～することができる」という意味。possible は be possible (for *A*) to *do* で「(*A* が)～することができる」という形で用いる。

⑹「生徒たちは，放課後は学園祭の準備で忙しいので，先週よりも宿題が少なかったことをとてもうれしく思った」
空所後とつなげるには比較表現が必要である。homework は不可算名詞なので１は不可。
⑺「すばらしい歌を歌うことで気分が良くなることは本能的にわかっていますよね」
make *A* *do* で「*A* に～させる」という意味。他の選択肢はすべて空所の後の better につながらないので不可。
⑻「客は羽田空港への行き帰りの手はずを整えておくように助言されている」
advise *A* to *do* で「*A* に～するように助言する」 make an arrangement で「手はずを整える」という意味。
⑼「時速 160 キロ以上で走ることであなたは命を落とすかもしれません」
空所の後に目的語が２つ（you と your life）があることに着目する。cost *A* *B* で「*A* に *B* の犠牲を払わせる」という意味。
⑽「あなたが新しい事業で成功することを祈っています」
keep *one's* fingers crossed で「（幸運を）祈る」という意味。
⑾「私たちが宿題を提出しなかったとき，先生は大目に見てくれなかった」
go easy on ～ で「～に温かい目を向ける」という意味。
⑿「テディは有名な俳優になる前，少ない収入で生活していた」
income「収入」のように総数や総額を表す名詞の大小は large，small で表す。
⒀「この自動販売機は今故障しているので，店の中でボトル入りの水を買ってもらえますか？」
out of order で「故障中」という意味。
⒁「ケイティは自分のお気に入りの俳優が交通事故で亡くなったという記事を読んで，言葉を失った」
article は「記事」という意味。diagram は「図表」，prescription は「処方箋，規定」という意味。
⒂「彼が最も有名なオリンピックのスキー選手の一人ということを知っていましたか？　彼にとってその山をスキーで下ることは楽勝ですよ」

a piece of cake で「とても簡単なこと」という意味。

(16)「ボブとケンは口論になる前，お金について 1 時間話し合っていた」

talk about 〜で「〜について話す」という意味。discuss は他動詞なので，about は不要。口論になったのは過去のことで，話していたのはそれよりも前のことだから 4 の現在完了は不可。

(17)「世界的流行病が発生すると，医療従事者は治療の需要に遅れを取らないように常に追い詰められる」

keep up with 〜で「〜に遅れずについていく」という意味。

(18)「今まさに誰かがスピーチをしようとするとき，私たちはその人の幸運を祈ることが多い」

空所の後に目的語が 2 つ（people と good luck）があることに着目する。wish *A* *B* で「*A* に *B* を祈る」という意味。他の選択肢はすべて第 4 文型を取ることができない。

II　解答　(1)— 3　(2)— 1　(3)— 3

◆全　訳◆

≪スティーブ=ジョブズとの思い出≫

1980 年代の末，マッキントッシュのコンピュータが登場して数年後（それはアイフォンが出るずっと前のことである），アップルの共同創設者であるスティーブ=ジョブズは，カリフォルニア南部の高級ホテルでプレゼンテーションをする予定であった。このホテルの支配人は，本来は非常に落ち着いた人であった。彼はジョブズ氏（すでにこの時でかなり有名であった）のような有名人が自分のホテルに滞在し，その施設を利用するのには慣れていた。しかし，彼はまた大いなるファンでもあり，このために彼は柄にもなく緊張していた。彼はジョブズ氏のプレゼンテーションが計画通りに行かないのではないかと大いに心配していた。

ジョブズ氏のプレゼンテーションの日，この支配人はすべてが適切になっているかどうか個人的に再度確認したかったので，朝早くにホテルの会議室に行った。彼が会議室のドアを開けたとき，ひとりの専門家がもうすでにそこにいて，体の半分が机の下に隠れ，コンピュータ，プロジェクタ，その他の機器を接続しているのに気がついた。

最初は，誰かがすでにプレゼンテーションの準備をしていたので支配人は安心した。しかし，それから，特にこんな早い時間に，機器を調べたり，接続したりする許可を誰も求めに来なかったことに彼は気がついた。何と言っても，彼はこのホテルの支配人なのだ。彼はこのホテルで起こることすべてに責任がある人物であった。

「すみません！」彼はいらだって専門家に叫んだ。

「はい？」初めて机の下から顔を出して専門家は答えた。この専門家が他の誰でもないスティーブ=ジョブズ本人だとホテルの支配人が気づいたのはこのときだった。

「すみません」と支配人はゆっくりと繰り返した。彼は驚いて目を見開き，目に見えて汗をかき，震え始めた。次に何を言っていいのかわからず，彼は最初に頭に浮かんだことを口にした。

「私はコンピュータが好きなんです」とささやくような声で支配人は言った。

「それを聞いて嬉しく思います」という返事と同時にその男性は机の下へ戻り，完全に視界から消えていった。

◀解　説▶

(1)空所は that 節で，ホテルの支配人がスティーブ=ジョブズのプレゼンテーションを前にして，会議室で再度確認する内容であることから考える。3.「すべてが適切になっていた」が正解。他の選択肢はそれぞれ，1.「どれも適切な役割を持っていた」，2.「みんなきちんと座っていた」，4.「場合によっては何かがうまくいかなくなる」という意味。

(2)「彼がホテルの支配人である」という文につながるものを考える。1. after all「やはり，何と言っても」が正解。他の選択肢はそれぞれ，2.「ぜひとも」，3.「彼が知る範囲では」，4.「きっぱりと」という意味。

(3)選択肢からも，机の下から顔を出したのがスティーブ=ジョブズだったのは明白である。3.「他の誰でもないスティーブ=ジョブズ本人」が正解。他の選択肢はそれぞれ，1.「唯一無二のスティーブ=ジョブズ以外の人」，2.「スティーブ=ジョブズよりも才能のある人」，4.「プレゼンターであるスティーブ=ジョブズを見つけることができない」という意味。

Ⅲ 解答

問1．A．scattered　B．referred　C．cleaned
D．seeking

問2．(1)―2　(2)―4　(3)―3　(4)―4　(5)―2

問3．A群：4　B群：3

◆全　訳◆

≪イチョウの物語≫

マンハッタンとワシントンDCの通り，ソウルの界隈，パリの公園では，冬一番のひとしきりの寒気に反応して，イチョウの木が徐々にその鮮やかな黄色の葉を失いつつある。

このように葉が落ちるのは，最初は少しずつで，後に急速に進行し，金色で扇形の葉が毎年通りを覆っている。しかし，世界中でこういったことが起こるのがだんだん遅くなっており，これは気候変動を示すものかもしれないという証拠を科学者たちは記録している。

「『いつ黄葉したイチョウを見に行けばいいですか？』と人々が私たちに尋ねると，10月21日ですと答えていたものです」とバージニア大学，ブランディ研究農場の主任であるデイビッド=カーは述べていて，この農場はイチョウ園（300本以上のイチョウの木がある樹木園）である。

カーは1997年からイチョウ園に勤めていて，秋が暖かくなり，黄葉が遅くなる傾向は顕著であると述べている。「最近では10月の終わりか，11月の最初の週に近くなっているように思えます」

しかし，この古来の種が大きな気候変動に直面したのは，今回が初めてではない。そしてこのイチョウの話は，人間の自然に対する不注意というありふれた話ではないのだ。

ノースダコタ州で見つけられた化石のおかげで，イチョウの種は6,000万年間，現在の形で存在していることが科学者にはわかっている。このイチョウは1億7千万年前のジュラ紀にさかのぼる遺伝的に似た祖先を持っている。

2億年に近い年表で「イチョウは徐々に減少しました。ほとんど絶滅したのです。そして人間との関係から生じた再生をしているのです」と『イチョウ』という本の著者であり，世界の主要なイチョウ専門家の一人であるピーター=クレーンは述べている。

地球の生物種の生息を記録している組織の国際自然保護連合は，野生においてはこの木を絶滅危惧と分類している。ほんの少しのまれな個体群が中国に存在している可能性があると考えられている。この秋，雨に濡れて，暗くなった路肩に散った明るい金色の葉の上を歩くと，珍しいもの――人間が自然の絶滅から救い，世界中に広めた種――に遭遇したことになるのだ。これは「すばらしい進化の物語，また偉大な文化の物語なのです」とクレーンは述べている。

今日，地球上の種子を作る植物には5つの異なる種類がある。顕花植物は最も多くある。球果植物は球果を持つ植物である。グネツム目の植物は砂漠の低木，熱帯の木，つる植物を含み，約70種の多様なグループである。ソテツ科の植物は，ヤシの木のようなまた別の古代のグループである。そしてイチョウは単独の種である。植物王国のイチョウ科で，たった1つの生きている種がイチョウなのである。

かつて世界には，イチョウにも多くの様々な種があったと科学者は考えている。中国の中央部にある石炭鉱で見つかった1億7,000万年前の化石になった植物に，葉の形と種の数でほんのわずかな違いしかないイチョウのような木がある。

何百万年も前に存在していた，かつては多様だったグループの残り物なので，この種は生きた化石――カブトガニ，ロイヤルゼンマイなども含まれる部門――と言われることが多い。イチョウは古代の種であるので，現代の木にはあまり見られない特徴を保持している。

イチョウにはオスとメスがあり，オスの木の精子が風に漂う花粉の粒子で運ばれ，メスの木の種子にたどり着いて受精し繁殖するが，それは人間が受精する過程と違いがない。イチョウはまた，オスからメスへの性転換の可能性の兆候も示している。この現象をイチョウで見るのはまれであり，完全に理解されている訳ではないが，確実に繁殖するための安全装置として，オスがメスの枝を生み出すことがあると考えられている。

世界のイチョウ種の消滅に対する1つの説は，1億3,000万年前に消滅が始まったというもので，これは顕花植物が多様化し，広まり始めたときである。現在23万5,000種以上の顕花植物が存在している。顕花植物は急速に進化して増殖し，成長速度は速くなり，草食動物を引きつける果実や，イチョウよりもより多くの花粉媒介者を引きつける花弁を使っている。

「『イチョウ』が押しのけられた，言い換えると現代の種との競争に直面した可能性がある」とクレーンは述べている。

イチョウはすでに生き残るための戦いで，およそ6,600万年前に始まった地球規模の寒冷期に当たる新生代の間に，北アメリカやヨーロッパから消滅し始めていた。最後の氷河時代は11,000年前に終わったが，そのときまでに，残りの生存種は中国まで退けられた。

イチョウは悪臭がすることで有名である。メスの木は，外側に果肉がある種子を生み，それは人の吐瀉物の特徴的な匂いである，酪酸を含んでいる。

なぜイチョウの木がそのような鼻をつく臭いを生み出すよう進化したのかに関して，「私の推測では，イチョウは悪臭のするものを好む動物によって食べられていたのです。そして，その内臓を通ってから発芽したのです」とクレーンは述べている。

これと同じ種子が，1,000年前に人間に好まれるのに一役買ったのかもしれない。いったん果肉が取り除かれると，イチョウの種子はピスタチオに似ている。中国の人がイチョウの木を植え，その種子を食べ始めたのは，この木が中国以外の場所で消えてしまってから長い時間が経った，このときだったかもしれないとクレーンは述べている。（イチョウの種子は，外側の毒性のある層が取り除かれて初めて食べることができる。）

ドイツの博物学者，エンゲルベルト=ケンペルは，中国からイチョウを手に入れたと考えられているが，彼が17世紀末に日本に旅行するまで，この植物がヨーロッパにもたらされることはなかった。今日，イチョウはアメリカ東海岸沿いで最もよくある木の1つである。昆虫，菌類，高いレベルの大気汚染に対して生まれつき抵抗力があるように思われ，コンクリートの下まで伸びる根を持っている。

この種は20世紀の初めに中国西部で野生のものと思われる個体群が見つかるまで，野生では絶滅したと考えられていた。2004年に発表された論文では見解が異なり，これらの木は古代の仏教僧によって栽培されたと示唆しているが，他にもイチョウの避難所が中国の南西部に見られるかもしれないと示唆している。

そして2012年，新たな論文で，野生の個体種は実際に中国南西部の大婁山脈に存在していたという証拠が挙げられた。

「いくつかの野生のイチョウの個体群は，中国の亜熱帯地方の気候変化の影響を受けずに動植物群が残存している地域に（も）あるかもしれないと思っています。しかし，もっと調査する必要があります」と雲南大学の生態学者であり，2012年の論文の著者でもあるシンディ=タンは述べている。このような野生の個体種は，栽培種の改良を追求している栽培者にとって，遺伝的多様性についての貴重な発見になる可能性がある。

だが，クレーンはイチョウの将来について心配していない。この種に人気があることは，イチョウの生存に役立つだろう。「野生においてイチョウの状況は危うく，手に入りにくいものかもしれませんが，絶滅しそうにない植物です」とクレーンは述べている。

◀解　説▶

問1．A．空所に続く this fall までの部分が those bright golden fans を修飾していることを見抜く。ここでの fans はイチョウの葉のことであり，葉は路上に散っていると考え，scatter「散らす」を選ぶ。イチョウの葉は「散らされる」という受動関係なので，過去分詞の scattered が正解になる。

B．空所の後の to as に着目し，refer to *A* as *B*「*A* を *B* と言及する」の受動態だと判断する。refer の過去分詞は r を重ねて ed をつけることにも注意。

C．空所の前にある once は接続詞で「いったん～すると」という意味。副詞節の中では主語と be 動詞が省略されることがあるので，once の後に they〔ginkgo seeds〕are が省略されていると考える。空所に clean の過去分詞の cleaned を入れると「それら〔イチョウの種〕から外側の層〔果肉〕が取り除かれると」になり，文意が通じる。

D．空所の直後に不定詞句が続いていることから seek to *do*「～することを追求する」の形になると考え，seek を選ぶ。ここでは空所の前にある breeders を修飾していると考えられ，栽培者は「追求する」という能動関係になるので，現在分詞の seeking が正解になる。

問2．⑴下線部を含む文の they はイチョウを指しており，後続の文でほとんど絶滅したと述べられていることから，イチョウの数が徐々に減少したと推測できる。よって，2.「減少した」が正解。他の選択肢はそれぞれ，1.「記録された」，3.「拒絶された」，4.「再生された」という意味。

⑵空所Aを含む第8段第3文（When you walk …）後半に，人がイチョウを絶滅から救ったと述べられている。4．「人」が正解。

⑶ここでの as は前置詞で「〜として」という意味。failsafe は「安全装置」という意味。to ensure reproduction は failsafe を修飾する形容詞用法の不定詞句。下線部は「生殖を確実にするための安全装置として」という意味。よって，3．「彼らが繁殖することを保証するために」が正解。他の選択肢はそれぞれ，1．「自然の一部での不規則な失敗として」，2．「メスの子孫の保護のために」，4．「性の多様性を反映するために」という意味。

⑷ elbow *A* out of the way で「*A* を押しのける」という意味。ここでは受動態になっており，「(イチョウが) 押しのけられる」という意味。よって，4．「押し出される」が正解。他の選択肢はそれぞれ，1．「必ず進化した」，2．「角を曲がった」，3．「切り倒された」という意味。

⑸この population は「個体群」という意味。ここではイチョウの個体群を指している。よって，2．「イチョウの集団」が正解。1は「中国のある民族」，3は「人類」という意味。

問3．A群：1．「1億3,000万年前よりも最後の氷河期の末の方が，多くのイチョウが世界中で生きていた」 第13〜15段（One theory for …）の内容と一致しない。氷河期末には，イチョウは1億3,000万年前よりも減少している。

2．「人間が自然に対して不注意であり続けているために，イチョウの木は依然として絶滅の危機にある」 最終段の内容と一致しない。

3．「中国南西部にあるイチョウの避難所で見つけられた木は，実際は古代の仏教僧によって栽培されたものであった」 第20・21段（The species was …）の内容と一致しない。

4．「この記事によると，たった1本のイチョウの木が他のイチョウの木の援助なく繁殖することができると科学者は考えている」 第12段（Ginkgo trees are …）の，性転換でオスがメスの枝をつけるという内容と一致する。

B群：1．「ピーター=クレーンは，デイビッド=カーのブランディ研究農場にあるたくさんのイチョウの木に魅了されたので，『イチョウ』という本を書いた」 第7段（In its nearly …）の内容と一致しない。そのようなことは述べられていない。

2.「気候変動がイチョウの木の落葉に大きな影響を与えたかもしれないとシンディ=タンは主張した」 第2段（This leaf drop …）に気候変動の影響の記述はあるが，シンディ=タンによるものではない。

3.「イチョウの木が種として生き残り続けることに関して，明らかにピーター=クレーンは楽観的である」 最終段の内容と一致する。

4.「デイビッド=カーによると，イチョウの木の種子は悪臭のする食べ物を好む動物の気をそらせた」 第17段（As to why …）と一致しない。むしろそういった動物を引きつけたと考えられる。

Ⅳ 解答

問1．(あ)―1　(い)―4　(う)―2　(え)―4　(お)―3

問2．A．figured　B．adapted　C．missing　D．surprised

問3．(1)―4　(2)―1　(3)―4

問4．A群：3　B群：1

◆全　訳◆

≪イヌの祖先の研究≫

最後の氷河期の終わりに向かうどこかの時点で，灰色のオオカミが用心深く人間のすみかに近づいてきた。最初はこうやってためらいがちに近づいて行ったが，この種は劇的な変容を遂げた。少なくとも15,000年前までに，こういったオオカミがイヌになったが，彼らも彼らの仲間の人間もずっと同じであることはなかった。しかし，どうやってこの関係が，続く1,000年の間に進展したのかは謎である。現在，古代のイヌと人間のDNAをこれまでで最も包括的に比較することで，科学者たちはその隙間の一部を埋め始めており，イヌと人間がどこを一緒に旅し，そしてどこで道を分かつことになったのかを明らかにしつつある。

「これは本当に素敵な研究です」とマックス・プランク人類史科学研究所の考古遺伝学者であるウルフギャング=ハークは述べている。「私たちはついにイヌの物語と人間の物語がどのように一致するのかわかり始めているのです」

イヌは家畜化における最大の謎のひとつである。数十年間の研究にもかかわらず，いつどこでイヌの家畜化が起こったのか，ましてやどのようにして，あるいはなぜ起こったのか，科学者たちはまだわかっていない。2016年の研究で，イヌは二度にわたって家畜化された可能性があり，一度はアジアで，もう一度はヨーロッパや近東であると結論づけられたが，確証に至るための十分な証拠がないと批評家は述べている。数年後，早くも1万年前には両アメリカ大陸に家畜化されたイヌがいた証拠を研究者たちが報告したが，このようなイヌ科の動物は，遺伝子的な痕跡を残すことなく消えてしまったように思える。他の研究では，古代の犬の形跡をシベリアやその他の土地で見つけたが，どうやって彼らがそこに至ったのか，またどのように関連しているのかが科学者たちにはわかっていない。

この空白の一部を埋めるために，イヌと人間の遺伝学における二人の名士が手を組んだ。それはオックスフォード大学の進化生物学者であるグレガー=ラーソンとフランシス・クリック研究所の古代ゲノム学者であるポンタス=スコグルンドである。ラーソン，スコグルンド，そしてその共同研究者たちは，ヨーロッパ，シベリア，近東の11,000年近く前にさかのぼる2,000組以上の古代のイヌの化石を精査した。その過程で，彼らは27の古代のイヌのゲノムをもうすでに記録されている5つに付け加えた。そして，彼らは，その犬と同じ場所と時代に生きていた17の人間のゲノムとそれらを比較した。

イヌのDNAだけで，いくつかの驚くべきことが明らかになった。早くも11,000年前，すでに5つの別個のイヌの系統が存在していた。この系統は近東，北ヨーロッパ，シベリア，ニューギニア，両アメリカ大陸のイヌ科の動物を生んだことを，このチームは『サイエンス』で報告している。このときまでにすでにイヌはとても多種にわたっていたので，「家畜化はこのときよりも，かなり前に起こっていた」とスコグルンドは述べている。これは考古学的な証拠と一致する。最も古い明らかなイヌの化石は，およそ15,000年から16,000年前のドイツのものである。

意外なことに，このような古代の系統の一部は現代のイヌにもまだ残っている。たとえば，チワワはその祖先の一部を初期のアメリカのイヌにまでさかのぼることができる一方で，ハスキーは，古代のシベリアのイヌの遺伝子シグネチャーを示すことをこのチームは発見した。「もしドッグパークに異なるイヌの集団がいれば，彼らはみんなはるばる11,000年前にさかのぼる異なる祖先を持っているのかもしれません」とスコグルンドは

述べている。(中略)

研究者たちがイヌのDNAと現代および古代のオオカミのDNAを比較すると，またしても彼らが驚くことがあった。この2つの種は，近接したところに住んでいることが多く，つがいとなることもありうる（ブタとイノシシを考えるとよい）ので，大半の家畜化された動物は野生の親戚となる動物から，たとえ家畜化された後でも，遺伝物質を受け取っている。しかし，イヌは，オオカミからのそのような「遺伝子の流れ」を示していない。その代わり，オオカミはイヌから新しいDNAを得たのだ――一方通行である。

ラーソンは，このことはイヌと人間の親密な関係が原因であるとしている。もしあなたのブタやニワトリが，野生のDNAが入り込んだために多少野生化しても，どのみちあなたはそれを食べるのだから問題はないと彼は説明する。しかし，野生化したイヌは，良い番犬や良い狩り仲間，良い友だちにはならない。「もしあなたがイヌで，あなたの中に少しオオカミが混ざっていれば，それは由々しきことです」とラーソンは述べている。人々は「イヌを取り除く」でしょう。

オオカミ-イヌ間の分析はまた，イヌが，現在絶滅しているオオカミの個体群からたった一度だけ進化したことを示唆している。それでも，多数の家畜化の事象に関する2016年の研究を主導したラーソンは，確定するためにはより多くのデータが必要だと述べている。

そして，科学者たちは人間も併せて考え始めた。彼らは自分たちが持っている古代のイヌ科の動物のDNAと同じ場所と時代から人間のDNAのサンプルを選び，それぞれの遺伝的な歴史を追った。「これは2つの異なる言語の古代の文書を手に入れたようなもので，時代を通して双方の言語がどのように変化してきたかを理解しようとしているのです」とスコグルンドは述べている。

多くの場所で，このチームは人間とイヌのゲノムではっきりとした重複を見つけた。たとえば，約5,000年前のスウェーデンの農民とイヌの双方が，近東の祖先に行きついた。これは，農業が大陸に広がるにつれて，初期の農民たちが，彼らと一緒にイヌをつれて行ったことを示している。「人間が移動するとき，彼らはイヌと一緒に移動したことがはっきりと示されたのです」とラーソンは述べている。

しかし，こういった話が一致しないときがある。約 7,000 年前のドイツの農民も近東から来て，イヌと一緒に生活していた。しかし，この動物はシベリアやヨーロッパ由来の狩猟者のイヌに似ているようだ。

これは，多くの初期の移民が，自分たちの新しい環境によりよく適応した現地のイヌを選んだことを示唆しているとハークは述べている。その利点は多くあったと，王立工科大学の遺伝学者であり，イヌの起源の専門家でもあるピーター=サヴォライネンは付け加えている「彼らはかわいかったのです。彼らを利用することができるでしょう。食べることさえできるのです」

サヴォライネンはこの研究を「非常に徹底したもの」と呼んでおり，研究者たちがこんなにも多くのデータをまとめ上げることができたのは「素晴らしい」と付け加えている。しかし，イヌは東南アジアで生まれたと彼はずっと主張しており，地球のその場所からの標本がなければ，この研究は不完全だと述べる。「それがなければ，全体像の重要な部分が欠けているかもしれないのです」

今のところ，ラーソンのチームは「たくさんの」オオカミとイヌのゲノムを分析していると彼は言う。彼とその共同研究者は，初期のイヌがどのような見かけであったかの手がかりを与えてくれる古代の頭蓋骨の形と遺伝子マーカーにも目を向け始めた。彼が何を見つけても，彼は驚くことを期待している。「私たちは予期しないものを期待しなければなりません」と彼は述べている。「それが古代の DNA が私たちに与えてくれるすべてだからです」

◀解　説▶

問 1．(あ)空所を含む文は，just から millennia までがＳ，has been がＶ，a mystery がＣという構造になっている。空所には関係詞が入り，Ｓとなる名詞節を作るが，節の中は完全な文（evolve は自動詞）になっている。よって，空所には関係代名詞（what，which，who）ではなく関係副詞（how）が入ると判断できる。

(い)空所の後の a genetic trace「遺伝子的な痕跡」につながる前置詞を考える。逆接の yet の前が「犬の痕跡があった」なので，それと反対の「痕跡はない」という内容にする。4 の without を入れると「イヌ科の動物は遺伝子的な痕跡を残すことなく消えてしまった」となり，文意が成立する。

(う)空所直後の「このとき（=11,000 年前）までにすでにイヌはとても多種にわたっていた」は，それに続く「家畜化はこのときよりも，かなり前に起こっていた」という結論を導く根拠と考えられるので，2 の Because が正解。

(え)空所は，例として挙げられたチワワとハスキーの説明をつないでいるので，4 の whereas「～だが一方で」を入れると文意が通る。

(お) get rid of ～ で「～を取り除く」という意味。

問 2．A．空所の後の out に着目し，figure out ～「～を理解する」になると判断する。空所の前に haven't があるので現在完了になり，過去分詞形の figured が正解。

B．空所の後の to に着目し，adapt *A* to *B*「*A* を *B* に適応させる」が用いられていると判断する。ここでは受動態になっているので，過去分詞形の adapted が正解。

C．空所の後にある an important part of the picture「全体像の重要な部分」を目的語に取る動詞を考える。miss は他動詞で「～を取りそこなう，見逃す」という意味。空所の直前にある be に着目して，現在分詞形の missing を入れて進行形にするのが正解。

D．being（　D　）の意味上の主語は he で，後続の内容から，予想外のものを発見して驚くという文意だと推測される。よって，surprise「～を驚かす」が適切。空所直前の being より，「驚かされる」という受動関係なので，過去分詞形の surprised が正解。

問 3．(1) part は動詞で「～を分ける」という意味。part ways で「道を分ける」という意味になる。よって，4．「分かれる」が同意。2 は「協力する」，3 は「休息する」という意味。

(2) chalk *A* up to *B* は「*A* を *B* のせいにする」という意味。よって，1．「これを～のせいにする」が同意。他の選択肢はそれぞれ，2．「～にこれを説明する」，3．「これを残す」，4．「これを提出する」という意味。

(3) seal the deal は「契約を結ぶ，何かが明確になる」という意味。ここでは「結論を出す，確定する」という意味合いで用いられている。下線部は「確定するためにはもっと多くのデータが必要とされる」という意味になる。よって，4．「これらの結果が決定的だとみなされる前に，より多くのデータが必要とされる」が正解。他の選択肢はそれぞれ，1．「イヌがオオカミからもう一度進化を始める前に，より多くのデータが必要とされる」，２.「ラーソンがチームから引退するのを許可される前に，より多くのデータが必要とされる」，３.「オオカミの家畜化の契約が終わる前に，より多くのデータが必要とされる」という意味。

問４．A群：１.「東南アジアのイヌは，ヨーロッパの科学者による遺伝子の研究を通して最初に生み出された」 本文中に記述なし。

２.「人間のDNAとイヌのDNAに共通点がまったくないので，それらは完全に異なるコード体系で記されている」 本文中に記述なし。

３.「グレガー=ラーソン，ポンタス=スコグルンド，そして彼らのチームによって行われた研究は，世界のすべての地域を扱ってはいない」 第４段（To fill in …）の内容と一致する。調査したのはヨーロッパ，シベリア，近東とある。また，第14段（Savolainen calls …）から，東南アジアが含まれていないとわかる。

４.「東南アジアのイヌは，オオカミから逃れたために絶滅したと研究チームは信じている」 本文中に記述なし。

B群：１.「この記事によると，11,000年前に存在した古代のイヌの系統は，現在生きているいくつかの異なる種類のイヌに存在し続けている」 第５段第２文（As early as …），第６段（Remarkably, pieces of …）の内容と一致する。

２.「グレガー=ラーソンは，現在，イヌの頭蓋骨の形をポンタス=スコグルンドとは別で研究している」 最終段から，頭蓋骨の形の研究をしているとはわかるが，ポンタス=スコグルンドと別でとは述べられていない。よって，一致しない。

３.「約15,000から16,000年前，人類がドイツでオオカミを家畜化することについに成功したことを研究チームは実証した」 第５段最終文（That fits with …）に「約15,000から16,000年前」とはあるが，このような内容は述べられていない。家畜化の時期はわかっていない。

４.「家畜化された後でさえ，犬は人間のDNAを探し出すことができるとわかって研究者たちは驚いた」 本文中に記述なし。

❖講　評

Ⅰの文法・語彙問題は例年通りの出題となっている。一部，受験生には耳慣れない表現が問われることもあるが，全体的に標準的なレベルの出題になっている。

Ⅱは2021年度に引き続き，エッセーが出題された。「スティーブ=ジョブズとの思い出」がテーマの英文で，3カ所の空所補充が出題されている。内容が平易なものであるだけに全問正解を目指したい。

Ⅲの読解問題は，「イチョウの物語」がテーマの英文で，難易度は標準である。問1は空所の前後にある表現に注意して適切な語を選び，その語形を変えるのがやや難しい。問2のうち同意表現の問題は直訳ではなく，文中での意味を考えて選ぶ必要がある。問3の内容真偽問題は，本文中に記述されていない内容の選択肢は誤りと判断できるので，難易度は高くない。

Ⅳの読解問題は，「イヌの祖先の研究」がテーマの英文で，難易度は標準である。2021年度がかなり難しかったため，易化したとも言えるが，例年通りの難易度に戻ったと考えてよい。問3は，Ⅲの問2同様，文中での意味を踏まえて選択肢を検討する必要がある。問4の内容真偽問題は，Ⅲの問3と同じ傾向なので取り組みやすい。

日本史

I　解答

a－④　b－①　c－③　d－⑤　e－②
1．讃　2．八角　3．太占　4．盟神探湯　5．磐井

◀解　説▶

≪古墳とヤマト政権≫

a．「奈良県橿原市」にある群集墳は④新沢千塚で，②岩橋千塚は和歌山市にある群集墳である。

b．やや難。東方の神である青龍か，北方の神である玄武，いずれかの方角がわかれば選択肢を1つに絞り込むことができる。なお，西は白虎，南は朱雀である。ちなみにキトラ古墳と同様に奈良県高市郡明日香村の高松塚古墳壁画にも四神が描かれていたが，南壁の朱雀は剝がれ落ちている。

d．「屯倉を耕作した農民」で田部とわかる。地方豪族の私有民をあてた例や渡来人をあてた例などがある。

e．難問。②が正解。磐舟柵（648年)→薩摩国（702年)→出羽国（712年)→多賀城（724年)→桃生城（759年）の順である。薩摩国と桃生城の設置の時期が難しい。

2．「大王にのみ固有」の古墳から八角墳を導く。なお「段ノ塚古墳」は八角墳の最初で，舒明天皇陵に比定される。

3．「鹿の骨」を用いた占いで太占とわかる。のちに中国から亀卜（亀の甲を焼いて吉凶を占う）が伝わると，朝廷は太占にかわって亀卜を採用した。

4．「熱湯に手を入れ…神判」で盟神探湯とわかる。正しい者の手はただれず，よこしまな者の手はただれるとする。

5．筑紫国造の磐井は九州北部に君臨した地方豪族で，『日本書紀』によると，527年ヤマト政権の新羅遠征軍派遣をさえぎって反乱を起こしたが，翌年物部麁鹿火によって鎮圧されたという。なお，福岡県八女市にある岩戸山古墳が磐井の墓にあたるといわれる。

Ⅱ 解答

A―③　B―②　C―④　D―③　E―①
あ．セミナリオ　い．山田長政　う．暦象新書
え．己酉約条　お．回答兼刷還使

◀解　説▶

≪近世の貿易・海外交流≫

A．「バテレン追放令（松浦文書）」は頻出史料である。宣教師への20日以内の国外退去命令などの内容を押さえておきたい。

B．難問。上総国に漂着したドン=ロドリゴは，駿府で徳川家康に謁見してメキシコとの貿易の斡旋を依頼され，1610年，京都の商人田中勝介をともなって帰国した。

C．長崎・堺・京都の三カ所商人で始まった糸割符仲間は，寛永期に江戸・大坂が加わり五カ所商人となる。

D．難問。江戸幕府は1688年に清船の来航を年間70隻に制限した。その翌年には，長崎の一区画に唐人屋敷を建設し，密貿易を防ぐために清商人の居住地を制限した。

E．琉球征服を行ったのは①島津家久である。②島津義弘は家久の父，③島津義久は家久の伯父。この2人は豊臣秀吉の九州平定で降伏した。④島津久光は幕末に文久の改革を行った人物で，⑤島津忠義は久光の子。

あ．「下級の神学校」からセミナリオとわかるが，「安土・有馬に設置」もヒントにしたい。ちなみにコレジオは宣教師の養成学校で豊後国府内に開設された。両者を混同しないようにしたい。

い．「首都アユタヤにあった日本町の長」がヒントになる。山田長政は，タイ（シャム）で活躍した日本人で，国王の信頼を得てシャムの最高官位についたが，国王の死後はリゴール地方の総督に左遷され，同地での戦闘で負った傷が原因で死去した。

う．志筑忠雄は『暦象新書』で，天文学では地動説を，物理学ではニュートンの力学を紹介した。

え．己酉約条により，日本からの使節は将軍と宗氏に限られた。また日朝貿易に関しては，宗氏が派遣する船は年20隻に制限され，寄港地である釜山の倭館で行うことと定められた。

お．難問。回答兼刷還使とは，日本からの国書に対する朝鮮の「回答」と，朝鮮出兵で日本に連行された人たちの返還を意味する「刷還」に由来する。

Ⅲ　解答

(a)—②　(b)—④　(c)—④　(d)—⑤　(e)—⑤
(1)伊藤博文　(2)上原勇作　(3)交詢社　(4)常道
(5)私有財産制度

◀解　説▶

≪近代の政治・社会運動≫

(a) 1907年の帝国国防方針は，参謀総長と海軍軍令部長の協議によって決定した。陸軍がロシアを，海軍がアメリカを仮想敵国としての軍備拡張を目指すものとなり，海軍は八・八艦隊（戦艦・装甲巡洋艦各8隻）の大建艦計画を示した。

(b)徳富蘇峰は，1887年に民友社をおこして雑誌『国民之友』を創刊し，1890年に日刊新聞『国民新聞』の発行を始める。

(c)・(e)加藤高明を総裁に1913年に結党された立憲同志会は，第二次大隈重信内閣の与党となり，1916年には加藤を総裁に憲政会へと発展した。

(1)立憲政友会の総裁として，伊藤博文→西園寺公望→原敬→高橋是清→田中義一→犬養毅までは押さえておきたい。

(3)「慶應義塾関係者らによって設立された…社交クラブ」で交詢社とわかる。福沢諭吉らが参加し，イギリス的議院内閣制を規定する「私擬憲法案」を作成している。

(4)「憲政の常道」は，「衆議院で多数を占める政党が政権を担う慣例」であって，大日本帝国憲法には議院内閣制の規定がなく制度化されたものではない。

(5)治安維持法は，「国体」である天皇制を変革し，「私有財産制度」すなわち資本主義体制を否認する思想・結社を取り締まる治安立法で，日ソ基本条約締結による日ソ国交の樹立と普通選挙法の成立によって社会主義・共産主義が国内で広がることを恐れたものである。

Ⅳ　解答

(A)—⑤　(B)—①　(C)—③　(D)—③　(E)—④
ア．片山哲　イ．経済安定九　ウ．高碕達之助
エ．ブレトン=ウッズ　オ．スミソニアン

◀解　説▶

≪戦後の日本経済≫

(A)安田財閥は金融部門が圧倒的な優位性を持つことから，金融財閥とも呼

ばれた。四大財閥の中で特色が違うため，安田を除いて三井・三菱・住友を三大財閥とも呼ぶ。

(B)①公正取引委員会は独占禁止法運用のために設置された。②持株会社整理委員会は財閥解体のために設置された。

(C)やや難。「1951年」と「産業への資金供給」から日本開発銀行を導く。なお，日本勧業銀行や日本興業銀行も「産業への資金供給」を行うが，前者は1897年，後者は1902年と戦前に設立されている。

(D) IMF（国際通貨基金）8条国になると，14条国に認められていた国際収支を理由とする為替管理は行えなくなるが，国内の産業が好調であれば，貿易の拡大によって経済発展につながる見込みがある。

(E)ニクソン大統領による中国訪問計画発表（第1次ショック）と「ドルの防衛を目的に，金・ドル交換の停止」（第2次ショック，ドル=ショック）を，大統領の名にちなんでニクソン=ショックと呼ぶ。

ア.「第一次吉田茂内閣」の「次の」内閣で片山哲内閣とわかる。1947年4月，日本国憲法下での初の総選挙で日本社会党が第1党となり，その書記長であった片山哲を首班とする社会党・民主党・国民協同党の連立内閣が誕生した。

イ.「ドッジ=ライン」や「シャウプによって勧告」などが経済安定九原則を導くヒントになる。

ウ. やや難。高碕達之助は1962年に訪中し，中日友好協会会長の廖承志（りょうしょうし）との間で日中総合貿易に関する覚書に調印した。この覚書にもとづく貿易がLT貿易と呼ばれた。

エ. やや難。ブレトン=ウッズ協定により，IMF（国際通貨基金）と世界銀行（国際復興開発銀行）が設立され，この組織を中心とする体制をブレトン=ウッズ体制という。この体制は，1930年代の世界恐慌をきっかけに各国が通貨切り下げによる輸出増加策にはしり，結果ブロック経済圏をつくって世界大戦に至ったという反省から生まれたものである。

オ. やや難。スミソニアン合意により，米ドルの対金切り下げと各国通貨の基準相場の調整が行われ，円は1ドル＝360円から308円へと切り上げられた。

❖講　評

Ⅰ　古墳とヤマト政権に関連する知識を問う。選択式 b の四神に関するものがやや難で，e の古代の城柵や国の設置の年代順に関するものは難問である。教科書に加えて用語集を用いた学習で正確な知識を修得していないと正解は難しい。その他の基本・標準的問題は確実に正解したい。

Ⅱ　近世の貿易では南蛮貿易から江戸幕府による長崎貿易，海外交流では日朝関係やキリスト教などに関連する知識を問う。お．回答兼刷還使を記述させるものや，1688 年の対清貿易制限に関する D の選択問題は難問である。それらをミスしても他の基本・標準問題を正解して，確実に得点したい。

Ⅲ　教科書に準じた文章で，政党政治を中心に近代の政治に関する基本・標準レベルの知識を問う。ここは全問正解を目指したい。

Ⅳ　戦後の日本経済に関して占領期から 1970 年代までを問う。受験生が苦手とする時代とテーマであり，この大問で差が生じたと思われる。選択式の(C)日本開発銀行，記述式のウ．高碕達之助，エ．ブレトン=ウッズ，オ．スミソニアンはやや難である。この大問全体が「政治・経済」の科目でも習う内容であり，他の科目の知識も活用したい。また，戦後史が大問で出題されることも多いので，早めに戦後史をまとめておきたい。

全体的にみて，やや難や難問もみられるが，基本・標準レベルの設問をミスなく正解して高得点を目指したい。

世界史

I

解答

設問1．ア．九竜半島南部　イ．海国図志　ウ．大躍進
エ．サッチャー　オ．梁啓超　カ．ファン=ボイ=チャウ
キ．ベトナム光復会　ク．アクスム　ケ．ローマ進軍
コ．ハイレ=セラシエ
設問2．a．林彪　b．趙紫陽　c．ポルトガル　d．阮朝
e．エリトリア

◀解　説▶

≪近代以降の中国，東南アジア，エチオピア≫

設問1．ア．1860年に九竜半島南部がイギリスに割譲され，1898年には九竜半島の残りの全域がイギリスの租借地となり，イギリス領香港が完成した。

イ．難問。林則徐の友人であった魏源は，当時の危機的状況を背景に，『海国図志』で海外の諸事情を紹介し，富国強兵のため外国技術を学ぶ必要性などを説いた。

エ．保守党の政治家で，1979年イギリス初の女性首相となったサッチャーは，「鉄の女」と称され，1990年まで国政を担った。

オ．やや難。変法運動を推進し，戊戌の政変後日本に亡命した人物として，康有為，梁啓超らが知られるが，1つ目の空欄前に「ジャーナリスト」とあるので，梁啓超が正解となる。

カ．文中に「ドンズー（東遊）運動」の提唱者とあるので，ファン=ボイ=チャウと判断できる。

コ．難問。ハイレ=セラシエは第二次世界大戦前にエチオピア皇帝となり，1960年代にはアフリカ統一機構の初代議長になるなど活躍したが，1974年，革命で退位させられ，エチオピア最後の皇帝となった。

設問2．b．やや難。趙紫陽は改革・開放政策を進める鄧小平を支えた共産党の指導者であったが，天安門事件の責任をおわされ，失脚した。

c．ポルトガルはマカオの居住権を16世紀半ばに明朝から得て，以来ここを拠点に対中国貿易を行った。

d．阮朝は皇帝バオダイが1945年に退位し，滅亡した。その後バオダイは，フランスの傀儡国家ベトナム国（1949～55年）の元首に担ぎ出された。

e．エリトリアは19世紀末にイタリア植民地となった。第二次世界大戦後，エチオピア領となったが，エチオピアに比べもともとイスラーム教徒が多数を占める地域であり，1993年に分離独立した。

II 解答

1．コロンボ 2．周恩来 3．非同盟諸国首脳会議
4．チュニジア 5．民族解放戦線 6．ブラウン
7．ジム＝クロウ 8．アフリカ民族会議 9．デクラーク
10．ジンバブエ

◀解 説▶

≪第二次世界大戦後のアジア・アフリカ≫

2．中国が初めて参加した国際会議であるジュネーヴ会議の休会中に，周恩来とネルーが会談し，平和五原則を発表した。

3．ユーゴスラビアのティトー，インドのネルー，エジプトのナセル，インドネシアのスカルノらが提唱し，第1回非同盟諸国首脳会議が行われた。

4．リビアが1951年にイタリアから，モロッコ，チュニジアが1956年にフランスから独立したため，北アフリカでは植民地支配がアルジェリアだけで続くこととなった。

6・7．難問。ジム＝クロウ法は，南北戦争以後のアメリカ合衆国南部諸州で制定された，人種差別や隔離を行う法の総称。1954年，連邦最高裁は公立学校における人種隔離が違憲であるというブラウン判決を出した。以後，公民権運動が高まり，キング牧師が指導したワシントン大行進を経て，1964年の公民権法が制定された。

9．南アフリカ大統領デクラークによるアパルトヘイト撤廃後，アフリカ民族会議（ANC）の指導者であったマンデラが初の黒人大統領となった。

10．セシル＝ローズにちなんだローデシアの呼称をやめ，巨大な石造遺跡にちなんでジンバブエ（公用語のショナ語で「石の家」を意味する）に改めた。

III 解答

問1．D　問2．D　問3．C　問4．B　問5．D
問6．B　問7．C　問8．C　問9．C　問10．C

◀解　説▶

≪19世紀後半の欧米≫

問2．D．誤文。アメリカは1867年，ロシアからアラスカを買収した。

問4．B．誤文。世界初の地下鉄はイギリスのメトロポリタン鉄道で，1863年に開業した。

問5．Dの正文の判断は難しいが，他の選択肢を検討すると，ベルリン条約でオーストリアはボスニア・ヘルツェゴヴィナの行政権を認められ，ルーマニアは独立を承認されたので，A・B・Cが誤文であるとの判断から消去法で解答できる。

問6．B．誤文。「ローマの劫略」をおこなったのは，神聖ローマ皇帝カール5世。

問7．やや難。Bの誤文の判断がやや難しい。C．正文。オーストリア皇帝の弟でハプスブルク家のマクシミリアンはメキシコ皇帝となったが，フランスの撤退後，処刑された。A．誤文。フアレス大統領の対外債務に関する支払い拒否宣言に対して，ナポレオン3世は武力干渉を行った。B．誤文。ディアスはメスティーソ出身である。D．誤文。フランス軍はメキシコの抵抗とアメリカ合衆国の抗議を受けて撤退した。

問9．Bの誤文の判断が難しい。C．正文。A．誤文。第1インターナショナルはロンドンで結成された。B．誤文。バクーニンはロシアの無政府主義者。D．誤文。第2インターナショナルはパリで結成された。

問10．C．正文。A．誤文。国際赤十字社の設立は19世紀後半であるが，デュナンが主導した。B．誤文。国際労働機関の設立は1919年。D．誤文。ハーグ万国平和会議（1899年，1907年）の開催を呼びかけたのはロシアのニコライ2世（在位1894～1917年）である。アレクサンドル2世は1881年に暗殺されており，関わっていない。

Ⅳ 解答

問1．1　問2．3　問3．2　問4．3　問5．4
問6．2　問7．3　問8．1　問9．4　問10．4

◀解　説▶

≪古代から近代までのヨーロッパ≫

問2．3．誤文。ルイ9世（在位1226～70年）が主導した第6回・第7回の十字軍は13世紀に行われた。

問3．2．誤文。カルロヴィッツ条約は17世紀末（1699年）に結ばれており，またプロイセンはこの条約には関わっていない。この条約でオーストリアはハンガリーなどを獲得した。

問5．4．誤文。ヘンリ2世がプランタジネット朝（1154～1399年）を創始したのは12世紀半ばである。

問7．やや難。3．誤文。ペトラルカが『叙情詩集』を執筆したのは14世紀。

問8．1．正文。スペインの探検家バルボアがパナマ地峡を横断して太平洋に到達したのは1513年。

問9．4．誤文。ベラスケスは17世紀中頃のスペイン宮廷で活躍した画家。

問10．難問。ルイ14世は1643年から1715年，ルイ15世は1715年から1774年までのフランス王。この間にあてはまらないのは，1640年に亡くなっている4のルーベンス（1577～1640年）。

Ⅴ 解答

宗教改革が広がる中，旧教側は対抗宗教改革で勢力の立て直しをはかった。トリエント公会議で教皇の至上権と教義の再確認をし，禁書目録の作成など思想統制を強めた。また，イエズス会が中心となり海外伝道や欧州の再布教を積極的に進めた。

◀解　説▶

≪対抗宗教改革≫

対抗宗教改革について述べる問題。宗教改革に対抗した旧教（カトリック）側の動きとして，トリエント公会議，イエズス会の活動など具体的な動向を説明できるかがポイントとなる。

ルターの活動以降，ヨーロッパで新教（プロテスタント）が拡大する中，旧教側は教義の明確化や教会内部の刷新によって，勢力の立て直しを図った。この動きが対抗宗教改革であり，1545年に始まるトリエント公会議を契機として始まった。公会議において教皇の至上権や教義が再確認されるとともに，禁書目録が作成され，以後，カトリック教会は宗教裁判などで思想統制を強めた。一方で，1534年にイグナティウス=ロヨラらによって設立されたイエズス会は南ドイツなどの再カトリック化に貢献し，また，アジアやアメリカ大陸など海外伝道を積極的に進めた。日本で布教活動を行ったフランシスコ=ザビエルも，イエズス会の一員であった。

❖講　評

Ⅰ　近代以降の中国，東南アジア，エチオピアについて，3つのパートに分かれた問題文に関連した事柄が問われた。3パートに共通したテーマはなく，中国史からの出題が多めであった。設問1のイ・オ・コ，設問2のb以外は教科書レベルの設問である。東南アジア，アフリカという対策が不十分になりがちな地域であり，1990年代以降からの出題もあったが，2021年度も似た傾向であったため，過去問で対策をしていれば，対応できる大問であった。

Ⅱ　第二次世界大戦後の第三世界の動向，人種差別撤廃運動の展開という2つのパートに分かれた問題文の空所を補充する出題であった。問題文自体は読みやすく，空所6・7を除けば標準レベルであったので，高得点を狙える大問となった。ただし，大半が第二次世界大戦以後の設問であり，現代史の対策が必須といえる内容であった。

Ⅲ　イギリス，フランスで実施された万国博覧会を軸に19世紀後半の欧米について問われた。すべての設問が正文・誤文選択問題であった。選択文は1～2行程度と長くはないものの，正誤の判断がつきにくい文が多く，また，文化史や中米に関する設問があるなど難易度が高い大問となった。

Ⅳ　古代から近代まで幅広い時代のヨーロッパについて問われた。設問は正文・誤文選択と語句選択のみで，文化史も含まれている。「〇〇世紀の△△」という年代に関連した設問には，微妙な年代が含まれており，また，年代は正しくても内容が誤っている，という文が混在しているので判断がつきにくく，力の差がはっきり出る大問となった。

Ⅴ　対抗宗教改革についての論述問題。問い方，分量については例年通りである。書くべき内容は明確ではあるが，その分，余分なことを書いてしまいがちなので，必要な要素の取捨選択がしっかりできるかがポイントとなる。論述の難易度としては易しい。

全体としては，現代史に関する問題が多いため，難易度はやや高い。

地理

I 解答

問1．a．ゴンドワナ　b．ピルバラ地区
c．マウントホエールバック〔マウントニューマン〕
d．ダンピア　e．グレートディヴァイディング
問2．ア．石炭　イ．南回帰　ウ．中緯度高圧〔亜熱帯高圧〕　エ．季節
オ．偏西　カ．西岸海洋性気候（区）　キ．掘り抜き
ク．アリススプリングス　ケ．ウルル〔エアーズロック〕
コ．アボリジニ

◀解　説▶

≪オーストラリア地誌≫

問1．a．ゴンドワナは，超大陸のパンゲアが分裂してローラシアとともに生成された古大陸で，オーストラリアの他に南米，アフリカ，南極などが含まれている。

問2．ア．eのグレートディヴァイディング山脈は古期造山帯で石炭に恵まれ，モウラやボウエンなどの炭田が開発されている。

エ．オーストラリア大陸東岸にも季節風が発達している。高日季は，北東からの湿潤な風が大陸東岸に降水をもたらす。

カ．「南海岸」はおよそ南緯 38 度で，夏の日中の気温は高いが，最暖月平均気温が 22 度に達しないため，西岸海洋性気候となる。

キ．掘り抜き井戸は不透水層を掘り抜いて，その下層の被圧地下水を得るものである。自噴する場合，この井戸をアーテジアン・ウェル（鑽井）といい，グレートアーテジアン（大鑽井）盆地はこれに由来する。

ク．アリススプリングスはダーウィンにつぐ北部準州第2の都市で空港もあり，内陸部の拠点都市である。

ケ．ウルルは地上最大の一枚岩としても知られる。

なお，設問にはなかったが，文章中のXには温暖湿潤，Yには地中海性が該当する。

Ⅱ 解答

問1．サ．保護　シ．自由　ス．分業　セ．EPA
ソ．TPP
問2．(1)タ．液化天然ガス　チ．衣類，同付属品　ツ．医薬品
(2) USMCA　(3) MERCOSUR

◀解　説▶

≪世界と日本の貿易≫

問1．セ．EPAは経済連携協定でEconomic Partnership Agreementの略。
ソ．TPPは環太平洋パートナーシップでTrans-Pacific Partnershipの略。実際には環太平洋経済連携協定や環太平洋パートナーシップ協定と表現されることが多い。
問2．(1)日本の輸入上位品目を把握しておけば解答できるが，タはASEANとアラブ首長国連邦からの輸入なので「液化天然ガス」，チはASEANからだけなので「衣類，同付属品」，ツはEUからの輸入1位に相応しい高付加価値の「医薬品」と判断する。
(2)「USMCA」はアメリカ・カナダ・メキシコ協定で，United States-Mexico-Canada Agreementの略である。
(3)「MERCOSUR」は南米南部共同市場で，スペイン語のMercado Común del Surの略で，英語圏でもそのまま表記されている。

Ⅲ 解答

問1．B　問2．E　問3．E　問4．B　問5．D
問6．A　問7．C　問8．C　問9．A　問10．B

◀解　説▶

≪世界の民族・宗教・言語≫

問1．クルド語はインド・ヨーロッパ語族に属し，選択肢にあげられた国々に住むクルド人が使用しているが，公用語として認めているのはイラクのみである。
問2．①はタンザニアで，植民地化される以前からアラブ人やペルシア人が進出し，イスラーム文化圏を形成していた。ザンジバル島の住民はほとんどイスラーム教徒である。②はアムハラ語からエチオピアと判断し，残った③がケニアとなる。
問3．①はスリランカとシンガポールにみられタイには存在しないことか

らヒンドゥー教。どちらもイギリスの植民地時代にインドからタミル人が移住している。②は3カ国ともに存在するが，③はタイには存在しない。キリスト教が植民地支配の過程で信仰を拡大したと考えると，独立を保ったタイにはあまり普及していないので，③をキリスト教と判断できる。
問4．イラン語はインド・ヨーロッパ語族に属し，イランにはアラビア語を話すアラブ系の住民はほとんどいない。
問5．Aのアラブ首長国連邦，Bのカタール，Cのクウェートのキリスト教は植民地時代にヨーロッパからもたらされたものが中心だが，Dのレバノンではキリスト教は植民地化される以前から信仰されていたものである。
問6．A．誤文。ヒンドゥー教は一神教ではなく多神教である。
問7．パンジャーブ語はドラヴィダ系言語ではなくインド・ヨーロッパ語族に属しているので，Cは誤り。
問8．C．マダガスカルはフランスの植民地下にあったので，マダガスカル語とともにフランス語が公用語となっている。
問9．A．アルジェリアは1962年までフランスの植民地であったが，現在の公用語はアラビア語とベルベル語である。
問10．B．カナダはイギリス連邦加盟の立憲君主国でイギリス国王がカナダ国王を兼任している。A．アイルランドは共和国。C．シンガポールはイギリス連邦加盟国だが共和国である。D．マレーシアはイギリス連邦加盟国で立憲君主国だが，国王は選挙で選出されている。

Ⅳ 解答

問1．A　問2．B　問3．C　問4．B　問5．A
問6．A　問7．D　問8．D　問9．D　問10．D

◀解　説▶

≪OECDと日本の諸問題≫

問3．C．適当。日本の2050年以降60歳以上の人口は，およそ600万人から500万人に大きく減少するのに比べて，他の階層の人口減少は鈍化することが読み取れる。
A．不適。1950年代から2000年頃の60歳以上の割合を見ると，OECD・日本とも他の階層よりも小さい。
B．不適。OECD諸国の1950年代では20-39歳の割合が最も大きい。
D．不適。OECDにおいて60歳以上の人口割合は増加し続けるのに対し，日本では2050年以降，その割合は減少していくことが読み取れる。しかし，OECDの60歳以上の人口割合が最大となるグラフの右端の数値で比較しても，OECDのそれが40％を下回るのに対し，日本は40％を上回ることがグラフの数値の読み取りと計算からわかる。よって，60歳以上の人口割合についてOECDが日本を上回ることはないと考えられる。

問4．B．不適。ハンガリー，エストニア，チェコ，スロバキア，ポーランドは農村部よりも都市部の高齢化の水準が高い。

問5．A．適当。農村部の所得水準は，ベルギーの70％から韓国の115％まで幅がある。

B．不適。チェコは都市部の水準が200％を超えているが，農村の水準は90％に達している。ベルギーは都市部の水準が100％弱にとどまるが，農村部の水準は70％とOECDで最小である。よって「都市部の水準が高いほど農村部の水準は低下する」とは言えない。

C．不適。日本は諸外国に比べて都市部と農村部の格差は小さい。

D．不適。韓国は都市部よりも農村部の水準が上回っている。

問7．D．不適。日本では，大都市都心部への都心回帰で人口密度が上昇傾向にある。

問8．D．不適。「労働生産性の拡大」を「労働生産性の向上」ととらえて考える。人口減少は労働力の減少であり，限られた労働力にさらなる負担が課せられることになる。人手不足から労働者への長時間労働が不可避となり，労働生産性は低下していく。

問9．A．不適。女性の社会進出は2000年代前半以降も増加している。

B．不適。2000年代前半以降，合計特殊出生率はわずかに上昇傾向にある。

C．不適。女性の社会進出は一貫して増加してきている。

V　解答

集約的な工業的畜産が，化学肥料や農薬を多用して地力を消耗させる穀物飼料を用いるのに対し，モンゴル国の伝統的な遊牧は自然に生える草を利用し，移動することで過放牧による草地の砂漠化を避けていること。

◀解　説▶

≪持続可能なモンゴル国の遊牧≫

モンゴル国の遊牧が持続可能と評価される要因を論じる問題。人が家畜とともに移動して暮らす遊牧が，生態系の多様性と生産を将来にわたって継続できるという観点から評価されている要因について説明する。解答の構成としては，まず集約的な工業的畜産の環境汚染について具体的に述べ，次にモンゴル国の伝統的な遊牧の方法を説明する。家畜の飼料のちがいが土壌など環境に与える影響について述べることがポイントとなる。

❖講　評

Ⅰ　オーストラリアの大地形，気候，産業などに関する出題。リード文の空所補充で，ほとんどが教科書と地図帳を参照すれば解答できる。季節風を答えさせる問2のエはやや難しい。

Ⅱ　第二次世界大戦後の世界貿易の構造や，近年の共同市場，日本の貿易について幅広く出題している。いずれも標準的な難易度である。

Ⅲ　世界各地の民族，宗教，言語に関する具体的な知識を問う設問で構成されている。教科書の内容が基本だが，問5のキリスト教の普及の背景の違いを問うような詳細な設問に対応するには，資料集などを活用した掘り下げた学習が必要である。

Ⅳ　OECDの報告書を題材にして人口，都市・村落，経済格差，環境問題など幅広い設問で構成されている。資料の読み取りが必要で慣れていないと時間がかかる。問8の「人口減少の積極的な側面」は教科書の内容をもとにした思考力が求められる難問である。

Ⅴ　例年通りの3行の論述問題で，モンゴル国の伝統的な遊牧が持続可能な営みであると再評価されていることについての設問である。設問文の「工業的畜産」が穀物飼料を用いる先進諸国の牧畜を意味することに気が付きさえすれば論じることができる，比較的易しい論述問題である。

一部に難問や詳細な内容を問う設問もあるが，総合的には教科書や地図帳に準じており，難度は標準的であった。

政治・経済

I

解答　問1．A．勤労の権利　B．国際労働機関
C．育児・介護休業法
D．仕事と生活の調和〔ワーク・ライフ・バランス〕
問2．④　問3．②　問4．④　問5．③　問6．⑤　問7．①

◀解　説▶

≪労働者の権利と労働市場≫

問2．④適切。憲法28条は労働基本権（団結権・団体交渉権・団体行動権）に関する規定である。国家公務員法は公務員の労働基本権を制約する規定を設けている。①・②・③・⑤は憲法27条所定の勤労権ないし勤労条件の基準に関する法律である。

問3．②適切。普通選挙権要求などの政治的主張が労働者の組織的運動としてなされた。④不適。1811～17年頃に起こった機械打ちこわし運動。産業革命にともなう機械化により失業するおそれのあった労働者によるもの。⑤不適。自然環境保護のために保護すべき自然のある土地の購入をはかる運動。

問4．④適切。派遣労働は専門的・技術的な職に限るという制限が撤廃された。

問5．③適切。企業別組合は，終身雇用・年功序列型賃金制とともに日本的雇用慣行を構成するものである。

問6．⑤適切。女性の社会進出が進んだことにより，妊娠・出産等を契機として離職を余儀なくされることの防止をはかる必要性が高まった。また，少子化の進展も背景として，女性が安心して出産できる社会的環境の整備が求められるようになった。③不適。セクシャル・ハラスメント防止規定は男女雇用機会均等法の1999年改正で設けられた。

問7．①適切。②不適。ゴールドプランは高齢者福祉充実のための施策である。③不適。働きながら子育てをしようとする人の増加に対して保育所の設置が追いつかず，待機児童問題が起こっている。④不適。合計特殊出生率は1人の女性が生涯に出産する子どもの平均数である。⑤不適。少子

化問題は日本や韓国で特に深刻である。フランスやスウェーデンの出生数は比較的高い。

Ⅱ 解答

問1．A．裁量的（伸縮的，補整的も可）
B．租税法律　C．特例　D．社会保障と税の一体
問2．④　問3．②　問4．①　問5．⑤　問6．⑤
問7．③

◀解　説▶

≪財政政策と財政運営上の課題≫

問2．④適切。⑤不適。非競合性ではなく非排除性の説明である。

問3．②適切。③不適。相対的貧困率は，所得が全国民の中央値の「3分の2よりも低い」ではなく，「半分よりも低い」国民の割合。①・⑤不適。ジニ係数は0に近いほど格差が小さく，1に近いほど格差が大きいことを示す。よって相対的貧困率が低ければ，ジニ係数も低くなる。

問4．①適切。ビルト・イン・スタビライザーは自動安定化装置ともいい，好況時の増税（政府からの給付減），不況時の減税（政府からの給付増）が自動的に用意されるように財政政策を策定することである。②不適。ポリシー・ミックス（財政政策のほかに金融政策などを組み入れること）の説明である。③不適。景気対策にはあたるが，公共事業を増やすという判断が必要となり，自動的な景気調整ではない。⑤不適。好況時には失業も起こりにくいので，失業保険の給付も減少する傾向にある。

問5．⑤適切。1989 年に消費税が導入されるまで，日本の税制は直接税を中心とするものであった。

問6．⑤適当。④不適。2013 年以降，日本銀行は国債等の債券購入により通貨供給量を増やすという政策（量的・質的緩和策）をとっている。これにともない，日本銀行による国債保有比率がもっとも高くなっている。

Ⅲ 解答

問1．A．北大西洋条約機構　B．経済相互援助会議
C．大陸間弾道ミサイル　D．朝鮮民主主義人民共和国
問2．⑤　問3．①　問4．④　問5．②　問6．⑤　問7．④

◀解　説▶

≪東西冷戦とアジア政治史≫

問4．④適切。東欧で社会主義体制に対する批判，西側への交通の自由の要求が高まり，その流れの中で東西ベルリンを隔てていた「ベルリンの壁」も崩壊した。①不適。コミンフォルムは1956年に解散した。②不適。東ベルリンはソ連，西ベルリンはアメリカ・イギリス・フランス，と4カ国によって管理された。③不適。チャーチルが「鉄のカーテン」演説をしたのは首相を退任した後である。⑤不適。旧日米安全保障条約が調印されたのは1951年であり，サンフランシスコ平和条約との同時調印であった。

問5．②適切。1968年チェコ（当時のチェコスロバキア）で起こった民主化要求運動（プラハの春）がワルシャワ条約機構軍により鎮圧された。アルバニアはこれに抗議して機構を脱退した。①不適。ユーゴスラビアは東欧の社会主義国であったが，ワルシャワ条約機構には加盟していなかった。③不適。ワルシャワ条約機構はソ連を事実上の盟主とし，東欧諸国がそれに従うという体制で，8カ国からなった。④不適。ワルシャワ条約機構もソ連も1991年に解体された。⑤不適。②の解説で示した通り，「チェコの改革」鎮圧のための軍事介入は1968年のこと。

問6．⑤適切。東南アジア条約機構が発足したのは1954年。当初は8カ国が参加した。①不適。中華人民共和国による義援軍は1950年に派遣された。②不適。朝鮮休戦協定が締結された場所はピョンヤンではなく「板門店」である。③不適。朝鮮休戦協定締結当時のアメリカの大統領はアイゼンハワーであった。④不適。朝鮮戦争時のアメリカを中心とする「国連軍」は，国連憲章の規定する特別協定に基づくものではない。

問7．④適切。内戦の終結，総選挙の実施により，新憲法が制定され，新たにカンボジア王国が成立した。①不適。トンキン湾でのアメリカに対する攻撃は1964年に起こった事件である。②不適。カンボジア・クメール・ルージュ裁判特別法廷の運用開始は2006年であり，開廷はそれより後である。③不適。ベトナム和平協定成立当時のアメリカの大統領はニクソンである。⑤不適。テト攻勢は，北ベトナム側による南ベトナムに対する攻撃であり，1968年に展開された。

Ⅳ　解答

問1．A．一帯一路　B．ルーブル
C．日米包括経済協議　D．多角

問2．②　問3．③　問4．④　問5．④　問6．①　問7．⑤

◀解　説▶

≪通商政策をめぐる諸課題≫

問2．②適切。前川春雄元日本銀行総裁が中曽根康弘内閣下で日米経済摩擦に対処するための私的諮問機関の座長を務めていた。その機関による政策提言が「前川レポート」である。選択肢の人物は，いずれも日本銀行総裁経験者である。

問3．③適切。大規模小売店舗法は 2000 年に廃止され，周辺の生活環境との調和をはかることを目的とする大規模小売店舗立地法が制定された。

問4．④適切。中国が 2001 年に，ロシアが 2012 年に WTO に加盟したことにより，かつて社会主義体制にあった国も自由貿易の枠組みに参加することになった。

問5．④適切。ウルグアイラウンドでは，農業分野の自由化，サービスや知的財産権の分野でのルール作成，WTO 設立が協議された。

問6．①適切。②不適。最恵国待遇の制度は GATT 時代にもあった。③不適。ネガティブ・コンセンサス方式は全加盟国が反対しない限り対抗措置の実施を可能とするものである。④不適。国際通貨基金（IMF）に関する説明である。

問7．⑤適切。①不適。EC から EU への改組はマーストリヒト条約による。②不適。NAFTA は 2020 年に米国・メキシコ・カナダ協定へと改組された。③不適。日本が初めて EPA を締結したのは，2002 年のシンガポールである。④不適。ASEAN の発足は 1967 年であり，カンボジアの加盟は 1999 年，ブルネイの加盟は 1984 年である。

❖講　評

記述式の空所補充問題と正文選択問題が大半を占める。

Ⅰ　労働者の権利と労働市場に関する問題。問1の空所Aは 2022 年度の出題では数少ない憲法条文問題である。労働（勤労者の権利）に関する規定としては 27 条と 28 条があるので，それぞれの違いを押さえる必要がある。問2も関連した出題。問4・問6は，労働市場の自由化，労働者に対する権利保障の充実化がそれぞれどのような経過をたどったかという点で丁寧な学習が要求される。

Ⅱ　財政政策に関する問題である。問１の空所Ａ・Ｃおよび問４・問５は基本的な事項である。Ｂでは，憲法条文の内容そのものとともに，その内容を表す考え方が問われた。Ｄは消費税率引き上げの経緯の中にある事項。問２・問３においては，公共財，ジニ係数という用語を知っておくだけでなく，その経済的特質についてより広い観点からの理解が求められた。問６は，近年の日本の財政状況について資料にあたっていれば，推論できただろう。問７の財政法の成立年などは細かい知識であるが，日本国憲法の制定に伴い新たに法律が制定されたと理解しておきたい。

Ⅲ　東西冷戦構造とアジアの政治史という点で国際政治のあり方を問う問題である。問１の空所補充はいずれも基本的な事項を問うものである。問２のエ・オはかなり細かい事項であるが，ア・イ・ウは冷戦時代に関する基本的事項であり，それを軸に解くことができる。問３・問７はベトナム・カンボジアにおける紛争史で，詳細な知識が必要な難しい問題であった。問４・問５・問６は冷戦を背景とする状況，冷戦に起因する事件・衝突に際して，東西各陣営がどのような行動をとったかを問うものである。冷戦期に関する基本的事項。

Ⅳ　自由貿易の枠組みや通商をめぐる問題に関する出題である。問１の空所Ｂ・Ｃ・Ｄはいずれも基本的事項である。Ａは比較的最近の事項で，中国の地政学的戦略を示すもの。問２について，日本銀行総裁の個人名とその在任中の業績等が問われることはほとんどないが，「前川レポート」は貿易・通商政策に関する頻出事項である。問３の日米構造協議と大規模小売店舗法の廃止，問４の中国のWTO加盟は頻出事項である。問６のWTOの国際機関としての制度設計は自由貿易の世界的枠組みと直結するので，非常に重要。問５・問７に関して，GATT・WTOという枠組みのほか，地域統合体や二国間交渉による自由貿易に関する諸協定についての理解が求められた。

数学

I 解答

1．(1)—F　(2)（設問省略）

2．(3)—E　(4)—D

3．(5)—C　(6)—P

◀解　説▶

≪順列，n 進法，曲線と接線で囲まれた図形の面積≫

1．この6枚より順に5枚を選ぶと，残った1枚の番号にかかわらず，「1，2，3」のすべての番号を，少なくとも1枚は引いていることになる。

よって，引く回数の最大は5回　→(1)

2．条件より，a，b は整数で

$$2\leqq a\leqq 5,\ 2\leqq b\leqq 5 \quad かつ \quad a\geqq 4 \quad \cdots\cdots①$$

このとき

$$a\times 6^1+b=1\cdot a^2+2\cdot a+3$$

$$\therefore \quad b=(a-1)(a-3)$$

①を満たすのは，$a=4$，$b=3$ のみである。→(3)，(4)

3．曲線 C と直線 l より

$$x(x^2-2)=x+c$$

$$x^3-3x=c \quad \cdots\cdots①$$

$f(x)=x^3-3x$ とし，$y=f(x)$ と $y=c$ が，2つの共有点をもつときを考える。

$$f'(x)=3x^2-3$$

$$=3(x+1)(x-1)$$

増減表とグラフは次のようになる。

x	$\cdots$	-1	$\cdots$	1	$\cdots$
$f'(x)$	$+$	0	$-$	0	$+$
$f(x)$	↗	2	↘	-2	↗

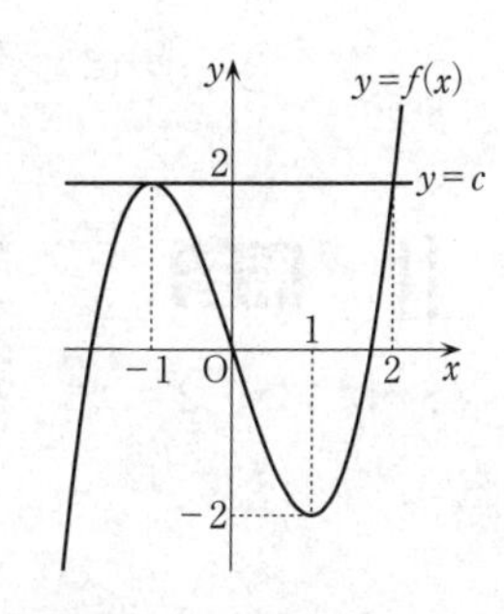

よって，求める c は，$c>0$ より

$c=2$　→(5)

$l : y=x+2$ と C より，①から

$$x^3-3x-2=0$$

$$(x+1)^2(x-2)=0$$

$\therefore$　$x=-1,\ 2$

$l' : y=x-2$ と C より，①から

$$x^3-3x+2=0$$

$$(x-1)^2(x+2)=0$$

$\therefore$　$x=1,\ -2$

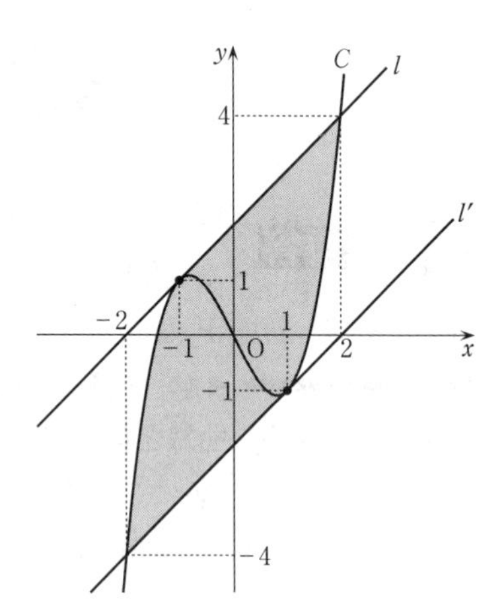

求める図形の面積 S は

$$S=\int_{-1}^{2}\{(x+2)-x(x^2-2)\}dx+\int_{-2}^{1}\{x(x^2-2)-(x-2)\}dx$$

$$=\int_{-1}^{2}\{-(x+1)^2(x-2)\}dx+\int_{-2}^{1}\{(x+2)(x-1)^2\}dx$$

ここで

$$-(x+1)^2(x-2)=-(x+1)^2\{(x+1)-3\}$$

$$=-(x+1)^3+3(x+1)^2$$

$$(x+2)(x-1)^2=\{(x-1)+3\}(x-1)^2$$

$$=(x-1)^3+3(x-1)^2$$

だから

$$S=\left[-\frac{1}{4}(x+1)^4+(x+1)^3\right]_{-1}^{2}+\left[\frac{1}{4}(x-1)^4+(x-1)^3\right]_{-2}^{1}$$

$$=-\frac{1}{4}\cdot3^4+3^3-0+0-\left\{\frac{(-3)^4}{4}+(-3)^3\right\}$$

$$=\frac{27}{2}=13.5$$　→(6)

II　解答

ア．4　イ．4　ウ．6　エ．2　オ．2　カ．2
キ．5　ク．3　ケ．2　コ．3　サ．3　シ．2
ス．1　セ．2　ソ．2　タ．3　チ．3　ツ．2

◀解　説▶

≪円を表すベクトル方程式≫

$$\overrightarrow{PA}=(3-x,\ 1-y),\ \overrightarrow{PB}=(1-x,\ 3-y)$$

だから

$$\overrightarrow{PA}\cdot\overrightarrow{PB}=0$$

$$\iff (3-x)(1-x)+(1-y)(3-y)=0$$

$$\iff x^2+y^2=4x+4y-6 \quad \to ア〜ウ$$

$$\iff (x-2)^2+(y-2)^2=2 \quad \cdots\cdots ①$$

よって，これは中心 (2，2)，半径 $\sqrt{2}$ の円となる。 →エ〜カ

点C $(a,\ b)$ とする。$\overrightarrow{CA}=(3-a,\ 1-b)$ だから

$|\overrightarrow{CA}|^2=(\sqrt{2})^2$ より

$$(3-a)^2+(1-b)^2=2 \quad \cdots\cdots ②$$

Cは①上にあるので

$$(a-2)^2+(b-2)^2=2 \quad \cdots\cdots ③$$

②，③より，③－②として

$$1\cdot(2a-5)+(-1)\cdot(2b-3)=0$$

$$\therefore \quad b=a-1$$

③より

$$(a-2)^2+(a-3)^2=2$$

$$2a^2-10a+11=0$$

右図より，COとABは交わるので

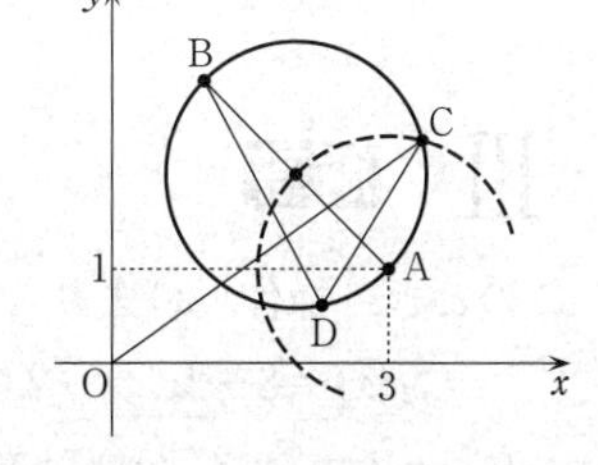

$$a=\frac{5+\sqrt{3}}{2}$$

このとき　　$b=\dfrac{3+\sqrt{3}}{2}$

よって

$$C\left(\frac{5+\sqrt{3}}{2},\ \frac{3+\sqrt{3}}{2}\right) \quad \to キ〜シ$$

DOとABは交わらないので，点DはABより下の領域にある円周上の点で，円周角の定理より

$$\angle CDB=\angle CAB$$

$$\therefore \quad \cos\angle\mathrm{CDB}=\cos\angle\mathrm{CAB}=\frac{\mathrm{CA}}{\mathrm{AB}}=\frac{\sqrt{2}}{2\sqrt{2}}$$

$$=\frac{1}{2} \quad \rightarrow ス，セ$$

ここでは，$\angle\mathrm{CDB}=\angle\mathrm{CAB}=\dfrac{\pi}{3}$ となる。

よって

$$\mathrm{BC}=\mathrm{CA}\cdot\tan\frac{\pi}{3}=\sqrt{2}\cdot\sqrt{3}=\sqrt{6}$$

△CDB において，余弦定理より

$$\mathrm{BC}^2=\mathrm{DB}^2+\mathrm{DC}^2-2\mathrm{DB}\cdot\mathrm{DC}\cdot\cos\frac{\pi}{3}$$

$$(\sqrt{6})^2=\left(\frac{1+\sqrt{3}}{2}\mathrm{DC}\right)^2+\mathrm{DC}^2-(1+\sqrt{3})\,\mathrm{DC}^2\cdot\frac{1}{2}$$

$$(\because \quad 2\mathrm{DB}=(1+\sqrt{3})\,\mathrm{DC})$$

$$\therefore \quad \mathrm{DC}^2=4$$

よって　　$\mathrm{DC}=|\overrightarrow{\mathrm{DC}}|=2$　→ソ

このとき，△CDB の面積は

$$\frac{1}{2}\cdot\mathrm{DC}\cdot\mathrm{DB}\cdot\sin\frac{\pi}{3}=\frac{1}{2}\cdot2\cdot\frac{1+\sqrt{3}}{2}\cdot2\cdot\frac{\sqrt{3}}{2}$$

$$=\frac{3+\sqrt{3}}{2} \quad \rightarrow タ〜ツ$$

III　解答

1．(1)　条件より，$d=2$ で

$$a_n=0+(n-1)\cdot2=2(n-1)$$

このとき，操作(＊)より

$$f_1(x)=8-2x^2=-2(x+2)(x-2)$$

となり，$n=2,\ 3,\ \cdots$ について

$$f_n(x)=-2\{x-2(n-2)\}(x-2n)$$

となる。

$b_1=0$ とし，b_n は，$x\geqq1$，$y\geqq0$ で，x 軸と $f_1(x)$，$f_2(x)$，$\cdots$，$f_n(x)$ のグラフで囲まれた図形の面積である。

b_2 は，$x\geqq1$，$y\geqq0$ で，x 軸と $f_1(x)=-2(x+2)(x-2)$，$f_2(x)=-2x(x-4)$

とで囲まれた図形の面積。

b_3 は，$x \geqq 1$，$y \geqq 0$ で，x 軸 と $f_1(x)$，$f_2(x)$ と $f_3(x) = -2(x-2)(x-6)$ とで囲まれた図形の面積。

したがって，b_2，b_3 は下図で，それぞれ網かけ部分の面積となる。

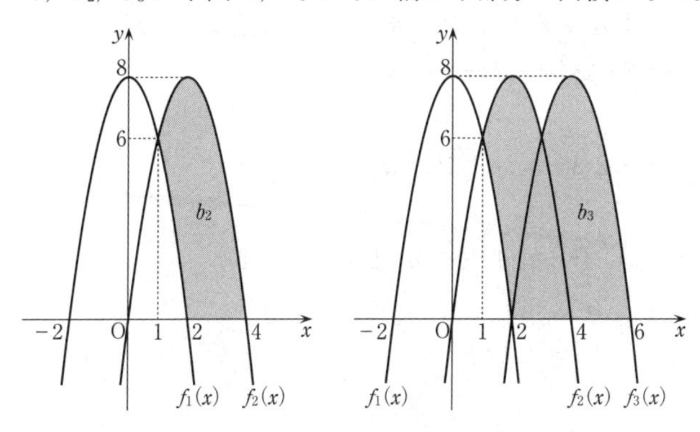

(2)　(1)より，放物線の対称性などにより

$$b_2 = \int_0^4 f_2(x)\,dx - 2\int_1^2 f_1(x)\,dx$$

$$= \int_0^4 f_2(x)\,dx - 2\int_0^1 f_2(x)\,dx$$

$$= \int_0^4 \{-2x(x-4)\}\,dx - 2\int_0^1 (-2x^2+8x)\,dx$$

$$= \frac{2}{6}(4-0)^3 - 2\left[-\frac{2}{3}x^3 + 4x^2\right]_0^1$$

$$= \frac{1}{3}\cdot 4^3 - 2\left(-\frac{2}{3}+4\right)$$

$$= \frac{44}{3}$$

帰納的に考えて，b_n から b_{n+1} へは，右図の網かけ部分の面積を加えることになる。これは，b_2 の値と同じなので，$\{b_n\}$ は初項 $b_1 = 0$，公差 $\frac{44}{3}$ の等差数列となり，$n \geqq 2$ で

$$b_n = \frac{44}{3} + (n-2)\cdot\frac{44}{3} = \frac{44}{3}(n-1)$$

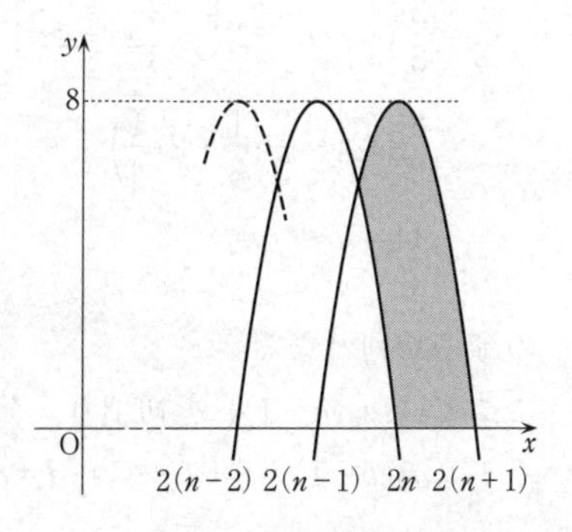

これは，$n=1$ のときも成り立つ。

よって　　$b_n=\frac{44}{3}(n-1)$　……(答)

2．(1)　$a_n(1)=0+(n-1)\cdot 1=n-1$

として $\{a_n(2)\}$ を求めるには，(＊)より，公差 $d=1$ として

$$f_1(x)=2-2x^2=-2(x+1)(x-1)$$

$n\geqq 2$ で

$$f_n(x)=-2\{x-a_{n-1}(1)\}\{x-a_{n+1}(1)\}$$

よって

$$f_2(x)=-2\{x-a_1(1)\}\{x-a_3(1)\}$$
$$=-2x(x-2)$$
$$f_3(x)=-2(x-1)(x-3)$$
$$\vdots$$
$$f_n(x)=-2\{x-(n-2)\}(x-n)$$

として，$x\geqq\frac{1}{2}$，$y\geqq 0$ で，x 軸と $f_1(x)$，$f_2(x)$，…，$f_n(x)$ とで囲まれた図形の面積が $a_n(2)$ となる。

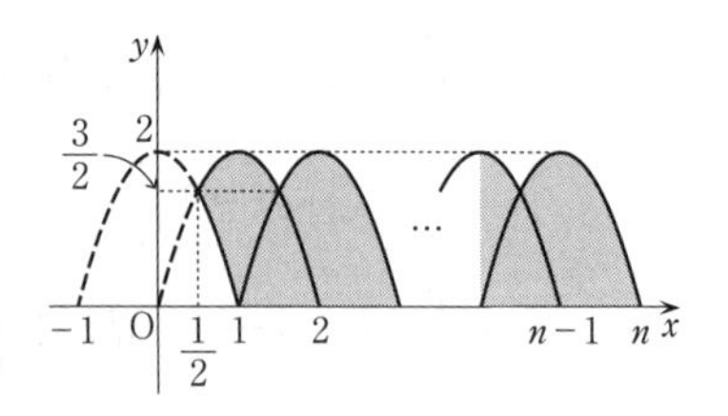

前問と同様に考えて，$\{a_n(2)\}$ は第2項および公差が

$$\int_0^2 f_2(x)\,dx-2\int_0^{\frac{1}{2}} f_2(x)\,dx$$

$$=-2\int_0^2 x(x-2)\,dx-2\int_0^{\frac{1}{2}}(-2x^2+4x)\,dx$$

$$=\frac{2}{6}(2-0)^3-2\left[-\frac{2}{3}x^3+2x^2\right]_0^{\frac{1}{2}}$$

$$=\frac{8}{3}-2\left(-\frac{2}{3}\cdot\frac{1}{8}+2\cdot\frac{1}{4}\right)$$

$$=\frac{11}{6}$$

の等差数列となる。

ここで，$\{a_n(k-1)\}$ を初項0，公差 $d\,(d>0)$ の等差数列とすると

$$a_n(k-1)=0+(n-1)\cdot d=d(n-1)$$

この $\{a_n(k-1)\}$ より $\{a_n(k)\}$ を求める。

(＊)より

$$f_1(x)=-2(x+d)(x-d)$$

$n\geqq 2$ で

$$\begin{aligned}f_n(x)&=-2\{x-a_{n-1}(k-1)\}\{x-a_{n+1}(k-1)\}\\&=-2\{x-d(n-2)\}(x-dn)\end{aligned}$$

として，$x\geqq\dfrac{d}{2}$，$y\geqq 0$ で，x 軸と $f_1(x)$，$f_2(x)$，…，$f_n(x)$ で囲まれた図形の面積が $a_n(k+1)$ となる。

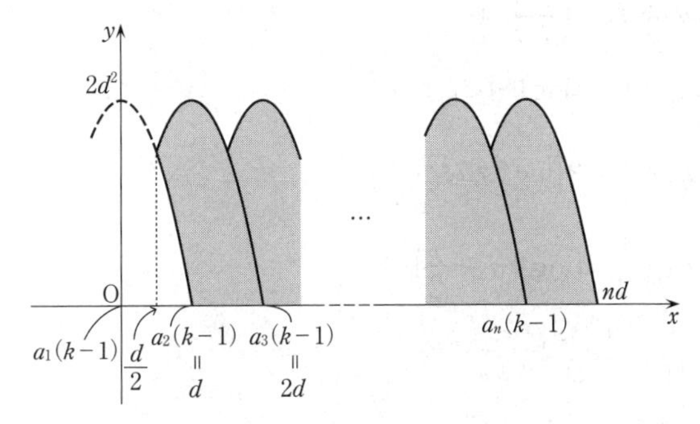

1 と同様に，$\{a_n(k+1)\}$ は，第 2 項，公差ともに

$$\int_0^{2d}f_2(x)\,dx-2\int_0^{\frac{d}{2}}f_2(x)\,dx$$

$$=-2\int_0^{2d}x(x-2d)\,dx-2\int_0^{\frac{d}{2}}(-2x^2+4dx)\,dx$$

$$=\frac{2}{6}(2d-0)^3-2\left[-\frac{2}{3}x^3+2dx^2\right]_0^{\frac{d}{2}}$$

$$=\frac{1}{3}\cdot 8d^3-2\left(-\frac{2}{3}\cdot\frac{d^3}{8}+2d\cdot\frac{d^2}{4}\right)$$

$$=\frac{11}{6}d^3$$

よって，一般的に $k\geqq 2$ で

$$d_k=\frac{11}{6}{d_{k-1}}^3,\quad d_1=1$$

本問について，これを用いると

$$d_3=\frac{11}{6}\cdot d_2{}^3=\left(\frac{11}{6}\right)^4$$

$$d_4=\frac{11}{6}\cdot d_3{}^3=\frac{11}{6}\left\{\left(\frac{11}{6}\right)^4\right\}^3=\left(\frac{11}{6}\right)^{13}$$

よって，$\{a_n(k)\}$ の公差は

$$\left.\begin{array}{ll} k=2\text{ のとき} & \dfrac{11}{6} \\ k=3\text{ のとき} & \left(\dfrac{11}{6}\right)^4 \\ k=4\text{ のとき} & \left(\dfrac{11}{6}\right)^{13} \end{array}\right\} \cdots\cdots(\text{答})$$

(2)
$$\log_{\frac{11}{6}}d_k=1+3\log_{\frac{11}{6}}d_{k-1}$$

$$\log_{\frac{11}{6}}d_k+\frac{1}{2}=3\left(\log_{\frac{11}{6}}d_{k-1}+\frac{1}{2}\right)$$

$$\therefore\quad \log_{\frac{11}{6}}d_k+\frac{1}{2}=\left(\log_{\frac{11}{6}}d_1+\frac{1}{2}\right)\cdot 3^{k-1}$$

$$\log_{\frac{11}{6}}d_k=\frac{3^{k-1}-1}{2}$$

これは $k=1$ でも成り立つ。

$d_2=\dfrac{11}{6}$ より

$$\log_{d_2}d_{k+2}=\frac{3^{k+1}-1}{2}\quad\cdots\cdots(\text{答})$$

◀解　説▶

≪面積で表された数列≫

1．(1) $d=2$ として，操作(＊)の意味を理解しながら進めることになる。ここでは $f_1(x)$，$f_2(x)$，… と，xy 平面上で x 軸方向に 2 ずつ平行移動していることがつかめるので，$\{b_n\}$ の公差を求めることができる。ここでは，積分の公式

$$\int_\alpha^\beta (x-\alpha)(x-\beta)\,dx=-\frac{1}{6}(\beta-\alpha)^3$$

を利用した。

2．操作(＊)での a_n が $a_n(k)$ であり，b_n が $a_n(k-1)$ となる。$\{a_n(k)\}$ は等差数列となることを示すので，$a_n(k-1)$ の公差を d として，$a_n(k)$ の

公差を d を用いて求めた。〔解答〕では，実際に $a_n(1)$ から $a_n(2)$ を求めることで，具体的に考え，一般化した。積分区間を表す数列より，面積へ，次に積分区間へと変化しているのを操作(＊)より読み取ることが重要である。

❖講　評

大問３題の出題で，「数学Ⅱ・B」からの出題が２題，小問集合として，順列，n 進法，共有点の個数と面積を扱った出題が１題であった。

Ⅰ　１では，具体的に並べることで，６回まで行くことなく１，２，３のすべての数が現れることに注目するとよい。

２では，n 進法では，係数については０以上 n 未満，とくに最高位は１以上となるなど，必要条件を考え，絞り込むことを考えるとよい。

３では，「数学Ⅱ」の範囲での出題ではあるが，計算の簡素化も含めて

$$\int (x+a)^n dx = \frac{1}{n+1}(x+a)^{n+1} + C \quad (C \text{は積分定数})$$

の利用などを考えるとよい。

Ⅱ　xy 座標を利用し，成分計算を考えるとよい。$|\overrightarrow{CA}|=\sqrt{2}$ については，２点C，Aの距離が $\sqrt{2}$，つまり，Cは定点Aを中心とする半径 $\sqrt{2}$ の円周上にあるので，Cは２円の交点とも考えられる。

$\overrightarrow{PA}\cdot\overrightarrow{PB}=0 \Longleftrightarrow \overrightarrow{PA}\perp\overrightarrow{PB}$ かつ，A，Bは定点なので，点PはABを直径とする円周上の点と考えることもできる。

Ⅲ　操作(＊)が，与えられた数列 $\{a_n\}$ から次の数列 $\{b_n\}$ を求める定義である。

１では，b_2，b_3 が面積を表していることに注目して，(＊)を具体化していくことになる。すると，グラフより，b_4，b_5，…，b_n と帰納的に類推できる。

２でも同様に，$\{a_n(1)\}$，$\{a_n(2)\}$，…，$\{a_n(k-1)\}$，$\{a_n(k)\}$ の変化の様子を，まずは $\{a_n(1)\}$ から $\{a_n(2)\}$ へ，公差の変化をとらえることで，$\{a_n(k-1)\}$ から $\{a_n(k)\}$ への公差の推移が読み取れる。

では一刻も早く一人前になることが期待されたと述べる。

三は、物語『住吉物語』からの出題である。中将が失踪した姫君を探し求める場面からの出題であった。助詞・助動詞・敬語・和歌の修辞・古文単語といった基礎の学習をしっかりした上で読解力を磨くことが求められる。

設問の形式と難易度は、ともに例年とあまり変わらない。

「む」の終止形。3は傍線部に上接する「よら（寄ら）」が未然形なので、願望の終助詞である。4は、上接する語が完了の助動詞「ぬ」の未然形なので、これも願望の終助詞。

問七　Ⅱは姫君の夢に出て来た中将の和歌で、〝尋ねあぐねて深い山路に迷っていることです。あなたの住まいがどこなのかを教えてください〟という内容である。この中将の気持ちが記されるのは、第二段落四行目、夢から消えて行く姫君の袖をとらえて中将が言った言葉「おはし所知らせ給へ」である。意味は〝いらっしゃる所を教えてください〟でこれが正解。その他、Ⅱの上の句の心情を言うものであれば、侍従が姫君の言葉を聞いて述べた感想の中の「いかばかり嘆き給ふ」があるが、「らむ」を切り取って答えるのは、「いかばかり」が疑問詞で意味が不明になるので、不適。

問八　1は、「二人は結ばれるはずがない」が、2は「中将は死んでしまい」が、3は、「冷淡な態度を取ってしまった」が、それぞれ本文にその内容がない。4は、選択肢の第一文は「御袖を控へて…御返事せむ心地してうち驚きけり」に合致し、第二文は「夢に、少将殿の…われを見つけて袖を控へて…となむありつる」に合致していて、これが正解である。姫君は少将が中将に昇進したことを知らないので、姫君の言う「少将殿」は中将のことである。5は「信じ切れなかった」が本文にない。

❖講評

例年通り、現代文二題、古文一題の構成であり、文章の長さや設問数、難易度も例年並みである。

一は、現代社会におけるカミが様々な分野で必要とされている状況を述べ、文明の進化に伴って危機が顕在化している現在、近代化によって失われたものを発掘していくことが大切な課題だと述べる。近代的価値観の再検討の必要を論じた二〇二〇年度・二〇二一年度の出題に通じる問題意識に立っていると言える。

二は、子どもに対する社会の意識について、「子どもらしさ」が近代以降に成立した意識であることを述べ、それま

▲解　説▼

問三　Ⅰは中将の〝いらっしゃる所を教えてください〟の言葉に答えた、姫君の和歌である。そして、この和歌を聞いた中将は「住吉と言ふ所をたづね参らせむ」と考える。つまり、Ⅰが言いたい内容は、自分は「住吉と言ふ所」にいる、ということである。和歌の中の「そこ」は「(海の) 底」と指示代名詞の「そこ」を掛ける。「侘ぶ」は「わび住まい」をしているという意味で、「すみよし」は「住み良し」と地名「住吉(すみよし)」との掛詞である。以上の内容に沿っているのは4で、これが正解である。

問四　中将の夢に行方不明だった姫君が現れ〝自分は住吉にいます〟という内容の歌を詠んで去った。中将は返事をしようと思っていたのに、嘆いて言った独り言が傍線部Bである。踏まえている和歌は〝あの人を思いながら寝たので、思い人が夢に現れたのだろう。夢と知っていれば目覚めなかっただろうに。(夢だと知らなかったので目覚めてしまった)〟という内容である。それを述べているのは1でこれが正解。2は最後の「私を嫌いなのかもしれない」という根拠がない。3は姫君が亡くなったという所が誤り。4は後半部分「私を探している」が誤りで、5は「誰かの妻らしき人の姿で」が誤っている。

問五　傍線部Cは姫君の居場所がわかった中将が、住吉に行こうとしてお供の人々に指示を出す会話文の中にある。会話主が中将なので中将からの敬意となり、選択肢1・2・3のうちから答えを選ぶ。また「申す」は謙譲語なので、敬意の対象は申し上げる人物となる。直接にはそれが誰か書かれていないが、「これより帰りて」「申せ」、ということから、都にいる父関白に申し上げるということで、正解は2である。長谷寺から住吉に出向こうとする報告を父にして出発しようということで、意味が通じる。

問六　傍線部の「なむ」は係助詞である。結びの語は文末の完了の助動詞「つ」の連体形「つる」。正解は5で、文末の「はべる」がラ行変格活用動詞「はべり」の連体形である。1は傍線部に上接する「散り」が連用形なので、強意の助動詞「ぬ」の未然形＋推量の助動詞「む」の終止形。2はナ行変格活用「死ぬ」の未然形活用語尾＋意志の助動詞

る所をお教えください」と言うので、（姫君は）

Ⅰ　（今いる場所が）海の底ともそこがどこともわからないで、わび住まいをしていると、漁人はここは住み良い場所だと申します（＝ここは「住吉」という所です）

と言って去るので、返歌をしようとしたところで目が覚めた。

ますます、「夢と知りなば」（の歌のように夢と知っていたならば覚めずにいたのに、姫君に会いたい）と思って悲しく、「（この夢を見ることが出来たのは）長谷寺の観音のご利益であろう」と思って夜のうちに出向いて、住吉という所を探し申し上げようと思って、従者の人々にお命じになったことは、「仏道修行の機会に天王寺・住吉へ参詣しようと思うのだ。お前たちはここから（京へ）帰って、（父の関白に）この旨を申し上げよ」と、お命じになったので、（従者は）「どうして御供の人がいなくては（いけません）」と言って、「（我々も）参ります」と申し上げる。（中将は）「（長谷寺の観音が）今夜お示しになった霊験に従って、その示現のままに（するのだ）。特に思うことがあるのだ。（私の）命ずる通りにしておれ」と言って、「（そのため）お前たちを（京へ）返すのだ」とお命じなさったので、（従者は）どうしようもなく皆帰京した。

（中将は）ただ警護の者一人をお連れになって、浄衣の柔らかなものに、薄紫の衣に白い単衣を着て、藁沓を履いて龍田山を越えなさった。

ところで住之江では、その夜明け方姫君が、「夢に、少将（＝現中将）殿が実に心細い様子で、山中でたった一人で旅寝して泣き伏しなさっている所へ（私が）行ったところ、（中将は）私を見つけて袖を捉えてこのように（詠んだ）」

Ⅱ　尋ねあぐねて深い山路に迷っていることです。あなたの住まいがどこなのかを教えてください

と（歌が）あった」としみじみと感慨深く（侍従に）語りなさったところ、侍従は、「なるほど（中将は）どれほどお嘆きになっていることでしょう。きっと正夢です」と言って、（姫君は）声をひそめてお泣きになった。

三

出典　『住吉物語』〈下巻〉

解答

問一　つかさめし
問二　3
問三　4
問四　1
問五　2
問六　5
問七　おはし所知らせ給へ
問八　4
問九　2

◆全　訳◆

正月の人事異動で、右大臣は関白におなりになった。少将は中将になって三位に昇進なさったが、（中将は）嬉しいとも思わないで、ひたすら神仏に祈り、「姫君の行方を教えてください」と祈った。

むなしくも、早くも夏も過ぎてしまった。（中将は）旧暦九月（＝晩秋）に長谷寺に参詣して、七日間参籠し祈願しました。七日目の夜、夜明け方に少しうとうとと眠りかけましたところ、（中将の）夢に、高貴な女性が顔をそむけるようにして座りなさっていたので、ああ美しいなあと（思って）見ると、（その女性は）姫君であった。胸が騒いで、これ以上なく嬉しくて、「それにしてもどこにいらっしゃるのか。このような辛い目に私をおあわせになって。どれほど（私が）思い嘆いたか知っていらっしゃるのか」と言うと、（姫君は）泣いて、「これほどまで（私を思ってくださっている）とは思っていなかったので、とてもふびんなことだ」と言ってお立ちなさる。（中将は姫君の）お袖をとらえて、「いらっしゃれ、さらに、設問である、傍線部「幼児保護の社会意識が一般的に定着」する「背景」については、傍線部の段落の五段落後の段落に書かれる。「近世になり、庶民にとっても『家』が確立してくると…幼児に寛大な社会が初めて現出し、…俗説的表現が成立していったと柴田は言うのである」とあるので正解は3。2は、「ある種の特権視」は「無服」であることに対してであって、「子どもらしさ」に対してではない。

問四　傍線部Cの「小さな大人」については、その直後の「子どもの出生や死に対しても無関心だった」という記述と並べて記されている。その後、七歳くらいになると「家族の数に加えられ」、成長すれば「家庭から大人の世界へ放り出され」るという段階を踏むとある。正解は2で、傍線部Cの「小さな」は選択肢の「一人前でなく」に当たり、傍線部Cの「大人」は、この段落の内容から選択肢の「特別扱いもされない」に当たる。1は、成長後の内容であり、3も大人の要素が含まれるので誤り。また、4の「名付けが行われない」、5の「性別を超越した」が、この段落の内容にはないので誤りである。

問五　傍線部Dの「柴田」説と「アリエス」説とがどういった点で似ているのかについては、最終段落で「ある時代までの子どもの不在を発見し、ある時期以降の子どもの誕生を明らかにした」と端的にまとめられている。この内容に当てはまるのは1である。2は「発想を肯定」が不可。3は「七歳以上の子どもを『無服』」が誤り。4は柴田の意見には含まれない。5は「誰もが無関心」が不可。柴田はそのようなことを言っていないし、アリエスは「一部の人びとは悲嘆に暮れはした」（傍線部③の段落）としている。

問六　最初の空欄には、大人の世界に入る前段階の位置付けで、家族の一員として期待される「力」を当てはめる。後の空欄には、宮本常一の体験談で、これも一人前になるために期待される「力」である。「七歳から労働が教え込まれた」とあるところから、答えは「労働」である。

二

出典　畑中章宏「子どもらしさ」(『図書』二〇二一年二月号　岩波書店)

解答

問一　①処遇　②異界　③匿名
問二　5
問三　3
問四　2
問五　1
問六　労働

◆要　旨◆

七歳までの子どもは一人前の人格を持たず、この世のものでも異界のものでもないという存在であるとみなされており、無垢な子どもらしさの根拠とされてきた。ただ、柴田説によると、この意識は近世後期になって庶民の中で幼時を大切に養育するという社会意識が生まれた後だとされ、アリエス説も近代以前の子どもは保護の対象ではなく、生き残った者だけが労働力として家族の数に加えられたと言う。この両者は、ある時期までは子どもは一人前の村人を育てあげるための準備期間であり、一刻も早く「子どもらしさ」を抜け出すことを期待されて来たことを示したのである。

▲解　説▼

問二　傍線部Aの「民俗的な『子どもらしさ』」については、この段落の二段落前から説明がある。二段落前には、子どもには「生きた霊魂」が籠っていると述べられ、次の段落にも霊力を伴うので男か女かわからない状態で処遇されると述べられる。こういった扱いが七歳になるまで続くと述べられるのである。それについて述べられるのは5で、これが正解。その他の選択肢は、霊魂が宿る「民俗的な」子どもらしさに触れていない。

問三　傍線部Bは柴田純の言説を紹介した一部である。この説明は傍線部の段落の三段落後から六段落後にかけて述べらとを、同時に行うことが求められるという内容。後の空欄Xは、直前の「危機を直視」することと、後の「(知恵を)発掘していく」こととの両方を求める主張をする内容である。よって正解は並列を表す選択肢の1。

問五　傍線部Dの「現代医療」は、直後に「カミ」の欠如したものであると述べられる。この段落や、「カミ」について書かれたこの段落以前、特に第三段落を中心とした内容を踏まえて消去する。1は「不可視の分野については研究対象外」という点が本文の内容と合わない。2は「他分野からの越境」が本文の内容にない。3は「不治の患者」と治る患者を区別した記述が本文にない。4は「漢方」に限定して述べるところが誤りである。正解は5で、不可視である「カミ」は医学の世界から排除されて来たという内容が本文の内容と合致する。選択肢の「証明されていない」は「幻想」「不可視」(いずれも第二段落)などの要素から、本文の内容を逸脱するものではないと判断する。

問六　傍線部「ストレスの重圧」とは、傍線部直前にある「現代社会の息の詰まるような人間関係」がその説明である。人間関係のストレスについての内容は傍線部の段落から二段落後まで述べられる。正解は傍線部から六行後の「精神の負荷」である。

問七　「カミ」の現代社会での役割について、傍線部の段落から四段落前に「人間関係の緩衝材」だと述べている。傍線部の段落で取り上げられる「ゆるキャラ」は、古来から信仰の対象としてきた神ほどの存在ではないが、緩衝材として有用な「小さな」カミであると述べる。よって正解は1である。2はこの「小さなカミ」を否定的に述べているので誤り。3は「信仰の対象」と述べているので誤り。そこまでの存在ではないから「小さな」と述べるのである。4は「関係を修復してきている」という部分、5は「ゆるキャラに無数の死者の影を認めている」が本文の内容にはない。

問八　空欄の前段落からは、本文のまとめで、近代化が人間の心に危機をもたらしたと述べる。そこで求められるのが「カミ」なのである。空欄Yには現在までの文明を形作ってきたもの、といった内容が入る。正解は2である。他の選択肢は、すべて近代化文明とは無関係な選択肢である。

いくことが課題である。

▲解　説▼

問一　傍線部Aのように「カミ」とカタカナ表記にする理由を書いた場所は本文にはないので、筆者の「カミ」に対する思いをたどっていく。すると直接的には、傍線部A前後の「古今東西のあらゆる民族と共同体において」、(カミを)「もたないものはな」い、「なくてはならない存在」という記述が手掛かりとなる。それに最も近いのは1である。2は「あらゆる民族の根源」の部分が本文にない。3・4・5は「カミ」が限定されていて、3は「日本古来の『神』と区別して」いるところ、4は「近代」に、5は「前近代」に限定して用いるとする点が誤っている。

問二　傍線部Bについても、問一と同様に直接傍線部を説明した部分はない。前段落から「カミ」の説明があり、この段落に入って、「人生のストーリー」として「不可視の存在を取り込んだ、生死の双方の世界を貫く」ものを必要としていると述べている。その内容に最も近いのは5である。「カミの存在によって初めて理解される」とあるが、傍線部の前段落から「カミ」の意義を説明した内容となっていると取れば納得できる。1は全体が誤り。2は「生かされている」が本文になく、3は「生死を貫通する世界」の内容が不分明。4は死が「生者と死者の新しい関係の始まり」と述べるところが誤りである。

問三　傍線部Cの段落に「宗教者としての経験を生かし」とある。以下の、この段落で述べられている内容が傍線部Cの理由であると理解できる。ただ詳しい説明はないので、消去法で考える。1の「営利目的の業務」ではないという理由は本文にはない。2は「生死の世界を体験」、「どんな質問や相談にも対応」という条件が言い過ぎで当てはまらない。3は「人々に伝導してきている」が、4も「さまざまな人々を導いてきた経験」が本文の内容にない。5は「人々の心を和らげる」が本文の「心に重荷を負った人々に寄り添い」の部分と対応し、穏当な選択肢といえる。5が正解である。

問四　最初の空欄Xは直前の「価値観を尊重」することと、後の「人々に寄り添い」、「看取りやグリーフケアを行う」こ

国語

一

出典 佐藤弘夫『日本人と神』〈終章 神のゆくえ〉（講談社現代新書）

解答

問一 1
問二 5
問三 5
問四 1
問五 5
問六 精神の負荷
問七 1
問八 2

◆要 旨◆

かつて人々は神仏や死者を大切な仲間として扱った。今、人間とカミが密接に関わり合って共存する前近代世界のコスモロジーの構造に注目する必要がある。日本においても世界の各地でもカミを機能させようとする試みが始まっている。医療にカミを導入しようとする動きがあり、また、現在の日本社会で増殖するキャラクターは、息の詰まるような人間関係の緩衝材の役割を担っている。近代化はかつてない物質的な繁栄をもたらしたが、人間の心に、無機質な領域を創り出した。もちろん前近代に帰れというわけではなく、直面している危機を直視しつつ、人類が蓄積してきた知恵を発掘して

2021年度

問題と解答

■学部別入試

問題編

▶試験科目・配点

	教　科	科　　目	配　点
学部別方式	外国語	「コミュニケーション英語Ⅰ・Ⅱ・Ⅲ，英語表現Ⅰ・Ⅱ」，ドイツ語（省略），フランス語（省略）から１科目選択	150 点
	選　択	日本史Ｂ，世界史Ｂ，地理Ｂ，政治・経済，「数学Ⅰ・Ⅱ・Ａ・Ｂ」から１科目選択	100 点
	国　語	国語総合（漢文の独立問題は出題しない）	100 点
英語４技能試験利用方式	外国語	コミュニケーション英語Ⅰ・Ⅱ・Ⅲ，英語表現Ⅰ・Ⅱ ☆英語４技能資格・検定試験のスコアを出願資格として利用	300 点
	選　択	日本史Ｂ，世界史Ｂ，地理Ｂ，政治・経済，「数学Ⅰ・Ⅱ・Ａ・Ｂ」から１科目選択	100 点
	国　語	国語総合（漢文の独立問題は出題しない）	150 点

▶備　考

- 「数学Ａ」は「場合の数と確率，整数の性質，図形の性質」，「数学Ｂ」は「数列，ベクトル」から出題する。
- 英語４技能試験利用方式は，実用英語技能検定（英検），TEAP，TOEFL iBT®，IELTS™（アカデミックモジュールに限る），GTEC（CBT タイプに限る）のいずれかの試験において，所定の基準（詳細は省略）を満たし，出願時に所定の証明書類を提出できる者が対象。「英語」，「国語」，「地理歴史，公民，数学」の３科目の総合点で合否判定を行う。英語については，本学部の試験を受験する必要がある（１科目以上の欠席科目があった場合は，合否判定の対象外となる）。

英語

（80 分）

〔Ⅰ〕 空欄に入る最も適切なものをそれぞれ１つ選び，その番号をマークしなさい。

(1) Harry, I saw your red and gold scarf in the lost and found box. If you don't (　　　) it within thirty days, it will be thrown away.

1 assume　　2 claim
3 miss　　4 remember

(2) He has a negative attitude about everything. As you can therefore imagine, he was (　　　) the plan from the beginning.

1 against　　2 doubtful
3 opposed　　4 wary

(3) Paul suddenly quit his job at the end of the day last Friday. Consequently, on Monday morning many of his coworkers were not (　　　) of the fact that he no longer worked at the company.

1 anxious　　2 aware
3 comprehended　　4 consumed

(4) Sydney told me that he broke his arm during his business trip, but that was all that he said. He never (　　　) how it happened.

1 managed　　2 mentioned
3 phrased　　4 planned

(5) At the risk of (　　　) rude, don't you think that those old shoes of yours

are improper for such a formal event?

1　indicating　　2　meaning
3　referring　　4　sounding

(6)（　　　）mathematical ability, there is not a kid in the class who can touch her.

1　If it had not been for　　2　If it were not for
3　When it comes to　　4　When it goes to

(7)　If you see anything（　　　）, like an unattended bag in or around the station, please contact the police immediately.

1　endangered　　2　misleading
3　particular　　4　suspicious

(8)（　　　）out all of the other options may not be wise.

1　Passed　　2　Passing
3　Ruled　　4　Ruling

(9)　According to the club's rules, club members who fail to submit their fees before the deadline will be（　　　）automatically.

1　dismayed　　2　distinguished
3　pressured　　4　suspended

(10)　The（　　　）of students who answered our survey showed their satisfaction with our university's exchange program.

1　each　　2　majority
3　most　　4　total

(11)　I would（　　　）it if you could fax me the form tomorrow.

1　appreciate　　2　grateful
3　pleasant　　4　thank

(12) Shall we discuss the plan (　　) the phone before meeting?

1　down　　2　in
3　over　　4　to

(13) I could not recall the actor's name, even though it was on the tip of my (　　).

1　breath　　2　head
3　throat　　4　tongue

(14) This area is alcohol-free.　That means that drinking beer here is (　　).

1　allowed　　2　banned
3　presented　　4　supported

(15) How many feet (　　) sea level is the peak of Mount Kilimanjaro?

1　above　　2　outside
3　toward　　4　under

(16) Let's clear the table by the time Liz (　　).

1　had returned　　2　is returning
3　returning　　4　returns

(17) After many years of hard work, Phil was finally (　　) to store manager.

1　employed　　2　encouraged
3　promoted　　4　reduced

(18) Be sure (　　) back here on time, or you'll miss the bus.

1　be coming　　2　come
3　coming　　4　to come

〔II〕 空欄（　1　）～（　2　）に入る最も適切なものをそれぞれ１つ選び，その番号をマークしなさい。

My wife has worked for many years in Japan as a makeup specialist for a major international cosmetics company. Although her job usually does not require her to put makeup on other people, she is nevertheless very good at it. Trust me. Here is a story to prove it.

Foreign celebrities who come to Japan often contact my wife's company because they prefer to hire local makeup artists on a contract basis. A few years ago, a very famous American actress visited Japan to promote her new movie and hired one of my wife's colleagues to do her makeup.

Unfortunately, the hired makeup artist suddenly fell ill and could not do the actress' makeup. There were no other makeup artists available, but my wife was at the home office when her colleague called in sick. Even though it was outside of her typical work duties, my wife was available (and remember: she is quite skilled at applying makeup), so she volunteered to take her colleague's place. She grabbed a makeup bag from the office and raced over to the actress' hotel.

When she opened the bag in the actress' hotel room, she noticed that the bag contained no makeup brushes. There was no time to get new brushes, so she did the only thing she could do: she applied the makeup with her fingers.

"Why are you putting my makeup on in such an unusual way?" the actress asked.

"Don't worry," my wife said. "I always use my fingers to apply makeup."

This, of course, was a lie.

My wife really can perform miracles with makeup. Even so, she was afraid that the actress would be (　1　). To her surprise, the actress was delighted with how this child-like "finger painting" style of applying makeup turned out. In fact, until the actress retired, she would always ask my wife to be her makeup artist every time she visited Japan. My wife never said no to these requests, but of course, she had to (2).

(1) 1 apologetic about the brushes
  2 disappointed with the results
  3 unable to see the makeup on her face
  4 unwilling to perform her own miracles

(2) 1 ask children for makeup advice
  2 consider the cost of making her own brushes
  3 pay the actress more money than she could afford
  4 use that same technique every time

〔Ⅲ〕 次の英文を読み，設問に答えなさい。

Imagine that you just woke up where you are right now, with no memory of the past. You have amnesia. Your body and mind function normally, but you have no idea how you got where you are. You have no life story, and without this, you are lost. To make matters even worse, you have no idea what to do next. If someone found you in this state, that person would probably think you were insane.

In order to make sense of the world, and our own existence, humans need to situate ourselves in a personal story that begins with our birth (or shortly after) and flows continuously to the present moment. Although we may lose sight of this story each night when we sleep, we regain it each morning when we awake, and only then can we resume our normal life.

Adding to our personal life story is a more encompassing one that predates each of our births — our family history and ( )(1), and bigger still, the history of Western civilization. As (A) in schools, that history goes back about

5,000 years, and most people do not have any real sense of connection to events before then.

Ancient people also needed stories to make sense of their frightening world. These stories were passed along through oral traditions and are often called myths. Virtually (2) every culture and society for perhaps 60,000 years had a strong mythical foundation — and a creation myth that explained how the world came to be and how "our people" got here. These ancient myths were the highest truths, originating from the most revered sages[1] and prophets. Yet today, the word "myth" is taken to mean falsehood — the very opposite of truth. What happened?

The short answer is, science happened. This new and powerful way of uncovering truth blossomed in the early 1600s, as heretics[2] like Nicolaus Copernicus and Galileo Galilei shattered (3) the myth that the Earth was the center of the universe. *Logos* replaced *mythos*, and the old creation stories were relegated to the shelf for quaint fairy tales. In their place grew the story of the mechanical universe largely attributed to Isaac Newton. The world was like a giant clock that could be reduced to many individual parts, each obeying the laws of physics with perfect predictability. (B) these laws gave humans great power to manipulate and exploit nature. The Industrial Revolution, powered by the steam engine, became the proof of concept.

While ancient people had a strong sense of connection with nature and a reverence for its powers, modern science and its story of the mechanical universe left humanity disconnected and alienated. People had no story of how they got here or how they fit into the universe. Newton needed a creator to wind up the clock at the beginning, but after that, everything — including humans — played out by cause and effect, like colliding balls on a billiard table. The Romantic movement of the 1800s tried, unsuccessfully, to push back against the determinism[3] and materialism of Newtonian science, and the existentialists[4] who followed (C) the despair and absurdity of the human condition in a meaningless world.

Finally, by the late 1960s, it was becoming impossible to ignore that humanity was on a path to destruction. The predominant story said that humans rule the Earth, that it is ours to exploit and that we could do this with impunity[5]. But it was becoming clear that this story was as untrue as any of the ancient myths, and it was killing us. We were on course to become the first species on Earth to go extinct (4)with only ourselves to blame!

A new story began to emerge in the late 20th century, and it was science itself that provided the evidence to support it. For the first time, people could begin piecing together the ultimate creation story, from the birth of the universe and the first stars, to the formation of the Earth, the evolution of life, and the diaspora[6] of modern humans out of Africa to cover the planet. A number of new books have (5)recounted this great story from different perspectives.

* * * * *

The traditional view of history has been that prehistoric humans achieved civilization for the first time about 5,000 years ago in the Middle East, which was then followed by the Egyptians, the Greeks, the Romans, the Dark Ages, the Renaissance, and so on. Throughout this scenario came endless wars, violence, cruelty, powerful rulers, and oppressed people, leading to the conclusion that history repeats itself, and therefore, humanity is doomed to repeat these patterns forever. The actors and locations will vary, but the basic plot will always be the same. Not much of a future.

But think about how different it would be to see the last 5,000 years as a very brief moment in a much bigger drama that began almost 14 billion years ago. From this perspective, one would never think that humans are (D) where they are, or that they have arrived at some final destination. Fossil discoveries have shown that humans in their modern anatomical form have been around for at least 200,000 years — (6)and have been a work in progress for that entire time. One can now begin to see the last 5,000 years as merely the most recent stage that humanity is ready to outgrow. Perhaps war, domination, and exploitation are no longer serving us. Perhaps a whole new era lies ahead for humanity, and we are simply in a painful stage of transition. The origin story that science can now tell is our new creation myth. It is the story of all people, and all living things, and the universe itself. It awakens us to whole new possibilities for humanity, and inspires us to create a better world.

注

1 sages：賢人たち

2 heretics:：異端者たち

3 determinism：決定論

4 existentialists：実存主義者たち

5 impunity：罰を受けないで済むこと

6 diaspora：(民族・家族などの)離散

問 1 空欄(A)～(D)には，以下の動詞のいずれかが入る。それぞれに最も適切なものを選び，必要な場合は文意が通るように語形を変えて，解答欄に１語で記しなさい。なお，文頭の空欄に入れる語は語頭を大文字にして記すこと。

express　　know　　stick　　teach

問 2 下線部(1)～(6)について，最も適切なものをそれぞれ１つ選び，その番号をマークしなさい。

(1) この空欄に入る単語としてふさわしいものは

1 ancestry　　2 adolescent

3 descendants　　4 yesterday

(2) このVirtuallyと置き換えても文意が変わらないものは

1 Falsely　　2 Informally

3 Nearly　　4 Spiritually

出典追記：As Myth Marries Science, the Origin Story Matters (Op-Ed), Live Science on November 5, 2013 by Roger Briggs

(3) この shattered に意味が最も近いのは

1 believed　2 closed

3 created　4 destroyed

(4) この with only ourselves to blame に意味が最も近いのは

1 we are all alone

2 we are completely at fault

3 we are sufficiently punished

4 we are worthy of praise

(5) この recounted と置き換えても文意が通るものは

1 doubted　2 hinted

3 told　4 woken

(6) この and have been a work in progress と置き換えても文意が変わらないものは

1 and humans have never returned to nature

2 and humans have never tired of doing their jobs

3 and humans have not decided their original form

4 and humans have not stopped changing

問 3 以下の各群について，本文の内容と一致するものを 1 つ選び，その番号をマークしなさい。

A群

1 According to the author, scientific origin stories are nevertheless used to explain how the universe was created.

2 Newton played a key role in the development of the skills required to master giant clocks.

3 Telling myths to people with memory problems helps them learn their

family history.

4　The author confesses that he was thought to be insane when he lost his memory.

B 群

1　According to the author, the word “myth” is no longer used today.

2　Although the actors and locations change, people will always be attracted by theatrical dramas with the same plot.

3　Even before oral traditions were developed, ancient people knew that science was truth.

4　In the author’s view, the most recent story presented by science is more optimistic than previous scientific origin stories.

〔Ⅳ〕 次の英文スクリプトを読み，設問に答えなさい。

Good morning. This is Laura. Welcome to the *Before Breakfast* podcast[1]. Today’s tip is a phrase I repeat to myself all the time: plan it in, do it anyway.

I find I make much better use of my time when I think beyond how I feel right now. A better question, when I think about how I spend my time: “Looking back, will I be happy I did this? Will I be happy with this memory?” If so, my experiencing self just needs to get on board.

That phrase “experiencing self” comes from psychologist Daniel Kahneman’s work. This Nobel Prize-winning researcher noted that the self really has multiple identities. There’s what we’re going through right at this instant (the moment when you’re listening to me tell you about this topic), but much of our internal lives actually involve the “remembering self,” the keeper of our memories. You think back to your life and the story of what brought you to this moment.

I actually like to think about this in terms of three selves: the experiencing self and the remembering self, but also the "anticipating self." Another big chunk of our interior monologues consists of our plans, hopes, and anxieties about the future. You might be commuting on a rainy day, but you are thinking about that sunny beach vacation you have planned for August. Our brains have an amazing ability to time travel, backwards and forwards.

Here's why this matters(1) as we think about how we spend our time: the present is actually an incredibly ephemeral moment. In his book *The Principles of Psychology*, William James[2] writes, "Where is it, this present? It has melted in our grasp, having (A) before we could touch it, gone in the instant of becoming." Back in William James' day, there was a lot of strange experimental inquiry into the exact length of the present. Our senses can't distinguish between things that happen less than about a half second apart. And working memory[3] is a maximum of about twelve seconds. So the length of the present must be somewhere in there, or at least that's what I (あ) from reading about these various experiments.

So the present is fleeting[4]. Almost all of life is lived by the anticipating and remembering selves. We can anticipate for years. We can remember for decades.

The challenge is that the present, the moment occupied by the experiencing self, has a disproportionate effect on our actions. And frankly, the experiencing self is a little bit lazy. The remembering self will be thrilled(2) to have gone on that early morning trail run so she can see the gorgeous sunrise over that nearby lake. The experiencing self? Well, she's comfortable in bed hitting snooze (い) the sun is high in the sky. The anticipating self thought it would be fun to go to an art museum on a Friday night, when admission is free, and there's a bar and music. And the remembering self will fondly recall the masterpieces and chatting with new friends in line for a cocktail. But the experiencing self is tired after work. The experiencing self is the one who will have to (B) the cold and the rain and the Friday night traffic. The experiencing self is not happy about this split of labor, so she rebels. She ignores what the anticipating and remembering self want and justifies this tantrum[5] by pointing out that the museum will still be there next Friday, so she's just going to watch Netflix[6] instead. Immediate pleasure wins out over the more effortful sort.

One of the best ways I've heard this phenomenon described is in philosopher Robert Grudin's book, *Time and the Art of Living*. He says, "We pamper the present like a spoiled child. We indulge its whim to scroll through Instagram[7] instead of living a life worth taking pictures about."

So how do we keep the experiencing self's tyranny in check?(3) It isn't easy. People are bad at considering their future selves in general, which is why so few people invest properly for retirement. But that's where my mantra（　う　）.

Whenever I find myself listening too much to the experiencing self, I repeat my phrase: plan it in, do it anyway. If my anticipating self really wanted to do something, my remembering self will probably be glad that I did it. I may be tired, but guess what. I'll always be tired. And we draw energy（　え　）meaningful things. Furthermore, all time passes. Whether I do anything today or not, eventually today will be gone. Tomorrow will be gone, too. Time can be filled with what（　C　）to nothing or it can be filled with something more meaningful.

So if you'd like to have time feel richer and more meaningful, plan in exciting things（the mini adventures we've talked about in previous episodes and some bigger adventures, too）. And then, when you get to the moment and you are wavering because your couch seems（　D　）, repeat this phrase: plan it in, do it anyway. Your remembering self will thank you. In fact, if you want to encourage this mindset in the future, take a moment right now to thank your past experiencing self for having done something（　　）(4).

I just spent some time looking through photos I took a few weeks ago of my kids at a botanical garden[8]. They did not want to turn off their video games and get in the car. My experiencing self did not enjoy that battle, but all that is in the past now. What is left are these images of sunshine and flowers and children in a moment of childhood that will be gone（　お　）I know it.

So, what will you decide to do anyway today?

＊ ＊ ＊ ＊ ＊

This is Laura. Thanks for listening, and here's to making the most of our time.

注

1 podcast：ネット上で公開される音声データを，パソコンや携帯プレーヤーへ自動的に蓄積させるサービス

2 William James：アメリカ合衆国の哲学者(1842〜1910)

3 working memory：作動記憶(いま現実に意識されている内容)

4 fleeting：ほんの一瞬の

5 tantrum：かんしゃく

6 Netflix：映画などのビデオを配信するインターネット・ストリーミング・サービス

7 Instagram：写真共有ソーシャル・ネットワーキング・サービス

8 botanical garden：植物園

問1 空欄(あ)〜(お)に入る最も適切なものを1つ選び，その番号をマークしなさい。

	1	2	3	4
(あ)	attract	block	gather	protect
(い)	regardless	that	until	without
(う)	comes in	lets on	points out	takes away
(え)	from	over	since	versus
(お)	after	before	since	when

問2 空欄(A)〜(D)には，以下の動詞のいずれかが入る。それぞれに最も適切なものを選び，必要な場合は文意が通るように語形を変えて，解答

欄に１語で記しなさい。

amount　　brave　　flee　　invite

問３　下線部(1)〜(4)について，最も適切なものをそれぞれ１つ選び，その番号をマークしなさい。

(1)　この matters とは

1　becomes tangible

2　breaks up a conversation

3　goes wrong

4　has significance

(2)　この thrilled と置き換えても文意が通るものは

1　excited　　2　feared

3　persuaded　　4　rushed

(3)　この keep the experiencing self's tyranny in check とは

1　let the anticipating and remembering selves observe the experiencing self

2　preserve the experiencing self's strength for the future

3　reduce the influence of the experiencing self on our actions

4　transform the experiencing self into the anticipating self

(4)　この空欄に入れて文意が通るものは

1　difficult that you can now smile upon

2　easy that made you look quite knowledgeable

3　meaningful but not worth the future risk

4　meaningless but rewarding only if anticipated

問４　以下の各群について，本文の内容と一致するものを１つ選び，その番号をマークしなさい。

A群

1 Based on the author's explanation, one would expect the experiencing self to seek immediate pleasure whenever possible.

2 Daniel Kahneman's research reveals why multiple identities must act selfishly when they share memories.

3 In *The Principles of Psychology*, William James concluded that one gets increasingly forgetful as one grows older.

4 Robert Grudin's book describes how parents can use sweets as payment after their children do their homework.

B群

1 The author includes a third self because neither of the selves that Daniel Kahneman discusses is related to the future.

2 The author is convinced that our brains should travel through time in order to discover the anticipating self.

3 The author remembers that she herself did not like to go places by car with her mother when she was a girl.

4 The author's anticipating self likes to compare gorgeous mountains with museum paintings.

日本史

（60分）

〔Ⅰ〕 以下の文章は、日本における仏像の歴史を記したものである。文章内における a～eの【　　】に入る最も適切な語句を①～⑤の中から選び、マークしなさい。また、［ 1 ］～［ 5 ］の中に入る最も適切な語句を記しなさい。

「仏像」とは、仏教の礼拝の対象として作られた仏の彫刻・画像をさし、狭義には仏陀（如来）の彫刻をさすが、一般には広く如来以外の［ 1 ］・明王・諸天の像も含めていう。このうち［ 1 ］とは、「悟りを開くまえの仏陀」「仏になるために修行を重ねる者」のことである。

6世紀、百済の聖明王が日本に金銅仏と経典などをもたらしたことから、日本における仏教史は始まる。このとき仏像をみた欽明天皇が「西蕃の献（たてまつ）れる仏の相貌きらぎらし」と語ったと、a【①『古事記』 ②『日本書紀』 ③『元興寺縁起』 ④『扶桑略記』 ⑤『上宮聖徳法王帝説』】に書かれているように、その最初から日本人は仏像の造形に魅了されて仏教を受容していった。飛鳥時代前期の仏像の特徴は、面長で左右対称をなしたものが多く、口元にはアルカイック・スマイルとよばれる微笑を浮かべている。この時期の仏像の代表例としては、金銅製・北魏様式のb【① 法隆寺金堂釈迦三尊像 ② 法隆寺百済観音像 ③ 法隆寺夢違観音像 ④ 中宮寺半跏思惟像 ⑤ 広隆寺半跏思惟像】があげられる。同じ飛鳥時代でも後期の文化は白鳳文化とよばれ、この時期には柔らかい表現のなかにも堂々とした威厳をもつ仏像が作られるようになる。しかし、その後も日本の仏像は先行する中国・朝鮮の仏像の構成要素と配列秩序を忠実に守り、日本独自の要素を付加することを避ける傾向をもつ。仏像は、ながく異国への憧憬を象徴するものとしてあり続けたのである。

奈良時代の天平文化に入ると、天皇や貴族の庇護をうけ、鎮護国家思想のもと、表情豊かで写実的な仏像が多く製作される。とくに製作技術に革新が見られ、乾漆像と塑像の二種類の製法が生まれた。原型のうえに麻布を漆で幾重にも塗り固めたのが乾漆像で、木を芯にして粘土で塗り固めたのが塑像である。この時期の塑像の代表例としては、c【① 興福寺仏頭　② 興福寺阿修羅像　③ 興福寺十大弟子像　④ 東大寺法華堂不空羂索観音像　⑤ 東大寺法華堂執金剛神像】があげられる。

平安時代前期の文化は弘仁・貞観文化とよばれるが、この時期は天台宗・真言宗が広まったことにより、神秘的な密教美術が新たに発展をみた。仏像彫刻においても、木彫で神秘的な雰囲気をもつ如意輪観音像や不動明王像が新たに多く作られた。とくに［ 2 ］寺の如意輪観音坐像は豊満な姿態と極彩色を特徴とし、この時期の代表的な仏像である。その他、神仏習合を反映して、僧形八幡神像や神功皇后像などの神像彫刻が多く作られるのも、この時期の特徴である。また、この時期の仏像には［ 3 ］とよばれる衣のひだの表現方法に大きな特徴がある。角味のある大きな波と丸味のある小さな波を交互に繰り返す技法で、これにより木彫ならではの流麗さが演出された。

平安中期に入ると、仏像の各部分を別々の工人に分担して製作させ、これを合体させて一体の像とする、寄木造とよばれる新たな製作技法が開発された。これにより、仏像の大型化と量産が可能になった。仏師定朝の作になる平等院鳳凰堂阿弥陀如来像は、その代表例として知られている。なお、平安後期には凝灰岩の岩壁に61体もの像を彫ったd【① 平泉　② 白水　③ 三仏寺　④ 富貴寺　⑤ 臼杵】の磨崖仏のように、地方社会において石仏の独自展開もみられた。

鎌倉時代には、慶派とよばれる奈良仏師の活躍が顕著になり、当時の支配階層である武士たちの好みにあうような力強くたくましい作品が数多く製作されるようになった。興福寺の天灯鬼像・竜灯鬼像のうち竜灯鬼像は、その胎内文書よりe【① 運慶　② 快慶　③ 湛慶　④ 康弁　⑤ 康勝】(生没年不詳)の作であることが判明している。しかし、鎌倉時代に生まれた新仏教の開祖たちは、総じて仏像に究極の意味を求めることはしなかった。道元の言行を弟子の［ 4 ］(1198～1280)が筆録した『正法眼蔵随聞記』には、仏像の光背(仏像の背後につける装飾)を作るために用意した銅板を貧しい人に与える逸話や、仏の木像を焚いて暖をとることを肯定するような言説などが紹介されている。親鸞も阿弥陀如来の絶対の慈悲を信じて、姿形ある仏像に重要な意味を認めなかったし、日蓮や一遍も題目や名号を重んじて、仏像の供養を重視することはなかった。この時期、日本の仏教は仏像への素朴な憧憬を越えた、新しい段階へと進んだといえる。

その後、室町時代から安土桃山時代になると、社会全体のなかで仏教に対する信仰心が減退してゆき、それにともない仏像についても大きな技術発展は見られなくなっていく。しかし、江戸時代になると、全国を旅して各地に作品を残した庶民的な仏師 [5] (1632〜1695)が現れ、粗野な鉈彫りで両面宿儺像、護法神像などの傑作を残している。彼の独創的な作品は中部地方を中心に全国に残され、その数は五千体にのぼるとされる。生木を鉈でたち割り、鑿(のみ)や小刀で仏像や神像を荒彫りする鉈彫りの仏像は、職業仏師には見られない独特のもので、身近な道具で製作できることから、その後も各地で作られ続け、民間への仏教の普及にも大きな貢献を果たした。

長い風雪に耐えて守り伝えられてきた様々な仏像は、いまでも日本各地に貴重な文化財・信仰対象として数多く残されており、拝観する人たちに安らぎと癒しの機会を与えてくれている。

〔Ⅱ〕 以下の文章は、日本における医学の歴史について記したものである。文章内におけるA〜Eの【　　】に入る最も適切な語句を①〜⑤から選び、マークしなさい。また、[あ] 〜 [お] の中に入る最も適切な語句を記しなさい。

3世紀前後にかけて、中国で「傷寒論」、「神農本草経」などに代表される先進的な医学研究が推進されたのち、これら医療関係の知識、技術は他の様々な分野と同様に5世紀以降、朝鮮半島経由で徐々に日本にもたらされるようになった。『日本書紀』では、A【① 任那　② 高句麗　③ 高麗　④ 百済　⑤ 新羅】から五経博士として513年に段楊爾が渡来して以来、様々な分野での知識が易博士、暦博士、医博士らによって日本にもたらされたとしている。6世紀末には仏教を保護した聖徳太子が難波に四天王寺を建て、療病院などを併置し、難民に医療救恤を行ったともいわれている。730年には光明皇后によって、貧困者や孤児を救済する悲田院、そして、貧窮の病人を治療するための施設である [あ] が皇后宮職に置かれている。この間、遣隋使らも隋・唐の最新医療手法を直接日本に導入する努力がなされていた。701 年には大宝律令に医疾令が定められ、医学修得制度及び宮中周辺での医療体制が整備され、さらに 753 年には唐僧、鑑真が来日し、医術薬物鑑別の技術をもたらした。

ただし、この間庶民は最新の医療技術の恩恵を受けることは少なく、時として襲われる疱瘡、麻疹や咳逆病などの感染症にたびたび苦しめられていた。その治療方法はもっぱら加持祈禱が主流で、一部で薬湯、丸薬、排膿、洗浄、あるいは湯治や鍼灸あんまといったものも使われ始めた。庶民の間では薬師信仰や病魔除けの絵札などの風習が根強く維持されてきた。

中世の乱世では病人は惨憺たる状況を強いられており、多くの宗教的活動において彼ら弱者を救済する動きも広まった。真言律宗の僧、忍性は奈良に［　い　］を設置し、ハンセン病患者を救済する慈善事業を展開した。戦国の動乱で数多くの戦傷者が苦しむ中、刀傷等をみる外科専門医も現れた。平戸に上陸して日本とマカオ間の貿易で富を得たポルトガル人商人でさらに医師免許を持つ B【① ヴァリニャーニ　② ガスパル・ヴィレラ　③ ルイス・フロイス　④ フランシスコ・ザビエル　⑤ ルイス・デ・アルメイダ】(1525 ?～1583)は、山口でイエズス会の布教活動に加わり各地を巡ったが、豊後にとどまり、乳児院を建設し、さらに 1557 年には、大友宗麟から譲り受けた土地に外科、内科、ハンセン病科を備えた総合的な病院を建設した。

近世まで、医療現場を下支えする医学はいわゆる漢方であり、中国の本草学を起源とする日本の伝統医学であった。貝原益軒は『［　う　］』を完成したが、それは日本の本草学の基本的文献となった。漢方薬は桂枝、芍薬、大棗、甘草、生姜といった植物、あるいは動物や鉱物などの薬効となる部分を医師の処方により通常複数組み合わせて調剤されたが、江戸時代中期には、これら医療用医薬品だけではなく市販薬(売薬)の庶民への浸透が急速に進んだ。標準化された調剤手法を確立し、本草栽培、加工、そして小売りを含めた流通経路全体を卸・問屋が組織していった。17 世紀末から 19 世紀にかけて小野、田辺、武田、塩野義といった現代まで続く製薬企業が薬種問屋として創業を果たしている。

各家庭が一年間で使用した分だけの料金を翌年徴収し、使用分を補充する、いわゆる置き薬タイプの販売方式で知られる［　え　］の薬売りはユーザーの家族構成などのデータベース構築に基づくマーケティングによって市場を開拓した。

小田原の「ういろう透頂香」などの丸薬は街角で行商され、また、遠出の際、専用の携帯器具(ピルケース)である印籠に様々な薬を入れて持ち歩くことも日常化していった。透頂香の早口の売り口上を題材とした「外郎売」は二代目市川団十郎が創作し、1718年の正月に江戸三座の一つ、C【① 都座　② 南座　③ 森田座　④ 桐座　⑤ 河原崎座】で初演された歌舞伎十八番の一つである。

18世紀以降、蘭学が医学界の一つの柱となると、腑分けなどの基礎医学研究も進み、それが臨床医療へ応用され、さらには種痘などの予防医療体制の整備へとつながった。1824年にシーボルトが長崎に開いた蘭学塾である［ お ］からは種痘所を開いた伊東玄朴や高野長英などの俊才が輩出している。

幕末の開港以降、人々の交流が劇的に増す中、さまざまな新しい病が日本を襲った。1894年、香港での大流行の際、パスツール研究所の細菌学者、アレクサンドル・イェルサンとほぼ同時に北里柴三郎によって発見されたD【① マラリア　② コレラ　③ 腸チフス　④ ペスト　⑤ 日本脳炎】菌は中世以来各国で猛威を振るっていた。国内へは数年後に来航した船便の船客によって最初に持ち込まれたといわれているが、同菌を保有する蚤の宿主であるネズミを駆除するために、各自治体によるネズミの買い取り運動が行われるなど市民レベルでの防疫運動が盛んに行われた。

1874年には文部省から医制が発布され、しだいに近代的病院制度が整備されていったが、貧困層を含めたすべての国民の健康、生命を守るためには、社会福祉制度の樹立が不可欠であった。日本において最初の公的医療保険制度は、1922年に制定された健康保険法によるものであったが、これは企業雇用者の職域健康保険であった。農家・自営業者を含めた地域保険については、埼玉県南埼玉郡越ヶ谷町の一般住民を対象とした、「越ヶ谷順正会」や山形県角川村の健康保険組合など、地域の住民運動から開始され、やがて1938年に政府レベルでの国民健康保険法(旧法)が創設された。E【① 1943　② 1959　③ 1973　④ 1989　⑤ 1993】年に施行された新国民健康保険法によって全国の自治体において国民皆保険体制が整えられていった。

〔Ⅲ〕 以下の文章は、近世の幕藩体制について記したものである。文章内における(a)～(e)の【　　】に入る最も適切な語句を①～⑤から選び、マークしなさい。また、 (1) ～ (5) の中に入る最も適切な語句を記しなさい。

本能寺の変によって織田信長が討たれると、それに代わって天下統一の覇権を握ったのが豊臣秀吉であった。秀吉の天下統一のために大きな役割を果たした政策のひとつに太閤検地がある。それまでの検地は、統一した基準のないまま支配地の面積、作人、収穫高などを領主に申告させる (1) 検地であった。

太閤検地では、役人を現地に派遣させ検地を行った。また検地条目により、統一した基準によって検地帳が作成された。例えば、統一した検地尺によって検地が行われ、町・段・畝・歩に土地の面積表示も統一し、村の田畑・屋敷ごとに面積と等級を定め、それに基づいて土地の生産高を、これまでの銭で換算する貫高から、米の量で示す石高で表すことにした。また公定の桝を京桝に一本化した。

これに加え、 (2) の原則によって、それまでの荘園制での重層的な土地の所有関係が解消され、名請人として登録された直接の耕作者に土地の保有権を認めたが、一方で、その者に石高に応じて年貢など負担を課した。また、京都の(a)【① 興福寺　② 妙心寺　③ 方広寺　④ 東慶寺　⑤ 南禅寺】の大仏造立を名目に発せられた1588年の刀狩令では、農民から武器を没収することによって、実際には、一揆を防止するとともに、農民を農業に専念させ、兵農分離を図った。

秀吉亡き後、関ヶ原の戦いを経て、1603年に徳川家康によって、江戸幕府が開かれた。幕府は、諸大名に加え、天皇、朝廷、寺院、神社、農民などを統制するために、さまざまな政策を執り行った。

諸大名の統制の基本となったのは、将軍の代替わりごとに発せられた武家諸法度であった。例えば、1615年の武家諸法度(元和令)では、城の新築の禁止、城の補修の許可制、大名間の婚姻の許可制などを定め、1635年の武家諸法度(寛永令)では、参勤交代の制度などを定め、諸大名の役割や義務などを規定した。武家諸法度の違反に対しては、領地没収の改易、領地削減の減封、国替えの転封を下すなど厳しい処分を科し、諸大名を支配下に置いた。実際、賤ヶ岳の戦いなどで武勲をたて豊臣恩顧の大名でありながらも、関ヶ原の戦いでは東軍に参戦しその功績により安芸・備後を与えられた [(3)] (1561〜1624)は、無断で城を補修した罪で改易された。

また、居城以外のすべての城を破城させる [(4)] 令によって軍事力を削ぐとともに、城の補修や河川工事などの土木工事を課す御手伝普請や参勤交代などによって、諸藩に経済的な負担を負わせるなど、幕府はさまざまな観点から統制を加えた。

さらに、土地と人民を支配し、本百姓からの年貢、諸役を中心とした経済基盤のうえに成り立つ幕藩体制にとって、農民を統制し本年貢の徴収を管理することは、きわめて重要であった。農民への賦課には本年貢のほかに、村高に応じて賦課される(b)【① 小物成　② 地子銭　③ 高掛物　④ 本途物成　⑤ 村入用】などがあった。こうした本年貢や諸役の納入は、村が責任を負う村請制であった。村の運営は、村方三役と呼ばれる村役人を中心に行われた。村役人のうち村の首長は、関東では主に(c)【① 庄屋　② 百姓代　③ 組頭　④ 肝煎　⑤ 名主】と呼ばれた。

幕府は、表面的には朝廷に恭順の意を示しながらも、諸大名が天皇や朝廷に接近し、政治的に利用されることや、そもそも天皇や朝廷自体が政治力を持つことを懸念し、天皇や朝廷を統制した。1600年には、朝廷の監視役として京都所司代を設置した。また1615年には、 [(5)] を出し、天皇は学問を第一とすることや、公家の席次また紫衣や上人号の勅許などに規制を加えるなど、朝廷統制の基準を明らかにした。また公家のなかから武家伝奏を選出し、朝廷と幕府との事務的な取り次ぎ役とさせた。

そして、高僧に与える紫衣着用の勅許を、幕府に諮らなかったことを理由に、1627年、幕府は法度違反であるとし、勅許を無効にして紫衣を剥奪した。これに反発したことにより、大徳寺の(d)【① 金地院崇伝　② 藤原惺窩　③ 天海　④ 沢庵宗彭　⑤ 木下順庵】(1573〜1645)は出羽に流刑された。そして、幕府の干渉に異を唱え、後水尾天皇は、突然、(e)【① 後陽成　② 光明　③ 後桜町　④ 後小松　⑤ 明正】天皇(1623〜1696)に譲位した。これらの出来事は、天皇の勅許よりも幕府の法度が上に立つことを明らかにし、幕府の力を知らしめることに至った事件であった。

〔Ⅳ〕 以下の文章は、わが国における明治期の商業教育について記したものである。文章内における(A)～(E)の【　　　】に入る最も適切な語句を①～⑤から選びマークしなさい。また、［ア］～［オ］の中に入る最も適切な語句を記しなさい。

1872年に文部省は、近代的な教育制度を確立するため(A)【① イギリス　② ベルギー　③ アメリカ　④ フランス　⑤ オランダ】の学校制度を取り入れた「学制」を公布した。「学制」では、実業学校についても規定しており、食糧増産や富国強兵政策に結びつく農業教育や工業教育は活発になった。一方で、近代的な商業教育を必要とするほど日本経済が発展していなかったこともあり、商業学校の開設は進まなかった。日本初の商業教育機関は、1874年に大蔵省紙幣寮に設立された銀行学局であった。政府紙幣や銀行券を正貨の金銀に引きかえられる［ア］制度を義務付けた国立銀行条例のもと、銀行に関する業務を円滑にするため、イギリス人講師を招いて官庁職員に簿記や経済学などを伝習させたのである。

国民を対象にした日本初の高等商業教育機関は、一橋大学の前身で1875年に開設された商法講習所(東京商法講習所)であった。のちに初代文部大臣になる［イ］(1847～1889)が私財を投じ、商業教育の必要性を理解していた福沢諭吉の趣意書と渋沢栄一からの援助を得て設立された。その後、東京商法講習所は東京府へと移管された。

しかし、東京府議会は東京商法講習所の予算を削減していった。そのため渋沢らは、寄付によって運営を支えなければならなかった。1870年代末になると各地方に公立の商法講習所が設立されていくが、商業教育に対する国民の関心は依然として低いままで、農学校や職工学校と比べると入学希望者数は少なかった。東京商法講習所は、東京府議会で廃校が決議されてしまうが、渋沢らの尽力で農商務省に移管され、日本初の官立商業学校である東京商業学校として存続した。

一方、1884年に文部省は「商業学校通則」を制定した。東京を除く全国の商業学校は、商業自営者の養成を目的とする第1種と、商業指導者(経営者)の養成を目的とする第2種に分けられた。さらに、官立東京外国語学校の付属機関として高等商業学校を設置した。つまり、2つの省が官立商業学校を管理・運営していたことになる。もっとも、異なる行政機関が同じ分野の実業学校を運営することはあり得た。一例をあげるとアメリカの科学者・教育家・軍人の(B)【① クラーク　② ジェーンズ　③ ケプロン　④ クロフォード　⑤ ダイアー】(1826～1886)が教えた札幌農学校の管理は開拓使、近代的農事機関であった駒場農学校の管理は内務省であった。しかし、国による商業教育の一元化が必要であると考えた［ イ ］は、佐賀藩出身の文部卿である(C)【① 佐々木高行　② 福岡孝弟　③ 大木喬任　④ 佐野常民　⑤ 副島種臣】(1832～1899)に働きかけて、1885 年に東京外国語学校とその付属機関である高等商業学校、そして東京商業学校の 3 校合併を実現させた。3 校合併により文部省の管理のもと再編された東京商業学校は、のちに東京高等商業学校へと改称され、1902 年まで日本唯一の官立高等商業教育学校として商業指導者の養成と商業学校教員の育成を担った。

この時期に商業指導者の養成機関としての機能を果たしたもう一つの教育機関が、慶応義塾であった。東京高等商業学校と慶応義塾の 2 校が高等商業教育機関として位置付けられ、他の商業学校は中堅の実務者を養成する中等商業教育機関とされた。他方、軍人勅諭と教育勅語の起草に尽力したことでも知られる［ ウ ］(1843～1895)は、1893 年に文部大臣として実業補習学校規程を公布し、尋常小学校を卒業して労働に従事している青少年を主な対象とした補習教育の拡充に努めた。

1880 年には、貿易金融を目的とする［ エ ］銀行が設立された。1897 年には、金本位制を確立するため日清戦争の賠償金を準備金とする［ オ ］が制定された。これにより、1 円金貨の金含有量は、(D)【① 0.5　② 0.75　③ 1.0　④ 1.5　⑤ 2.0】グラムとなった。1890 年代末になると、実業界から外国貿易を通じた商取引による国際競争力を高めるため、商業教育の必要性を求める声があがるようになった。日清戦争前後の会社設立ブームに乗じて、鉄道、紡績、商社、金融分野を中心にして商工業は急速に発展した。運輸分野では海運業の伸びが著しく、海運会社は近海航路だけでなく、欧州、豪州、そして北米への遠洋航路をつぎつぎに開設した。日本経済の発展にともない、国内外の商取引や貿易業務に従事できる人材の養成が求められたのである。

1899 年に文部省は実業学校令を制定した。この頃になると、高等商業教育機関への進学希望者も増加していたため、各地方において商業学校設立の機運が高まった。1903年の実業学校令改正にともなう専門学校令の制定は、高等商業教育に対する国民の関心の高まりを反映したものだった。実業学校のうち高等教育を教授する学校を専門学校令に基づく実業専門学校とし、中等教育以下の学校を実業学校令の対象にするよう改められた。

専門学校令の制定により、官私立の専門学校が各地に開設された。官公立の高等商業学校では、大阪、神戸、山口、長崎、小樽の5校が実業専門学校として開設された。私立専門学校では、早稲田大学(大学専門部)、明治法律学校、英吉利法律学校、関西法律学校、京都法政学校などが経済・商学系の学部・学科を新設した。英吉利法律学校は、1889年に東京法学院、1905年に(E)【① 上智大学　② 専修大学　③ 法政大学　④ 日本大学　⑤ 中央大学】へと改称された。こうした実業専門学校の卒業生の多くは民間企業に就職し、企業活動を活発なものにしていった。

1903年に明治法律学校は、専門学校令に基づいて明治大学へと改称され、翌年から法学部・商学部・政学部・文学部の4学部体制となった。明治大学商学部は、日本初の商学部として認可を受け、開講したのであった。

世界史

（60分）

〔Ⅰ〕　次の文章をよく読み，下記の設問に答えなさい。

1950年代後半から始まる中ソの対立は，1956年［ア］の席上で，フルシチョフによってスターリン批判がなされたことが契機となった。フルシチョフはスターリンが行なった個人崇拝強制や粛清を批判した。これに対して翌年，世界共産党会議出席のためにソ連モスクワを訪れた毛沢東は「東風は西風を圧す」と演説し，平和共存路線に舵を切ったフルシチョフに異議を唱えた。毛沢東は反右派闘争や文化大革命で彼自身への個人崇拝を強め，右派や走資派などとレッテルを貼った人々を次々に粛清していく。この中ソ対立は，中距離核戦力全廃など協調路線を打ち出し，「［イ］外交」を推し進めたゴルバチョフ書記長が，1989年に中華人民共和国を訪問するまで続いた。ゴルバチョフ書記長の訪中直後に起きたのが天安門事件[a]である。

中華民国期の1918年，孫文はロシア革命の成功を祝す電報をソ連に送った。1923年孫文はソ連外交官ヨッフェと会談するなど，ソ連の革命勢力が政権を樹立するまでの方法論に，深い関心をよせていたといわれる。翌1924年の中国国民党一全大会では，政権党である中国国民党は，中国共産党員が党籍を置いたまま加入することを認め，「［ウ］」の三政策を採択し，1924年から1927年まで中国国民党と中国共産党が協力体制を組むという第1次国共合作が成立した。しかし，孫文の死後，［エ］が「四・一二事変」いわゆる上海クーデタを起こして多くの共産党員を殺害し，第1次国共合作は崩壊した[b]。

清の乾隆帝は，イリ地方からタリム盆地あたりを支配していたジュンガルを滅ぼし，東トルキスタンの地を統治下におき[c]，清の最大版図を築いた。こんにちの中国の国境線をほぼ確定したのは，この時代である。乾隆帝は，西域征服を自ら祝い，清の威光を知らしめるため，清の宮廷画家であったイタリア出身のイエズス会の宣教師カスティリオーネらに戦闘風景を銅板で描かせ，外国に宣伝した。清はこの地を統治するにあたって，トルコ系の有力者を［ オ ］と呼んで地方長官として任用し，間接統治を行なった。

トルキスタンにおいてイスラーム化が進展し根付いたのは，10世紀頃と言われている。それまでの中央アジアでは，仏教，マニ教，ゾロアスター教，ネストリウス派キリスト教など様々な宗教が信仰されていた。しかし，イラン東部からソグディアナを［ カ ］朝が支配したことから，徐々にスンニ派イスラームが広がっていった。［ カ ］朝の首都［ キ ］ではイラン系イスラーム文化が開花し，当時の世界全体から見ても高度な学問がその地で栄えた。たとえば医学者として『医学典範』を記し，哲学者でもあったイブン＝シーナーも，一時期この王朝で活躍していた。10世紀半ばに成立したトルコ系カラハン朝においては，トルコ系部族民のイスラームへの集団改宗が行なわれ，トルキスタンのイスラーム化は急速に進んだ。

唐の時代は，西は東ローマ，東は日本まで，多くの国や地域との交渉が記録される。唐は，様々な異民族に対して，離反さえしなければ部族長などに自治を許すという［ ク ］政策によって統治した。［ ク ］とは，「馬や牛を繋いでおく」という意味で，この政策名称は現代で言えばいわゆる「差別語」である。唐は服属地には都護府を置いて，それぞれの地を統括させた。現在のベトナムには安南都護府，タリム盆地から西トルキスタンには安西都護府，現在のウルムチに近い昌吉あたりには北庭都護府が置かれていた。一方で，近接諸国については，君主に官職を与え，君臣関係を構築する冊封体制をとった。7世紀から10世紀にかけて，現在の中国東北部沿海州と朝鮮半島北部にあった渤海は，高句麗の遺民とツングース系諸部族［ ケ ］人を統合した大祚栄によって建国された。渤海は唐に朝貢し，唐の制度や仏教を積極的に取り入れたが，契丹(d)に滅ぼされた。

公会議で異端とされたキリスト教ネストリウス派は，ペルシアを経由して7世紀頃に中央アジアのソグディアナから東トルキスタンに入り，唐[e]では景教と呼ばれ大流行した。景教の信者は主に，シルクロードを往来するソグド人などの商人や，モンゴル人などの遊牧民族であった。13世紀，フランチェスコ会の修道士［　コ　］が，グユク＝ハン時代にモンゴルの都カラコルムを訪れた際，ハンの側近に景教徒がいたと記録している。

設問 1　文中の空欄(ア〜コ)にもっとも適する語句を記入しなさい。

設問 2　文中の下線部(ａ〜ｅ)に関する下記の質問に答えなさい。

ａ　天安門事件を弾圧した鄧小平によって登用され，1993年に国家主席となった人物の名前を漢字で記しなさい。

ｂ　日中戦争が勃発すると，中国国民党と中国共産党は第２次国共合作を行なうが，それに先駆けて中国共産党は，1935年国共の内戦停止と人民の抗日救国への協力と組織化を呼びかけ，「抗日救国のため全国同胞に告げる書」を発表した。通称ではこれを，何と呼んでいるかを記しなさい。

ｃ　東トルキスタン一帯を清は「新しい領土」を意味する言葉で呼ぶようになった。その名称を漢字で記しなさい。

ｄ　契丹人は10世紀，現在のモンゴル東部から中国東北部にかけて，遼という国を建設した。その国で初代皇帝となった人物の名前を記しなさい。

ｅ　唐が滅亡してから宋が建国されるまでの間に，五代といわれる王朝が存在した。その一つである後梁が都を置いた地名を漢字で記しなさい。

〔Ⅱ〕 次の文章をよく読み，文中の空欄（1～10）にもっとも適する語句を記入しなさい。

1869年10月2日，インドのポールバンダルという藩王国で，モーハンダース・カラムチャンド・ガンディーは生まれた。のちに「インド独立の父」とよばれることとなるマハトマ・ガンディーの誕生である。ちなみに「マハトマ」とは「偉大なる魂」という意味である。ガンディーの生家は代々土地の王に仕える宰相であり，身分的には僧侶階層，騎士階層に次ぐインド社会での第3位の階層である［　1　］とよばれる商人カーストに属していた。インド社会にはもともと4つの身分階層があったが，やがてその枠外に動物の死体処理や清掃などをおこなうもっとも差別された［　2　］が置かれた。ガンディーは彼らをハリジャン（神の子）とよび，差別撤廃をめざすこととなる。ガンディーは13歳でカストゥルバという同年齢の少女と結婚した。あまりにも若い結婚であるが，当時のインドではごく普通の慣行であった。そして1888年に弁護士になるべくイギリスへと渡る。妻と生後数ヶ月の長男を故郷に残しての旅立ちであった。

イギリスで弁護士資格を取得してインドに帰ったものの，インドでは有為な仕事にめぐりあえなかったガンディーは，1893年，南アフリカのインド系商人からの仕事の依頼で，南アフリカへと渡ることとなる。南アフリカのケープ地方はオランダ系の移民の子孫であるブール人とよばれる人々が住んでいたが，19世紀はじめにイギリス領となると，ブール人たちはイギリスの支配をのがれて北方へと移住し，オレンジ自由国とトランスヴァール共和国を建設した。しかし，この地に豊富なダイヤモンドや金鉱が発見されると，ケープ植民地首相セシル＝ローズはこの地に介入し，やがてイギリスは南アフリカ戦争をひきおこすこととなる。

当時［　3　］とよばれるインド移民が，南アフリカには多くいた。自費で渡航した人々や，帝国経済のブームを求めて南アフリカに渡ってきたインド系商人もいたが，移民の多くは，インドからの渡航費等を借り入れ，借金返済の年季があけるまで労働に従事する債務労働者で，鉱山やプランテーションで働く貧しい労働者であった。ガンディーの仕事はインド系商人たちの争いを解決するものであったが，彼は到着直後から，強烈な人種差別を経験することとなる。こうした経験から，ガンディーは弁護士としての仕事のかたわら，南アフリカにおけるインド人問題に深くかかわることとなるのである。やがてガンディーはインド人の権利を守るための新しい運動をはじめるが，その運動の名前に，真理と堅持を意味する言葉をあわせた［ 4 ］という造語をうみだした。非暴力・不服従運動のはじまりである。

さて，インドにおける民族運動の形成，すなわち民族的な自覚をもつ階層の形成は，ちょうどガンディーが弁護士になるべくイギリスへの留学を決意する 1880 年代頃より顕著となる。当初は親英的なエリート層を中心に，インド人の意見を諮問する機関としてインド国民会議が 1885 年に結成された。その後，イギリスはヒンドゥー教徒とイスラーム教徒の分断を目的に，1905 年に［ 5 ］を発表したが，これに対し，国民会議では穏健派にかわってみずから発行する新聞で激しい植民地支配批判を展開したことのある［ 6 ］らの急進派が主導権をにぎり，反対運動を展開した。一方，イスラーム教徒は国民会議とは別に，親英的な全インド＝ムスリム連盟を 1906 年に結成した。

南アフリカにおけるインド人に対する差別撤廃運動に奔走すること 22 年，当地での運動に一定の成果をあげたと考えたガンディーはインドへの帰郷を決意し，1915 年 1 月，ボンベイ港に到着する。第一次世界大戦中，イギリスは民族自決という国際世論の圧力のもとに，インドの自治を約束していた。しかし，1919 年のインド統治法は，州行政の一部をインド人にゆだねただけの不十分な内容であり，しかも同時にインド人の反英運動弾圧のための［ 7 ］を制定したことに対し，インド各地で抗議集会がひらかれた。こうした植民地政府の圧制に対して，非暴力を掲げて民衆の指導者となったのがガンディーであった。

しかし，運動はガンディーの理想どおりには展開しなかった。非暴力を掲げながら，農民による警察官殺害事件が発生したり，運動方針の対立や宗派対立が生じたりし，民族運動は混乱をきわめた。多民族，多宗教，そしてカーストによる身分階層の分断が，インド社会を特徴づけていた。こうしたなかで，ガンディーは 1930 年に植民地支配の象徴ともいえる塩への課税に抗議し，「塩の行進」を組織する。その後，イギリスはインドの諸問題を討議するため，1930 ～ 32 年にかけて，インドの諸勢力を召集した［ 8 ］を開催した。ガンディーは第 2 回会議に国民会議派を代表して参加したが，ひとつのインドを主張するガンディーの意見は孤立し，成果は得られなかった。1931 ～ 35年に挙国一致内閣の首相を務めた労働党の［　9　］首相の隣に座る白い綿布をまとった小柄なガンディーの姿が印象的である。

1935年に成立した新インド統治法により，州政府はインド人に委譲されることとなり，1937年にはこの統治法のもとで州選挙がおこなわれた。国民会議派は多くの州で政権を獲得したが，政治家の未熟さから十分な成果を得ることはできなかった。こうしたなかで1938年と39年に国民会議派議長に選出されながらも会議派から追放された［　10　］は国外に逃亡し，第二次世界大戦の混乱の中で枢軸国側と連携してインドの独立を獲得しようと試みた。インドが枢軸国側に寝返ることを恐れたイギリス政府は，戦争協力を呼びかけるための懐柔策をインド側に提案した。しかし戦争協力を強いながら独立を承認しないイギリスに対し，1942年8月，ガンディーは「戦いか死か(Do or Die)」というスローガンを掲げ，国民会議派による「インドを立ち去れ(Quit India)」運動を展開する。当然のことながら，運動開始とともにガンディーらの会議派指導者たちは逮捕・投獄されてしまった。

第二次大戦後の1947年，インド独立法の制定により，インドはヒンドゥー教徒を主体とするインド連邦とイスラーム教徒によるパキスタンの2国にわかれて独立した。そして48年，ガンディーは急進的なヒンドゥー教徒によって暗殺される。インド社会は偉大な「お父さん(バプー)」を失ったのである。

〔Ⅲ〕 次の文章をよく読み，下線(1～10)に関連するそれぞれの問(1～10)にもっとも適するものを(A～D)の中から一つ選び，解答欄にマークしなさい。

三十年戦争はドイツを戦場とし，ヨーロッパ各国が参戦した国際宗教戦争となった。戦争は1648年のウェストファリア条約により終結したが，講和条約が大半のヨーロッパ諸国が参加した国際会議でまとめられたことは，ヨーロッパの主権国家体制の確立をしめすものであった。18世紀になると，イギリス・フランスを軸に，多国間での同盟関係と対抗関係により戦争が生ずることが多くなっていった。18世紀には1スペイン継承戦争，2オーストリア継承戦争，3七年戦争などが生じたが，これらの戦後処理も多国間の講和会議にもとづく条約によって処理された。

しかし，全ヨーロッパを巻き込んだ影響の大きさからいえば，4フランス革命とその後の5ナポレオンによる一連の戦争は，18世紀の諸戦争とは比較にならないものであり，その戦後処理には多大な労力と駆け引きが必要とされた。その国際会議はウィーンで開催されたが，「会議は踊る，されど進まず」という言葉で表現されるように，多国間での利害調整には，気の遠くなるような時間が必要とされたのであった。

6ウィーン会議の結果，当時ヨーロッパ各地にひろまっていた自由主義とナショナリズムの台頭は抑圧され，保守主義が優位になった。列強の協議によって勢力均衡のもとに平和を維持する国際秩序が確立し，それはウィーン体制とよばれた。しかしウィーン体制成立後も，ヨーロッパ諸国で自由主義的改革を求める動きはとまらなかった。これらの動きはすぐに鎮圧されたものの，これがやがて71848年革命へとつながっていくのである。また，19世紀は自由主義やナショナリズムの台頭とともに，8近代諸科学が発展した時代でもあった。

ヨーロッパが革命と反革命，工業化の進展，9社会主義思想の高揚などに揺れ動くなか，10イギリスはその経済的繁栄と強大な海軍力を背景に日の沈まぬ帝国を築きあげ，この突出した影響力のもとに国際的には比較的平和がたもたれた。

問1　下線部1に関連して，17・18世紀に結ばれた条約について述べた次の文章のうち，もっとも適切なものを選びなさい。

A　スペイン王女がルイ14世妃となることが，ピレネー条約によって定められた。

B　ラシュタット条約によって，南ネーデルラントがフランス領となった。

C　ユトレヒト条約によって，イギリスはフランスからミノルカ島を得た。

D　ユトレヒト条約によって，ルイ15世の息子フェリペ5世のスペイン王位継承が認められた。

問2　下線部2に関連して，オーストリアにかかわる事柄について述べた次の文章のうち，**誤っているもの**を選びなさい。

A　オーストリアは13世紀にハプスブルク家の所領となった。

B　マリア＝テレジアの夫フランツ1世は，神聖ローマ皇帝となった。

C　ザクセン選帝侯はオーストリア継承戦争には参加しなかった。

D　アーヘン条約によってマリア＝テレジアのハプスブルク家領継承が認められた。

問3　下線部3に関連して，七年戦争の時期に起きた事柄について述べた次の文章のうち，**誤っているもの**を選びなさい。

A　七年戦争ではロシアは開戦時にはオーストリア側について戦った。

B　七年戦争ではフランスはプロイセン側について戦った。

C　ほぼ同時期にインドでは英仏間で第3次カーナティック戦争が戦われた。

D　1763年のパリ条約はイギリス・フランス・スペイン間で結ばれた。

問4　下線部4に関連して，フランス革命にかかわる事柄について述べた次の文章のうち，もっとも適切なものを選びなさい。

A　立法議会で人権宣言が採択された。

B　国民公会でユリウス暦にかわって革命暦が採用された。

C　オーストリアとスペインは共同してルイ16世の救援を呼びかけるピルニッツ宣言を発表した。

D　国民公会のもとで，国民の兵役を義務化した徴兵制が実施された。

問5　下線部5に関連して，ナポレオンにかかわる事柄について述べた次の文章のうち，もっとも適切なものを選びなさい。

A　プロイセンとアミアンの和約とよばれる講和条約を結んだ。

B　フランス・スペイン連合艦隊はイギリスとトラファルガーの海戦を戦ったが大敗した。

C　アウステルリッツの三帝会戦に勝利し，その講和条約としてティルジット条約を結んだ。

D　ワーテルローの戦いでイギリス・ロシア・プロイセン連合軍に破れ，セントヘレナ島へ流された。

問6　下線部6に関連して，ウィーン議定書で認められた事柄として**誤っているもの**を次のなかから選びなさい。

A　ワルシャワ大公国の建国が認められた。

B　イギリスはマルタ島の領有を認められた。

C　オーストリアはロンバルディア・ヴェネツィアの領有を認められた。

D　プロイセンはラインラントの領有を認められた。

問7　下線部7に関連して，1848年革命にかかわる事柄について述べた次の文章のうち，もっとも適切なものを選びなさい。

A　スラヴ民族会議が開催された。

B　ウィーンで二月革命がおこった。

C　イタリアではカルボナリの蜂起がおこった。

D　ドイツでは自由主義者らがブルシェンシャフトに結集した。

問8　下線部8に関連して，エネルギー保存の法則を提唱した人物を次のなかから選びなさい。

A　サヴィニー　　B　ボイル　　C　マイヤー　　D　リービヒ

問9　下線部9に関連して，19世紀の社会主義思想に関する次の文章のうち，**誤っているもの**を選びなさい。

A　ルイ＝ブランは国立作業場の設置を提案した。

B　プルードンは無政府主義運動に影響をあたえた。

C　オーウェンは実験的な共同社会ニューハーモニーの設立を試みた。

D　サン＝シモンは生産と消費を共同でおこなう団体「ファランジュ」の設立を説いた。

問10　下線部10に関連して，19世紀イギリスの諸改革にかかわる事柄について述べた次の文章のうち，もっとも適切なものを選びなさい。

A　議会法の制定により，腐敗選挙区が廃止された。

B　疾病保険と失業保険を内容とする，国民保険法が制定された。

C　教育法の制定により，初等教育の公的整備がはじまった。

D　工場法の制定により，労働組合の結成が許可された。

〔Ⅳ〕　次の文章をよく読み，下線(1～10)に関連するそれぞれの問(1～10)にもっとも適するもの(1～4)の中から一つ選び，解答欄にマークしなさい。

ビザンツ帝国は，西洋世界に非常に大きな影響を及ぼした。その影響はビザンツ帝国が存在した中世にとどまらず，現代にまで及んでいる。

その影響の大きさは，6世紀に集大成されたローマ法を考えればわかるだろう。この法は，$_{1}$12世紀以降西欧の法の基礎となり，近世においても法学の基礎であり続けたのである。

ローマ法以外にも，ビザンツ帝国で創られた制度，文化，慣習は，広く地中海世界およびその周辺地域に伝播した。それは西欧だけではなく，$_{2}$アルメニアやグルジア(ジョージア)のような$_{3}$東地中海地域や$_{4}$アラブ世界にまで至る。西欧でビザンツ人が長い間居住した$_{5}$イタリア南部地域や$_{6}$シチリアでは，1970年代までギリシア語が日常的に話される村落があったという。

ビザンツの及ぼした影響のなかでも特に重要なのは，ローマ法を除けば，ギリシア文化と$_{7}$キリスト教であろう。ビザンツ帝国は，自らをギリシア語で「ローマ人の」帝国と呼びながら，$_{8}$古代のギリシア文化，$_{9}$ローマ帝国の伝統，そしてキリスト教を基礎とする文化を創り上げた。それは同時代の西欧世界にはなかった，文化的に多元的で，異教徒の移住者にも比較的寛容な大帝国であった。12世紀半ばの帝国には，ユダヤ教徒[10]，ペチェネグ人のような周辺の遊牧民，ロマといった人々も受け入れられ，共同体を作っていたのである。

問１　下線部１に関連して，12世紀の西欧の学芸について述べた文として，もっとも適切なものを選びなさい。

1　アルクインが，文芸復興に中心的な役割を果たした。

2　トマス＝アクィナスが，『神学大全』を書いた。

3　ロジャー＝ベーコンが，実験と観察を重視する経験論への思潮を築いた。

4　アベラールが，普遍論争において唯名論を唱えた。

問２　下線部２に関連して，アルメニアについて述べた文として，もっとも適切なものを選びなさい。

1　アルメニア教会は，単性論を受け入れた。

2　トルコマンチャーイ条約で，アルメニアはロシアから独立した。

3　アルメニアは，アレクサンドロス大王の帝国には含まれなかった。

4　アルメニアは，ロシア連邦を中心とした独立国家共同体（ＣＩＳ）には含まれなかった。

問３　下線部３に関連して，古代の東地中海世界の諸民族について述べた文として，**誤っているもの**を選びなさい

1　アラム人は，その交易活動によってアラム語をオリエントに広めた。

2　フェニキア人は，海港都市国家ティルスを建設した。

3「海の民」と呼ばれる人々は，ヒッタイトによって滅亡させられたと言われている。

4　イスラエル人は，モーセに率いられて，「出エジプト」を行なったという。

問4 下線部4に関連して，8－9世紀のイスラーム世界について述べた文として，もっとも適切なものを選びなさい。

1 後ウマイヤ朝のアブド＝アッラフマーン3世が，コルドバの大モスクを建設させた。

2 トルコ系軍人イブン＝トゥールーンが，エジプトにトゥールーン朝を建てた。

3 グラナダが，後ウマイヤ朝の都とされた。

4 カイロが，ファーティマ朝の新首都となった。

問5 下線部5に関連して，イタリアの統一に関して述べた文として，**誤っているもの**を選びなさい。

1 中部イタリアの諸国は，住民投票でサルデーニャ王国への編入を決定した。

2 ヴェネツィアは，プロイセン＝オーストリア戦争の講和条約でイタリア王国に割譲された。

3 プロンビエールの密約によって，トリエステがフランスに割譲された。

4 イタリア統一を宣言したサルデーニャ王国の首相は，カヴールである。

問6 下線部6に関連して，シチリアについて述べた文として，もっとも適切なものを選びなさい。

1 イタリア統一の際，シチリアは，マッツィーニ率いる千人隊によって制圧された。

2 シチリアは1943年に，イタリア本土上陸の前段階として連合軍によって制圧された。

3 シチリアはローマ帝国初の属州であった。

4 両シチリア王国は，神聖ローマ帝国皇帝フリードリヒ2世が建国した。

問7 下線部7に関連して，古代ローマ帝国におけるキリスト教について述べた文として，**誤っているもの**を選びなさい。

1 エフェソスの公会議でネストリウスが異端とされた。

2 カトリックの教義では聖霊の存在が認められている。

3 エウセビオスが『神の国』を執筆した。

4 アタナシウス派が正統教義とされた。

問8 下線部8について述べた文として，もっとも適切なものを選びなさい。

1 アリストテレスが代表作『国家』を書いた。

2 トゥキディデスがペルシア戦争を記述した『歴史』を書いた。

3 エピクロスはストア派の創始者と言われる。

4 ヒッポクラテスが四体液説をとなえた。

問9 下線部9に関連して，古代ローマの文人ついて述べた文として，**誤っているもの**を選びなさい。

1 ホラティウスが『アエネイス』を執筆した。

2 キケロが『国家論』を執筆した。

3 リウィウスが『ローマ建国史』を執筆した

4 ポリビオスが『歴史』を執筆した。

問10 下線部10について述べた文として，もっとも適切なものを選びなさい。

1 中世ヨーロッパでは，ユダヤ人は迫害されなかった。

2 18世紀後半に，ユダヤ人を差別する反セム主義が誕生した。

3 ナチスの強制収容所が建てられたアウシュヴィッツは，ポーランドにある。

4 ユダヤ人の集合居住区であるゲットーは，古代ローマ帝国に起源をもつ。

〔V〕 国土回復運動について，3行以内で説明しなさい。

（解答欄：1行20.3cm）

地理

（60分）

〔Ⅰ〕 次の文章を読み，設問に答えなさい。

第二次世界大戦後の発展途上国では，品種改良や栽培技術の向上を中心に食料の増産を図る［ア］が進められた。［ア］は化学合成肥料の大量投入に対応した［イ］品種の開発，農業機械化や，灌漑の導入などを組み合わせた技術革新である。これにより，農業と工業の間にあった所得格差が縮少された。

1)1990年代後半には遺伝子組み換え作物が導入され，農業の効率化が推進され，食料の増産に大いに貢献した。しかし，こうした農業の効率化には，安全性の問題や，環境への悪影響の懸念が常につきまとうものである。化学合成肥料や農薬の利用を含めた近代的農業の見直しが，環境問題との関連で声高に叫ばれるようになったのは必然の動きであろう。化学合成肥料や農薬にたよらない［ウ］農業への回帰が脚光を浴びながらも，遺伝子組み換え作物の利用が進んでいる状況に不安を覚える人も少なくない。

発展途上国においては農業の二重構造も問題視されている。生産性の低い焼畑農業などの［エ］と，先進国の投資による生産性の高い農業が共存しているからである。グローバル化という視点からは，［オ］とよばれる巨大な多国籍企業の穀物商社が，［カ］と呼ばれる農業に関連するあらゆる経済活動を大規模に行っていることが注目される。［オ］は世界各地から情報を集め，食料の生産から消費までの一連の［キ］の全体を統轄し，農産物の流通に大きな影響を与えているからである。

貿易面から農業をみると，国際協定や国際機関の影響が強まっている。1986年からのウルグアイ・ラウンドでの農業交渉が1993年に終結したことを受けて［ク］は［ケ］に発展的に解消した。［ク］よりも［ケ］は権限が強化されており，貿易の自由化が加速している。これにより，2)食料の輸入依存度が高まる日本や韓国などにおいては，国内の農業生産力が低下し，ＥＵにおいては［コ］による域内農業の保護の大幅な見直しを余儀なくされることとなった。

問１　空欄［ア］～［コ］にあてはまる適当な語句を解答欄に記入しなさい。ただし，［カ］と［キ］はカタカナで答えなさい。なお，［ク］と［ケ］と［コ］については略称で答えても良い。

問２　文章の内容に関連した次の問いに答えなさい。

(a)　文章中の下線部１)について。遺伝子組み換え作物の栽培面積の推移を国別に示したのが下の**図**である。

図のグラフ中の＊の国はどこか。国名を解答欄**a**に記入しなさい。

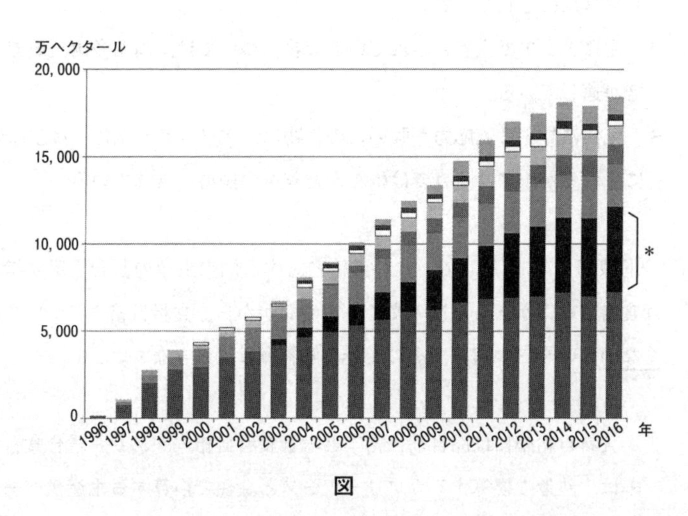

図

出所：国際アグリバイオ事業団“Global Status of Commercialized Biotech/GM Crops 2016”(2017)より農研機構が作成した図を一部改変。

(b)　2016 年現在において，世界における遺伝子組み換え作物の栽培面積を作物別にみると四種類だけで 99％を占めるという。そのうち三種類は，大豆，ナタネと綿である。あと一種類の作物は何か。その作物名を解答欄**b**に記入しなさい。

(c) **図**のグラフのデータから，世界全体における遺伝子組み換え作物の栽培面積は，2016年においては，日本国の総面積のおよそ何倍に相当するか。**5**の倍数(**5**，**10**，**15**，**20**，**25**…)からひとつ選び，解答欄**c**に記入しなさい。

(d) 次の**O**〜**S**の文の中から，世界三大穀物については**当てはまらない(正しくない)**ものが二つある。その記号二つを解答欄**d**に書きなさい。

O 2016年現在の作付面積の比較では，遺伝子組み換え作物が非遺伝子組み換え作物を上回っている穀物はない。

P 2016年現在では，世界三大穀物のうちの二種類までもが家畜の飼料としての利用が最も多くなっている。

Q 中央アメリカ，北アメリカ南部，アフリカの一部で，トルティーヤとして食用にされている。

R 主にアジアで主食とされている穀物については，高温多雨地域での栽培が適している。

S 気候に対する適応力が強いこの作物は，アメリカ合衆国では主に食用にされるが，アフリカではほとんど家畜の飼料にされている。

(e) 下線部2)に関連して，食料供給に対する国内生産の割合を示す指標には食料自給率がある。次の文**T**〜**W**のなかから，食料自給率について**正しくない**ものを二つ選び，その記号を解答欄**e**に書きなさい。

T 食料自給率には品目別自給率と総合食料自給率があり，総合食料自給率は，熱量で換算するカロリーベースと金額で換算する生産額ベースがある。

U 野菜などの品目別自給率は，カロリーベースと生産額ベースのほか，重量ベースでも算出されることがある。

V 日本の総合食料自給率については，カロリーベースよりも生産額ベースで換算した値の方が大きくなる。

W　カロリーベースの総合食料自給率の算出においては，輸入した飼料を使って国内で生産した畜産物の分は国産としている。

〔Ⅱ〕 次の文章を読み，設問に答えなさい。

表1は世界の国別人口ランキングである。新興国の人口増加が著しく，インドはいずれ，過去の一人っ子政策の影響などで人口増加が鈍化している中国を抜くと言われている。近年，メキシコがトップ10入りし，人口が減少している日本は11位となった。

表2の世界言語ランキングの全体的傾向として，人口の多い国の多数派が母語として話す公用語や国語が，言語人口の上位を占めていることが見られる。ただし，例外も見られる(a)。インドの人口は世界第2位であるが，インドで話されている言語のランキングは，それほど上位ではない。それは，言語人口が分散しており地域性が強いからである。**表2**で言うと，16位のテルグ語は，ドラヴィダ語族に属し，インド南部で話される言語で，17位のマラーティ語はインド・アーリア語派に属し，インド西部で話される言語である。パキスタンの言語も多少その傾向がある。国語のウルドゥー語(18位)の他，**表2**で10位のラーンダ語とは，主にパキスタンのパンジャーブ州西部で主に話されている言語である。

国民の多数が話す言語とは異なる言語が公用語の一つとされている国(b)もある。その要因のひとつは近代以降における国際的な労働力移動(c)によって，離れた国において，移住した民族が一定数を占めるようになったからである。

第二言語・第三言語・外国語としての話者も入れると，世界の英語人口は非常に多い。全体的傾向としてはやはり，英語を母語，第一言語とする国の旧植民地であった国で，英語話者が多い傾向にある(d)。ただし，ここで，ランキング表を掲載しないのは，日本人の事情を考えても分かるとおり，第二言語や第三言語や外国語として英語話者をカウントする場合，どの程度をもって英語話者と見なすかで統計数字が異なってくるからである。

表1　世界の国別人口ランキング

（百万人）

順位	国名	人口
第1位	中国	1434
第2位	インド	1366
第3位	アメリカ合衆国	329
第4位	インドネシア	271
第5位	パキスタン	217
第6位	ブラジル	211
第7位	ナイジェリア	201
第8位	バングラデシュ	163
第9位	ロシア	146
第10位	メキシコ	128
第11位	日本	125
第12位	エチオピア	112
第13位	フィリピン	108
第14位	エジプト	100
第15位	ベトナム	96
第16位	コンゴ民主共和国	87
第17位	ドイツ	84
第18位	トルコ	83
第19位	イラン	83
第20位	タイ	70

出所：『データブック　オブ・ザ・ワールド2020』。統計年次：2019年。

注　日本は住民基本台帳・世帯数表平成31年による。

表2　世界の主な言語人口

順位	言語名
第1位	中国語
第2位	スペイン語
第3位	英語
第4位	**X**
第5位	ヒンディー語
第6位	ベンガル語
第7位	**Y**
第8位	ロシア語
第9位	日本語
第10位	ラーンダ語
第11位	ジャワ語
第12位	トルコ語
第13位	韓国・朝鮮語
第14位	フランス語
第15位	ドイツ語
第16位	テルグ語
第17位	マラーティ語
第18位	ウルドゥー語
第19位	ベトナム語
第20位	タミル語

出所：『データブック　オブ・ザ・ワールド2020』。統計年次：2018年。

注　第一言語による区分

問1　**表1**において，17位のドイツは，日本より以前から合計特殊出生率が人口置換水準を下回ってきたし，2017年の統計においても合計特殊出生率が1.57と低いが，2010年代から人口が増加している。その理由をひとつの語句で解答欄 [サ] に記入しなさい。

問2　**表1**に挙げられているインドネシア，コンゴ民主共和国，ナイジェリア，ブラジルの4ヶ国のうち，2019年末時点で，首都が南半球にはない国の，その首都の名前を解答欄 [シ] に記入しなさい。

問 3　下線部 a)に関連して，**表 2** の 4 位の［ X ］には，ある宗教・文化で共通した国々 20 ヶ国以上で公用語とされている，国連の公用語ともなっている，ある言語が入る。［ X ］に入る適切な言語名を解答欄［ ス ］に記入しなさい。

問 4　**表 2** の［ Y ］には，ヨーロッパ発祥の言語で，母語とする国の旧植民地の一国の人口が非常に多く，その第一言語であるためというのが大きな要因で言語人口ランキングで 7 位に入ったある言語が入る。［ Y ］に入る最も適切な言語名を解答欄［ セ ］に記入しなさい。

問 5　下線部 b)に関連して，**表 2** において 20 位のタミル語はインド以外の他の国で公用語となっている。東南アジアで，タミル語を国の公用語としている国をひとつ解答欄［ ソ ］に記入しなさい。

問 6　下線部 c)に関連して，近代における労働力移動や移民によって各国の民族構成が成り立った描写として，もっとも<u>ふさわしくない</u>ものを，次の **A** ～ **F** の中からひとつ選び，その記号を解答欄［ タ ］に記入しなさい。

A　中米のハイチは，奴隷が蜂起してフランスから独立した，世界で一番古いアフリカ系人種の独立共和国である。人口の約 5 %のムラート及び白人と，約 95 %を占めるアフリカ系の人々がいる。

B　アフリカのリベリアは，国名が自由を意味し，アメリカ合衆国にいたアフリカ系人種の解放奴隷が自由を求めて，アフリカに帰って入植し，建国した国である。先住民との対立が存在する。

C　オセアニアのフィジーでは，オランダの植民地時代に，同じく植民地であったオランダ領東インドから，サトウキビのプランテーションなどのための労働力として移住したジャワ島人も多い。メラネシア系・ポリネシア系が過半数を占めるが，ジャワ島人系も 37.5 %を占める。

D　南米のスリナムは，旧オランダ領ギアナであり，同じく植民地であったオランダ領東インドから，プランテーションの労働力として移住したジャワ島人の子孫も人口の14.6％を占める。

E　南米のガイアナは，イギリスの旧植民地であり，主にサトウキビのプランテーションなどのための労働力として，同じく植民地であったインドから移住したインド系の住民が多く，人口の43.5％と最大多数となっている。

F　アフリカのケニアでは，イギリスの植民地時代に，国内の鉄道建設のための労働力として移入されたインド人の子孫がいる。インド系住民の人数は少数派だが，子孫は商業に進出して，ケニア経済に影響力を持っている。

問7　**表1**で7位に入っているナイジェリアにおいて，植民地時代の宗主国の影響から公用語となっているヨーロッパ系の言語をひとつ解答欄 **チ** に記入しなさい。

問8　下線部d)に関連して，第二言語・第三言語としての使用を含めた英語話者数ランキングにおいて，アジアの国のうち軒並み上位に来る国で，以下に箇条書きにする特徴を持つ国をひとつ解答欄 **ツ** に記入しなさい。

1　英語話者の比率は総人口の12％程度とされるが，英語話者数は多い(その国の人口調査による)。

2　英語は国の準公用語となっている。

3　アメリカ合衆国との時差を利用してのコールセンター業務受託や，数学教育の優位性もあいまってのソフトウェア開発が盛んである。

問9　下線部d)に関連して，第二言語・第三言語としての使用を含めた英語話者数ランキングにおいて，アジアの国のうち軒並み上位に来る国で，以下に箇条書きにする特徴を持つ国をひとつ解答欄 **テ** に記入しなさい。

1　国民の英語話者の比率が高いことから，英語話者数ランキングで上位に来る。

2　日本との関わりとしては，インターネットを通じた安価なオンライン英会話講座や英会話講師を多く供給している国でもある。大学生の語学留学や企業の英語研修の安価な対象地としても多く使われている。

3　他国への出稼ぎや移民が多い国として有名である。

4　国土が分かれている構造上，地域によって 100 以上の多数の言語が存在しており，独立前後から，国民の団結のため，国語を制定して，普及させる言語政策を展開してきた。

問10　下の**表 3** は，インドネシア，パキスタン，バングラデシュの米，小麦と豚肉の生産量の統計である。①～③の国の組み合わせとして正しい組み合わせを，次の **A**～**F** の中からひとつ選び，その記号を解答欄 [ト] に記入しなさい。

表 3　　(万トン)

	米の生産量	小麦の生産量	豚肉の生産量
①	1117	2667	—
②	8138	—	34
③	4898	131	—

出所：『データブック　オブ・ザ・ワールド 2020』，FAOSTAT。

統計年次：2017 年。—は統計データが得られないことを示す。

A　①　インドネシア　②　パキスタン　③　バングラデシュ

B　①　インドネシア　②　バングラデシュ　③　パキスタン

C　①　パキスタン　②　インドネシア　③　バングラデシュ

D　①　パキスタン　②　バングラデシュ　③　インドネシア

E　①　バングラデシュ　②　インドネシア　③　パキスタン

F　①　バングラデシュ　②　パキスタン　③　インドネシア

〔Ⅲ〕 次の文章を読み，設問に答えなさい。

現在のアメリカ合衆国とカナダの領土では，ネイティブ・アメリカンやイヌイットなどの先住民が住んでいたが，16世紀末頃からヨーロッパ人の入植が始まった。17世紀には，イギリス，スペイン，フランスの領土が形成されていた。現在のアメリカ合衆国とカナダは，アングロ・アメリカとも呼ばれるが，a）ラテン系のフランス，スペインの名残も残っている。フランスの入植した地域は，セント・ローレンス川（フランス語でサン・ローラン川）から始まり，五大湖を経て，ミシシッピ川に沿って南下し，メキシコ湾に達する広い地域であった。18世紀半ばに，フレンチ＝インディアン戦争により，イギリスが覇権を確立した。その名残が地名に残っている。ニュー・ヨークのヨークは，イギリスのヨーク公から，ジョージア州のジョージアはイギリス国王ジョージ2世から，アナポリスは，イギリスのアン王女に由来した地名である。その後，植民地13州がイギリスとの独立戦争に勝利して，アメリカ合衆国として1776年に独立した。その後も，アメリカ合衆国は，南西部をメキシコからの割譲（かつじょう）で獲得するなど，割譲や併合，買収などによって領土を拡大した。

移民社会のアメリカ合衆国の人種構成は，「人種のサラダボウル」と呼ばれ，他の国よりは多くの人種が混ざり合って暮らしている。アフリカ系アメリカンの人々は，主に南部の綿花のプランテーションの労働力として奴隷貿易によって連れてこられた人々で，公民権法によって法的には平等になったはずだが，いまだに人種問題は存在する。近年のアメリカ合衆国では，マイノリティの中では，b）ヒスパニックの人口が増大している。ヒスパニックは，中南米から移住した人々やその子孫を表す総称で，スペイン語とラテン系文化を特徴とする民族的概念であり，人種概念ではない。

カナダは，イギリス帝国に組み入れられた後，英連邦の自治領となり，20世紀前半に独立した。c）カナダは英語とフランス語を連邦の公用語としているなど，多文化主義を採用している。

次に，アメリカ合衆国の工業に目を転ずると，この国の重工業は，当初，石炭や鉄鉱石など豊富な資源と河川，運河などの水運を背景としており，北東部や五大湖周辺地域において発展してきた。しかし，1970年代以降，他国との競合において国際競争力で劣位となった他，エネルギー革命を受け，生産の低下や失業率の増加が生じてきた。これらの地域は「さびついた・(rust)」という言葉を使ってラストベルトd)とも呼ばれる。しかし，アメリカ全体としては，北緯37度線以南のサンベルトe)と呼ばれる地域に，先端技術産業f)や航空・宇宙産業などの新たな工業集積が見られるようになってきた。

問 1 アメリカ合衆国の建国以来，政治の主流を占めてきたエリート支配層を表す造語であるWASPのPは何を表すか，最も適当なものを次の**A**～**F**の中からひとつ選び，その記号を解答欄にマークしなさい。

A パンアメリカン　**B** ピープル　**C** プリンシプル
D プログレッシブ　**E** プロテスタント　**F** ポリシー

問 2 下線部a)に関連して，アメリカ合衆国とカナダの地名のうち，**フランス語由来の地名でない**もの，フランスと最も**関係がない**ものを次の**A**～**F**の中からひとつ選び，その記号を解答欄にマークしなさい。

A シアトル　**B** セント・ルイス
C ニュー・オーリンズ　**D** バトン・ルージュ
E モントリオール　**F** ルイジアナ

問 3 下線部b)に関連して，以下のアメリカ合衆国の州の中で，ヒスパニック比率が最も**低い**州を次の**A**～**E**の中からひとつ選び，その記号を解答欄にマークしなさい。

A アリゾナ州　**B** カリフォルニア州　**C** テキサス州
D フロリダ州　**E** ワシントン州

問 4 下線部c)に関連して，カナダの州において，人口に対するフランス語母語話者の「比率」が多い順に並べた組み合わせとして最も適当なものを次のA～Fの中からひとつ選び，その記号を解答欄にマークしなさい。

A オンタリオ州＞ケベック州＞ブリティッシュ・コロンビア州
B オンタリオ州＞ブリティッシュ・コロンビア州＞ケベック州
C ケベック州＞オンタリオ州＞ブリティッシュ・コロンビア州
D ケベック州＞ブリティッシュ・コロンビア州＞オンタリオ州
E ブリティッシュ・コロンビア州＞オンタリオ州＞ケベック州
F ブリティッシュ・コロンビア州＞ケベック州＞オンタリオ州

問5 アメリカ合衆国の州の中で，以下の特徴にもっともふさわしい州を次のA～Eの中からひとつ選び，その記号を解答欄にマークしなさい。

東にミシシッピ川，西にミズーリ川が流れ，農業生産が活発であり，トウモロコシ，大豆の生産は全米トップクラスである。人口のうち，白人比率が9割を超え非常に高い。
（『データブック オブ・ザ・ワールド2020』）

A アーカンソー州　B アイオワ州　C オクラホマ州
D ミシシッピ州　E ミズーリ州

問6 下線部d）に関連して，ラストベルトに位置する都市のうち，以下の記述に最も当てはまる都市がどこに位置するかを図1にあるA～Eの中からひとつ選び，その記号を解答欄にマークしなさい。

ミシガン州で人口最大の都市であり，20世紀に自動車工業とその関連工業が全米一発展して栄えていたが，次第に工場や企業オフィスや中産階級以上の人口が郊外に移動し，市が空洞化に陥り，2013年には市の財政が破綻した。

問 7　下線部 d）に関連して，ラストベルトに位置する都市のうち，以下の記述に最も当てはまる都市がどこに位置するかを**図 2** にある **A** ～ **F** の中からひとつ選び，その記号を解答欄にマークしなさい。

ペンシルヴェニア州に属し，付近で，二つの川が合流するオハイオ川の起点があり，鉄鋼業が全米一発展して栄えて「鉄の都」と呼ばれていたが，その後，衰退した。しかし，その後，バイオやICTなどの先端産業の集積地域として，都市再生がある程度成功した都市として知られている。

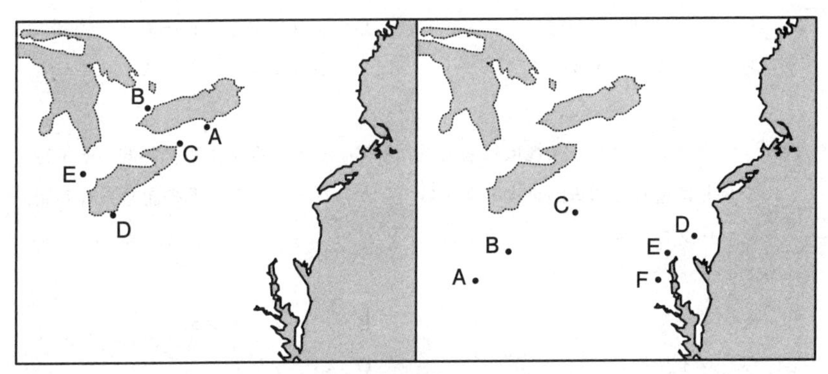

図 1　　**図 2**

問 8　下線部 e）に関連して，サンベルトのうち，カリフォルニア州や先端産業の集積地域を除いて，南部諸州で1970年代以降，産業が発展した理由に関して書かれた文のうち，最も<u>**ふさわしくない**</u>ものを次の **A** ～ **E** の中からひとつ選び，その記号を解答欄にマークしなさい。

A　安くて，広大な工業用地の確保が容易だったから。

B　労働組合を弱める法律があり，労働組合組織率が低く，安価な労働力が豊富に得られ，経営サイドとしてメリットがあるから。

C　内陸の油田と結びついて，原料立地によってカンザス・シティーやセント・ルイスなど内陸部に広く石油化学工業が発達したから。

D　温暖な気候で，生活しやすく，公害対策も少なくて済み，エネルギーコストが安く済むから。

E　税制上の優遇措置など州政府が熱心な誘致活動をしたから。

問 9　下線部 f)に関連して，アメリカ合衆国の先端産業の集積地域として，シリコン・ヴァレーが一番有名であるが，アメリカでは，他にも先端産業の集積地域が発達している。その中で，テキサス州にある先端産業の集積地域の名称を次の A ～ F の中からひとつ選び，その記号を解答欄にマークしなさい。

A　エレクトロニクス・ハイウェー　　B　エレクトロニクス・ベルト
C　シリコン・アレー　　D　シリコン・プレーン
E　シリコン・デザート　　F　シリコン・フォレスト

問10　シリコン・ヴァレー地域に適用されるアメリカ合衆国太平洋時間の子午線を真北に進むと通る国を次の A ～ D の中からひとつ選び，その記号を解答欄にマークしなさい。

A　イラン　　B　バングラデシュ
C　フィリピン　　D　ポーランド

〔Ⅳ〕 次の文章を読み，設問に答えなさい。

世界で初めに産業革命が起きたのは，18世紀のイギリスだったといわれている。農業の合間に副業として農家が自ら原材料や道具などを調達して生産し，販売まで行う生産形態である［ナ］から，問屋が道具や原料を貸し与えて生産する形態へと変化した後に，賃金労働者を雇用してひとつの作業場に集め，分業による協業を採り入れて生産する形態である［ニ］が現れた。

そして19世紀から20世紀初頭には，機械を用いた生産体制がフランス，ドイツ，アメリカ，ロシア，日本へと拡大していく。特に20世紀に入ってからのアメリカの自動車工業の発展は，フォーディズムのような大量生産システムを導入したものであり，現代の製造業に大きな影響を与えた。工業はこのような［ヌ］を繰り返しながら発展してきた。**図**をみてみよう。産業革命初期に繊維産業などの軽工業の発展を支えたのは［ネ］であり，その後の電気や化学分野の［ヌ］によって重化学工業が発展した。現代の多くの先進的な産業は［ノ］を基盤としている点に特徴がある。

他方，製造業は，原料や労働力の調達，製品市場との関係がその立地に影響すると考えられてきた。A.ウェーバーは，製品ごとに異なる原料の性質を考慮することで，輸送費の面から製造業の最適立地点が求められることを明らかにした。たとえば，限られた場所でしか得られない［ハ］とどこでも入手できる原料との区分や，加工前後で重量が減少する原料とそうではない［ヒ］との区分である。こうした考え方を用いると，原料産地指向や市場立地指向といった製造業の立地行動を説明することができる。一般的に，果実を搾る100％果汁のジュースは原料産地を指向するのに対し，［フ］製造が市場立地を指向するのは，原料の性質から説明できると考えるのである。

さらに［ヘ］産業や電気製品の組み立て部門のような労働費の節約を指向するものや，部品点数の多い自動車工業に顕著な［ホ］を指向するものへと展開することもできる。

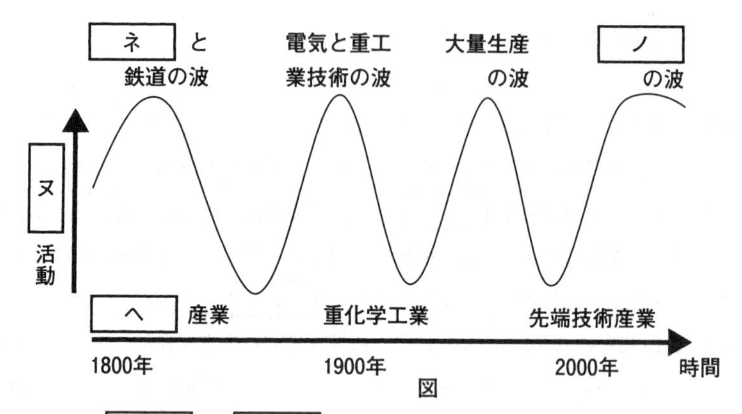

図

問 空欄 ナ ～ ホ にあてはまるもっとも適当な語をA～Dから選び，その記号をマークしなさい。

ナ：A 家内制手工業　B 問屋制手工業
　C マニュファクチュア　D 工場制機械工業

ニ：A 家内制手工業　B 問屋制手工業
　C マニュファクチュア　D 工場制機械工業

ヌ：A イノベーション　B 規模の外部経済
　C 集積の利益　D 職人の技

ネ：(設問省略)

ノ：A 資源開発の技術　B 情報通信の技術
　C 伝統工芸の技術　D 内燃機関の技術

ハ：A 局地原料　B 純粋原料
　C 重量減損原料　D 普遍原料

ヒ：A 局地原料　B 純粋原料
　C 重量減損原料　D 普遍原料

フ：A オリーブオイル　B ビール
　C ミネラルウォーター　D ワイン

ヘ：A 金属加工　B 石油化学　C 繊維　D 電気機械

ホ：A イノベーション　B 規模の外部経済
　C 集積の利益　D 職人の技

〔Ｖ〕 次の文章を読み，設問に答えなさい。

南米ペルー沖の海面水温が平年より高くなる状態が1年程度続くエルニーニョ現象の発生は，世界中の異常な天候の要因となることがあり，それが経済活動にも様々な影響を与えうることが知られている。

エルニーニョ現象が発生すると，西太平洋熱帯域の海面水温が低下し，西太平洋熱帯域で積乱雲の活動が不活発となる。このため日本列島付近では，夏季は太平洋高気圧の張り出しが弱くなる傾向があり，冬季は西高東低の気圧配置が弱まる傾向がある。

エルニーニョ現象の発生で日本の景気が悪影響を受ける確率が高くなると予測される理由として考えられることを，解答欄に3行以内で述べよ。

（解答欄：1行20.3cm）

出所：気象庁HP「エルニーニョ現象が日本の天候へ影響を及ぼすメカニズム」より。
https://www.data.jma.go.jp/gmd/cpd/data/elnino/learning/faq/whatiselnino3.html

政治・経済

（60分）

〔Ⅰ〕 次の文を読んで，下の問に答えなさい。

政治的な圧力や干渉を排除し，裁判を法に基づいて厳正かつ公平に実施するため，司法権の独立が確立されてきた。日本において司法権の独立をめぐる代表的な事件として，大津事件や浦和事件，平賀書簡事件があげられる。1891年に起きた大津事件では，大審院長（ A ）は政府からの干渉を退けて，法の厳粛な順守を説いた。

1948年の浦和事件では，被告に対する浦和地方裁判所の量刑が軽すぎるとして，（ B ）が<u>国政調査権</u>(a)を行使して証人喚問を行った。1969年の平賀書簡事件では，<u>長沼ナイキ訴訟</u>(b)を担当する裁判長に対して，札幌地方裁判所の所長が訴訟判断に触れる内容の手紙を出していた。

司法権などについて規定した日本国憲法第76条の1項から3項は以下の通りである。

1項 すべて司法権は，最高裁判所及び（ ア ）の定めるところにより設置する下級裁判所に属する。

2項 （ イ ）は，これを設置することができない。（ ウ ）は，終審として裁判を行ふことができない。

3項 すべて裁判官は，その（ エ ）に従ひ独立してその（ オ ）を行ひ，この憲法及び法律にのみ拘束される。

裁判において，下級審の判決に不服があれば，上訴して上級審の判断を求めることができる。第一審が憲法違反の判決を出した際に，控訴審を経ずに最高裁判所に判断を申し立てる手続きを<u>刑事裁判</u>(c)の場合，（ C ）とよぶ。

日本国憲法第81条は，<u>違憲立法審査権</u>(d)について規定している。一方，裁判所は高度な政治性を有する国家の行為について，合憲性の判断を避けることがある。最高裁判所が統治行為論を用いた代表的な例として，衆議院の解散に関する（　D　）事件判決（1960 年）と日米安全保障条約に関連した砂川事件判決(e)（1959 年）があげられる。

問 1　（　A　）～（　D　）にもっとも適切な人名または語句を入れなさい。

問 2　下線部(a)に関連して，もっとも適切なものを 1 つ選びマークしなさい。

① 参考人は正当な理由なく出頭や証言を拒否した場合，罪に問われる。

② 国政調査権の手続きや方法は議員証言法に定められている。

③ 1996 年の法律改正で，証人喚問中のテレビ中継が可能となった。

④ 参考人招致に関する手続きは，日本国憲法第 63 条に定められている。

⑤ 日本国憲法第 62 条は，両議院の国政調査権について定めている。

問 3　下線部(b)に関連して，もっとも適切なものを 1 つ選びマークしなさい。

① 札幌地方裁判所は，自衛隊に関して日本国憲法第 9 条が禁ずる陸海空軍に該当せず，合憲であると判断した。

② 最高裁判所は，行政処分に関して，原告住民に訴えの利益なしとして住民側の上告を棄却した。

③ 札幌高等裁判所は，自衛隊について日本国憲法第 9 条が保持を禁ずる陸海空軍に該当し，違憲であるとの判決を下した。

④ 最高裁判所は，統治行為論を用いて，自衛隊に関する合憲性は審査の対象外とした。

⑤ 札幌地方裁判所は，平和的生存権の侵害は無いとして，原告の訴えの利益を認めなかった。

問 4　空欄（　ア　），（　イ　），（　ウ　），（　エ　），（　オ　）に入る語句の組み合わせとして，適切なものを 1 つ選びマークしなさい。

① (ア) 国会　(イ) 特別裁判所　(ウ) 行政機関　(エ) 能力　(オ) 職権

② (ア) 国会　(イ) 憲法裁判所　(ウ) 立法機関　(エ) 良心　(オ) 職務

③ (ア) 法律　(イ) 特別裁判所　(ウ) 行政機関　(エ) 良心　(オ) 職権

④　(ア)　法律　(イ)　憲法裁判所　(ウ)　立法機関　(エ)　能力　(オ)　職務

⑤　(ア)　法律　(イ)　特別裁判所　(ウ)　立法機関　(エ)　良心　(オ)　職務

問5　下線部(c)に関連して，もっとも適切なものを1つ選びマークしなさい。

①　日本国憲法第31条は，法定手続の保障を規定し，罪刑法定主義の原則を示す。

②　無罪判決が確定した後，同じ事件の再審によって有罪判決を受けることがある。

③　逮捕，拘留，捜索などを行う際，法務大臣が発行する令状が必要である。

④　日本国憲法第38条は，実行時に適法であった行為の遡及処罰を禁止している。

⑤　日本国憲法第41条は，無罪判決を受けた元被告に刑事補償請求権を認めている。

問6　下線部(d)に関連して，最高裁判所の違憲判決と，根拠になった日本国憲法条文の組み合わせに関連して，もっとも適切なものを1つ選びマークしなさい。

①　尊属殺人重罰規定違憲判決　—　憲法第15条

②　薬事法薬局距離制限違憲判決　—　憲法第22条

③　国籍法婚姻条件規定違憲判決　—　憲法第15条

④　共有林分割制限規定違憲判決　—　憲法第43条

⑤　郵便法損害賠償制限規定違憲判決　—　憲法第27条

問7　下線部(e)に関連して，もっとも適切なものを1つ選びマークしなさい。

①　東京地方裁判所は，日米安保条約に基づく米軍の駐留は戦力の保持に該当しないと判断した。

②　東京地方裁判所は，日本国憲法第9条が自衛のための戦力保持を認めていると判断した。

③　東京高等裁判所は，統治行為論を用いて，日米安保条約に基づく米軍駐

留の合憲性は審査の対象外とした。

④　東京高等裁判所は，日本国憲法第9条が自衛のための戦力保持を認めていると指摘した。

⑤　最高裁判所は，日本に駐留する外国の軍隊は日本国憲法第9条が禁止した戦力には該当しないと判断した。

〔Ⅱ〕 次の文を読んで，下の問に答えなさい。

新聞・雑誌・ラジオ・テレビはマスメディア，フェイスブックやツイッターなどはソーシャルメディアに分類される。マスメディアは，世論の形成に大きな影響力を持ち，政治(a)への影響力も大きいため，国家の三権に次ぐ，(　A　)とも呼ばれる。人びとが自由(b)に考えたり意見を表明したりすることは，自由な世論形成に必須である。さらに，国民の知る権利(c)も保障されなければならない。ナチス政権下のドイツ(d)では，ヒトラーがマスメディアを巧みに操り，ファシズムの拡大に大きな役割を果たした。また，選挙(e)の際，選挙予測報道が投票結果に影響を与えることを(　B　)効果という。これは選挙の公正さを損なう恐れがあるといわれている。

新しいメディアであるソーシャルメディアは，インターネット(f)を利用し，情報発信・受信を双方向にやりとりするメディアである。しかし，その内容の真偽の確認を怠ると，嘘の情報を拡散してしまう恐れがある。オックスフォード大学出版局が2016年を象徴する言葉に選んだ(　C　)という語は，「真実」よりも個人の感情に訴えるものが重視されることを意味している。こうした流れを背景に，虚偽報道である(　D　)が多く広まった。これは，閲覧数を増やすことで多くの広告収入を得ることや，選挙の際に特定の候補者が有利になることなどを目的としている。

問1　(　A　)～(　D　)にもっとも適切な語句を入れなさい。

問2　下線部(a)に関連して，ラズウェルが分類した「政治的無関心」に関して，もっとも適切なものを1つ選びマークしなさい。

① 「脱政治的態度」とは芸術などに打ち込み，政治は自分とは無関係とすることである。

② 「無政治的態度」とは政治によって自分の要求や期待が満たされず，幻滅して引き下がることである。

③ 「非政治的態度」とは庶民は政治に関係がなくお上がするものと考え，選挙を無意味だとすることである。

④ 「超政治的態度」とは選挙による政治を否定し，新しい方法の政治を模索することである。

⑤ 「反政治的態度」とは自分の信じる価値が政治と衝突すると考え，政治を否定することである。

問3　下線部(b)に関連して，「自由」に関する憲法条文とその内容として，もっとも適切なものを1つ選びマークしなさい。

① 19条 —— 学問の自由は，これを保障する。

② 20条 —— 信教の自由は，何人に対してもこれを保障する。

③ 21条 —— 何人も職業選択の自由を有する。

④ 22条 —— 言論，報道その他一切の表現の自由は，これを保障する。

⑤ 23条 —— 思想及び良心の自由は，これを侵してはならない。

問4　下線部(c)に関連する法律・判例について，もっとも適切なものを1つ選びマークしなさい。

① 情報公開法には，外国人を含めた誰もが国の行政文書の開示請求ができると定められているが，「知る権利」は明記されなかった。

② 2003年に「行政機関の保有する情報の公開に関する法律」が制定され，2004年に施行された。

③ アクセス権は，産経新聞意見広告訴訟以後，判例上も法的権利として認められている。

④ 特定秘密保護法は私生活をみだりに公開されない権利を保障し，憲法13条の個人の尊重・幸福追求権を法的根拠としている。

⑤　外務省秘密電文漏洩事件では，最高裁判決により，記者の行為は取材報道の正当な行為と認められ，無罪となった。

問 5　（設問省略）

問 6　下線部(e)に関連して，次の語句とその説明の組み合わせとして，もっとも適切なものを1つ選びマークしなさい。

①　小選挙区制：ゲリマンダーの危険性が高い。

②　中選挙区制：1つの選挙区から1人を選出する。

③　大選挙区制：死票が多くなりやすい。

④　比例代表制：少数派の意見が反映されにくい。

⑤　小選挙区比例代表制：日本の参議院選挙で採用されている。

問 7　下線部(f)に関連して，もっとも適切なものを1つ選びマークしなさい。

①　総務省はインターネットを統括し，2010年にはコンプガチャが景品表示法に抵触するとして注意喚起した。

②　デジタルデバイドとは，コンピュータなどの情報技術を使いこなせる人たちとそうでない人たちの間で，格差が生じることである。

③　日本におけるインターネット人口普及率は1990年代に80％を超え急激に増加した。

④　IoTとはあらゆるモノをインターネットにつなげることで，Internet of Technologyを略した言葉である。

⑤　ユビキタス社会とは指紋認証で情報のやりとりができる社会のことである。

〔Ⅲ〕 次の文を読んで，下の問に答えなさい。

1990年代に入りバブルが崩壊すると，1992年，1993年と実質GDP成長率は2年連続で1％を割り込んだ。1996年には回復の兆しが見られたものの，1997年には橋本内閣の財政構造改革政策により経済は再び悪化した。(a)1998年にはデフレが始まり，失業率も上昇した。その後，2002年からは長期の景気拡大が続いた。しかし，2008年に世界的な金融危機が発生する。このとき日本では経済成長を支えてきた輸出が急落し，最悪の景気の落ち込みとなった。こうした流れを背景に，かつて世界をリードした日本の半導体・電機産業は，米国，中国，台湾，韓国に競争で敗れ，グローバルな競争力を失っていった。さらに，金融危機後は経営破綻，事業の売却や撤退が続いており，(b)日本の産業構造も大きく変化した。

また，1990年代以降，銀行の経営健全化や企業のリストラクチャリングが進められる過程で，取引金融機関やグループ企業との間の株式持ち合いの構造も崩れた。こうして売却された株式の受け皿となったのが外国人投資家である。株式会社は投資家から資金を集め経営を行うが，経営の意思決定は(c)株主総会で行われる。株式会社では，出資者である投資家と経営を任せられた経営者が分離し，同一ではない。これを（　A　）という。このため，経営者は会社の状況をよく知る一方，出資者である投資家は会社の状況が分からず，双方の間で格差が生じる。これは，市場の失敗の1つであり（　B　）といわれる。このため，企業はディスクロージャーを行うことにより(d)ステークホルダーに経営や財務内容を積極的に公表する必要があり，持ち合い解消が進む中でディスクロージャーを強化する動きも高まった。

さらに，企業の不祥事の防止や競争力の向上などのためにコーポレートガバナンスの取り組みも強化されている。その1つに，株式会社の統治形態があり，日本では上場企業の80％以上が(e)監査役会設置会社の形態をとっている。さらに，2008年には不正防止を目的とした(f)内部統制の仕組みも整備された。また，日本では，国民年金や厚生年金といった公的年金の保険料は厚生労働省所管の（　C　）独立行政法人により管理・運用が行われている。（　C　）独立行政法人は2017年より環境や社会の問題，ガバナンスに積極的に取り組む企業への投資

(ESG投資)を行っている。加えて，近年では，より良い世界を目指す国際社会の共通認識として国連により制定された17の目標と169の課題からなる(　D　)も注目を集めており，企業はガバナンスだけではなく，環境や気候変動，災害などにも配慮しながら経営を行うことが求められている。

問1　(　A　)～(　D　)にもっとも適切な語句を入れなさい。

問2　(設問省略)

問3　下線部(b)に関連して，以下の図表は1970年，1990年，2010年，2016年の株式時価総額ランキングを示している。(イ)から(ニ)に入る年の組み合わせとして，もっとも適切なものを1つ選びマークしなさい。

① (イ) 2016年　(ロ) 1990年　(ハ) 2010年　(ニ) 1970年
② (イ) 2010年　(ロ) 2016年　(ハ) 1970年　(ニ) 1990年
③ (イ) 2010年　(ロ) 2016年　(ハ) 1990年　(ニ) 1970年
④ (イ) 2016年　(ロ) 2010年　(ハ) 1970年　(ニ) 1990年
⑤ (イ) 2016年　(ロ) 2010年　(ハ) 1990年　(ニ) 1970年

	(イ)	(ロ)	(ハ)	(ニ)
1位	トヨタ	トヨタ	興銀	松下電器
2位	三菱UFJ	NTTドコモ	富士銀行	日立
3位	NTTドコモ	NTT	太神三井	トヨタ
4位	ホンダ	三菱UFJ	住友銀行	東京電力
5位	キャノン	ソフトバンク	第一勧銀	ソニー

問4　下線部(c)に関連して，株主総会で決定されるものとして<u>適切でないもの</u>を1つ選びマークしなさい。

① 会社の合併・解散
② 取締役・監査役の選任・解任
③ 予算の決議
④ 株式配当の決定
⑤ 定款の変更

問5　下線部(d)に関連して，ステークホルダーとしてもっとも適切なものを1つ選びマークしなさい。

① 従業員 ② 取引先 ③ 株主・銀行
④ 地域住民 ⑤ 上記全て

問6 下線部(e)の説明として，もっとも適切なものを1つ選びマークしなさい。

① 監査役の半数以上を社外から選ばなければならない。
② 「指名」，「報酬」，「監査」の3つの委員会を置かなければならない。
③ 企業の設備投資に関する最終意思決定を行う機関である。
④ 株主から株式会社の経営をゆだねられた業務執行機関である。
⑤ 株式会社の株主により構成される経営の最高意思決定機関である。

問7 下線部(f)に関連して，もっとも適切なものを1つ選びマークしなさい。

① 金融商品取引法において，資本金1000万円以上の企業に整備が義務付けられている。
② 金融商品取引法において，全上場企業に整備が義務付けられている。
③ 証券取引法において，全上場企業に整備が義務付けられている。
④ 証券取引法において，資本金1000万円以上の企業に整備が義務付けられている。
⑤ 証券取引法において，株式会社に整備が義務付けられている。

〔Ⅳ〕 次の文を読んで，下の問に答えなさい。

20 世紀後半からヒト，モノ，カネ，情報が国境を越えて移動・取引されるようになっている。そして，これらの経済活動は地球規模にまで発展している。自由貿易を通じて利益を享受するという考えは，イギリスの経済学者リカードによって提唱されたものである。リカードの考え方は，アダム・スミスの唱えた(　A　)説を受け継いだものである。リカードは，その著書(　B　)において，国際分業の重要性を主張した(a)。一方で，ドイツの経済学者(　ア　)は，自由貿易の考え方が発展途上国においては経済発展のさまたげになる場合があることを指摘し，保護貿易政策の必要性を主張した。保護貿易政策では，国内産業の保護・育成のために輸入品の関税を高くしたり，輸入量の規制をおこなったりする政策(b)がとられたりする。

一国の一定期間における外国との取引をまとめたものが国際収支表(c)である。この表は，同価値のものを交換するという考え方にもとづき，財・サービスとお金のやり取りを記載する方式が採用されている。2014 年から採用された方式では，経常収支＋(　C　)－金融収支＋誤差脱漏＝0 となる。また，通貨の異なる国の間で取引を行うと，決済のために通貨間の交換比率を決めることが必要となる。自国と他国の通貨交換比率を為替相場とよぶ。為替相場の決定要因として，いくつかの考え方があげられる(d)。

日本の貿易を振り返ると，原材料を輸入して工業製品を輸出する加工貿易を行ってきた。第二次世界大戦前は，綿花や羊毛などを輸入して繊維製品を輸出することが中心であった。戦後は鉄鉱石や原油などを輸入し，機械や自動車を輸出してきた。1960 年代からは輸出額が輸入額を上回る状況が定着することとなった。日本の為替相場制度を振り返ると，1949 年に GHQ が 1 ドル 360 円と設定した。第二次大戦後 1971 年のニクソン・ショックまでの固定相場制を指して(　D　)体制とよぶ。1973 年から主要国は変動相場制に移行し，現在もこの制度が維持されている(e)。

問 1　(　A　)～(　D　)にもっとも適切な語句を入れなさい。

問２　下線部(a)に関連して，リカードのとなえた国際分業の説明として，もっとも適切なものを１つ選びマークしなさい。ただし，X国とY国における財αと財βの１単位の生産に必要な労働者数が次の表で与えられるものとする。また，X国には450人の労働者，Y国には180人の労働者がいるものとし，財の生産には労働しか用いられないとする。さらに，各国の労働者はすべて雇用されるものとする。

	財α	財β
X国	15	30
Y国	12	6

①　X国は財β，Y国は財αに比較優位を持っており，各財の生産に特化すると，X国は財βを40単位，Y国は財αを20単位生産することができる。

②　X国は財α，Y国は財βに比較優位を持っており，各財の生産に特化すると，X国は財αを20単位，Y国は財βを20単位生産することができる。

③　X国は財α，Y国は財βに比較優位を持っており，各財の生産に特化すると，X国は財αを20単位，Y国は財βを40単位生産することができる。

④　X国は財α，Y国は財βに比較優位を持っており，各財の生産に特化すると，X国は財αを30単位，Y国は財βを30単位生産することができる。

⑤　X国は財β，Y国は財αに比較優位を持っており，各財の生産に特化すると，X国は財βを30単位，Y国は財αを30単位生産することができる。

問３　(　ア　)に入る人物の経済思想を表すものとして，もっとも適切なものを１つ選びマークしなさい。

①　歴史学派　②　社会主義学派　③　ケインズ学派
④　重農主義学派　⑤　重商主義学派

問４　下線部(b)に関連して，特定品目の輸入が増大し，国内産業に重大な打撃を与えるおそれのある場合に，その品目について輸入制限を課すことができる制度のことを何というか。もっとも適切なものを１つ選びマークしなさい。

①　ミニマム・アクセス　　②　輸入課徴金

③　セーフガード　　④　ダンピング

⑤　ローカル・コンテント

問５　下線部(c)に関連して，その内容を表したものとして，もっとも適切なものを１つ選びマークしなさい。

①　発展途上国への無償援助は，経常収支の第一次所得収支に計上される。

②　海外からの利子配当の受払いは，金融収支の証券投資に計上される。

③　国際機関への拠出金は，金融収支の第二次所得収支に計上される。

④　知的財産権の使用料は，経常収支のサービス収支に計上される。

⑤　外国に工場を建設するための投資は，経常収支の直接投資に計上される。

問６　下線部(d)に関連して，為替相場の決定要因として考えられている説として，もっとも適切なものを１つ選びマークしなさい。

①　経済成長率や景気動向といったプライマリーバランスが為替相場を左右する。

②　物価水準の内外格差にもとづく購買力平価が為替相場を左右する。

③　国債の発行額と歳出額の差で示されるファンダメンタルズが為替相場を左右する。

④　金融庁による市場介入時期の発表といった心理効果が為替相場を左右する。

⑤　複数国の政策当局が市場に介入する協調融資が為替相場を左右する。

問７　下線部(e)に関連して，変動相場制移行後の国際通貨問題を表すものとして，もっとも適切なものを１つ選びマークしなさい。

①　主要20カ国の財務大臣と中央銀行総裁が参加するG20会議には，イン

ドネシアも参加している。

② 1994年には，国際金融市場での信認低下からメキシコの通貨レアルが暴落し，メキシコで通貨危機が起きた。

③ 1993年から，タイの通貨バーツが暴落し，アジアを中心に連鎖的に通貨が暴落するアジア通貨危機の引き金となった。

④ 1976年のスミソニアン合意において，固定相場制から変動相場制への移行が正式に認められた。

⑤ 1985年のプラザ合意では，G 5が当時問題となっていたドル安を是正することで合意した。

数学

(60 分)

分数形で解答する場合は，それ以上約分できない形で答えなさい。また，根号を含む形で解答する場合は，根号の中に現れる自然数が最小となる形で答えなさい。

〔Ⅰ〕 次の各問の [　　] に入る数値を下の表から選んでアルファベットをマークせよ。同じアルファベットを選んでもかまわない。

1. 2 以上の自然数 n について，$\dfrac{n}{n-\sqrt{n}}$ の整数部分が 2 となる最大の n は，[(1)] であり，最小の n は，[(2)] である。

2. xy 平面上の 3 点 $\mathrm{O}(0,0)$，$\mathrm{A}(a,b)$，$\mathrm{B}(2,1)$ を考える。但し，$a>0$ とする。A が O を中心とする半径 1 の円周上にあり，$\tan\angle\mathrm{AOB}=2$ ならば，$a=$ [(3)]，$b=-$ [(4)] である。

3. $x^3y^2=8,\ x\geqq 1,\ y\geqq 1$ を満たす x,y にたいして，

$$z=(\log_2 x)^2(\log_x y)+\frac{1}{8}$$

と置く。このとき，z は，$x=$ [(5)] で，最大値 $z=$ [(6)] となる。

A. 0	B. 1	C. 2	D. 3
E. 4	F. 5	G. 6	H. 7
I. 8	J. 9	K. 10	L. 11
M. $\frac{1}{2}$	N. $\frac{1}{3}$	O. $\frac{2}{3}$	P. $\frac{1}{4}$

Q. $\frac{3}{4}$　R. $\frac{1}{5}$　S. $\frac{2}{5}$　T. $\frac{3}{5}$

U. $\frac{4}{5}$　V. $\sqrt{2}$　W. $\sqrt{3}$　X. $\frac{2}{\sqrt{3}}$

Y. $\frac{\sqrt{3}}{2}$　Z. $\frac{\sqrt{5}}{2}$

〔Ⅱ〕　次のア～ツに当てはまる 0～9 の数字を解答欄にマークせよ。

1.　α を正の数とする。3 次関数 $f(x)$ が，$x=0$ で極大値 α，$x=\alpha$ で極小値 0 となるとする。$f(x)=(x-\alpha)(ax^2+bx+c)+d$ と置くとき，剰余定理により，$d=$ [ア] である。また，極値に関する条件から，

$$a=\frac{\boxed{イ}}{\alpha^2},\ b=-\frac{\boxed{ウ}}{\alpha},\ c=-\boxed{エ}$$

と決まる。従って，

$$f(x)=(x-\alpha)^2\left(\frac{\boxed{オ}}{\alpha^2}x+\frac{\boxed{カ}}{\alpha}\right)$$

と書ける。特に，$\alpha=8$ のとき，x 軸と $f(x)$ のグラフで囲まれた図形の面積は，[キク] である。

2.　α を正の数とする。4 次関数 $f(x)$ が，$x=0$ で極大値 α，$x=\alpha$ で極小値 0 となるとする。$f(x)=(x-\alpha)^2(ax^2+bx+c)+dx+e$ と置くとき，

$$d=\boxed{ケ},\ e=\boxed{コ}$$

である。さらに，

$$b=\frac{\boxed{サ}}{\alpha^2},\ c=\frac{\boxed{シ}}{\alpha}$$

と決まる。

$a=1$ のとき，$x<0$ の範囲で，$f(x)=0$ となる x が 1 つだけ決まるならば，$\alpha=$ [ス] であり，$x<0$ の範囲で，$x=-$[セ] において，$f(x)=0$ となる。さらにこのとき，x 軸と $f(x)$ のグラフで囲まれた図形の面積は，

$\dfrac{\boxed{\text{ソタ}}}{\boxed{\text{チツ}}}$ である。

〔Ⅲ〕 2 つの整数 a, b と自然数 m について, a を m で割った余りと, b を m で割った余りが等しいとき,

$$a \equiv b \ (mod\ m)$$

と表す。このとき, 次の問に答えよ。

1. $1 \leqq n \leqq 3^5$ を満たす自然数 n で, $n \equiv 3 \ (mod\ 5)$ となる n の個数を求めよ。

2. 自然数 a について, 次の条件 (#) を考える。

(#)すべての自然数 n に対して, $n^a \equiv n \ (mod\ a)$ となる。

(i) a が 2 と 3 の場合に, 条件 (#) を満たす事を示せ。

(ii) a が, 6 の倍数で, a の素因数が, 2 と 3 のみであるとき, 条件 (#) を満たさない事を示せ。

問八　傍線部D「蜘蛛手に物を思へども」の解釈として、最も適切なものを次の1～5の中から一つ選び、その符号をマークせよ。

1　恋人の行方に思いをはせてしまうのだが
2　いろいろなものを恐ろしく思うのだが
3　このまま修行を続けるか思い迷うのだが
4　さまざまに思い乱れて悩んでしまうのだが
5　遊女の行く末がとても心配なのだが

問九　Ⅲの和歌に託された二条の心のありようとして**適切でないもの**を次の1～5の中から一つ選び、その符号をマークせよ。

1　喪失　　2　無常　　3　寂寞　　4　悲憤　　5　孤独

する和歌を田舎の遊女が上手に詠んだから。

4 現世の苦しみから超越するべき尼の二条が涙を流すのを見て、富士の煙を恋人が火葬された時の煙に喩えつつなぐさめる和歌を田舎の遊女が上手に詠んだから。

5 仏道に入り修行をしているはずの二条の涙から事情をそれとなく察し、富士の煙の行方に重ねて、これからどこに行くのかと問う和歌を田舎の遊女が上手に詠んだから。

問六 ⅡはⅠへの返歌である。Ⅱの和歌の解釈として最も適切なものを次の1～5の中から一つ選び、その符号をマークせよ。

1 富士の山の高い嶺はその名も恋をするという駿河国の山ですので、恋する人がいる所を知らせるべく煙が立ち上っているのでしょう。思いの炎がまだ燃えているからこそ、旅を続けて恋人のもとに行きたいのです。

2 富士の山の高い嶺はその名も恋をするという駿河国の山ですので、いつも恋の炎を燃やしているに違いありません。思いの炎が燃え尽きて僧服のような黒い煙となったので、私は尼となって修行をしているのです。

3 富士の山の高い嶺はその名も恋をするという駿河国の山ですので、思いの炎があるからこそ煙が今も立っているのでしょう。かなわぬ恋の炎がまだ燃えているので、私は尼となったのです。

4 富士の山の高い嶺はその名も恋をするという駿河国の山ですので、恋の炎が燃え、空高く煙が立ち上っているでしょう。あの富士の煙はあたかも亡き恋人の火葬の煙のようで、悲しみのあまりに尼となったのです。

5 富士の山の高い嶺はその名も恋をするという駿河国の山ですので、恋の炎は燃えさかり富士の山にも煙が立っているでしょう。恋する尼の噂は一度立ってしまうと消えないので、あてのない旅を続けるのです。

問七 傍線部C「八橋」とあるが、この場面はある散文作品をふまえている。その作品名を漢字で記せ。

5　北の門より女房の車どもも、まだ陣のゐねば入りなむと思ひて

問三　傍線部A「身のたぐひにおぼえて目留まるに」とあるが、それはなぜか。その理由として最も適切なものを次の1～5の中から一つ選び、その符号をマークせよ。

1　琴や琵琶の稽古が辛いのではないかと感じたから。
2　恋愛の悩みを抱えているのではないかと感じたから。
3　宿の主に酷い目に遭わされたのではないかと感じたから。
4　昔はしかるべき貴族であったのではないかと感じたから。
5　出家願望を隠しきれずに泣いているのではないかと感じたから。

問四　空欄 X に当てはまる活用語尾を記せ。

問五　傍線部B「いと思はずに」と二条が感じた理由として最も適切なものを次の1～5の中から一つ選び、その符号をマークせよ。

1　二条が尼となっても辛そうに涙を流しているのに気づき、なぜ出家をしたのかと富士の煙になぞらえて問いかける和歌を田舎の遊女が上手に詠んだから。
2　二条が権力闘争に敗れ意に反する出家をしたのであろうと気づいて、富士の煙に二条の受苦を重ね、優しくいたわる和歌を田舎の遊女が上手に詠んだから。
3　現世への未練の涙を流しながらも仏道を希求しようとする二条の苦しみを察し、富士の煙に黒い僧服の色を喩えて共感

馴れぬるなごりは、これまでも引き捨てがたき心地しながら、さのみあるべきならねば、また立ち出でぬ。

C八橋といふ所に着きたれども、水行く川もなし。橋も見えぬさへ、友もなき心地して、

Ⅲ我はなほD蜘蛛手に物を思へどもその八橋は跡だにもなし

〈注1〉九献（くこん）——酒のこと。

〈注2〉小折敷（こをしき）——檜の「へぎ板」で作った角盆で、食器などを載せる際に用いた。

問一　次の1～5の傍線部のうち、傍線部①「らるる」と文法的に同じ用法のものを一つ選び、その符号をマークせよ。

1　自然に心をさめらるるやうになむはべりし
2　その時に、賀茂の明神の仰せらるるとおぼえさせたまひて
3　人にをぢらるる上のきぬは、おどろおどろし
4　左衛門督の御屏風のことせらるるとて
5　人々言ひかはしたる歌の聞えて、打聞などに書き入れらるる

問二　次の1～5の傍線部のうち、傍線部②「の」と文法的に同じ用法のものを一つ選び、その符号をマークせよ。

1　常に目馴れぬさまのしたまへるを、いかでかくしもありけむと思す
2　棹は穿つ、波のうへの月を、舟はおそふ、海のうちの空を
3　かかるあひだに、人の家の、池と名あるところより
4　昨日のは、いと古めかしき心ちすれば聞こえず

性が備わっているためである。

4　資本主義の経済原理はケの論理で成立しており、人間が時にハレの儀式に帰還したくなるのは日常的なケの論理から一時的に解放されるためである。

5　出郷した人間は必ず帰郷したがるが、それはハレの日に自分の出自を確認することによって、日頃のケの論理の中で生きていけるようにするためである。

(三)

次の文章は「とはずがたり」の一節である。後深草院二条(二条)は宮中を退去した後、尼となって諸国を旅していた。以下を読んで、後の問に答えよ。

やうやう日数経るほどに、美濃国赤坂の宿といふ所に着きぬ。ならはぬ旅の日数もさすが重なれば、苦しくもわびしければ、これに今日は留まりぬるに、宿の主に若き遊女おとといあり。琴、琵琶など弾きて情けあるさまなれば、昔思ひ出でらるる心地①して、九献〈注1〉など取らせて、遊ばするに、二人ある遊女②の姉とおぼしきが、いみじく物思ふさまにて、琵琶の撥(ばち)にて紛らかせども、涙がちなるも、身のたぐひにおぼえて目留まるにA、これもまた墨染の色にはあらぬ袖の涙をあやしく思ひけるにや、盃据

X たる小折敷〈注2〉に書きてさしおこせたる。

Ⅰ思ひ立つ心は何の色ぞとも富士の煙の末ぞゆかしき

いと思はずに、情けある心地してB、

Ⅱ富士の嶺は恋をするがの山なれば思ひありとぞ煙立つらむ

3　ハレはケよりも偉い
4　ハレはケに勝てない
5　ハレはケをからかう

問七　傍線部D「反復の構図」とあるが、**本文中の意味と異なる例**はどれか。次の1〜5の中から一つ選び、その符号をマークせよ。

1　帰省に際して、正月は決まった神社へ、盆には墓参りへ行くこと。
2　キリスト教文化圏で、毎年クリスマスが近づくと親元に帰ること。
3　故郷の山や川が変わらぬことを確認するために、里帰りをすること。
4　朝鮮半島において、秋夕と呼ばれる祖霊祭の時期に人々が故郷へ帰ること。
5　出郷した人間が、相当なエネルギーを強いられながらもラッシュの時期に帰省すること。

問八　本文の内容に合致するものを次の1〜5の中から一つ選び、その符号をマークせよ。

1　帰省ラッシュを回避したくてもできないのは、誰もが共同のセレモニーを重要視しつつ、旧来の家族制度を否定しているためである。
2　世界中で帰省ラッシュが発生するのは、いずれの場合においても人々の根幹にある信仰心に基づく個々のアイデンティティを確認するためである。
3　都会での事業に成功し何一つ不自由のない暮らしをしている人でも帰省したがるのは、人間の根底に故郷をめざす精神

2 制度の恩恵に与る。
3 家主の留守を与る。
4 仲間の提案に与る。
5 大会の成功に与る。

問四 傍線部C「集団で体験するゲマインシャフトの高まりが参加者に特別な帰属感を味わわせ、ひいてはその人のアイデンティティの一部を形成する」とあるが、その例として最も適切なものを次の1～5の中から一つ選び、その符号をマークせよ。

1 勤務先の同僚達の家族ともども毎年旅行に出かけて結束を強める。
2 毎年盆と正月には必ず帰郷して、先祖代々の墓参りを欠かさない。
3 生前親交がなくても郷里に葬儀があれば参列し、遺族を慰労する。
4 被災した郷里の私鉄の復興のため、賛同者を募り募金活動を始める。
5 過疎化した村の祭りに里帰りし、同級生全員で村歌舞伎を奉納する。

問五 空欄 X に補うべき四字熟語を記せ。

問六 空欄 Y に補うべきものとして最も適切なものを次の1～5の中から一つ選び、その符号をマークせよ。

1 ハレとケは異なる
2 ハレとケは等しい

問一　傍線部①②の漢字の読みをひらがなで記せ。

問二　傍線部A「決まった時期」とあるが、故郷を離れた人が相当なエネルギーを強いられながらも「決まった時期」に帰省をする理由として最も適切なものを次の1～5の中から一つ選び、その符号をマークせよ。

1　ゲマインシャフトの性格が高まり、ことさら故郷らしく共同で演出されている時期に帰ることで、特別な帰属感を味わうことができるから。

2　世界的に見て、宗教儀式においては「帰省ラッシュ」という現象が必要なため、人々は暦で決められた時期に帰郷しなければならないから。

3　都会に憧れて出郷した人間は、望郷を望郷のままに留めておけず決まった時期に帰郷するという現実的な行為をしないではいられないから。

4　日ごろから不義理をしている家族に対する償いの気持ちを表すため、出郷した人は盆が来れば必ず先祖の墓参りをしなければならないから。

5　人はゲゼルシャフトの世界だけでは生きていけず、毎年親族に会いたくなったり、親しい肉親の結婚式などに出席したくなったりするから。

問三　傍線部B「与る」とあるが、その使い方と同じものはどれか。最も適切なものを次の1～5の中から一つ選び、その符号をマークせよ。

1　後輩に機会を与る。

して配置されていることである。そしてやんちゃな主人公はこのゲマインシャフトを代表する御前様には頭が上らないが、小規模な資本主義の担い手たる「タコ社長」に対してはつねにからかいをもって対応する。このゲマインシャフトでも［ Y ］のだ。

むろんここには、山田洋次の計算された演出があるのだが、私が面白いというのは、こういう「故郷」を拠点にしながら主人公が全国の地方を行商して回り、行く先々で知り合いになる美しいマドンナたちとの恋を夢想しつつも、結局は夢に破れて毎回必ず柴又に帰ってくるという反復の構図（D）である。地理的立場は逆転していても、都会に出て夢破れた出郷者が望郷の念に駆られ、帰郷するのと同じように、恋の夢に破れた主人公がいつも想い出すのは故郷柴又でじっと兄を待っている妹の「さくら」であり、じじつ彼はそこへ帰ってくるのである。この主人公における故郷と旅との永遠の繰り返しはおそらくわれわれの故郷意識にとって重要な何かを暗示している。

大袈裟なことを言うなら、フーテンの寅の永遠の繰り返しも、人びとの毎年の帰省ラッシュも、ともにたんなる帰巣本能（②）というより、むしろフロイトがかつてトーテムやタブーを分析してみせたような人類史的な規模で生じる反復強迫の現われかもしれない。イスラム暦にしたがって、毎年一二月八日から一〇日にかけておこなわれるハッジと呼ばれる大巡礼などをみると、それがたんなる空想でもないように思えてきてしまう。あの大巡礼は、まさに信者たちの精神の故郷であるメッカを目指して帰還する大規模な「帰省ラッシュ」でもあるからだ。

（小林敏明『故郷喪失の時代』による）

〈注1〉　さきに見た――筆者は本文に先立ち、望郷歌謡曲について考察している。
〈注2〉　テンニエス――ドイツの社会学者。

同体の性格をあらわにする。たとえば、①精霊流しは人びとが寄り集まって共同でやるから意味があるのであって、これを一人でやってもたんなる遊び以上の意味は生じない。こういう共同体の祭礼を司るのが各地の神社であり、寺院である。厳密な意味での信者かどうかなどということは二の次にして、そのようにC集団で体験するゲマインシャフトの高まりが参加者に特別な帰属感を味わわせ、ひいてはその人のアイデンティティの一部を形成するのである。このメカニズムはおそらく文化人類学的な古さをもっている。そしてこれだけは功利的な個の支配するゲゼルシャフトでは体験できない。というか、そもそもそういうものを切り捨てたところにゲゼルシャフトが成り立ったのである。

基本的には各地に見られる祭りも同じ性格をもっている。だが、観光の目玉となって集客力のあるような祭りを除けば、無名の村祭りなどは現在ではそれを準備する要員もままならず、年々規模が小さくなっていて、そのためにわざわざ都会から一時帰省をする人間もほとんどいない。じじつ私の実家の村祭りもその例外ではない。ましてや過疎が進んでいるようなところでは祭りそのものの存続さえ危ぶまれるほどである。

そういう意味では、親族規模で集団的アイデンティティを確認する機会としての　X　のほうがまだしも吸引力を保っている。故郷に残った自分の親の葬儀には、まずだれもが駆けつけるだろうし、親しい肉親の結婚式などにもわざわざ仕事を休んで(つまりケを中断して)出席する人間は少なくない。しかし、これらはいわば不定期なハレの日であって、集団も親族と知人友人のレベルに限られている。

こういう定期的な回帰ということで、私がすぐ連想してしまうのは、山田洋次のシリーズ映画『男はつらいよ』である。この映画が面白いのは、まず東京と田舎が逆転していて、主人公「フーテンの寅」の故郷は東京のなかの「田舎」としての葛飾柴又であり、実家代わりになるのが叔父夫婦の経営する草だんご屋と設定されていることである。しかも、見逃せないのは、このゲマインシャフトの性格を色濃く残した場所の中心に柴又帝釈天題経寺(だいきょうじ)があり、「御前様」という住職がその土地を司るキャラクターと供養のようなものである。

余談だが、毎年福島の放射能汚染地帯を訪れて取材を続けている友人のジャーナリストが、行くたびにピカピカに磨かれた新しい墓石が目につくと言って写真を見せてくれたことがあるが、廃屋が散在し、草は伸び放題でまともに生活もできないところで、せめて先祖の墓だけは守ろうとする人びとの故郷観のありかたがうかがえる興味深い事実である。

ところで、祭礼としての正月も盆も、いわばケに対するハレの日である。だから、帰省とは見方によってはケからハレへの帰還と言うことができる。このことをもう少し論じてみよう。（中略）テンニエス〈注2〉の概念でいえば、出郷とはたいていはゲマインシャフトの世界を離れてゲゼルシャフトの世界へ移動することであった。共同体志向の強い田舎を出た者は資本主義の経済原理が支配する都会に出て労働の分け前に与る。だが、ひとはゲゼルシャフトすなわちケの論理だけでは生きることはできない。金を稼いで衣食住が足りたとしても、それだけでは充足できないのである。不思議なことに人間というのは、それを越えて、自分の素性や自分を育んだ環境をすべて含んだアイデンティティという厄介な代物を求める生き物である。ひとが心理的にいつまでも親を捨てられないのは、道徳の問題というより、むしろアイデンティティの問題である。あの祖霊崇拝もそこにつながっている。その意味では自分が捨てたはずの故郷もまた容易に放棄することはできない。なぜなら、ここにこそ自分のアイデンティティの源があると、たいていの人間は信じているからだ。

では、なぜそれが正月や盆の帰省とつながるのか。故郷はいつでも存在しているから、いつ帰省しても良いようなものだが、そうならないのは、この時期に故郷におけるゲマインシャフトの性格すなわちハレの性格が一挙に高まるからである。故郷はただあればいいというわけにはいかない。山や川が昔と同じようにただ存在するだけで自分を慰めてくれるというのはひとつの心理的事実である。だが、故郷はことさらに故郷らしく共同で演出されなければならないということも、もうひとつの事実である。総じて祭事というものが示しているように、共同体の成員たちが集って非日常的なハレの儀式を執り行うとき、共同体は共い。それにもかかわらず人びとは決まった時期に故郷目指して帰っていく。その逆の帰りもまたラッシュとなることは言うまでもない。

なぜ、こんなことが起こるのだろう。もう少し日程をずらしたりしてラッシュを回避することはできないものだろうかと、だれもが考える。だが、それはできない。なぜなら、帰省ラッシュの原因となる正月や盆は自分で勝手に変更したりすることができない決め事だからである。それらは暦によって初めから決まっており、しかも人びとに共同のセレモニーである。

この現象は日本だけに限られたものではない。中国の春節のように、アジアでは旧正月を祝う国が少なくないが、そこでも毎年この時期にやはり大規模な帰省ラッシュが生じている。朝鮮半島ではこれにくわえて、秋夕（チュソク）と呼ばれる祖霊祭が陰暦の八月十五日にあり、これも帰省ラッシュの原因となっている。キリスト教文化圏ならば、当然クリスマスを筆頭に聖霊降臨祭や復活祭などに同様の事態が起こるが、私の住むドイツなどでは人口の大都市への一極集中化がないせいか、アジア諸国ほどひどい状態にはならない。そのかわり近ごろではポーランドをはじめとする東欧からの出稼ぎ組の帰省が目を引くようになってきた。イスラム圏でいえばラマダーン（断食）明けの大祭が帰省ラッシュの目標になっているようである。

この世界中に広がる帰省現象をどう理解したらよいのだろうか。まず、はっきりしているのは、帰省ラッシュが例外なく宗教的儀式と密接に関係していることである。日本の場合でいえば、神道色の強い正月と仏教色の強い盆の二つがそれだが、柳田國男の説では、両者はもともと祖霊崇拝に発したもので、神と仏の役割分担はのちの発展だとされる（『先祖の話』）。だから、帰省に際しては、正月ならば神社に参拝し、盆ならば墓参りという行為がともなう。数ある祭礼のなかでもこの二つが特別の重みをもっているのは、それぞれの時期に重なって年賀状と暑中見舞いの葉書、また歳暮と中元という贈り物の儀式があることでもわかるが、同時にこれらの祭礼行為には、当事者の主観的な心理として、日ごろ自分が不義理をしている家族や共同体に対する償いの気持ちも加わっているだろう。皮肉な言いかたが許されるなら、これは近代に入って崩壊しつつある旧来の家族制度に対する薩にめぐり会う。

4　ピザンを寒山の、ジャンヌ・ダルクを拾得の見立てであると考えることで、「わたし」はことばによって普賢菩薩と対面可能となる。

5　「わたし」は現実の人間を幾重もの存在として読み込み、ことばを媒介にしてそれらに接近することで、普賢菩薩に化身する。

(二)　次の文章を読んで、後の問に答えよ。

憧れて都会に出てきた者であれ、あるいは事情に余儀なくされて土地を出た者であれ、出郷した人間はいつか自分の育った場所を回顧するようになる。そしてその回顧はまた遅かれ早かれ望郷ないし懐郷へと変じていく。さきに見た唱歌や歌謡曲に歌われたのは、おもにこの望郷をテーマにしたものであった。だが、望郷が望郷のままで留まる例は少ない。折を見ての帰郷という現実的な行為がそれにつづくからである。〈注1〉

帰郷には二通りある。ひとつは都会など外に出たものの、やはり元の場所がよいとして全面的な帰還を果たす場合と、新しい場所での生活は変えることなく、ただ一時的にのみ帰る場合、すなわち帰省の場合である。ここで取り上げるのは全国的に見て、圧倒的に多いと思われる後者の場合である。

いつごろからか「帰省ラッシュ」ということが言われるようになって久しい。この時期がやってくると、車、列車、飛行機、バス、船、いずれの交通機関も満席状態となって、帰省客たちは相当なエネルギーを強いられ、その消耗やストレスも少なくな

3　現代作家が後に権威づけた
4　虚空蔵が智をもって語った
5　他国の権威者と同様に解釈された

問六　傍線部E「『権化』『権現』は日本語で使われすぎていて、かえってイメージがわかない」とあるが、その意味として最も適切なものを次の1〜5の中から一つ選び、その符号をマークせよ。

1　別な存在を生み出すために種々のシステムを創造することは、「権化」という語では表すべきでない。
2　「権化」「権現」という昔からある語では、現代的な新しい思想を盛り込むのに無理があると考えられる。
3　「権化」「権現」という語は、古くから神仏と結びつけて用いられることが多く、他の文脈では使いにくい。
4　「権現」という語を使った固有名詞が多く、「権現」という語によって読者に強烈な印象を与えることは難しい。
5　古くから「権化」「権現」や「化身」という語がアバターと同じ意味で使われており、岡倉天心の独創性を説明できない。

問七　傍線部F「普賢に出会う」の意味として最も適切なものを次の1〜5の中から一つ選び、その符号をマークせよ。

1　「わたし」はピザンのアバターであることから文殊菩薩のアバターだといえるが、塵のような現実世界の事象をことばによって表現することで、普賢菩薩と邂逅する。
2　「わたし」は詩人でもある寒山のアバターであり、現実世界の塵をことばで表現していく過程でユカリと交流をもち、普賢菩薩のアバターに変相していく。
3　ユカリはジャンヌ・ダルクのアバターであるが、ピザンと重ね合わされることで、現実の中で「わたし」とともに普賢菩

問三　傍線部C「天明狂歌師」に関する文として最も適切なものを次の1～5の中から一つ選び、その符号をマークせよ。

1　天明狂歌師は、俳諧師や絵師とは異なり真剣に狂歌を生み出した。
2　天明狂歌師は、狂名を用いることにより存分に自分を晒すことができた。
3　天明狂歌師は、狂歌を作ることでゆるぎないアイデンティティを確立した。
4　天明狂歌師は、自分の個性の表現として狂歌を作っているわけではなかった。
5　天明狂歌師は、生活上の現実と対応した平安貴族めいたふざけた存在だった。

問四　傍線部D「自我観念がまったく異なるのである」とあるが、その説明として最も適切なものを次の1～5の中から一つ選び、その符号をマークせよ。

1　近代では誰もが自分探しをおこなうが、江戸時代には成人全員がいくつもの自分自身を創出していた。
2　近代では一人ひとりが必要不可欠な存在であるのに、江戸時代は複数の自我を持つのが当たり前だった。
3　近代では人格が過度に重要視されているが、江戸時代は遊女のなかに別の存在を他のひとが読み取っていた。
4　近代ではアバターという概念で自分を捉えるのはまれであるが、江戸時代は誰もが自分をアバターだと考えていた。
5　近代では確固とした自我が存在するとみなされるが、江戸時代には自分を次々と作り出しても疑問視されなかった。

問五　空欄［X］に入る表現として最も適切なものを次の1～5の中から一つ選び、その符号をマークせよ。

1　神仏が夢のなかで秘密をあばいた
2　死後にその真実が明かされた

〈注〉女媧（じょか）――古代中国神話に登場する、人類を創造したとされる女神。

問一　傍線部A「江戸人にあっては、思想を分析する思弁よりも、それを俗化する操作のほうが速かった」の意味として最も適切なものを次の1～5の中から一つ選び、その符号をマークせよ。

1　当時の人びとは「歴史上の実在」に執着し、お竹のなかに大日如来を見、信仰の対象にまで引き上げた。
2　歴史的な出来事が起こると、その理由や背景を考えるよりも何か特別な力が働くと考える傾向があった。
3　江戸人は、遊女が普賢菩薩だったことに思いをめぐらす前に、自分の生活の中に仏菩薩を見出そうとした。
4　普賢菩薩の化身は江戸の思想に当てはまると判断したが、さらに身近で起こりえる出来事として速断した。
5　遊女が変身したことに神聖な考えを持たず、大日如来も身近な人物が変身したものと江戸では考えられた。

問二　傍線部B「ひとりの人間のなかに、二重も三重もの存在を読み込む」ときに江戸人のとった方法として最も適切なものを次の1～5の中から一つ選び、その符号をマークせよ。

1　他の生物や仏心に自分の観念を同化させる。
2　おどけや笑いの要素の中で貴さを強調する。
3　神聖さを取り除き現実的な真実を描き込む。
4　別の本質的な人物像を創作して自分を表現する。
5　貴いものを平凡なものや滑稽なものに置換する。

寝床に入り込む。しかし女性は今度も従わず、学生(がくしょう)にならなければ会わないという。この学生とは学僧のことで、比叡山では一二年間にわたって学問を修めて初めて学生になれるのだ。しかしこの僧は遊び好きなのだが本気で学ぶと非常に優れた能力を発揮し、三年で学生になってしまった。そこでまた女性に会いに行く。今度は寝床に入り込むと、疲れが出て眠ってしまう。そして目が覚めてみると、そこは草原だった。衝撃を受けながら法輪寺に行く。そこで菩薩が夢に現れ、能力がありながら遊び惚(ほう)け、女性を追いかけるので、女性のアバターに姿を変えて仏道に導いたことを伝える。このような話はいくつも語られてきた。

石川淳の小説『普賢』も、その題名の意味するところは、アバターとしてこの世に現れるその「もと」になる普賢菩薩である。この小説の主人公は、クリスティヌ・ド・ピザンというフランスの最初の女性職業文筆家の伝記を書いている。ピザンはその生涯の最後に『ジャンヌ・ダルク讃』を書いた。そこで主人公はこのピザンとジャンヌ・ダルクを一緒に書こうとしている。

主人公はその二人を、中国の二人の僧、寒山と拾得の「見立て」だと考えている。そもそも中国では、巻物を持った寒山は文殊菩薩の化身(アバター)で、箒を持った拾得は普賢菩薩の化身(アバター)なのである。さらに寒山が詩人であることから、ピザンが寒山の見立てで、ジャンヌ・ダルクが拾得の見立て、ということになる。ということは、ピザンは文殊菩薩の化身(アバター)で、ジャンヌ・ダルクが普賢菩薩の化身(アバター)なのだが、同時に現実世界に生きるユカリという女性がジャンヌ・ダルクの化身(アバター)なのである。『普賢』における現実世界の人間存在は、菩薩の世界と歴史とを串刺しにしながら、幾重もの存在として読み込まれ、まさに江戸人と同じ「俗化」の操作がなされている。全体としてその根幹にあるのは、「普賢とはわたしにとってことばである」という表現だ。現実の塵(ちり)を拾得のごとくその箒でかき集め、クリスティヌ・ド・ピザンのアバターとしてものを書き続ける「わたし」は、その塵を「ことば」に変換することで<u>普賢に出会う</u>(F)のである。

（田中優子「江戸のダイバーシティ」『江戸とアバター　私たちの内なるダイバーシティ』所収による）

お竹は「権化」になる。一方、「権現」は仏菩薩が衆生を救うために、日本の神に姿をかえてこの世に現れることとその現れた神のことで、これは、仏教を日本に定着させるために神仏を共存させた際にとられた本地垂迹という操作によっておこなわれた。八幡神、熱田権現、蔵王権現、熊野三所権現などがそれである。

逆コースで、日本の神が仏や人間になって現れたのだ、と主張する人たちもいて、その形が「明神」である。豊臣秀吉はその死後、豊国大明神と名付けられた。一方徳川家康は寛永寺の天海が後ろ盾になっていたので、その死後、東照大権現と名付けられた。秀吉も家康も「実はアバターだった」と、［　X　］、というストーリーである。

アバターという言葉に意外な本で出合ったことがある。岡倉天心の『茶の本』だ。東洋と西洋が荒れ狂う海に投げ出された二匹の龍のように無駄な努力を続けている、と言い、この荒廃を修復するために再び中国の女媧〈注〉とインドの偉大なるアバターの登場を待っている、と書いている。ちなみに『茶の本』は英語で書かれた書物なので、複数の訳本がある。ある訳本では片仮名で「アバター」とし、別の訳本ではこれを「大権化」としている。

E「権化」「権現」は日本語で使われすぎていて、かえってイメージがわかない。ここはやはりアバターと訳したほうがわかりやすい。

「江口」のような能の演目はもちろんだが、私は『今昔物語』のなかにたくさんのアバターを見る。たとえば「比叡の山の僧、虚空蔵の助けによりて智を得る語」という話がある。

比叡山のある僧は、学問の志はあるが遊び戯れることに心を向けて学問をすることがなかった。あるとき京都の向こう側にある法輪寺に詣でて帰りが遅くなり、帰る途中の京都で、ある家に泊まらせてもらうことにした。その家に美しい女性がいて、僧はついつい女性の寝床に入り込む。しかし女性は「法華経を覚えてそらで唱えられるようになるまでは従わない」と言う。僧は比叡山に帰り、女性に会いたいばかりに懸命に法華経を覚え、再び女性に会いに行き、そらで覚えた法華経を読む。そしてまた、した「生活上の象徴」なのである。「眼をひらけばお竹、眼をとじれば大日如来」という「変相の仕掛」でもある。

「象徴」「転換」「変相」「操作」「仕掛」によって、Bひとりの人間のなかに、二重も三重もの存在を読み込む。ただし必ず「生活上の現実」を対応させる「俗化」がおこなわれた、ということだ。これを「やつし」「俳諧化」とも、とらえた。

そこから石川淳は天明狂歌の話に入る。天明狂歌は「狂名（きょうめい）」を使う。これは俳諧の「俳名（はいめい）」や絵を描くときの「雅号」などと同じに見えるが、実は違う。かつてはその名のなかに作者が存在していた。しかし狂名のなかに作者は「不在である」と。狂名は、つぶりの光とか酒上不埒（さけのうえのふらち）とか鹿都部真顔（しかつべのまがお）とか知恵内子（ちえのないし）とか、平安貴族めいたふざけた名前が基本だ。しかし石川淳は言う。「狂名がふざけていると、ひっぱたいてみても、作者はそこにいない」と。なぜならC天明狂歌師は「人格ではなく仮託だからである」と。

これは、別の名前に仮託された別の存在。すなわちアバター（avatar）である。（中略）

大学生のころの私はアバターという概念でこれを考えていなかったが、ひとりの人間のなかに別の存在を他のひとが読み取る、というだけでも驚き、さらに自ら別の存在に自分を仮託して、そこから近代でいうところのアイデンティティをそっと抜き取る、という操作にもっと驚き、さらにその名前がいくつも作られることや、その操作をするのを誰も不思議に思わないで暮らしていることにも驚いた。一言でいえばD自我観念がまったく異なるのである。彼らは自分探しなどおこなわない。自分を次々と作り出しながら才能を分岐させていくのだ。自分を探すのではなく創っていくのである。

「アバター」という言葉は映画の題名にもなった。もともとの意味はインド神話に登場するヴィシュヌ神が、十の異なる化身をもつことに由来し、その一つひとつのことをアバターという。この言葉は日本にも入り、日本語では「権化」とか「権現」とか「化身」と訳されていた。日本において決して新しい言葉でも、新しい考え方でもなく、古くからあったのだ。前述した江口は普賢菩薩の化身なのでアバターである。お竹さんは大日如来の化身なので、やはりアバターである。

訳語の違いを言えば、「権化」は仏菩薩が衆生を救済するために人の姿でこの世に現れたその人間のことだ。したがって江口や

国語

（六〇分）

（一）　次の文章を読んで、後の問に答えよ。

私は大学生のときに江戸文学の研究を始めた。その契機となったのが、小田切秀雄ゼミナールで昭和十年代の文学作品を取り上げて発表する、という課題だった。そのときに石川淳の『普賢（ふげん）』という作品を読み、石川淳に深い関心をもった。そこで古本屋で全集を買い込んで次々と読んだのだが、そのとき「江戸人の発想法について」というエッセイに出合ったのである。とにかく驚いた。

江戸に実在した都市伝説の登場人物で、佐久間家の竹という女中がいることから話は始まり、その竹が実は大日如来であるとされたことに話はおよぶ。そこまでは、ほかにも言及したものはある。しかし問題はそれをどうとらえるか、である。石川淳はこの都市伝説の背景に能の「江口（えぐち）」があることを示唆した。摂津の国の江口の遊女が、実は普賢菩薩だった、という話である。「江戸人はその夢を解いて、生活上の現実をもってこれに対応」させつつ、新たな夢をそこに見た、と石川淳は書く。新たな夢は、身近にいる「竹」という実在の女中が大日如来かもしれない、という夢である。そのことを、A「江戸人にあっては、思想を分析する思弁よりも、それを俗化する操作のほうが速かったからである」ととらえた。江口は「歴史上の実在」、お竹はそれを俗化

解答編

英語

I

解答　(1)―2　(2)―1　(3)―2　(4)―2　(5)―4　(6)―3
(7)―4　(8)―4　(9)―4　(10)―2　(11)―1　(12)―3
(13)―4　(14)―2　(15)―1　(16)―4　(17)―3　(18)―4

◀解　説▶

(1)「ハリー，遺失物預かり箱であなたの赤と金のスカーフを見ましたよ。30 日以内に返還を要求しなければ，廃棄されますよ」
claim は「(遺失物の) 返還を要求する」という意味。1 は「想定する」という意味。

(2)「彼はあらゆることに対して否定的な態度です。だから想像できますが，彼はその計画に最初から反対でした」
against は「～に反対して」という意味。空所の後に冠詞がついた名詞があるので，形容詞の 2 は不可。3 は be opposed to ～ の形なら「～に反対する」という意味になる。4 は be wary of ～ の形なら「～に用心深い」という意味になる。

(3)「ポールは，先週の金曜日いっぱいで突然仕事を辞めた。その結果，月曜日の朝，彼がもはやこの会社で働いていないという事実に多くの同僚は気づいていなかった」
2 の be aware of ～ は「～に気づいている」という意味。1 は be anxious about ～ の形なら「～を心配している」という意味になる。3 は「～を理解する」，4 は「～を消費する」という意味。

(4)「シドニーは出張中に腕を骨折したと私に言いましたが，彼はそれしか話してくれませんでした。彼はどうしてそうなったのか決して言わなかったのです」
2 の mention は「～を述べる」という意味。1 は「～を運営する」，3 は「～を表現する」という意味。

⑸「無礼と思われるのは承知していますが，あなたのあの古い靴は，このような公式な行事では不適切ではないですか？」
sound C で「C に聞こえる」という意味。1は「～を示す」，3は refer to ～で「～に言及する」という意味。
⑹「数学的な能力ということになると，彼女に匹敵する子どもはこのクラスにはいない」
when it comes to ～ で「～ということになると」という意味。1の「もし～がなかったら」，2の「もし～がなければ」はともに仮定法なので主文の動詞 is に合わない。
⑺「もし放置されているかばんのような不審なものを駅構内や周辺で見つけた場合は，すぐに警察に連絡してください」
4は「疑わしい」という意味。ここでは空所の前の anything を修飾している。1は「絶滅に瀕した」，2は「人を誤解させる」，3は「特有の」という意味。
⑻「他の選択肢をすべて除外するのは賢明ではないかもしれない」
rule out ～ は「～を除外する」という意味。3の過去分詞では受動の意味になり，all of the other options という目的語が直後にあるので不可。
⑼「クラブのルールによると，締め切り前に会費を納入しなかった会員は自動的に会員資格を停止されます」
suspend は「（出場や身分）を停止にする」という意味。1は「狼狽させる」，2は「区別する」という意味。
⑽「私たちの調査に回答した学生の大多数が，大学の交換プログラムに満足を示した」
majority of ～ で「～の大多数」という意味。each は「それぞれ」という意味で，単数扱いになり，後続の students が複数形になっているので不可。most は「大部分」という意味だが，most of the students の語順なら可。
⑾「明日，その書式を私にファックスしていただくとありがたいです」
appreciate は「（物事）に感謝する」という意味。thank は「（人）に感謝する」という意味なので，ここでは不可。2は「感謝して」，3は「楽しい」という意味で，どちらも形容詞なので，ここでは不可。
⑿「会議の前に電話でその計画について話しませんか？」

解答編

over the (tele)phone で「電話で」という意味。

⒀「もう少しで思い出せそうだったんだが，その役者の名前が思い出せなかった」

on the tip of *one's* tongue で「(のどまで出かかっているのに) 思い出せない」という意味。英語では「舌先まで」という表現になる。

⒁「この場所はアルコールが提供されません。つまり，ここでビールを飲むことは禁止されています」

ban は「～を禁止する」という意味。1は「～を許す」，3は「～を贈る」，4は「～を支持する」という意味。

⒂「キリマンジャロの山頂は海抜何フィートですか？」

above sea level で「海抜」という意味。

⒃「リズが戻るまでにテーブルを片付けましょう」

時や条件を表す副詞節の中では，未来のことでも現在形で表す。

⒄「何年間も一生懸命働いた後，フィルはついに店長に昇進した」

promote は「～を昇進させる」という意味。1は「～を雇う」，2は「～を励ます」，4は「～を減らす」という意味。

⒅「必ず時間通りにここに戻ってください。さもなければバスに乗り遅れますよ」

be sure to *do* で「必ず～する」という意味。

Ⅱ　**解答**　(1)―2　(2)―4

◆全　訳◆

≪メイクが得意な妻≫

私の妻は大手の国際的な化粧品会社のメイクの専門家として，日本で長年に渡って働いてきた。通常，職務で彼女が他の人にメイクを施す必要はないが，それでも彼女はメイクをするのを非常に得意としていた。本当だとも。それを裏付ける話をしよう。

日本に来る海外の有名人は，現地のメイクアップアーティストを契約で雇うことを好むので，私の妻が勤めている会社に連絡を取ることがよくある。数年前，非常に有名なアメリカの女優が，新しい映画のプロモーションのために日本を訪れ，彼女をメイクするために妻の同僚の一人を雇った。

残念なことに，この雇われたメイクアップアーティストは突然病気になり，この女優にメイクできなくなった。代わりになるメイクアップアーティストは他にいなかったのだが，妻の同僚が病気で休むと電話をかけてきたとき，妻が本社にいた。通常の業務内容ではなかったが，妻の手は空いていたので（そして思い出してほしい。妻はメイクを施すのが極めて上手なのだ）同僚の代役を務めることを志願した。会社からメイクのカバンを引っ提げ，その女優が滞在しているホテルに急いで向かった。

女優が泊まっている部屋でカバンを開けたとき，妻はメイク用のブラシが入っていないことに気づいた。新しいブラシを手に入れる時間はなかったので，妻は自分ができる唯一のことをした。指を使ってメイクしたのだ。

「なぜそんな変わった方法で私にメイクしているの？」と女優は尋ねた。

「気にしないで」と妻は言った。「メイクするのにいつも指を使っているのよ」

もちろん，これは嘘だった。

妻は本当にメイクで奇跡を起こせる。それでも，女優が結果にがっかりするのではないかと恐れていた。彼女が驚いたことに，この子どもの「指を使ったお絵かき」のようなメイク方法が生み出したものにその女優は大喜びした。実際に，その女優は引退するまで，訪日したときはいつも，私の妻に自分のメイクアップアーティストになってくれるよう必ず依頼してきた。妻はこの依頼を断ることはなかったが，彼女が毎回同じ技法を用いなければならなかったのは言うまでもない。

◀解　説▶

(1)空所は be afraid that S V「Sが～するのを恐れる」という表現の that 節内の動詞の部分なので，筆者の妻が女優にメイクをした結果，どのようになることを恐れていたのかを考える。2.「結果にがっかりする」が正解。他の選択肢はそれぞれ，1.「ブラシについて謝っている」，3.「顔のメイクが見られないでいる」，4.「自分自身の奇跡を起こしたがらない」という意味。

(2)指を使ったメイクを有名女優に気に入ってもらった筆者の妻は，後に同じ女優からメイクを担当する依頼があったときにどうしなければならなかったかを考える。4.「毎回同じ技法を用いる」が正解。他の選択肢はそれぞれ，1.「子どもたちにメイクの助言を求める」，2.「自分自身のブラシを作る費用を考慮する」，3．「払うことができる以上のお金を女優に払う」という意味。

III　解答

問1．A．taught　B．Knowing
C．expressed　D．stuck

問2．(1)―1　(2)―3　(3)―4　(4)―2　(5)―3　(6)―4

問3．A群：1　B群：4

◆全　訳◆

≪現代の創世記≫

まさに今あなたがいるところで，過去の記憶を持たずにちょうど目が覚めたと想像してみたまえ。あなたは記憶喪失である。体と心は正常に機能しているが，あなたがいるところにどうやって来たかはわからない。人生の物語を持っておらず，そのために途方に暮れている。さらに悪いことに，あなたは次に何をするべきかわからない。もし誰かがそんな状態にいるあなたを見つけたら，その人はあなたは頭がおかしくなってしまったとおそらく思うだろう。

世の中と自分自身の存在を理解するために，人間は誕生（あるいはそのすぐ後）とともに始まり，現在の瞬間まで途切れることなく続く自分の物語の中で，自分自身の居場所を定める必要がある。私たちが眠るとき，毎晩この物語を見失ってしまうかもしれないが，目覚めたとき，毎朝その物語を取り戻し，そうして初めて通常の生活を再開することができるのだ。

私たちそれぞれが生まれる前からある私たちを取り囲むもの――家族の歴史，祖先，そしてもっと大きくは西洋文明の歴史――が，私たちの個人的な人生の物語に付け加わる。学校で教えられるように，その歴史は約5,000年さかのぼり，大半の人はそれより前の出来事に現実的な連帯感を持っていない。

古代の人々も，自分たちの恐ろしい世界を理解するために，物語を必要としていた。こういった話は口承伝統で伝えられ，神話と呼ばれることが多い。事実上すべての文化と社会に，おそらく6万年にわたって，強固な神話の礎，そして世の中がどのようにしてできたか，「私たち人類」がどのようにしてこの世にやってきたかを説明する創造神話があった。このような古代の神話は至高の真理であり，最も崇拝された賢人たちや予言者から生まれた。しかし今日，「神話」という言葉は間違っていること――真理とは真逆のこと――を意味するようになっている。何が起こったのか？

簡潔に答えると，科学が生まれたのだ。真理を明らかにするこの新しくて強力な方法は，ニコラウス=コペルニクスやガリレオ=ガリレイのような異端者たちが地球は宇宙の中心であるといった神話を壊した 1600 年代の初めに花開いた。ロゴスがミュトスに取って代わり，古くからの創世記は風変わりなおとぎ話を収める棚へ追いやられた。代わりに，アイザック=ニュートンに大いに帰する機械論的な宇宙の話が育つことになった。世界は多くの個々のパーツに分解することができ，それぞれのパーツが物理法則に完璧に予測できるように従っている大きな時計のようなものだ，と。こういった法則を知ることが，自然を扱い，開発する大きな力を人間に与えた。蒸気機関がその動力となった産業革命はその概念の裏付けとなった。

古代の人々は自然との強い一体感と自然の力に対する敬意を持っていたが，現代科学とその機械論的な宇宙の話により，人類は断片化し，疎遠なものになった。人はどのようにしてこの地にやって来たか，どのように宇宙に組み込まれるようになったかという物語を持たなくなった。ニュートンは時計のネジを巻くための創造者を最初に必要としたが，その後，――人間を含む――すべてのものが，ビリヤード台の上でぶつかる玉のように原因と結果によって進展した。1800 年代のロマン主義運動は，ニュートン科学の決定論や物質主義を押し戻そうとしたがうまくいかず，その後に出現した実存主義者たちは，意味のない世界における人類の状況の絶望や不条理を表現した。

ついに，1960 年代の終わりまでに，人間が破滅の途についているのを無視することは不可能になりつつあった。人類が地球を支配する，地球を利用することは私たちの任である，私たちはそれを罰を受けることなくできる，というのが優勢な物語であった。しかし，その物語は古代のどの神話に劣らず真実ではなく，その物語が私たちを殺めつつある，ということが明らかになりつつある。私たちは自業自得で絶滅する地球上で最初の種になる途上にいたのだ！

20 世紀の終わりに新しい物語が現れ始め，その物語を支持する証拠を与えてくれたのはまさしく科学そのものであった。初めて人類は，宇宙と最初の星の誕生から，地球の形成，生命の進化，アフリカから地球全体へと拡がる現代人の離散に至るまで，究極の創世記を組み立て始めることができた。たくさんの新しい本が，様々な視点からこの偉大な物語を詳細に語った。

＊＊＊＊＊

伝統的な歴史観では，先史時代の人間は約 5,000 年前に中東で初めて文明を作り出し，それにエジプト人，ギリシャ人，ローマ人による文明，暗黒時代，ルネッサンスなどが続いたことになっている。このシナリオの中にはいつも，終わりのない戦争，暴力，残虐，強力な支配者と抑圧された人々がいて，歴史はそれ自体を繰り返すという結論に至り，それゆえ人間はこのパターンを永遠に続ける運命となっている。役者と場面は変わるが，基本的な筋書きは常に同じである。未来も大して変わらない。

しかし，この 5,000 年をほぼ 140 億年前に始まったずっと大きなドラマの中の非常に短い瞬間としてみなすと，どんなに異なったものになるか考えてみよう。この視点からすると，人間が今いるところにとどまる，あるいはある最終目的地に到達したとは決して思えないだろう。現代の解剖学的形態の人類は，少なくとも 20 万年におよぶものであり，その間ずっと進行中の作品であったことが化石の発見からわかっている。人は今，この 5,000 年を人間性が育つ準備をし始めた最近の段階にすぎないとみなすことができ始めている。おそらく，私たちにとって戦争，占領，搾取は無用なものとなりつつある。おそらく，人間性に向けてまったく新しい時代がこの先にあり，私たちは痛ましい移行期間にいるだけなのだ。科学が今，私たちに伝えることができる起源の物語は，私たちの新たな創世記なのである。それは全ての人，全ての生物，そして世界そのものの物語だ。それは人間性に対するまったく新しい可能性を私たちに悟らせ，よりよい世界を創造するよう私たちを鼓舞するのだ。

◀解　説▶

問 1．A．空所の直後に in schools とあることから，学校で行われることだと考え，teach を選ぶ。さらにその後で述べられているのが「その歴史は約 5,000 年さかのぼる」という「事実」であることから，「(学校で) 教えられる」という受動関係になると考え，過去分詞の taught とする。空所の前にある As は接続詞で，「～ように」という意味。本来は As it is

taught in schoolsだが，ここではit isが省略されている。
B．空所の直後にthese lawsがあることから，「こういった法則」を目的語に取る動詞だと考え，knowを選ぶ。後ろに動詞となるgaveがあるので，主語になる動名詞のKnowingが正解になる。文頭なので大文字で書き始めることにも注意したい。
C．空所の前にあるexistentialists「実存主義者たち」が主語で，the despair and absurdity「絶望と不条理」が目的語になる動詞として，意味が通じるexpressを選ぶ。空所を含む文の前半にtriedという過去形の動詞があることから，時制を合わせてexpressedとする。
D．主語が「人間」であること，直後に「彼らがいるところに」という副詞節が続いていることから，stickを選ぶ。このstickは「～を動けなくする，とどまらせる」という意味の他動詞で，通常は受動態で場所を表す副詞要素とともに用いることから，過去分詞のstuckが正解になる。
問2．(1)空所は，our family history「家族の歴史」，the history of Western civilization「西洋文明の歴史」と並列されており，私たちが生まれる前から自分を取り囲んでいるものの例となっている。よって，自分たちが生まれる前に存在しているものを選べばよい。1の「祖先」が正解。2は「青年期の（人）」，3は「子孫」という意味。
(2) virtuallyは「事実上，ほとんど」という意味。よって，3．「ほとんど」が正解。1は「間違って」，2は「非公式に」，4は「精神的に」という意味。
(3) shatterは「～を粉砕する，壊す」という意味。よって，4．「～を破壊する」が正解。
(4) to blameは「責めを受ける」という意味で，ourselvesを修飾している。直訳すると「責めを受けるべき自分自身だけで」となり，意訳すると「自業自得で」となる。よって，2．「私たちが完全に間違っている」が正解。1は「私たちはみんな孤独である」，3は「私たちは十分に罰を受けている」，4は「私たちは褒められる価値がある」という意味。
(5) recountは「～を詳しく話す」という意味。よって，3が正解。
(6) a work in progressは直訳すると「進歩中の作品」であるが，「常に進歩している，ずっと進行中である」という意味で用いられている。よって，4．「そして人類は変化することをやめなかった」が正解。他の選択肢はそれぞれ，1．「そして人類は決して自然に帰らなかった」，2．「そして人類は決して仕事をするのが嫌にはならなかった」，3．「そして人類は本来の形を決めることがなかった」という意味。

問3．A群：1．「筆者によると，科学的な起源の物語は，それでもやはり宇宙がどのように創られたかを説明するために用いられた」 第5・8段の内容と一致する。

2．「ニュートンは，巨大な時計を習得するために必要となる技能の発達において主要な役割を演じた」 本文中の「巨大な時計」は「世界」のたとえとして用いられている（第5段）。

3．「記憶障害を抱えている人たちに神話を話すことで，彼らが家族の歴史を学ぶのに役立つ」，4．「筆者は記憶を失ったときに頭がおかしくなったと思われたことを告白している」 3，4ともに第1（・2）段の誤読で，「記憶喪失」は本文では仮定の話として述べられている。

B群：1．「筆者によると，『神話』という言葉は今日もはや使われていない」 本文中に記述なし。

2．「役者と場所は変わっても，人々は同じ筋書きの舞台演劇に常に引きつけられる」 第9段で述べられているのは「歴史は繰り返す」ということで，「役者や場所」はたとえとして用いられている。

3．「口承伝統が発達する前でも，古代の人々は科学が真実だということを知っていた」 第3段から第5段の流れに反する。

4．「筆者の見解では，科学によって提示される直近の物語は，以前の科学的な起源の物語よりも楽観的である」 最終段第4文（One can …）以降の内容と一致する。

Ⅳ　解答

問1．(あ)―3　(い)―3　(う)―1　(え)―1　(お)―2

問2．A．fled　B．brave　C．amounts　D．inviting

問3．(1)―4　(2)―1　(3)―3　(4)―1

問4．A群：1　B群：1

◆全　訳◆

≪有意義に過ごすためのスローガン≫

おはようございます。こちらはローラです。「朝食前」のポッドキャストにようこそ。今日の秘訣は私がいつも自分自身に繰り返しているフレーズ「計画を立て，とにかく実行しよう」です。

私がちょうど今どう感じているかを俯瞰して考えると，自分がずっと自分の時間を有効に活用できているとわかりました。私が自分の時間をどのように使っているかについて考えるとき，「振り返ってみたとき，これをしたことを私は幸せに思うだろうか？　この思い出があって私は幸せだろうか？」というのがよい問いかけです。もしそうならば，あとは私の経験する自己を出発させればいいのです。

この「経験する自己」という言葉は，心理学者であるダニエル=カーネマンの著作からの言葉です。ノーベル賞を受賞したこの研究者は，自己は実際に多様な独自性を持っている，と記しています。まさにこの瞬間（私がこの話題について話しているのをあなたが聞いているこの瞬間）に私たちが経験していることが存在していますが，私たちの精神生活の多くは実際，「記憶する自己」つまり，私たちの記憶を維持するものを含んでいます。あなたは自分の人生と，自分をこの瞬間に連れてきたストーリーを思い起こすのです。

実際，私は３つの自己の観点からこれについて考えたいと思います。経験する自己，記憶する自己，さらには「予想する自己」です。私たちの内的独白のかなりの多くの部分は，私たちの将来に関する計画，希望，不安で構成されています。あなたは雨の日に通勤していても，８月に向けて計画した晴れた砂浜の休暇について考えているのです。私たちの脳には，後ろにも前にも時間旅行する驚くべき能力が備わっているのです。

どのように時間を使うかについて考えるとき，なぜこれが重要であるのか。それは，現在というのは実際信じられないくらいつかの間の瞬間だ，ということです。「この現在というのはどこにあるのか？　それは手の中で溶け，触れることができる前に消え去り，なった瞬間に去ってしまう」とウイリアム=ジェームズはその著作，『心理学原理』で記しています。ウイリアム=ジェームズの時代に戻ると，現在の厳密な長さについて多くの奇妙な実験的探究が存在しました。私たちの感覚では，約 0.5 秒未満の間をおいて起こること同士を区別することができません。そして，作動記憶は最大で約 12 秒です。だから現在の長さはそのどこかにあるに違いないか，あるいは少なくとも，それが私がこういった様々な実験について読んだことから推測するところのものなのです。

だから，現在はほんの一瞬のものです。自己を予測し，思い出して，ほとんどすべての人生を過ごしています。私たちは数年間にわたって予測することができます。数十年にわたって思い出すことができます。

難しいのは，現在という経験する自己で占められた瞬間は，私たちの行動に対して不均衡な影響を与えるということです。そして，率直に言って，経験する自己はちょっと怠け者です。記憶する自己は，あの日早朝のトレイルランニングに出かけ，そのおかげで近くの湖からのぼる素晴らしい日の出を見ることができたことに，わくわくするでしょう。経験する自己は？　そうですね，それは太陽が空高く昇るまでベッドの中でスヌーズボタンを押しながら心地よく過ごします。予測する自己は，入場料が無料の金曜日の夜に美術館に出かけるのは楽しいだろうな，バーや音楽というのもある，というふうに考えました。そして記憶する自己は，数々の傑作や，カクテルの列に並びながら新しい友人とおしゃべりしたことを他愛なく思い出すでしょう。しかし，経験する自己は仕事の後で疲れています。経験する自己は，これから寒さと雨と金曜日の夜の交通量に立ち向かわなくてはならない自己です。経験する自己は，この骨折りの分け前を喜ばず，だから謀反を起こすのです。予測する自己と記憶する自己が望むものを無視し，その美術館が次の金曜日までずっとそこにあることを指摘することでそのかんしゃくを正当化するのです。そして代わりにネットフリックスを見る。目先の快楽が，より努力が必要な類のものを打ちのめすのです。

私が今までに聞いた，この現象の説明方法として最も優れたもののひとつは，哲学者であるロバート=グルディンの著作『時間と生活の術』の中にあります。「私たちは甘やかされた子どものように現在を大切にしている。私たちは写真を撮る価値がある生活を送る代わりに，インスタグラムをスクロールするという気まぐれを受け入れるのだ」と彼は述べています。

それでは，経験する自己の暴虐をどうやって食い止めるのか？　それは簡単ではありません。人は一般に将来の自己について考えることが苦手で，そのためもあって退職後のために適切に投資できる人はとても少ない。しかし，そこで私のスローガンが登場するのです。

私が経験する自己に耳を傾け過ぎていると気がつくときはいつでも，このフレーズ「計画を立て，とにかく実行しよう」を繰り返します。もし私の予測する自己が本当に何かをすることを望んでいれば，私の記憶する自己はおそらくそれをしたことを喜ぶでしょう。私は疲れているかもしれないけれども，想像してごらん。私はいつだって疲れていることでしょう。そして私たちは意味あることからエネルギーを引き出します。さらにすべての時間は過ぎていきます。私が今日，何かをしようとしなかろうと，結局のところ今日という日は過ぎていくのです。明日も過ぎていくでしょう。時間は結局何にもならないことで満たされるか，もっと意味のあることで満たされるかのどちらかなのです。

だから，より豊かに，意味があると感じて時間を過ごしたいと思うなら，わくわくすること（以前のエピソードで私たちが話してきたちょっとした冒険，さらにもっと大きな冒険もです）で計画を立てればよいのです。そして，あなたがその時になって，寝床が誘っているように思えて心が揺らいでいるなら，この言葉を繰り返すのです――計画を立て，とにかく実行しよう。記憶する自己はあなたに感謝するでしょう。実際に，もしあなたがこの心の持ち方を今後促進したいと思うなら，まさに今，困難な，でも今となってはよかったと思えることを成し遂げたことをあなたの過去の経験する自己に感謝する時間を取ればよいのです。

ちょうど，数週間前に植物園で撮った私の子どもたちの写真を見て時間を過ごしていました。子どもたちはテレビゲームの電源を切って車に乗ることを嫌がりました。私の経験する自己が争うことを好まなかったのですが，そういったすべてのことが今では過去のものになっています。残されたものは，太陽の輝き，花，幼年期という私が気づく前に消えてしまうだろう瞬間にいる子どもたちのこういった姿です。

では，何にせよ，あなたは今日何をすることにしますか？

＊＊＊＊＊

ローラでした。ご清聴ありがとうございます。私たちの時間を最大限に活用することがうまくいきますように。

◀解　説▶

問1．(あ)空所を含む文の直前で，「現在」の長さは0.5秒から12秒の間にあると述べられている。空所の前にある that も現在の長さ（the length of the present）を指しており，それは筆者が様々な実験についての読書から推測したことである。よって，3．gather が正解。gather には「集める」以外に gather from ～の形で「～から推測する，～から知る」の用法がある。他の選択肢はそれぞれ，1．「引きつける」，2．「妨害する」，4．「保護する」という意味。

(い)空所の後には文が続いているので，空所には接続詞が入る。2と3が接続詞で，3の「～まで（ずっと）」を入れると文意が成立する。

(う)空所の前にある mantra は「真言（神秘的な威力を持つ呪文），スローガン」という意味。人が経験する自己をうまく制御しようとする際にこの「マントラ」が有効であると考えられる。よって，1．「やって来る，登場する」が正解。他の選択肢はそれぞれ，2．「もらす」，3．「指摘する」，4．「持っていく，取り除く」という意味。

(え) draw *A* from *B* で「*B* から *A* を引き出す」という意味。

(お) before S know it で「S が気がつく前に，知らないうちに」という意味。

問2．A．空所の前で「現在は手の中で溶け」とあり，空所の後では「来た瞬間に去る」とあることから，flee を選ぶ。この flee は「消え去る」という意味で，ここでは完了形の分詞構文になっているので，過去分詞の fled が正解になる。

B．空所の後には「寒さと雨と金曜日の夜の交通量」という名詞が続いているので，文脈上，このような名詞を目的語にとる動詞として，brave を選ぶ。ここでの brave は他動詞で，「～に勇敢に立ち向かう，～をものともしない」という意味で用いられている。空所は have to の後で原形にする必要があるため，語形を変える必要はない。

C．空所の直後にある to に着目し，amount to で「結局～になる」という表現が使われていることを見抜く。what amounts to nothing で「結局何にもならないこと」という意味になり，全体で「時間は意味のないことか意味のあることで満たされる」となり，文意が成立する。ここでは三人称単数の s を付けることにも注意したい。

D．空所は seem C「C に思える」の C の部分であることに着目する。主語の「長イス，寝床」は人を（横になるように）誘惑するものだと考えて，invite を選ぶ。ここでは現在分詞に変えることで SVC の文型が成立する。

問3．(1) matter は動詞で「重要である」という意味。よって，4．「重要性を持つ」が同意。他の選択肢はそれぞれ，1．「触れて感知することができるようになる」，2．「会話を中止する」，3．「悪くなる」という意味。

⑵ thrill は「～をわくわくさせる」という意味の他動詞で，be thrilled で「わくわくする」となる。よって，1．「興奮する」が同意。他の選択肢はそれぞれ，2．「怖がる」，3．「説得される」，4．「急がされる」という意味。

⑶ keep ～ in check で「～を食い止める」，tyranny は「暴君，暴虐」という意味で，下線部全体では「経験する自己の暴虐を食い止める」という意味になる。よって，3．「経験する自己が自身の行動に与える影響を減らす」が同意。他の選択肢はそれぞれ，1．「予測する自己と記憶する自己に経験する自己を観察させる」，2．「将来のために経験する自己の強さを保存する」，4．「経験する自己を予測する自己に変える」という意味。

⑷選択肢はすべて形容詞要素で，空所の前の something を修飾している。過去の「経験する自己」がどのようなことをすれば，それに対して感謝の気持ちを持てるのか。第7段以降に多くの例が出ているが，総じてその時面倒だと思ったことも後で考えれば行動に移したほうが有意義，という内容。よって，1．「今となっては祝福できる困難な」を入れると文脈に合う。他の選択肢はそれぞれ，2．「あなたがとても見識があるように見せる簡単な」，3．「意味があるが，将来の危険に値しない」，4．「意味がないが，予測できる場合に限って報われる」という意味。

問4．A群：1．「筆者の説明に基づくと，経験する自己は可能なときはいつでも，目先の快楽を追求すると人は思うだろう」 第7段の内容と一致する。

2．「多様な自己が記憶を共有するとき，それらが利己的に活動するに違いない理由をダニエル=カーネマンの調査が明らかにした」 本文中に記述なし。

3．「人は年を取るにつれてますます忘れっぽくなると，ウイリアム=ジェームズは『心理学原理』で結論づけた」 本文中に記述なし。

4．「子どもたちが宿題をした後で，親がご褒美としてお菓子をどのように使うことができるかをロバート=グルディンの本は説明している」 本文中に記述なし。

B群：1．「ダニエル=カーネマンが話している2つの自己のどちらもが将来に関係しないので，筆者は3つ目の自己を含めて考えている」 第3・4段の内容と一致する。

2.「予測する自己を発見するために，私たちの脳は時間を縦断する旅をするべきだと筆者は結論づけている」 本文中に記述なし。

3.「筆者は子どものとき，彼女自身母と一緒に車で様々な場所に行くのが好きでなかったことを覚えている」 本文中に記述なし。

4.「筆者の予測する自己は，素晴らしい山々と美術館の絵画を比べるのを好んでいる」 本文中に記述なし。

❖講　評

Ⅰの文法・語彙問題は標準的な文法項目や語彙の知識が問われており，難易度は例年と変わらない。ここは短時間で処理し，なおかつ高得点を目指したい。

Ⅱは例年出題されている会話文ではなく，エッセーが出題された。「メイクが得意な妻」がテーマの英文で，2カ所の空所補充が出題されている。どちらも文脈から判断する問題で，内容が平易なものであるだけにどちらも正解することを目指したい。

Ⅲの読解問題は，「現代の創世記」がテーマの英文で，難易度は高めである。特に語形変化を含む空所補充問題は，正答率が低かったのではないかと思われる。

Ⅳの読解問題は，「有意義に過ごすためのスローガン」がテーマの英文で，抽象度が高く，難易度はかなり高い。1文ずつ正確にその意味を理解しようとするのではなく，筆者が述べていることを大まかに把握しようとする姿勢で取り組む方がよいだろう。ここでも語形変化を含む空所補充問題が出題されており，かなり難しい。内容真偽問題は，誤答がすべて本文中に記述されていないものなので，消去法も有効である。

日本史

I 解答

a―②　b―①　c―⑤　d―⑤　e―④
1．菩薩　2．観心　3．翻波式　4．懐奘　5．円空

◀解　説▶

≪古代～近世の仏像の歴史≫

a．『日本書紀』の仏教公伝（552 年）の史料は必見であり，538 年説の『上宮聖徳法王帝説』と比較してもらいたい。

b．金銅製・北魏様式は①法隆寺金堂釈迦三尊像で，②法隆寺百済観音像・④中宮寺半跏思惟像・⑤広隆寺半跏思惟像は南朝様式の木像，③法隆寺夢違観音像は白鳳期の金銅像である。

c．天平期の塑像は⑤東大寺法華堂執金剛神像で，②興福寺阿修羅像，③興福寺十大弟子像，④東大寺法華堂不空羂索観音像は天平期の乾漆像，①興福寺仏頭は白鳳期の金銅像である。

d．「凝灰岩の岩壁に 61 体もの像」「磨崖仏」から導く。消去法でも導けるが，大分県臼杵の磨崖仏は平安後期（院政期）の石仏の代表例として押さえておきたい。

e．興福寺天灯鬼像・竜灯鬼像は①運慶の 3 男である④康弁の作品である。運慶の長男で，蓮華王院本堂千手観音坐像を代表作とする③湛慶や，運慶の 4 男で，空也上人像を代表作とする⑤康勝と混同しないようにしたい。

1．悟りを開いた「仏陀（如来）」と，「悟りを開くまえの仏陀」「仏になるために修行を重ねる者」である菩薩を区別して仏像を押さえておきたい。ちなみに観音は観世音菩薩とよばれる菩薩の一種である。

2．観心寺は大阪府河内長野市にある真言宗の寺で，金堂の本尊如意輪観音坐像は弘仁・貞観文化を代表する密教彫刻である。

3．「角味のある大きな波と丸味のある小さな波」が翻波式のヒントになる。この様式と一木造が弘仁・貞観期の木彫の特徴で，室生寺弥勒堂釈迦如来坐像によく表現されている。

4．やや難。懐奘の『正法眼蔵随聞記』は，道元の教え「只管打坐」が記されていることで有名である。

5．江戸時代の「鉈彫り」から仏師円空を導きたい。彼による鉈彫りの仏像を円空仏と呼ぶ。

Ⅱ　解答

A－④　B－⑤　C－③　D－④　E－②
あ．施薬院　い．北山十八間戸　う．大和本草
え．富山　お．鳴滝塾

◀解　説▶

≪古代～現代の医学の歴史≫

A．百済から五経博士の渡来によって日本に儒教が伝わった。なお，段楊爾が渡来した513年は，大伴金村が百済に加耶一部を割譲した翌年である。

B．やや難問。①ヴァリニャーニはイタリア人，②ヴィレラと③フロイスはポルトガル人，④ザビエルはスペイン人。それぞれの業績を整理しておけば，消去法での正解は可能である。

C．難問。中村座・市村座・森田座を江戸三座と呼ぶが，正解するのは難しい。

D．ドイツ留学中に破傷風菌の純粋培養，破傷風血清療法を確立した北里柴三郎は，帰国して伝染病研究所を設立し，その所長として香港でペスト菌を発見した。

E．難問。1959年の新国民健康保険法（1958年制定）の施行の背景に高度経済成長のはじまりがあった。

あ．施薬院は旧長屋王邸の皇后宮内にあった可能性があり，設置の730年が前年（729年）の長屋王の変と関わっていることを示唆している。

い．「奈良」「ハンセン病患者」から忍性が設置した北山十八間戸とわかる。その名称は十八間の棟割長屋に由来する。

う．貝原益軒は，本草学者として『大和本草』を著し，また儒学にも通じており，女子教育に影響を与えた『女大学』の底本といわれる『和俗童子訓』など数多くの教訓書を著したことも押さえておきたい。

え．難問。「置き薬タイプの販売方式」は，富山の薬が効くと江戸で評判となったことを機に富山藩が編み出して全国に広げた。

お．鳴滝塾は長崎郊外の鳴滝村に置かれ，研究室・診療所や門人の寄宿舎があり，庭園には日本各地の薬草が栽培された。「伊東玄朴や高野長英」が輩出したことは押さえておきたい。

Ⅲ　解答

(a)—③　(b)—③　(c)—⑤　(d)—④　(e)—⑤
(1)指出　(2)一地一作人　(3)福島正則
(4)一国一城　(5)禁中並公家諸法度

◀解　説▶

≪幕藩体制≫

(a)刀狩令は受験生必見の史料で，その第二条「右取をかるべき刀…，今度大仏御建立の釘，かすかひに仰せ付けられるべし」の「大仏」が方広寺のものである。

(b)「村高に応じて賦課」の「高」に課せられた税で高掛物を導く。

(c)関東は名主，関西は庄屋，東北は肝煎と村の首長の呼び名を混同しないようにしたい。

(d)紫衣事件で「出羽に流刑」された「大徳寺」の僧侶から沢庵宗彭を導く。赦免後，将軍家光の帰依を受け東海寺（品川にある大徳寺派の寺院）の開山となる。

(e)明正天皇は，後水尾天皇の第 2 皇女で，母は将軍徳川秀忠の娘東福門院和子である。父の突然の譲位によりわずか 7 歳で即位し，奈良時代の称徳天皇以来の女帝となった。

(1)「支配地の面積，作人，収穫高などを領主に申告」した書類を指出と呼び，それを前提に行われた検地が指出検地である。

(2)一地一作人の原則とは検地帳に 1 つの耕地に 1 人の耕作者が登録されることで，この耕作者が名請人として年貢・諸役を負担する。「荘園制での重層的な土地の所有関係が解消」は一地一作人制の意義として押さえておきたい。

(3)福島正則は，関ヶ原の合戦後，「安芸・備後」を知行する広島城主となったが，1619 年，「無断で（広島）城を補修」したため武家諸法度に違反したとして改易された。

(4)「居城以外のすべての城を破城させる」から 1615 年に発せられた一国一城令とわかる。この直後に元和の武家諸法度が発布された。

(5)「天皇は学問を第一とする」や「紫衣や上人号の勅許などに規制を加える」などの条文内容から禁中並公家諸法度とわかる。

Ⅳ 解答

(A)―④　(B)―①　(C)―③　(D)―②　(E)―⑤

ア．兌換　イ．森有礼　ウ．井上毅　エ．横浜正金

オ．貨幣法

◀解　説▶

≪明治期の商業教育≫

(A)「学制」はフランスの学制にならって学区制をとった。全国を 8 大学区に分け，大学区を 32 中学区に，中学区を 210 小学区に分けるピラミッド型学区制にする計画で，底辺となる小学校は 5 万校を超える予定だった。

(B)札幌農学校の事実上の創始者であるクラークの御雇外国人としての在任は 8 カ月にすぎなかったが，内村鑑三・新渡戸稲造らに影響を与えた。

(C)難問。佐賀藩出身は③大木喬任・④佐野常民・⑤副島種臣で，佐野は大蔵卿，副島は外務卿に就任し，③大木喬任が初代文部卿と 1885 年当時の文部卿に就いていた。

(D) 1897 年の 1 円金貨の金含有量は② 0.75g で，1871 年の新貨条例のときの 1 円金貨の 1.5g の半分であった。金本位制では通貨の金の含有量を平価と呼び，1 円＝0.75g は 1930 年の金解禁（金本位制復帰）のときの平価でもあるが，1917 年から金本位制が停止されていたので 1930 年のときは旧平価と呼んだ。

(E)難問。1905 年の⑤中央大学への改称は専門学校令（1903 年制定）により，大学に昇格するのは 1920 年で大学令（1918 年制定）による。

ア．同額の正貨（金貨・銀貨）に交換することを保証した紙幣を兌換紙幣と呼び，正貨との交換を保証しない紙幣を不換紙幣と呼ぶ。

イ．「初代文部大臣」で森有礼とわかる。第 1 次伊藤博文内閣で森は文相に任命された。

ウ．「教育勅語の起草」がヒントになるが，井上毅は伊藤博文の信任を得て大日本帝国憲法の起草で中心的な役割を果たしたことで有名である。

エ．「貿易金融を目的とする」銀行から横浜正金銀行とわかる。この銀行は特定の目的のために設立された特殊銀行の一つである。戦後，東京銀行と改称されて普通銀行に転じる。

オ．「1897 年」「金本位制を確立するため」から貨幣法とわかる。この法が進歩党の党首大隈重信が外相として入閣した第 2 次松方正義内閣のもとで制定されたことを押さえておきたい。

❖講　評

Ⅰ　古代～近世の仏像に関連する知識を問う。記述式の4．懐奘がやや難であるが，その他は基本・標準問題で高得点を獲得したい。受験生の苦手とするテーマで，とくに仏像美術に関しては正確な知識が求められており，この大問で得点差が生じたであろう。

Ⅱ　医学の歴史についてのやや専門的な文章を利用して，古代から現代の医学に関連する知識を問う。C．③森田座とE．新国民健康保険法が施行された② 1959年を選択する問い，え．富山（の薬売り）を記述する問いは難問であるが，やや難のB．⑤ルイス・デ・アルメイダを消去法で，他の基本・標準問題とともに正解しておきたい。

Ⅲ　教科書に準じた文章で織豊政権から幕藩体制に関する基本・標準レベルの知識を問う。この大問は全問正解を目指したい。

Ⅳ　明治期の商業教育という受験生には馴染みのないテーマで，専門的なリード文のため難解そうに思えるが，問われている知識の大部分は頻出の明治時代の教育史・経済史に関するものである。選択式の(C)③大木喬任，(E)⑤中央大学は難問であるが，他は基本・標準レベルでミスはしたくない。

全体的に見て，難問も数問見られるが，基本・標準レベルの設問をミスなく正解して高得点を目指したい。

世界史

I 解答

設問1．ア．ソ連共産党第20回大会　イ．新思考
ウ．連ソ・容共・扶助工農　エ．蔣介石　オ．ベグ
カ．サーマーン　キ．ブハラ　ク．羈縻　ケ．靺鞨
コ．プラノ=カルピニ
設問2．a．江沢民　b．八・一宣言　c．新疆　d．耶律阿保機
e．汴州（開封）

◀解　説▶

≪唐以降の中国と周辺地域≫

設問1．イ．新思考外交とは，経済停滞を打破するため，西側との協調を進めたゴルバチョフの外交方針で，冷戦を終結に向かわせた。
ウ．孫文は，反軍閥，反帝国主義を実現するため，共産党やソ連との連携をはかった。
エ．孫文の死後，中国国民党の指導者となった軍人の蔣介石は，共産主義勢力の拡大を阻止するため，上海クーデタを起こした。
オ．清は藩部においては，ベグなど現地の有力者を地方官として任用し，間接統治を行った。
カ．アッバース朝から自立したイラン系のサーマーン朝は，中央アジア初のイスラーム王朝である。その領域から多くのマムルークをイスラーム世界に輸出した。
キ．ブハラは古くからソグド人の商業活動で栄えた都市で，16世紀にはウズベク人のブハラ=ハン国の都にもなった。
コ．難問。グユク=ハンの時代にカラコルムを訪れたのがプラノ=カルピニ，モンケ=ハンの時代にはルブルックが訪れている。
設問2．b．中国共産党は長征の途上で八・一宣言を出した。
c．新疆は現在，ウイグル人自治区となっており，多くのイスラーム教徒が居住する地域である。
e．後梁が都とした汴州は後唐以外の五代の王朝の都で，北宋でも都となり，開封とよばれるようになった。

Ⅱ 解答

1．ヴァイシャ　2．不可触民　3．印僑
4．サティヤーグラハ　5．ベンガル分割令
6．ティラク　7．ローラット法　8．英印円卓会議　9．マクドナルド
10. チャンドラ=ボース

◀解　説▶

≪ガンディーとインド独立運動≫

1・2．もともと，バラモン（司祭），クシャトリヤ（武士），ヴァイシャ（農民や商人），シュードラ（隷属民）の４ヴァルナであったが，やがてヴァイシャは商人，シュードラは農民や牧畜民をさすようになった。ヴァルナ制の枠外に不可触民が形成された。

5．国民会議が反英的になると，イギリスはヒンドゥーとイスラームの宗教的対立を高めて民族運動を分断するためにベンガル分割令を発したが，1911 年には撤回した。

7．ローラット法制定への抗議が活発化する中で，アムリットサールではイギリス軍による市民の虐殺事件が起こった。

8．３回の円卓会議を経て，1935 年，新インド統治法が制定され，州におけるインド人の自治が認められるようになったが，完全独立とは程遠いものだった。

9．世界恐慌後，イギリスでは失業保険の削減を提案して労働党を除名されたマクドナルドが，保守党や自由党の協力で挙国一致内閣を組織した。

10. 難問。「枢軸国側と連携してインドの独立を獲得しようと試みた」のは，チャンドラ=ボース。彼は日本の支援を受けて，インド国民軍を組織した。

Ⅲ 解答

問１．A　問２．C　問３．B　問４．D　問５．B
問６．A　問７．A　問８．C　問９．D　問10. C

◀解　説▶

≪近世から近代のヨーロッパ≫

問１．やや難。B．誤文。ラシュタット条約で南ネーデルラントはハプスブルク家領となった。

C．誤文。ユトレヒト条約でイギリスはスペインからミノルカ島を獲得した。

D．誤文。ユトレヒト条約でスペイン王位の継承が承認されたフェリペ5世はルイ14世の孫。なお，ルイ15世はルイ14世の曾孫。
問2．C．誤文。ザクセン選帝侯もオーストリア継承戦争に参加している。他の選択肢が正しいことが判断できるため，消去法で解答できる。
問3．B．誤文。七年戦争直前にフランスは外交革命でオーストリアと同盟を結んでおり，フランスはオーストリアを支援した。
問5．D．誤文。ワーテルローの戦いでフランスを破ったのは，イギリス・オランダ・プロイセン連合軍である。
問6．A．誤文。ナポレオン戦争中に成立したワルシャワ大公国はウィーン議定書でポーランド王国となり，ロシア皇帝が王を兼ねることになった。
問8．エネルギー保存の法則はマイヤーとヘルムホルツが提唱した。
問9．D．誤文。「ファランジュ」の創設を説いたのはフーリエ。サン=シモンはアメリカ独立戦争に参加した経験を持つ社会主義者。

Ⅳ 解答

問1．4　問2．1　問3．3　問4．2　問5．3
問6．2　問7．3　問8．4　問9．1　問10．3

◀解　説▶

≪地中海世界とその周辺≫

問1．1のアルクインはカロリング=ルネサンスの時代，2のトマス=アクィナスと3のロジャー=ベーコンは13世紀。
問2．アルメニアは4世紀にキリスト教を国教としており，6世紀に単性論を受け入れた。
問3．3．誤文。「海の民」はヒッタイトを滅亡させた民族集団である。
問5．3．誤文。サルデーニャがフランスに割譲したのは，サヴォイア，ニースである。
問7．3．誤文。『神の国』はアウグスティヌスが著した。エウセビオスは神寵帝理念を唱えたキリスト教初期の教会史家。
問8．4の判断は難しいが，消去法で判断できる。1．誤文。『国家』はプラトンが著した。2．誤文。ペルシア戦争に関する『歴史』はヘロドトスが著した。3．誤文。ストア派の創始者はゼノン。
問9．1．誤文。『アエネイス』はウェルギリウスが著した。

V **解答** イベリア半島でキリスト教徒がイスラーム勢力からの領土奪回のために戦った国土回復運動は，カスティリャ，アラゴンなどによって進められた。11 世紀以降活発化し，1492 年，スペインがイスラーム勢力最後の拠点グラナダを陥落させて完了した。

◀解　説▶

≪国土回復運動≫

国土回復運動について述べる問題。どのような運動であったのか，どこで進められたのか，担い手となった国はどこか，また，どのようにして完了したかが説明のポイントとなる。

イベリア半島はローマ帝国のもとでキリスト教が広がり，西ローマ帝国滅亡後もキリスト教を信仰する西ゴート王国が建国された。しかし，711 年，北アフリカからイベリア半島に進出したウマイヤ朝によって西ゴート王国は滅亡し，以後，ピレネー山脈以南のイベリア半島はイスラーム勢力が支配する地域となった。すでに 8 世紀からキリスト教徒による反撃が始まっていたが，11 世紀以降，十字軍やドイツの東方植民など西ヨーロッパ世界の膨張の動きのひとつとして，イスラーム教徒から領土を再征服する戦いがカスティリャ，アラゴンなどによって進められた。これが国土回復運動である。カスティリャ王女のイサベルとアラゴン王子のフェルナンドの結婚によって成立したスペイン王国が，1492 年，イベリア半島最後のイスラーム王朝となるナスル朝の都グラナダを陥落させて国土回復運動は完了した。

❖講　評

Ⅰ　唐以降の中国と周辺地域についての 6 つのリード文と関連する事柄について問われた。6 つのリード文には共通したテーマがあるわけではない。設問自体は教科書レベルだが，羈縻政策，靺鞨，新疆，汴州など難しい漢字の語句があり，また，冷戦末期のゴルバチョフに関連する設問や 1990 年代の江沢民など現代史も多く，受験生には厳しい大問となった。

Ⅱ　ガンディーを題材にインド独立運動とそれに関する事柄が問われた。問 10 のチャンドラ=ボース以外は教科書レベルであり，高得点を狙える大問となった。

Ⅲ　近世から近代ヨーロッパの国際関係を軸とする大問。形式的には，語句選択が1問で，他はすべて正文・誤文選択問題。すべて消去法で判断できるので，基本的な学習ができていれば，十分対応できる。

Ⅳ　リード文そのものはビザンツ帝国を説明しているが，設問ではまったく触れられておらず，幅広い時代と地域が問われている。設問はすべて正文・誤文選択問題である。時代の判断，文化史なども含まれていて，難易度は高いが，消去法で解答可能であり，教科書レベルの学習で十分対応できる。

Ⅴ　国土回復運動についての論述問題。問い方，分量は例年通りである。国土回復運動について学習したことをポイントを押さえながら文章にすれば，解答が完成する。論述問題の難易度としては易しいといえる。

全体としては，現代史に関する問題が多いため，難易度は高い。

地理

I 解答

問1．ア．緑の革命　イ．高収量　ウ．有機
エ．伝統的農業　オ．穀物メジャー
カ．アグリビジネス　キ．フードシステム
ク．関税と貿易に関する一般協定〔GATT〕
ケ．世界貿易機関〔WTO〕　コ．共通農業政策〔CAP〕
問2．(a)ブラジル　(b)トウモロコシ　(c)—5
(d)—P・S（順不同）　(e)—U・W（順不同）

◀解　説▶

≪農業の近代化と食料供給≫

問2．(a)遺伝子組み換え作物は，20世紀末にアメリカ合衆国で本格的な栽培が始まり，現在はアメリカ合衆国，ブラジル，アルゼンチン，カナダなどで多く栽培され，近年はインドなど発展途上国でも拡大している。一方で，食の安全性や環境への悪影響などの懸念から，日本やヨーロッパ諸国のように導入に消極的な国も少なくない。

(c)図から，2016年の世界全体における遺伝子組み換え作物の栽培面積は約18,000万haだと読み取れる。$1\,\mathrm{ha}=0.01\,\mathrm{km}^2$なので，換算すると180万$\mathrm{km}^2$となる。日本国の総面積は約38万$\mathrm{km}^2$なので，180万$\mathrm{km}^2$÷38万$\mathrm{km}^2$≒4.7となるため，5の倍数のうちでは「5」が正解となる。

(d)P．不適。世界三大穀物とされる米・小麦・トウモロコシの消費のうち，米と小麦は食用が大半を占め，トウモロコシだけは家畜の飼料用が過半を占めている。

S．不適。「気候に対する適応力が強いこの作物」とはトウモロコシのことで，アメリカ合衆国では家畜の飼料用，アフリカでは食用が多い。

(e)T．適当。総合食料自給率はカロリーベースあるいは生産額ベースで算出される。

U．不適。品目別自給率は重量ベースでのみ算出される。

V．適当。日本の総合食料自給率は，カロリーベースで約40％，生産額ベースで約70％となる。これは，熱量は低いが金額が高い野菜や果実類

の自給率が高いことが主因である。
W．不適。カロリーベースの総合食料自給率の算出では，輸入した飼料を使って国内で生産した畜産物は国産として算入しない。

II　解答

問1．移民・難民の流入　問2．アブジャ
問3．アラビア語　問4．ポルトガル語
問5．シンガポール　問6．C　問7．英語　問8．インド
問9．フィリピン　問10．C

◀解　説▶

≪世界の人口と言語≫

問1．ドイツでは，死亡数が出生数を上回る自然減少の状態となっているが，経済的理由による東欧などからの移民や戦火を逃れた中東などからの難民の受け入れが多く，社会増加により人口が増加している。
問2．インドネシアの首都ジャカルタ，コンゴ民主共和国の首都キンシャサ，ブラジルの首都ブラジリアがいずれも南半球に位置するのに対し，ナイジェリアの首都アブジャは北半球に位置している。地図帳で位置を確認しておこう。
問3．アラビア語はイスラームを信仰する西アジアや北アフリカの多くの国々における公用語であり，英語・フランス語・スペイン語・ロシア語・中国語と並ぶ国連公用語ともなっている。
問4．ポルトガル語は人口2億人を超えるブラジルで公用語となっているため，言語人口が多い。
問5．シンガポールでは多文化主義政策が採用されており，英語・中国語・マレー語・タミル語の4つが公用語となっている。
問6．C．不適。フィジーの旧宗主国はオランダではなくイギリスであり，同じくイギリスの植民地であったインドから移住したインド系移民が4割近くを占めている。
問7．ナイジェリアは多民族国家で言語の種類がきわめて多いが，特定の民族言語を公用語とすることは民族対立につながるとの懸念もあるため，旧宗主国イギリスの言語である英語を公用語としている。
問10．小麦の生産量が最も多い①はパキスタン，米の生産量が最も多い②はインドネシアである。なお，いずれの国でも国民の多くはイスラーム

を信仰しているため，豚肉の生産量はほぼ皆無である。

III 解答

問１．E　問２．A　問３．E　問４．C　問５．B
問６．E　問７．C　問８．C　問９．D　問10．A

◀解　説▶

≪アングロアメリカ地誌≫

問１．WASP とはホワイト・アングロサクソン・プロテスタントの略。

問２．下線部 a）で示された地域ではフランス語由来の地名が多く，フランスとの関係が比較的強いと推測できる。したがって，選択肢の中でフランスと最も関係がないのは，アメリカ合衆国の太平洋岸に位置するシアトルとなる。残りは下線部 a）の地域に該当し，フランス語由来の地名となっている。いずれも地図帳で位置を確認しておこう。

問３．ヒスパニックはメキシコとの国境に近いアメリカ合衆国の南西部や，西インド諸島に近いフロリダ半島に多い。したがって，選択肢の中でヒスパニック比率が最も低い州は，アメリカ合衆国の北西部に位置するワシントン州である。

問４．カナダ東部のセント・ローレンス川の周辺にはフランスが入植した歴史があり，現在でもフランス系の住民が多い。特に東部のケベック州ではフランス語が州の公用語とされ，フランス語話者の比率がきわめて高い。逆に太平洋側のブリティッシュ・コロンビア州では比率がきわめて低い。

問６．ミシガン州の人口最大都市で自動車工業で有名だったのはデトロイト。

問７．ペンシルヴェニア州のかつての「鉄の都」といえばピッツバーグ。

問８．C．不適。サンベルトは，広大な工業用地や安価な労働力，温暖な気候，税制優遇のほか，メキシコ湾沿岸部の油田を中心とした豊富なエネルギー資源を背景に発展した。

問10．シリコン・ヴァレー地域に適用されているアメリカ合衆国太平洋時間の子午線は西経 120 度線で，真北に進むと北極点を越え東半球側となり，180 度－120 度より，東経 60 度線に至ると計算できる。

Ⅳ 解答

ナ－A　ニ－C　ヌ－A　ネ－※　ノ－B　ハ－A
ヒ－B　フ－B　ヘ－C　ホ－C

※ネについては，問題不備により全員正解としたと大学から発表があった。

◀解　説▶

≪工業の発達と立地≫

ハ．「限られた場所でしか得られない」原料を局地原料といい，「どこでも入手できる原料」を普遍原料という。

ヒ．「加工前後で重量が減少する原料」を重量減損原料といい，加工前後で重量があまり変わらない原料を純粋原料という。

フ．ビールは，主な原料である水はどこでも入手できる普遍原料なので，加工後の輸送費などを考慮して消費地の近くで製造する市場指向型立地の代表例である。

Ⅴ 解答

エルニーニョ現象が発生した年は日本では冷夏，暖冬になることが多く，夏の暑さや冬の寒さにあわせた衣料品や飲食料品，冷暖房器具などの季節性の高い商品のほか，夏や冬に特有のレジャーなどに対する家計消費支出が減少すると考えられるため。

◀解　説▶

≪エルニーニョ現象と日本の景気≫

本問では，エルニーニョ現象の発生で日本の景気が悪影響を受ける確率が高くなると予測される理由が問われている。問題文からエルニーニョ現象が発生した場合，日本では夏は梅雨明けが遅れ冷夏になり，冬は暖冬になることが推測できる。つまり，本問では冷夏や暖冬が景気に及ぼす悪影響とは何かが問われているということであり，要点としては夏や冬に特有の季節性の高い消費が落ち込みやすいことを指摘すればよい。ただし，解答欄のスペースを考慮すると，夏と冬のそれぞれでどのような消費がみられるかを具体的に羅列するのは難しいため，夏と冬をまとめる形で論述できるとよいだろう。

❖講　評

Ⅰ　農業の近代化と食料供給に関する出題。リード文の空所補充など，大半が教科書レベルの知識で対応できる内容であり，確実に得点したい。食料自給率の具体的な算出方法が問われた問２の(e)はやや難しい。

Ⅱ　主に言語や民族に関する出題だが，一部で都市や農業も問われた。暗記を要する分野で，多くの受験生が苦手とする分野ではあるが，問われた内容は基本的な内容がほとんどで，全体的に易しかった。

Ⅲ　アングロアメリカの社会や経済に関して幅広く問われた。州や都市の位置と名前の理解を前提とした問いが多く，地図を覚えていない受験生は難しく感じたかもしれない。まずは出題頻度が高いカリフォルニア州やテキサス州，ケベック州，デトロイトやピッツバーグなどの主要な地名を優先的に押さえ，そこから周辺に広げていく形で勉強するとよい。

Ⅳ　工業の発達と立地に関する大問。全てリード文および図の空所補充問題で，ほとんどが教科書準拠の用語である。判断に迷う問いもみられたが，全問選択式であり，全体的には得点しやすい大問だったと思われる。

Ⅴ　例年通りの３行の論述問題で，エルニーニョ現象により日本の景気が悪影響を受けると予測される理由が問われた。2020 年度と同様に，教科書で学ぶ基本的な知識・理解を実際の社会・経済の場面にいかに結びつけられるかという思考力や，それを適切に論述するという表現力が求められた。

総じて，2021 年度も例年通り，大半が選択・記述問題であり，その内容は教科書に準じたもので，難度も標準であったと言える。

政治・経済

I 解答

問1．A．児島惟謙 B．参議院法務委員会
C．跳躍上告 D．苫米地

問2．⑤ 問3．② 問4．③ 問5．① 問6．② 問7．⑤

◀解 説▶

≪司法権の独立性とその役割≫

問1．B．参議院法務委員会が正解。国政調査権は各議院がもつものであるから，「参議院」という答え方をすべき。また，証人喚問は委員会単位で行われるのが通例であるから，委員会も特定して答えるべきであろう。
C．跳躍上告が正解。最高裁判所には違憲審査権を有する終審裁判所としての役割があるため，第一審判決に対する不服申立てが端的に憲法判断をめぐるものであるときは，控訴審を経ずに最高裁判所の判断を求めることができる（刑事訴訟規則254条）。

問2．⑤適切。憲法62条は「両議院は，各々国政に関する調査を行ひ，これに関して，証人の出頭及び証言並びに記録の提出を要求することができる」と規定している。①不適。証人の不出頭・証言拒否については正当な理由がないとき罪に問われるが，参考人にはそのような強制力は及ばない。②不適。議院証言法は証人喚問について定めるものであり，国政調査権全般について定めるものではない。③不適。証人喚問について定める議院証言法は当初テレビ中継を可能としていたが，1988年の改正で喚問中の撮影が禁止され，1999年の改正でテレビ中継が再び可能となった。④不適。憲法63条は国務大臣の議院への出席権・出席義務を定めるものである。

問3．②適切。最高裁判所は原告住民が訴えを起こす資格自体を認めなかった。①・⑤不適。札幌地方裁判所は，自衛隊が憲法9条の禁ずる陸海空軍に該当するとし，違憲判決を言い渡した。③・④不適。札幌高等裁判所（控訴審の）は，統治行為論を用いて，自衛隊に関する合憲性は審査の対象外とした。

問4．憲法76条2項による特別裁判所設置の禁止，行政機関による終審

裁判の禁止は，裁判所において裁判を受ける権利（32 条）は，独立した司法裁判所による裁判の機会を当事者に保障することを趣旨とするものである。

問５．①適切。憲法 31 条は「法律の定める手続」によらない処罰を禁止している。②不適。憲法 39 条が無罪とされた行為につき再び刑事責任を問うことを禁止している（一事不再理）。③不適。逮捕，勾留，捜索には裁判官による令状を要する（憲法 33 条・35 条）。法務大臣は行政権に属し，捜査機関でもある検察官を指揮し得る立場にあるので，独立した令状審査をし得る立場にはない。④不適。憲法 38 条は黙秘権の保障につき規定する。本肢の事項は憲法 39 条による。⑤不適。憲法 41 条は国会が国権の最高機関であり，国の唯一の立法機関であることを規定する。本肢の事項は憲法 40 条による。

問６．②適切。職業選択の自由（22 条）に関わる。①・③不適。法の下の平等（14 条）に関わる。④不適。財産権（29 条）に関わる。⑤不適。国家賠償請求権（17 条）に関わる。

問７．⑤適切。最高裁判所は，憲法９条の禁ずる「戦力」とは日本が主体となって行使し得るものに限られると判断した。そして，日米安全保障条約の合憲性については，統治行為論を用いて判断を回避した。①・②不適。砂川事件の第一審（東京地方裁判所）は，米軍駐留は憲法９条の禁止する「戦力」の保持に該当するとし，違憲判決を言い渡した。③・④不適。控訴審があった場合には東京高等裁判所が担当したであろうが，第一審の違憲判決に対し検察官が跳躍上告（問１．Ｃ参照）をしたため，控訴審を経ていない。

Ⅱ　解答

問１．A．第四の権力　B．アナウンスメント
C．ポスト真実〔ポスト・トゥルース〕
D．フェイクニュース

問２．⑤　問３．②　問４．①　問５．（設問省略）　問６．①　問７．②

◀解　説▶

≪政治を見る眼としてのメディアの役割≫

問２．ラズウェルの「政治的無関心」の分類では「無政治的態度」（政治以外の事物への専心），「反政治的態度」（政治に対する否定），「脱政治的

態度」（政治への幻滅）に分けられる。

問3．②適切。20条（1項前段）の条文は「信教の自由は，何人に対してもこれを保障する」。①不適。19条の条文は「思想及び良心の自由は，これを侵してはならない」。③不適。21条（1項）の条文は「集会，結社及び言論，出版その他一切の表現の自由は，これを保障する」。④不適。22条は職業選択の自由に関する条文。⑤不適。23条の条文は「学問の自由は，これを保障する」。

問4．①適切。情報公開法は，開示請求権の主体につき「何人も……」と規定しており，国民に限定するものではない。情報の開示を受けること自体は国政上の意思決定には当たらず，これを外国人に認めても差し支えはないと解される。しかし，同法は「知る権利」を明記するものではない。②不適。「行政機関の保有する情報の公開に関する法律」は1999年に制定され，2001年に施行された。③不適。アクセス権については，産経新聞意見広告訴訟の最高裁判決が否定的な判断をした。④不適。特定秘密保護法は，国の安全保障に関わる情報のうち特に機密性が高いとされるものを「特定秘密」に指定し，その漏洩につき罰則をもって抑止しようとするものである。⑤不適。外務省秘密電文漏洩事件の最高裁決定は，記者の行為が正当な取材活動の範囲を逸脱するものとし，有罪とした。

問6．①適切。ゲリマンダーとは自党に有利な選挙区割りをすることである。小選挙区制では選挙区規模が小さいので，ゲリマンダーの誘因が生じやすく，その影響も大きくなる。②不適。中選挙区制では1選挙区から3～5人を選出する。③不適。大選挙区制では1選挙区から2人以上を選出する。選挙区ごとの当選者数が多くなるので，死票は少なくなりがちである。④不適。比例代表制では，政党ごとの得票数がそのまま議席に反映されるので，少数派の意見も反映されやすい。⑤不適。小選挙区比例代表並立制は日本の衆議院選挙で採用されている。小選挙区制の選挙を基本としつつ，比例代表との重複立候補や復活当選を認めている。参議院選挙は，1～2の都道府県を単位とする選挙区制と比例代表制によるが，両制度をまたぐ重複立候補は許されない。

問7．①不適。コンプガチャは，オンラインゲーム上での特定アイテムを揃えることを条件として景品を提供するものであり，景品表示法に抵触するとされた。しかし，その規制を行ったのは消費者庁であり，規制の実施は 2012 年である。③不適。インターネット人口普及率が 80％を超えたのは 2010 年より後のことである。④不適。IoT は Internet of Things の略である。⑤不適。ユビキタス社会とは，いつでも，どこでも情報通信技術を利用できる社会のことである。

Ⅲ 解答

問1．A．所有と経営の分離〔資本と経営の分離〕
B．情報の非対称性　C．年金積立金管理運用
D．持続可能な開発目標〔SDGs〕
問2．（設問省略）　問3．③　問4．③　問5．⑤　問6．①　問7．②

◀解　説▶

≪企業統治と高度経済成長期以降の日本経済の推移≫

問3．1970 年は高度経済成長期で家電製品の普及が進み，電機メーカーが業績を伸ばした。1990 年はバブル期であり，株式・不動産に対する投資が進み，金融機関が業績を伸ばした。2010 年と 2016 年を比較すると，金融機関の地位が相対的に低下し，情報通信産業の地位が上昇しているといえる。

問4．予算の決議（決定）は会社の日常業務に含まれ，株主総会の決議を要しない。取締役会設置会社の場合は取締役会の決議による。

問6．①適切。②不適。「指名」「報酬」「監査」の３つの委員会を設置するのは指名委員会等設置会社である。指名委員会等設置会社においては監査委員会が監査役の役割をするので，監査役を置くことができない。③・④不適。監査役は取締役の職務執行の適正さを監査する。設備投資を含む経営上の判断は取締役ないし取締役会が行う。⑤不適。株主総会に関する記述である。

問7．②適切。①不適。内部統制の義務付けは全上場企業を対象とするものである。③・④・⑤不適。証券取引法は一部改正され，金融商品取引法が成立している。

Ⅳ　解答

問1．A．労働価値　B．経済学及び課税の原理
C．資本移転等収支
D．IMF-GATT〔ブレトン・ウッズ〕
問2．④　問3．①　問4．③　問5．④　問6．②　問7．①

◀解　説▶

≪経済思想と国際収支・国際金融≫

問2．ある国における一定量の産品の生産に要する労働者数を比較したとき，より少ない労働者数で生産できる産品に比較優位があるという。表によれば，X国は財αに，Y国は財βに比較優位がある。X国は財αへの特化により$450\div15=30$(単位)，Y国は財βへの特化により$180\div6=30$(単位)，それぞれ生産することができる。

問3．①適切。空所アに入る人物はリスト。リストの属する歴史学派は後進国で未発達な産業の保護を主張した。

問4．③適切。①不適。GATTウルグアイ・ラウンドで設定されたコメの最低輸入枠。②不適。輸入品に課せられる特別の関税である。④不適。不当廉価販売をいう。⑤不適。海外進出企業による原材料などの現地調達をいう。

問5．④適切。①不適。無償援助は経常収支の第二次所得収支に当たる。②不適。利子配当の受払いは経常収支の第一次所得収支に当たる。③不適。第二次所得収支は経常収支に分類される。⑤不適。直接投資は金融収支に分類される。

問6．②適切。①不適。プライマリーバランスは基礎的財政収支ともいい，税収による歳入と国債費以外の歳出との差し引きを指す。③不適。ファンダメンタルズとは，経済成長率・物価上昇率・失業率・景気動向・国際収支などの基礎的経済指標を指す。④不適。金融庁は金融機関の監督を任務とし，市場介入をする立場にはない。⑤不適。複数国の政策当局による市場介入を協調介入という。

問7．①適切。②不適。メキシコの通貨はメキシコ・ペソである。③不適。アジア通貨危機が起こったのは1997年。④不適。1976年に固定相場制から変動相場制への移行を正式に認めたのはキングストン合意である。⑤不適。プラザ合意は，「ドル安」ではなくドル高是正のためのものである。

❖講　評

記述式の空所補充問題と正文選択問題が大半を占める。

Ⅰ　司法権に関する問題である。証人喚問実施機関や跳躍上告に関する問1の空所B，Cは詳細な知識を必要とする問題である。問4で憲法条文の文言，問5で条文の規定内容，問6で条文と判決との関係がそれぞれ問われ，憲法条文の該当箇所の丁寧な読み取りが必要であるといえる。問3と問7では事件に関する最高裁判所と下級審での判断内容が問われた。統治行為論のような憲法上の大きな争点を含む事件については，下級審も含めた判断過程をたどるようにしたい。

Ⅱ　メディア，情報通信，政治制度，選挙制度に関する問題である。問1の空所C，Dは近時のトピックからの出題である。メディアや情報通信に関する分野ではリアルタイムに近い社会の動向が問われやすいので，教科書で基本的事項を押さえつつ，新聞なども参照しておきたい。問2の「政治的無関心」，問6の選挙制度の特質については，教科書や資料集の読み込みが求められる。問3，問4に関しては，憲法や法律の規定，判例について丁寧な学習が求められる。

Ⅲ　企業統治，企業経営，日本経済全般に関する問題である。問1の空所Cの年金積立金管理運用独立行政法人（GPIF）はかなり詳細な知識であるが，日本銀行とともに公的地位にある株の買い手として近年話題になることも多いので押さえておきたい。空所Dの持続可能な開発目標（SDGs）も近時のトピック。問6の監査役ないし監査役会設置会社に関する問い自体は詳細な知識を必要とするものであるが，各機関の役割について知っていれば，正解可能である。

Ⅳ　経済思想，貿易，国際収支，国際金融に関する問題である。問2は比較生産費説の意味・内容と，計算方法を知っていれば容易に解くことができるので，確実な得点源にしたい。国際収支に関する各項目は，様々な問題に対応できるよう正確に把握しておきたい。今回直接の出題はないが，国際収支の黒字化・赤字化と為替相場（通貨の高騰・下落）との関係，収支統計に関する事項も問われやすいので，あわせて学習したい。問6，問7の個々の選択肢では，教科書などであまり目にしない事項にも触れているが，用語の意味や機関の権限を知っていれば，難しくはない。

数学

I　解答

1．(1)―E　(2)―D　2．(3)―U　(4)―T
3．(5)―V　(6)―M

◀解　説▶

≪小問3問≫

1．$2 \leqq \dfrac{n}{n-\sqrt{n}} < 3$

だから，n は自然数　……①なので

$$2 \leqq \frac{\sqrt{n}}{\sqrt{n}-1} < 3$$

①より，$n \geqq 2$ だから　$\sqrt{n}-1>0$

よって

$$2(\sqrt{n}-1) \leqq \sqrt{n} < 3(\sqrt{n}-1)$$

$$\frac{3}{2} < \sqrt{n} \leqq 2$$

$$\therefore \quad \frac{9}{4} < n \leqq 4$$

①より　$n=3,\ 4$

最大は　$n=4$　→(1)

最小は　$n=3$　→(2)

2．$\angle \mathrm{AOB}=\theta$ とすると，$\tan\theta=2\left(0<\theta<\dfrac{\pi}{2}\right)$ と考えてよく，このとき，

$1+\tan^2\theta=\dfrac{1}{\cos^2\theta}$ だから　$\cos^2\theta=\dfrac{1}{5}$

$\cos\theta>0$ より　$\cos\theta=\dfrac{1}{\sqrt{5}}$，$\sin\theta=\tan\theta\cdot\cos\theta=\dfrac{2}{\sqrt{5}}$

となる。

次に，OA と OB が x 軸となす角をそれぞれ α，β とすると

$$a=\cos\alpha,\ b=\sin\alpha,\ \tan\beta=\frac{1}{2}\quad\left(-\frac{\pi}{2}<\alpha<\frac{\pi}{2},\ 0<\beta<\frac{\pi}{2}\right)$$

としてよく，θ と同様に考えて，$\cos\beta=\dfrac{2}{\sqrt{5}}$，$\sin\beta=\dfrac{1}{\sqrt{5}}$ となる。

ここでは，α は，$\beta+\theta$ または $\beta-\theta$ となる。

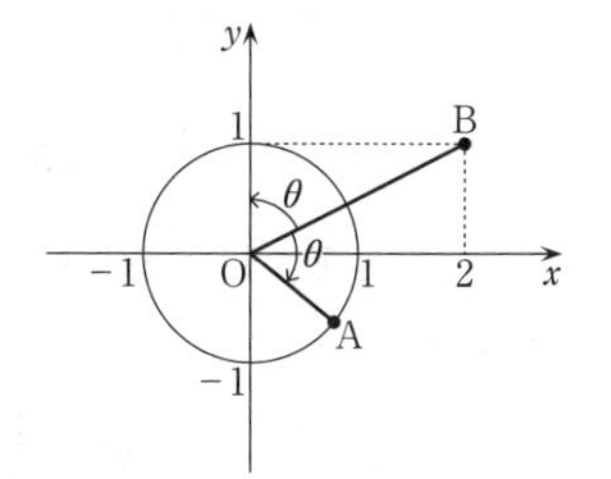

(i)　$\alpha=\beta+\theta$ のとき

$$\begin{aligned} a&=\cos\alpha=\cos(\beta+\theta)\\ &=\cos\beta\cos\theta-\sin\beta\sin\theta\\ &=\frac{2}{\sqrt{5}}\cdot\frac{1}{\sqrt{5}}-\frac{1}{\sqrt{5}}\cdot\frac{2}{\sqrt{5}}=0 \end{aligned}$$

$a>0$ より，不適。

(ii)　$\alpha=\beta-\theta$ のとき

$$\begin{aligned} a&=\cos\alpha=\cos(\beta-\theta)\\ &=\cos\beta\cos\theta+\sin\beta\sin\theta\\ &=\frac{2}{\sqrt{5}}\cdot\frac{1}{\sqrt{5}}+\frac{1}{\sqrt{5}}\cdot\frac{2}{\sqrt{5}}\\ &=\frac{4}{5}\quad\rightarrow(3) \end{aligned}$$

$$\begin{aligned} b&=\sin\alpha=\sin(\beta-\theta)\\ &=\sin\beta\cos\theta-\cos\beta\sin\theta\\ &=\frac{1}{\sqrt{5}}\cdot\frac{1}{\sqrt{5}}-\frac{2}{\sqrt{5}}\cdot\frac{2}{\sqrt{5}}\\ &=-\frac{3}{5}\quad\rightarrow(4) \end{aligned}$$

3．$\log_2(x^3y^2)=\log_2 8$，$\log_2 x\geqq\log_2 1$，$\log_2 y\geqq\log_2 1$ より

$$3\log_2 x+2\log_2 y=3,\ \log_2 x\geqq 0,\ \log_2 y\geqq 0$$

$X=\log_2 x$，$Y=\log_2 y$ とすると

$$3X+2Y=3,\ X\geqq 0,\ Y\geqq 0$$

このとき

$$\begin{aligned} z&=(\log_2 x)^2\cdot\frac{\log_2 y}{\log_2 x}+\frac{1}{8}\\ &=\log_2 x\cdot\log_2 y+\frac{1}{8}\\ &=X\cdot Y+\frac{1}{8} \end{aligned}$$

となる。

ここで　$3X+2Y=3 \Longleftrightarrow Y=\frac{3}{2}(1-X)$

だから，$Y \geqq 0$ より　$\frac{3}{2}(1-X) \geqq 0 \Longleftrightarrow X \leqq 1$

$\therefore$　$0 \leqq X \leqq 1$　……①

となり

$$z=X\cdot\frac{3}{2}(1-X)+\frac{1}{8}$$
$$=-\frac{3}{2}(X^2-X)+\frac{1}{8}$$
$$=-\frac{3}{2}\left(X-\frac{1}{2}\right)^2+\frac{1}{2}$$

①より，最大値は　$X=\frac{1}{2}$　すなわち　$\log_2 x=\frac{1}{2}$

よって　$x=\sqrt{2}$　→(5)

このとき，最大値は　$\frac{1}{2}$　→(6)

となる。

II **解答**　1．ア．0　イ．2　ウ．1　エ．1　オ．2
カ．1　キク．54

2．ケ．0　コ．0　サ．2　シ．1　ス．1　セ．1　ソタ．16
チツ．15

◀解　説▶

≪3次・4次関数の極値・面積≫

1．$f(x)=(x-\alpha)(ax^2+bx+c)+d$

$f(\alpha)=0$ なので　$d=0$　→ア

$$f(x)=(x-\alpha)(ax^2+bx+c)$$

$\therefore$　$f'(x)=1\cdot(ax^2+bx+c)+(x-\alpha)(2ax+b)$

条件より　$f'(0)=0,\ f'(\alpha)=0,\ f(0)=\alpha$

$$\begin{cases} c+(-\alpha)\cdot b=0 \iff c=\alpha b & \cdots\cdots① \\ a\alpha^2+b\alpha+c=0 & \cdots\cdots② \\ -\alpha c=\alpha & \cdots\cdots③ \end{cases}$$

③より，$\alpha \neq 0$ なので

$c=-1$ →エ

これと，①，②より

$-1=\alpha b$，$a\alpha^2+b\alpha-1=0$

$\therefore\quad b=-\dfrac{1}{\alpha}$ →ウ

$a=\dfrac{2}{\alpha^2}$ →イ

このとき

$$\begin{aligned} f'(x)&=\frac{2}{\alpha^2}x^2-\frac{1}{\alpha}x-1+(x-\alpha)\left(\frac{4}{\alpha^2}x-\frac{1}{\alpha}\right) \\ &=(x-\alpha)\left(\frac{2}{\alpha^2}x+\frac{1}{\alpha}\right)+(x-\alpha)\left(\frac{4}{\alpha^2}x-\frac{1}{\alpha}\right) \\ &=\frac{6}{\alpha^2}x(x-\alpha) \end{aligned}$$

増減表は，右のようになり，$x=0$ で極大，$x=\alpha$ で極小となる。

x	$\cdots$	0	$\cdots$	α	$\cdots$
$f'(x)$	$+$	0	$-$	0	$+$
$f(x)$	↗	極大	↘	極小	↗

よって

$$\begin{aligned} f(x)&=(x-\alpha)\left(\frac{2}{\alpha^2}x^2-\frac{1}{\alpha}x-1\right) \\ &=(x-\alpha)\cdot(x-\alpha)\left(\frac{2}{\alpha^2}x+\frac{1}{\alpha}\right) \\ &=(x-\alpha)^2\left(\frac{2}{\alpha^2}x+\frac{1}{\alpha}\right) \end{aligned}$$

→オ，カ

ここで，$\alpha=8$ のとき

$$\begin{aligned} f(x)&=(x-8)^2\left(\frac{1}{32}x+\frac{1}{8}\right) \\ &=\frac{1}{32}(x-8)^2(x+4) \end{aligned}$$

求める面積は，平行移動を考えることで

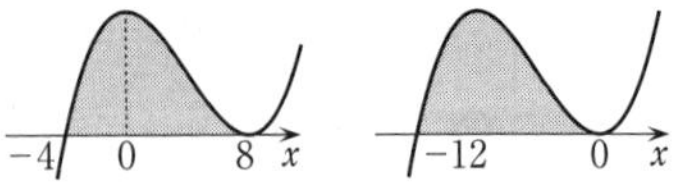

$$\int_{-4}^{8}\frac{1}{32}(x-8)^2(x+4)\,dx$$

$$=\int_{-12}^{0}\frac{1}{32}x^2(x+12)\,dx$$

$$=\frac{1}{32}\int_{-12}^{0}(x^3+12x^2)\,dx$$

$$=\frac{1}{32}\left[\frac{1}{4}x^4+4x^3\right]_{-12}^{0}$$

$$=\frac{1}{32}\left\{0-\left(\frac{12^4}{4}-4\cdot 12^3\right)\right\}=\frac{1}{32}\left\{-12^3\left(\frac{12}{4}-4\right)\right\}=\frac{1}{32}\cdot 12^3$$

$=54$　→キク

２．$f(x)=(x-\alpha)^2(ax^2+bx+c)+dx+e$

$$f'(x)=2(x-\alpha)(ax^2+bx+c)+(x-\alpha)^2(2ax+b)+d$$

条件より，$f'(\alpha)=0$，$f(\alpha)=0$ だから

$$d=0,\ d\alpha+e=0$$

$\therefore$　$d=0$，$e=0$　→ケ，コ

このとき

$$f(x)=(x-\alpha)^2(ax^2+bx+c)$$

$$f'(x)=2(x-\alpha)(ax^2+bx+c)+(x-\alpha)^2(2ax+b)$$

条件より，$f'(0)=0$，$f(0)=\alpha$ だから

$$-2\alpha c+\alpha^2 b=0 \qquad \alpha^2\cdot c=\alpha$$

$\alpha\neq 0$ より

$$b=\frac{2}{\alpha^2},\ c=\frac{1}{\alpha}$$　→サ，シ

$a=1$ のとき

$$f(x)=(x-\alpha)^2\left(x^2+\frac{2}{\alpha^2}x+\frac{1}{\alpha}\right)$$

$f(x)=0$ のとき

$$x=\alpha,\ x^2+\frac{2}{\alpha^2}x+\frac{1}{\alpha}=0 \quad \cdots\cdots④$$

$x<0$ で，④が 1 つだけ決まる。$\dfrac{1}{\alpha}>0$ だから，④の 2 解は，同符号なので，$x<0$ で重解をもつ。よって，判別式 (D) は

$$\frac{D}{4}=\left(\frac{1}{\alpha^2}\right)^2-\frac{1}{\alpha}=0 \qquad \therefore \quad 1-\alpha^3=0 \iff \alpha^3=1$$

α は実数だから　　$\alpha=1$

このとき，④は　　$x^2+2x+1=0 \iff (x+1)^2=0$

$\therefore \quad x=-1 \ (<0)$

よって　　$\alpha=1,\ x=-1$　→ス，セ

このとき

$$f(x)=(x-1)^2(x+1)^2$$

となり，求める面積は

$$\int_{-1}^{1}(x-1)^2(x+1)^2dx$$

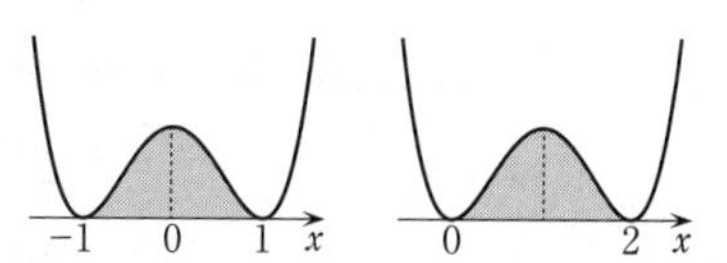

$$=\int_0^2(x-2)^2x^2dx=\int_0^2(x^2-4x+4)x^2dx=\int_0^2(x^4-4x^3+4x^2)dx$$

$$=\left[\frac{1}{5}x^5-x^4+\frac{4}{3}x^3\right]_0^2=\frac{2^5}{5}-2^4+\frac{4}{3}\cdot 2^3$$

$$=2^4\left(\frac{2}{5}-1+\frac{2}{3}\right)$$

$$=\frac{16}{15}$$ →ソ～ツ

参考　1，2ともに，積の微分 $\{f(x)\cdot g(x)\}'=f'(x)\cdot g(x)+f(x)\cdot g'(x)$ を使った。特に2では，$f(x)$ を展開して微分となると，時間・正確さから考えると大変である。

$$\{(ax+b)^n\}'=na(ax+b)^{n-1}$$

とあわせて使えるようにしたい。

積分もグラフを利用して，平行移動して考えたが

$$\int(ax+b)^ndx=\frac{1}{n+1}\cdot\frac{1}{a}(ax+b)^{n+1}+C \quad (a\neq 0,\ C\text{は積分定数})$$

を使うと

$$\int_{-4}^{8}(x-8)^2(x+4)dx=\int_{-4}^{8}(x-8)^2\{(x-8)+12\}dx$$

$$=\int_{-4}^{8}\{(x-8)^3+12(x-8)^2\}dx$$

$$=\left[\frac{1}{4}(x-8)^4+4(x-8)^3\right]_{-4}^{8}$$

$$=0-\left\{\frac{1}{4}(-12)^4+4\cdot(-12)^3\right\}$$

$$=12^3\cdot\left(\frac{-12}{4}+4\right)=12^3$$

$$\int_{-1}^{1}(x-1)^2(x+1)^2dx=\int_{-1}^{1}\{(x+1)-2\}^2(x+1)^2dx$$

$$=\int_{-1}^{1}\{(x+1)^4-4(x+1)^3+4(x+1)^2\}dx$$

$$=\left[\frac{1}{5}(x+1)^5-(x+1)^4+\frac{4}{3}(x+1)^3\right]_{-1}^{1}$$

$$=\frac{1}{5}\cdot2^5-2^4+\frac{4}{3}\cdot2^3$$

$$=\frac{16}{15}$$

とも計算できる。

III　解答

1．$n\equiv3\ (\mathrm{mod}\,5)$ より，n を 5 で割った余りと，3 を 5 で割った余りが等しいので，$1\leqq n\leqq3^5$ で，5 で割ったら，余りが 3 となるものは，$3^5=243$ より

　　3，8，13，…，243

よって

　　$n=5k+3\quad(k=0,\ 1,\ 2,\ \cdots,\ 48)$

n の個数は　　49 個　……(答)

2．(i)　(a)　$a=2$ のとき

　　(＃)′ すべての自然数 n について，$n^2\equiv n\ (\mathrm{mod}\,2)$

を示す。n を 2 で割って，余りが 1，0 で考える。k を 0 以上の整数とする。

• $n=2k+1$ のとき　　$n\equiv1\quad(\mathrm{mod}\,2)$

　　$n^2=(2k+1)^2=2(2k^2+2k)+1\qquad\therefore\quad n^2\equiv1\quad(\mathrm{mod}\,2)$

　よって　　$n^2\equiv n\quad(\mathrm{mod}\,2)$

• $n=2k$ のとき　　$n\equiv0\quad(\mathrm{mod}\,2)$

　　$n^2=(2k)^2=2\cdot(2k^2)\qquad\therefore\quad n^2\equiv0\quad(\mathrm{mod}\,2)$

　よって　　$n^2\equiv n\quad(\mathrm{mod}\,2)$

以上より，(＃)′が示せた。

(b)　$a=3$ のとき

　　(＃)″すべての自然数 n について，$n^3\equiv n \pmod 3$

を示す。n を3で割って，余りが，1，2，0で考える。

• $n=3k+1$ のとき　　$n\equiv 1 \pmod 3$

$$n^3=(3k+1)^3=3(9k^3+9k^2+3k)+1 \qquad \therefore\ n^3\equiv 1 \pmod 3$$

　よって　　$n^3\equiv n \pmod 3$

• $n=3k+2$ のとき　　$n\equiv 2 \pmod 3$

$$n^3=(3k+2)^3=3(9k^3+18k^2+12k+2)+2 \qquad \therefore\ n^3\equiv 2 \pmod 3$$

　よって　　$n^3\equiv n \pmod 3$

• $n=3k$ のとき　　$n\equiv 0 \pmod 3$

$$n^3=(3k)^3=3(9k^3) \qquad \therefore\ n^3\equiv 0 \pmod 3$$

　よって　　$n^3\equiv n \pmod 3$

以上より，(＃)″が示せた。

(a)，(b)より，(＃)が示せた。　　　　　　　　　　(証明終)

(ii)　$a=2^p\cdot 3^q$（p，q は自然数）とおける。

このとき

$$n_0=a-1=2^p\cdot 3^q-1,\ n_0\equiv 2^p\cdot 3^q-1 \pmod a$$

とする。

$$\begin{aligned} n_0{}^a &= (a-1)^a \\ &= {}_aC_0a^a+{}_aC_1a^{a-1}\cdot(-1)^1+\cdots+{}_aC_{a-1}a\cdot(-1)^{a-1}+{}_aC_a(-1)^a \\ &= a\times A+{}_aC_a(-1)^a \quad (A\text{ は整数}) \\ &= a\cdot A+1 \quad (\because\ a=2^p\cdot 3^q\text{ で }a\text{ は偶数}) \end{aligned}$$

$\therefore\ n_0{}^a\equiv 1 \pmod a$

　　$2^p\cdot 3^q-1\neq 1$　より　$n_0{}^a\not\equiv n_0 \pmod a$

よって，(＃)は，成り立たない。　　　　　　　　　(証明終)

◀解　説▶

≪余りの性質（合同式）≫

1．合同式 $a\equiv b \pmod m$ は，a と b は，m で割ったとき，余りが等しいことを意味する。よって，5で割ると余りが3となるので，初項3公差5の等差数列をなすことになる。

2．(i)は「a が素数のとき，(＃)」が，フェルマーの小定理とよばれる有名な定理である。n に関する式 $f(n)$ を，a で割った余りを考えるので，n を a で割った余りで分類するとよい。ここでは，$n=2k$，$2k+1$，あるいは $n=3k$，$3k+1$，$3k+2$ とした。

(ii)は，(#)の否定として，「ある自然数 n_0 が存在して，$n_0{}^a \not\equiv n_0$ となる」ことを示すことにし，$a=6$，$n_0=5$ を考えると，$n_0 \equiv 5 \pmod{6}$

$n_0{}^6=5^6=15625=6\times 2604+1$ だから $n_0{}^6 \equiv 1 \pmod{6}$ となり，$n_0{}^6 \not\equiv n_0$ となる。これを参考に，$n_0=a-1$ を考えるとよい。

❖講　評

大問 3 題の出題で，「数学Ⅰ・A」からの出題が 1 題，「数学Ⅱ・B」からの出題が 1 題，小問集合として，整数問題，2 線分のなす角，指数・対数関数の最大値を扱った出題が 1 題であった。

Ⅰ　1 では小数部分を切りすてることで，整数部分はできる。だから，もとの数は，(整数部分)≦(もとの数)＜(整数部分)＋1 で表せる。2 では，B が定点なので，OB と x 軸となす角（β）を，$\pm\theta$ 回転させることにした。

Ⅱ　1，2 ともに，積の微分，グラフを平行移動しての求積を実行した。与えられた関数を展開して，微分・積分してもよいが大変である。

Ⅲ　指数が絡む倍数・約数の判定には，基本的に二項定理が有効で，考え易い。合同式は，余りが同じものは同一視すると考えるとよい。具体的に小さい数で実験するとよい。2019・2020 年度と同様に考えさせる記述問題となっている。証明問題など日頃より練習しておくことが大切である。

女の行く末」を心配する部分が本文にないので誤り。紀行文は場面展開が目まぐるしいことも頭に入れておこう。よって、4が正解。「蜘蛛」の脚（＝手）のように、もの思いの内容ははっきりしないのだが、千々に思いが乱れているのである。

問九　和歌Ⅲは、その前の行から、『伊勢物語』で有名な八橋に来たものの、川も橋もないことに「跡だにもなし」と、がっかりした気持ちを詠んだ歌である。4の「悲憤」（＝憤慨し嘆き悲しむこと）が誤りで、和歌自体からも憤慨する気持ちは読み取れない。よってこれが正解。2の「無常」は人の世のはかないことを言った仏教用語で、これも、橋の跡形もない様子を言ったことと取れる。

❖講　評

例年通り、現代文二題、古文一題の構成であり、文章の長さや設問数、難易度は例年並みである。

一は、江戸の人々の人格意識に関する評論である。江戸人は現代人とは自我観念が異なり、複数のアバターに仮託して一人の人間の中に二重三重もの存在を読み込むのだと述べる。近代的価値観の再検討の必要を論じた二〇一九年度、二〇二〇年度の出題に通じる問題意識に立っていると言える。設問によっては注意を要する選択肢もあるが、おおむね標準的である。

二は、日本人に限らず人々は決まった時期に帰省するが、その理由は、共同で行うハレの宗教的儀式に自己のアイデンティティを求めるからであった。反復強迫の現れという言い方もできると述べる。設問の選択肢は判断の根拠を明確に示せるものがほとんどであった。

三は、日記『とはずがたり』からの出題である。筆者が旅に出る後半部分からの出題で、宿で出会った遊女とのやり取りを中心とした場面が取り上げられた。助動詞・助詞・和歌の修辞といった基礎の学習をしっかりした上で読解力を磨くことが求められる。

いる。これは傍線部で目に留まった遊女の涙を、恋によるものと考えたことを示した歌である。よって、2が正解。

問四　語幹の「据」から、この動詞はワ行下二段動詞「据う」である。空欄は完了の助動詞「たる」に続くので、連用形に活用させる必要がある。よって、答えは「ゑ」である。

問五　傍線部は〝とても意外だったので〟と訳す。いずれの選択肢にも、田舎の遊女が和歌を詠んだという点に驚いたとあるので、驚いた内容ではなく、主に和歌Ⅰとその前の解釈から消去していく。2は旅先の遊女が知らないことであるはずなので誤り。3は「富士の煙に黒い僧服の色を喩えて共感する」とあるが、遊女が出家に関心があるという記述はないので誤り。4は「恋人が火葬された」という記述がないので誤り。5は「これからどこに行くのかと問う」とあるが、作者の返歌にそれに応じたと考えられる部分はないので、これも見当違いである。1が正解で、和歌Ⅰの二行前に、「墨染の色にはあらぬ袖の涙をあやしく思ひけるにや」という内容に合致している。

問六　和歌Ⅱに二つの掛詞があり、まず「するが」が「恋をする」と「駿河」の掛詞であることと、「思ひ」が「思ひ」と「火」の掛詞であることに注意する。「火ありとぞ煙立つ」とつながる。富士山を詠みつつ、遊女に恋をする思いがあるのかと問いかけている歌である。1は「恋する人がいる所を知らせるべく」が本文の内容と関係がない。2は、「炎が燃え尽きて」以下の部分が和歌に書かれていない。4は「亡き恋人の火葬」の部分が本文の内容と外れるので、誤り。5は「恋する尼の噂は一度立ってしまうと消えない」とある部分が本文の内容と一致しない。よって、3が正解である。「かなわぬ恋の炎がまだ燃えている」の部分がどうかとも思われるが、和歌からはそう読み取っても問題ない。

問七　『伊勢物語』第九段「東下り」の段に「八橋」が出てくる。

問八　傍線部の「蜘蛛手」がわかりにくいが、本文の状況把握から選択肢を消去することで考えたい。1は「恋人の行方」を心配するような内容が本文にないので、誤り。2は「恐ろしく」が、そう思う根拠が周りにないので誤り。3は作者が「修行」している記述がなく、誤り。旅をしていること自体が修行に当たるとは考えられない。5は、「遊

（出家を）思い立った心はどんな原因かと、（高く上がる）富士の煙（のような高い志）を伺いたいことです。（遊女が歌を歌ってよこすとは）とても意外だったので、情趣ある気がして、

富士の峰はその名の通り恋をする駿河の国の山ですから、物思いの火があるということで煙が立つのでしょう。（私が出家したのも恋の思いゆえです。）

慣れ親しんだ名残は、この遊女宿までも見捨てにくい気がしながら、そうばかりしてはいられないので、また出立した。八橋という所に着いたものの、水が流れる川もない。（川に加えて）橋も見えないことまでも、友もいないような寂しさがして、

私はやはり蜘蛛手に（あれこれと）ものを思っているが、（伊勢物語に語られた）八橋は跡形さえない。

◀解　説▶

問一　傍線部の前後は、「昔思ひ出でらるる心地」となっており、心情語についているので、傍線部は自発の助動詞「らる」の連体形である。正解は「自然に心をさめらるる」と、心情語についている1である。2以下もすべて助動詞「らる」で、2は尊敬、3は受身、4は尊敬である。5が紛らわしいが、「打聞」は〝書き付け〟のことであり、「書き入れらるる」の主語は「歌」であるから、受身である。

問二　傍線部前後を抜き出すと「二人ある遊女の姉とおぼしきが」とあり、この「の」は「遊女」が「姉」を修飾する連体修飾格である。同格に見えなくもないが、下の「おぼしき」には「遊女」は入らず、「（片）方」といった言葉が入るので同格ではない。よって、正解は2である。1は主格、3は〝で〟と訳すほかなく同格である。4は、形式名詞となる用法、5は主格である。

問三　傍線部Aを訳すと〝（自分の）境遇と似ているように思われて目を留めたところ〟となる。〈自分の境遇〉とは何かを考え、選択肢を消去していく。すると、1・3・4・5は本文中、どこにもそのような記述はない。2は後ろの部分で筆者は遊女に和歌を詠みかけられ、自らも返しをした和歌Ⅱに「恋をする」ことによって「思ひあり」と述べて

神性」とは「アイデンティティ」を求める心だと解せばよい。

三

出典　後深草院二条『とはずがたり』〈巻四〉

解答

問一　1
問二　2
問三　2
問四　ゑ
問五　1
問六　3
問七　伊勢物語
問八　4
問九　4

◆全　訳◆

ようやく日を経るうちに、美濃の国赤坂の宿という所に到着した。慣れない旅の日々もそうはいってもやはり重なると、苦しくつらいので、ここに今日は留まったところ、宿の主に若い遊女の姉妹がいた。琴、琵琶などを弾いて風情がある様子なので、昔を自然と思い出す心地がして、酒などを与えて、管弦の演奏をさせると、二人いる遊女の姉と思われる者が、たいそう物思いに沈む様子で、琵琶の撥で紛らわせているけれども、涙をこぼしがちであるのも、（自分の）境遇と似ているように思われて目を留めていると、私も墨染の僧衣（になって世を捨てている姿）にはふさわしくない袖の涙を不思議に思ったのだろうか、杯を置いた角盆に（歌を）書いてよこした。

問四　傍線部Cの「ゲマインシャフトの高まり」については、傍線部Cの3行前に「共同体の成員たちが集って非日常的なハレの儀式を執り行うとき、共同体は共同体の性格をあらわにする」とある。本文での「ハレ」は、「ゲマインシャフト」の言い換えであるととってよい。以上の内容の例として適当なのは5であり、これが正解である。1・2・3は「共同体の成員たち」の儀式ではなく誤り。4は「ハレの儀式」とは言えないので誤りである。

問五　空欄Xの次の文には葬儀と結婚式が挙げられている。これを踏まえて空欄X直前の「親族規模で集団的アイデンティティを確認する機会」に当たる四字熟語を考えると、冠婚葬祭に思い至るはずである。

問六　選択肢を見ると「ハレ」と「ケ」をどう比較するかということが問われていることがわかる。この段落は映画『男はつらいよ』を引用する段落で、ここでいう「ハレ」とは「柴又帝釈天題経寺」であり、その土地を司る「御前様」には頭が上がらないが、「ケ」を代表する「タコ社長」にはからかいをもって対応するとある。よって、ここでも今までの説明と同様「ハレ」のほうが「ケ」よりも上位に相当することとなる。空欄Yはそのまとめなので、今述べた内容に沿っているものを選ぶと選択肢の3と5である。空欄Yは「このゲマインシャフトでも」とつながって来るので、それまでの段落を総合してまとめていると考えると3の表現のほうが妥当で、これが正解である。

問七　傍線部Dの「反復の構図」とは、同じことが何度も行われることと考えられる。3は「反復」が必須ではないので、これが正解。1は「正月」と「盆」、2は「クリスマス」、4は「秋夕」とあって、毎年繰り広げられる恒例行事であるので反復されるものである。第五段落に「秋夕」や「クリスマス」に帰省すると述べられている。5の「ラッシュの時期」は意味がはっきりしないが、「出郷した人間」が「帰省する」時期なので、盆正月の時期を指していると取るべきである。

問八　1は、「旧来の家族制度を否定」するという内容が、4も「資本主義の経済原理はケの論理で成立して」いるという内容が本文にない。5は「必ず帰郷したがる」が言い過ぎである。2は第六・八段落の内容だが、「アイデンティティ」は「信仰心」に基づくのかははっきりしないので誤りである。正解は3で、第八段落の内容に合致する。「精

問五　冠婚葬祭
問六　3
問七　3
問八　3

◆要　旨◆

帰省ラッシュは相当なエネルギーが強いられ、その消耗やストレスも少なくないのに、時期が決まっている。それは宗教的儀式と密接に関係していることが挙げられ、「ケ」つまりゲゼルシャフトに対する「ハレ」つまりゲマインシャフトへの帰還であるとも言える。人はケの論理だけでは生きていけない。自らのアイデンティティの源を求めて帰省するのである。その故郷は共同体の成員たちが集って非日常的なハレの儀式を執り行う際にハレの性格が一気に高まるので、帰省する時期が決まっているのである。こうした定期的な回帰はフロイトの言う反復強迫の現れと言うこともできる。
※ゲマインシャフトとは、家族、村落などの自然発生的に形成した集団。ゲゼルシャフトとは、会社、都市などの利益や機能を追求した作為的な集団。ドイツの社会学者テンニエス（テンニース）が提唱した社会類型。

▲解　説▼

問二　傍線部Aの、「決まった時期」である理由については、傍線部Cがある段落にその最終的な答えが述べられる。その4行目の「共同で演出」された非日常的なハレの儀式が故郷を故郷らしくさせるから、その時期に帰省しなければならないのである。ちなみに、ハレの性格は、ゲマインシャフト的な性格と言い換えられている。以上の説明に合致しているのは1で、これが正解である。2は「宗教儀式においては『帰省ラッシュ』という現象が必要」の部分が本文には関係ない。その他は、なぜ「決まった時期」に帰省するのか、という本問の問いに答えていない。

問三　傍線部Bを含む「分け前に与る」とは、〝他人が得た利益の一部を自分も分けてもらう〟という意味である。それにあたるのは2で、これが正解。他は〝受ける〟や〝関与する〟の意味である。

問五　空欄Xの段落の秀吉と家康は、「日本の神が仏や人間になって現れた」例として説明されている。「その死後」に、秀吉は「豊国大明神」と、家康は「東照大権現」と名付けられたとあるので、正解は2である。

問六　傍線部Eの直後に「アバターと訳したほうがわかりやすい」とある。『茶の本』に登場する、東洋と西洋との「無駄な努力」を修復するものとしての存在は今まで述べられてきたような日本の仏神とは違うので「イメージがわかない」のである。それを述べたのは3である。1は「種々の」と言ったところ、2は「思想」に限定しているところが誤り。4は「強烈な印象」とあるが、それを目的にしているとは思えない。5は「岡倉天心の独創性」が誤り。わかりやすくするために「アバター」の語を用いるのである。

問七　本文を整理すると「わたし」は主人公でピザンのアバター、ピザンは寒山の見立てで文殊菩薩の化身（アバター）である。傍線部Fの直前で「わたし」は現実の塵をかき集めて「ことば」に変換する。普賢とは「ことば」なので、「ことば」にすることが普賢に出会うこととなるのである。その説明をしているのは1でこれが正解。「邂逅」とは〝出会う〟という意味である。2は「変相」とあるのが誤り。3は「わたし」とともに「ユカリ」が普賢に会うとあって誤り。4はピザンとジャンヌ・ダルクの見立てをすることで対面できるという因果関係にしているところが誤り。5は「わたし」が普賢に「化身」するとあるところが誤っている。

二

出典　小林敏明『故郷喪失の時代』〈第二章　懐かしさの演出〉（文芸春秋社）

解答

問一　①しょうりょう　②きそう

問二　1

問三　2

問四　5

身近な現実の話に対応させたということを、傍線部Aでは「俗化する」と述べている。「思想を分析する思弁」を「思いをめぐらす」に、「俗化する」を「自分の生活の中に……見出そうとした」と言い換えた3が正解となる。1は、「執着し」という部分と「信仰の対象に」したというところ、2は、「何か特別な力が働く」の部分、4は、「江戸の思想に当てはまる」の部分、5は、「遊女が変身したことに神聖な考えを持たず」の部分が、それぞれ本文の内容にない部分である。

問二　設問に「江戸人のとった方法」とあるのは、次の段落の「天明狂歌の話」を指す。また傍線部Bの三つ後の段落に「ひとりの人間のなかに別の存在を他のひとが読み取る」と、傍線部Bと似た表現があることに着目する。この段落に、「江戸人のとった方法」が述べられており、「自ら別の存在に自分を仮託」「アイデンティティをそっと抜き取る」「自分を次々と作り出しながら才能を分岐させていく」などとある。これらに合致するのは4である。傍線部B直後の「俗化」に引っかかって他の選択肢を選ばないように。

問三　傍線部Cの段落で、天明狂歌師の狂名には、作者は存在しておらず仮託であると述べられている。つまり狂名の人格を借りて狂歌を作っているということである。それを言い表しているのは4で、これが正解である。1は、「俳諧師や絵師とは異なり真剣に」の部分、2は「自分を晒す」の部分が本文とは食い違う内容である。3も「アイデンティティを確立した」が、本文とは食い違っている。5が紛らわしいが、この選択肢は「天明狂歌師」が「平安貴族めいたふざけた存在」ということであり、平安貴族がふざけた存在という意味にとれるので誤りである。

問四　傍線部Dの段落は江戸の自我観念の説明で、「彼らは自分探しなどおこなわない。自分を次々と作り出しながら」とある。自我・アイデンティティといった概念は相対的なものだから、「自分探しなど」しないのである。1は「誰もが」と「成人全員」の部分、2は「一人ひとりが必要不可欠な存在」と「複数の自我を持つのが当たり前」の部分、3は「人格が過度に重要視」の部分、4は「誰もが自分をアバターだと考えていた」の部分が、それぞれ誤りである。5には、他の選択肢のような言い過ぎの部分がなく、これが正解である。

国語

一

出典　田中優子「江戸のダイバーシティ」（池上英子・田中優子『江戸とアバター――私たちの内なるダイバーシティ』朝日新書）

解答

問一　3
問二　4
問三　4
問四　5
問五　2
問六　3
問七　1

◆要　旨◆

江戸人は一人の人間の中に、二重三重もの存在を読み込んで、身近な現実に対応させる俗化を行った。本人とは別の存在、つまりアバターに自分を仮託して、近代で言うアイデンティティを抜き取る操作をする。その点は、現代とは自我観念が異なっていると言える。アバターという言葉はもともとインド神話に由来する言葉で、日本語では「権化」「権現」「化身」、あるいは「明神」と訳され、古来様々な文学作品に見ることができる。

▲解　説▼

問一　江戸の人々が、江口の遊女が普賢菩薩だったという能の「江口」の話を、竹という実在の女中が大日如来だという

MEMO

MEMO

教学社 刊行一覧

2024年版 大学入試シリーズ（赤本）

378大学555点
全都道府県を網羅

国公立大学（都道府県順）

全国の書店で取り扱っています。店頭にない場合は，お取り寄せができます。

1 北海道大学（文系－前期日程）
2 北海道大学（理系－前期日程） 医
3 北海道大学（後期日程）
4 旭川医科大学（医学部〈医学科〉） 医
5 小樽商科大学
6 帯広畜産大学
7 北海道教育大学
8 室蘭工業大学／北見工業大学
9 釧路公立大学
10 公立千歳科学技術大学
11 公立はこだて未来大学 総推
12 札幌医科大学（医学部） 医
13 弘前大学 医
14 岩手大学
15 岩手県立大学・盛岡短期大学部・宮古短期大学部
16 東北大学（文系－前期日程）
17 東北大学（理系－前期日程） 医
18 東北大学（後期日程）
19 宮城教育大学
20 宮城大学
21 秋田大学 医
22 秋田県立大学
23 国際教養大学 総推
24 山形大学 医
25 福島大学
26 会津大学
27 福島県立医科大学（医・保健科学部） 医
28 茨城大学（文系）
29 茨城大学（理系）
30 筑波大学（推薦入試） 医 総推
31 筑波大学（前期日程） 医
32 筑波大学（後期日程）
33 宇都宮大学
34 群馬大学 医
35 群馬県立女子大学
36 高崎経済大学
37 前橋工科大学
38 埼玉大学（文系）
39 埼玉大学（理系）
40 千葉大学（文系－前期日程）
41 千葉大学（理系－前期日程） 医
42 千葉大学（後期日程） 医
43 東京大学（文科） DL
44 東京大学（理科） DL 医
45 お茶の水女子大学
46 電気通信大学
47 東京医科歯科大学 医
48 東京外国語大学 DL
49 東京海洋大学
50 東京学芸大学
51 東京藝術大学
52 東京工業大学
53 東京農工大学
54 一橋大学（前期日程） DL
55 一橋大学（後期日程）
56 東京都立大学（文系）
57 東京都立大学（理系）
58 横浜国立大学（文系）
59 横浜国立大学（理系）
60 横浜市立大学（国際教養・国際商・理・データサイエンス・医〈看護〉学部）
61 横浜市立大学（医学部〈医学科〉） 医
62 新潟大学（人文・教育〈文系〉・法・経済科・医〈看護〉・創生学部）
63 新潟大学（教育〈理系〉・理・医〈看護を除く〉・歯・工・農学部） 医
64 新潟県立大学
65 富山大学（文系）
66 富山大学（理系） 医
67 富山県立大学
68 金沢大学（文系）
69 金沢大学（理系） 医
70 福井大学（教育・医〈看護〉・工・国際地域学部）
71 福井大学（医学部〈医学科〉） 医
72 福井県立大学
73 山梨大学（教育・医〈看護〉・工・生命環境学部）
74 山梨大学（医学部〈医学科〉） 医
75 都留文科大学
76 信州大学（文系－前期日程）
77 信州大学（理系－前期日程） 医
78 信州大学（後期日程）
79 公立諏訪東京理科大学 総推
80 岐阜大学（前期日程） 医
81 岐阜大学（後期日程）
82 岐阜薬科大学
83 静岡大学（前期日程）
84 静岡大学（後期日程）
85 浜松医科大学（医学部〈医学科〉） 医
86 静岡県立大学
87 静岡文化芸術大学
88 名古屋大学（文系）
89 名古屋大学（理系） 医
90 愛知教育大学
91 名古屋工業大学
92 愛知県立大学
93 名古屋市立大学（経済・人文社会・芸術工・看護・総合生命理・データサイエンス学部）
94 名古屋市立大学（医学部） 医
95 名古屋市立大学（薬学部）
96 三重大学（人文・教育・医〈看護〉学部）
97 三重大学（医〈医〉・工・生物資源学部） 医
98 滋賀大学
99 滋賀医科大学（医学部〈医学科〉） 医
100 滋賀県立大学
101 京都大学（文系）
102 京都大学（理系） 医
103 京都教育大学
104 京都工芸繊維大学
105 京都府立大学
106 京都府立医科大学（医学部〈医学科〉） 医
107 大阪大学（文系） DL
108 大阪大学（理系） 医
109 大阪教育大学
110 大阪公立大学（現代システム科学域〈文系〉・文・法・経済・商・看護・生活科〈居住環境・人間福祉〉学部－前期日程）
111 大阪公立大学（現代システム科学域〈理系〉・理・工・農・獣医・医・生活科〈食栄養〉学部－前期日程） 医
112 大阪公立大学（中期日程）
113 大阪公立大学（後期日程）
114 神戸大学（文系－前期日程）
115 神戸大学（理系－前期日程） 医
116 神戸大学（後期日程）
117 神戸市外国語大学 DL
118 兵庫県立大学（国際商経・社会情報科・看護学部）
119 兵庫県立大学（工・理・環境人間学部）
120 奈良教育大学／奈良県立大学
121 奈良女子大学
122 奈良県立医科大学（医学部〈医学科〉） 医
123 和歌山大学
124 和歌山県立医科大学（医・薬学部） 医
125 鳥取大学 医
126 公立鳥取環境大学
127 島根大学 医
128 岡山大学（文系）
129 岡山大学（理系） 医
130 岡山県立大学
131 広島大学（文系－前期日程）
132 広島大学（理系－前期日程） 医
133 広島大学（後期日程）
134 尾道市立大学 総推
135 県立広島大学
136 広島市立大学
137 福山市立大学 総推
138 山口大学（人文・教育〈文系〉・経済・医〈看護〉・国際総合科学部）
139 山口大学（教育〈理系〉・理・医〈看護を除く〉・工・農・共同獣医学部） 医
140 山陽小野田市立山口東京理科大学 総推
141 下関市立大学／山口県立大学
142 徳島大学 医
143 香川大学 医
144 愛媛大学 医
145 高知大学 医
146 高知工科大学
147 九州大学（文系－前期日程）
148 九州大学（理系－前期日程） 医
149 九州大学（後期日程）
150 九州工業大学
151 福岡教育大学
152 北九州市立大学
153 九州歯科大学
154 福岡県立大学／福岡女子大学
155 佐賀大学 医
156 長崎大学（多文化社会・教育〈文系〉・経済・医〈保健〉・環境科〈文系〉学部）
157 長崎大学（教育〈理系〉・医〈医〉・歯・薬・情報データ科・工・環境科〈理系〉・水産学部） 医
158 長崎県立大学 総推
159 熊本大学（文・教育・法・医〈看護〉学部）
160 熊本大学（理・医〈看護を除く〉・薬・工学部） 医
161 熊本県立大学
162 大分大学（教育・経済・医〈看護〉・理工・福祉健康科学部）
163 大分大学（医学部〈医学科〉） 医
164 宮崎大学（教育・医〈看護〉・工・農・地域資源創成学部）
165 宮崎大学（医学部〈医学科〉） 医
166 鹿児島大学（文系）
167 鹿児島大学（理系） 医
168 琉球大学 医

2024年版　大学入試シリーズ（赤本）

国公立大学 その他

- 169 〔国公立大〕医学部医学科 総合型選抜・学校推薦型選抜 医 総推
- 170 看護・医療系大学〈国公立 東日本〉
- 171 看護・医療系大学〈国公立 中日本〉
- 172 看護・医療系大学〈国公立 西日本〉
- 173 海上保安大学校／気象大学校
- 174 航空保安大学校
- 175 国立看護大学校
- 176 防衛大学校 総推
- 177 防衛医科大学校（医学科） 医
- 178 防衛医科大学校（看護学科）

※No.169～172の収載大学は赤本ウェブサイト（http://akahon.net/）でご確認ください。

私立大学①

北海道の大学（50音順）

- 201 札幌大学
- 202 札幌学院大学
- 203 北星学園大学・短期大学部
- 204 北海学園大学
- 205 北海道医療大学
- 206 北海道科学大学
- 207 北海道武蔵女子短期大学
- 208 酪農学園大学（獣医学群〈獣医学類〉）

東北の大学（50音順）

- 209 岩手医科大学（医・歯・薬学部） 医
- 210 仙台大学 総推
- 211 東北医科薬科大学（医・薬学部） 医
- 212 東北学院大学
- 213 東北工業大学
- 214 東北福祉大学
- 215 宮城学院女子大学 総推

関東の大学（50音順）

あ行（関東の大学）

- 216 青山学院大学（法・国際政治経済学部－個別学部日程）
- 217 青山学院大学（経済学部－個別学部日程）
- 218 青山学院大学（経営学部－個別学部日程）
- 219 青山学院大学（文・教育人間科学部－個別学部日程）
- 220 青山学院大学（総合文化政策・社会情報・地球社会共生・コミュニティ人間科学部－個別学部日程）
- 221 青山学院大学（理工学部－個別学部日程）
- 222 青山学院大学（全学部日程）
- 223 麻布大学（獣医、生命・環境科学部）
- 224 亜細亜大学
- 225 跡見学園女子大学
- 226 桜美林大学
- 227 大妻女子大学・短期大学部

か行（関東の大学）

- 228 学習院大学（法学部－コア試験）
- 229 学習院大学（経済学部－コア試験）
- 230 学習院大学（文学部－コア試験）
- 231 学習院大学（国際社会科学部－コア試験）
- 232 学習院大学（理学部－コア試験）
- 233 学習院女子大学
- 234 神奈川大学（給費生試験）
- 235 神奈川大学（一般入試）
- 236 神奈川工科大学
- 237 鎌倉女子大学・短期大学部
- 238 川村学園女子大学
- 239 神田外語大学
- 240 関東学院大学
- 241 北里大学（理学部）
- 242 北里大学（医学部） 医
- 243 北里大学（薬学部）
- 244 北里大学（看護・医療衛生学部）
- 245 北里大学（未来工・獣医・海洋生命科学部）
- 246 共立女子大学・短期大学
- 247 杏林大学（医学部） 医
- 248 杏林大学（保健学部）
- 249 群馬医療福祉大学 新
- 250 群馬パース大学 総推
- 251 慶應義塾大学（法学部）
- 252 慶應義塾大学（経済学部）
- 253 慶應義塾大学（商学部）
- 254 慶應義塾大学（文学部） 総推
- 255 慶應義塾大学（総合政策学部）
- 256 慶應義塾大学（環境情報学部）
- 257 慶應義塾大学（理工学部）
- 258 慶應義塾大学（医学部） 医
- 259 慶應義塾大学（薬学部）
- 260 慶應義塾大学（看護医療学部）
- 261 工学院大学
- 262 國學院大學
- 263 国際医療福祉大学 医
- 264 国際基督教大学
- 265 国士舘大学
- 266 駒澤大学（一般選抜T方式・S方式）
- 267 駒澤大学（全学部統一日程選抜）

さ行（関東の大学）

- 268 埼玉医科大学（医学部） 医
- 269 相模女子大学・短期大学部
- 270 産業能率大学
- 271 自治医科大学（医学部） 医
- 272 自治医科大学（看護学部）／東京慈恵会医科大学（医学部〈看護学科〉）
- 273 実践女子大学 総推
- 274 芝浦工業大学（前期日程〈英語資格・検定試験利用方式を含む〉）
- 275 芝浦工業大学（全学統一日程〈英語資格・検定試験利用方式を含む〉・後期日程）
- 276 十文字学園女子大学
- 277 淑徳大学
- 278 順天堂大学（医学部） 医
- 279 順天堂大学（スポーツ健康科・医療看護・保健看護・国際教養・保健医療・医療科・健康データサイエンス学部） 総推
- 280 城西国際大学 新
- 281 上智大学（神・文・総合人間科学部）
- 282 上智大学（法・経済学部）
- 283 上智大学（外国語・総合グローバル学部）
- 284 上智大学（理工学部）
- 285 上智大学（TEAPスコア利用方式）
- 286 湘南工科大学
- 287 昭和大学（医学部） 医
- 288 昭和大学（歯・薬・保健医療学部）
- 289 昭和女子大学
- 290 昭和薬科大学
- 291 女子栄養大学・短期大学部
- 292 白百合女子大学
- 293 成蹊大学（法学部－A方式）
- 294 成蹊大学（経済・経営学部－A方式）
- 295 成蹊大学（文学部－A方式）
- 296 成蹊大学（理工学部－A方式）
- 297 成蹊大学（E方式・G方式・P方式）
- 298 成城大学（経済・社会イノベーション学部－A方式）
- 299 成城大学（文芸・法学部－A方式）
- 300 成城大学（S方式〈全学部統一選抜〉）
- 301 聖心女子大学
- 302 清泉女子大学
- 303 聖徳大学・短期大学部
- 304 聖マリアンナ医科大学 医
- 305 聖路加国際大学（看護学部）
- 306 専修大学（スカラシップ・全国入試）
- 307 専修大学（学部個別入試）
- 308 専修大学（全学部統一入試）

た行（関東の大学）

- 309 大正大学
- 310 大東文化大学
- 311 高崎健康福祉大学 総推
- 312 拓殖大学
- 313 玉川大学
- 314 多摩美術大学
- 315 千葉工業大学
- 316 千葉商科大学
- 317 中央大学（法学部－学部別選抜）
- 318 中央大学（経済学部－学部別選抜）
- 319 中央大学（商学部－学部別選抜）
- 320 中央大学（文学部－学部別選抜）
- 321 中央大学（総合政策学部－学部別選抜）
- 322 中央大学（国際経営・国際情報学部－学部別選抜）
- 323 中央大学（理工学部－学部別選抜）
- 324 中央大学（6学部共通選抜）
- 325 中央学院大学
- 326 津田塾大学
- 327 帝京大学（薬・経済・法・文・外国語・教育・理工・医療技術・福岡医療技術学部）
- 328 帝京大学（医学部） 医
- 329 帝京科学大学 総推
- 330 帝京平成大学 総推
- 331 東海大学（医〈医〉学部を除く－一般選抜）
- 332 東海大学（文系・理系学部統一選抜）
- 333 東海大学（医学部〈医学科〉） 医
- 334 東京医科大学（医学部〈医学科〉） 医
- 335 東京家政大学・短期大学部 総推
- 336 東京経済大学
- 337 東京工科大学
- 338 東京工芸大学
- 339 東京国際大学
- 340 東京歯科大学
- 341 東京慈恵会医科大学（医学部〈医学科〉） 医
- 342 東京情報大学
- 343 東京女子大学
- 344 東京女子医科大学（医学部） 医
- 345 東京電機大学
- 346 東京都市大学
- 347 東京農業大学
- 348 東京薬科大学（薬学部） 総推
- 349 東京薬科大学（生命科学部） 総推
- 350 東京理科大学（理学部〈第一部〉－B方式）
- 351 東京理科大学（創域理工学部－B方式・S方式）
- 352 東京理科大学（工学部－B方式）
- 353 東京理科大学（先進工学部－B方式）
- 354 東京理科大学（薬学部－B方式）
- 355 東京理科大学（経営学部－B方式）
- 356 東京理科大学（C方式、グローバル方式、理学部〈第二部〉－B方式）

2024年版　大学入試シリーズ（赤本）

私立大学②

357 東邦大学（医学部） 医
358 東邦大学（薬学部）
359 東邦大学（理・看護・健康科学部）
360 東洋大学（文・経済・経営・法・社会・国際・国際観光学部）
361 東洋大学（情報連携・福祉社会デザイン・健康スポーツ科・理工・総合情報・生命科・食環境科学部）
362 東洋大学（英語〈3日程×3カ年〉） 新
363 東洋大学（国語〈3日程×3カ年〉） 新
364 東洋大学（日本史・世界史〈2日程×3カ年〉） 新
365 東洋英和女学院大学
366 常磐大学・短期大学 総推
367 獨協大学
368 獨協医科大学（医学部） 医

な行（関東の大学）

369 二松学舎大学
370 日本大学（法学部）
371 日本大学（経済学部）
372 日本大学（商学部）
373 日本大学（文理学部〈文系〉）
374 日本大学（文理学部〈理系〉）
375 日本大学（芸術学部）
376 日本大学（国際関係学部）
377 日本大学（危機管理・スポーツ科学部）
378 日本大学（理工学部）
379 日本大学（生産工・工学部）
380 日本大学（生物資源科学部）
381 日本大学（医学部） 医
382 日本大学（歯・松戸歯学部）
383 日本大学（薬学部）
384 日本大学（医学部を除く−N全学統一方式）
385 日本医科大学 医
386 日本工業大学
387 日本歯科大学
388 日本社会事業大学 新 総推
389 日本獣医生命科学大学
390 日本女子大学
391 日本体育大学

は行（関東の大学）

392 白鷗大学（学業特待選抜・一般選抜）
393 フェリス女学院大学
394 文教大学
395 法政大学（法〈法律・政治〉・国際文化・キャリアデザイン学部−A方式）
396 法政大学（法〈国際政治〉・文・経営・人間環境・グローバル教養学部−A方式）
397 法政大学（経済・社会・現代福祉・スポーツ健康学部−A方式）
398 法政大学（情報科・デザイン工・理工・生命科学部−A方式）
399 法政大学（T日程〈統一日程〉・英語外部試験利用入試）
400 星薬科大学 総推

ま行（関東の大学）

401 武蔵大学
402 武蔵野大学
403 武蔵野美術大学
404 明海大学
405 明治大学（法学部−学部別入試）
406 明治大学（政治経済学部−学部別入試）
407 明治大学（商学部−学部別入試）
408 明治大学（経営学部−学部別入試）
409 明治大学（文学部−学部別入試）
410 明治大学（国際日本学部−学部別入試）
411 明治大学（情報コミュニケーション学部−学部別入試）
412 明治大学（理工学部−学部別入試）
413 明治大学（総合数理学部−学部別入試）
414 明治大学（農学部−学部別入試）
415 明治大学（全学部統一入試）
416 明治学院大学（A日程）
417 明治学院大学（全学部日程）
418 明治薬科大学 総推
419 明星大学
420 目白大学・短期大学部

ら・わ行（関東の大学）

421 立教大学（文系学部−一般入試〈大学独自の英語を課さない日程〉）
422 立教大学（国語〈3日程×3カ年〉）
423 立教大学（日本史・世界史〈2日程×3カ年〉）
424 立教大学（文学部−一般入試〈大学独自の英語を課す日程〉）
425 立教大学（理学部−一般入試）
426 立正大学
427 早稲田大学（法学部）
428 早稲田大学（政治経済学部）
429 早稲田大学（商学部）
430 早稲田大学（社会科学部）
431 早稲田大学（文学部）
432 早稲田大学（文化構想学部）
433 早稲田大学（教育学部〈文科系〉）
434 早稲田大学（教育学部〈理科系〉）
435 早稲田大学（人間科・スポーツ科学部）
436 早稲田大学（国際教養学部）
437 早稲田大学（基幹理工・創造理工・先進理工学部）
438 和洋女子大学 総推

中部の大学（50音順）

439 愛知大学
440 愛知医科大学（医学部） 医
441 愛知学院大学・短期大学部
442 愛知工業大学 総推
443 愛知淑徳大学
444 朝日大学 総推
445 金沢医科大学（医学部） 医
446 金沢工業大学
447 岐阜聖徳学園大学・短期大学部 総推
448 金城学院大学
449 至学館大学 総推
450 静岡理工科大学
451 椙山女学園大学
452 大同大学
453 中京大学
454 中部大学
455 名古屋外国語大学 総推
456 名古屋学院大学 総推
457 名古屋学芸大学 総推
458 名古屋女子大学・短期大学部 総推
459 南山大学（外国語〈英米〉・法・総合政策・国際教養学部）
460 南山大学（人文・外国語〈英米を除く〉・経済・経営・理工学部）
461 新潟国際情報大学
462 日本福祉大学
463 福井工業大学
464 藤田医科大学（医学部） 医
465 藤田医科大学（医療科・保健衛生学部）
466 名城大学（法・経営・経済・外国語・人間・都市情報学部）
467 名城大学（情報工・理工・農・薬学部）
468 山梨学院大学

近畿の大学（50音順）

469 追手門学院大学 総推
470 大阪医科薬科大学（医学部） 医
471 大阪医科薬科大学（薬学部） 総推
472 大阪学院大学 総推
473 大阪経済大学 総推
474 大阪経済法科大学 総推
475 大阪工業大学 総推
476 大阪国際大学・短期大学部 総推
477 大阪産業大学 総推
478 大阪歯科大学（歯学部）
479 大阪商業大学 総推
481 大阪成蹊大学・短期大学 総推
482 大谷大学 総推
483 大手前大学・短期大学 総推
484 関西大学（文系）
485 関西大学（理系）
486 関西大学（英語〈3日程×3カ年〉）
487 関西大学（国語〈3日程×3カ年〉）
488 関西大学（文系選択科目〈2日程×3カ年〉）
489 関西医科大学（医学部） 医
490 関西医療大学 総推
491 関西外国語大学・短期大学部 総推
492 関西学院大学（文・社会・法学部−学部個別日程）
493 関西学院大学（経済・人間福祉・国際学部−学部個別日程）
494 関西学院大学（神・商・教育・総合政策学部−学部個別日程）
495 関西学院大学（全学部日程〈文系型〉）
496 関西学院大学（全学部日程〈理系型〉）
497 関西学院大学（共通テスト併用日程・英数日程）
498 畿央大学 総推
499 京都外国語大学・短期大学 総推
500 京都光華女子大学・短期大学部 総推
501 京都産業大学（公募推薦入試） 総推
502 京都産業大学（一般選抜入試〈前期日程〉）
503 京都女子大学 総推
504 京都先端科学大学 総推
505 京都橘大学 総推
506 京都ノートルダム女子大学 総推
507 京都薬科大学 総推
508 近畿大学・短期大学部（医学部を除く−推薦入試） 総推
509 近畿大学・短期大学部（医学部を除く−一般入試前期）
510 近畿大学（英語〈医学部を除く3日程×3カ年〉） 新
511 近畿大学（理系数学〈医学部を除く3日程×3カ年〉） 新
512 近畿大学（国語〈医学部を除く3日程×3カ年〉） 新
513 近畿大学（医学部−推薦入試・一般入試前期） 医 総推
514 近畿大学・短期大学部（一般入試後期） 医
515 皇學館大学 総推
516 甲南大学 総推
517 神戸学院大学 総推
518 神戸国際大学 総推
519 神戸女学院大学 総推
520 神戸女子大学・短期大学 総推
521 神戸薬科大学 総推
522 四天王寺大学・短期大学部 総推
523 摂南大学（公募制推薦入試） 総推
524 摂南大学（一般選抜前期日程）
525 帝塚山学院大学 新 総推
526 同志社大学（法、グローバル・コミュニケーション学部−学部個別日程）
527 同志社大学（文・経済学部−学部個別日程）
528 同志社大学（神・商・心理・グローバル地域文化学部−学部個別日程）
529 同志社大学（社会学部−学部個別日程）

2024年版　大学入試シリーズ（赤本）

私立大学③

- 530 同志社大学（政策・文化情報〈文系型〉・スポーツ健康科〈文系型〉学部－学部個別日程）
- 531 同志社大学（理工・生命医科・文化情報〈理系型〉・スポーツ健康科〈理系型〉学部－学部個別日程）
- 532 同志社大学（全学部日程）
- 533 同志社女子大学 [総推]
- 534 奈良大学 [総推]
- 535 奈良学園大学 [総推]
- 536 阪南大学 [総推]
- 537 姫路獨協大学 [総推]
- 538 兵庫医科大学（医学部） [医]
- 539 兵庫医科大学（薬・看護・リハビリテーション学部） [総推]
- 540 佛教大学 [総推]
- 541 武庫川女子大学・短期大学部 [総推]
- 542 桃山学院大学／桃山学院教育大学 [総推]
- 543 大和大学・大和大学白鳳短期大学 [総推]
- 544 立命館大学（文系－全学統一方式・学部個別配点方式）／立命館アジア太平洋大学（前期方式・英語重視方式）
- 545 立命館大学（理系－全学統一方式・学部個別配点方式・理系型3教科方式・薬学方式）
- 546 立命館大学（英語〈全学統一方式3日程×3カ年〉）
- 547 立命館大学（国語〈全学統一方式3日程×3カ年〉）
- 548 立命館大学（文系選択科目〈全学統一方式2日程×3カ年〉）
- 549 立命館大学（IR方式〈英語資格試験利用型〉・共通テスト併用方式）／立命館アジア太平洋大学（共通テスト併用方式）
- 550 立命館大学（後期分割方式・「経営学部で学ぶ感性＋共通テスト」方式）／立命館アジア太平洋大学（後期方式）
- 551 龍谷大学・短期大学部（公募推薦入試） [総推]
- 552 龍谷大学・短期大学部（一般選抜入試）

中国の大学（50音順）

- 553 岡山商科大学 [総推]
- 554 岡山理科大学 [総推]
- 555 川崎医科大学 [医]
- 556 吉備国際大学 [総推]
- 557 就実大学 [総推]
- 558 広島経済大学
- 560 広島国際大学 [総推]
- 561 広島修道大学
- 562 広島文教大学 [総推]
- 563 福山大学／福山平成大学
- 564 安田女子大学・短期大学 [総推]

四国の大学（50音順）

- 565 徳島文理大学
- 566 松山大学

九州の大学（50音順）

- 567 九州産業大学
- 568 九州保健福祉大学 [総推]
- 569 熊本学園大学
- 570 久留米大学（文・人間健康・法・経済・商学部）
- 571 久留米大学（医学部〈医学科〉） [医]
- 572 産業医科大学（医学部） [医]
- 573 西南学院大学（商・経済・法・人間科学部－A日程）
- 574 西南学院大学（神・外国語・国際文化学部－A日程／全学部－F日程）
- 575 福岡大学（医学部医学科を除く－学校推薦型選抜・一般選抜系統別日程） [総推]
- 576 福岡大学（医学部医学科を除く－一般選抜前期日程）
- 577 福岡大学（医学部〈医学科〉－学校推薦型選抜・一般選抜系統別日程） [医] [総推]
- 578 福岡工業大学
- 579 令和健康科学大学 [総推]

[医] 医学部医学科を含む
[総推] 総合型選抜または学校推薦型選抜を含む
[DL] リスニング音声配信　[新] 2023年 新刊・復刊

掲載している入試の種類や試験科目，収載年数などはそれぞれ異なります。詳細については，それぞれの本の目次や赤本ウェブサイトでご確認ください。

難関校過去問シリーズ

出題形式別・分野別に収録した
「入試問題事典」

定価**2,310～2,530**円（本体2,100～2,300円）

先輩合格者はこう使った！
「難関校過去問シリーズの使い方」

61年，全部載せ！
要約演習で，
総合力を鍛える

東大の英語
要約問題 UNLIMITED

国公立大学

- 東大の英語25カ年［第11版］
- 東大の英語リスニング20カ年［第8版］ [CD]
- 東大の英語 要約問題 UNLIMITED
- 東大の文系数学25カ年［第11版］
- 東大の理系数学25カ年［第11版］
- 東大の現代文25カ年［第11版］
- 東大の古典25カ年［第11版］
- 東大の日本史25カ年［第8版］
- 東大の世界史25カ年［第8版］
- 東大の地理25カ年［第8版］
- 東大の物理25カ年［第8版］
- 東大の化学25カ年［第8版］
- 東大の生物25カ年［第8版］
- 東工大の英語20カ年［第7版］
- 東工大の数学20カ年［第8版］
- 東工大の物理20カ年［第4版］
- 東工大の化学20カ年［第4版］
- 一橋大の英語20カ年［第8版］
- 一橋大の数学20カ年［第8版］
- 一橋大の国語20カ年［第5版］
- 一橋大の日本史20カ年［第5版］
- 一橋大の世界史20カ年［第5版］
- 京大の英語25カ年［第12版］ [改]
- 京大の文系数学25カ年［第12版］ [改]
- 京大の理系数学25カ年［第12版］ [改]
- 京大の現代文25カ年［第2版］ [改]
- 京大の古典25カ年［第2版］ [改]
- 京大の日本史20カ年［第3版］ [改]
- 京大の世界史20カ年［第3版］ [改]
- 京大の物理25カ年［第9版］ [改]
- 京大の化学25カ年［第9版］ [改]
- 北大の英語15カ年［第8版］ [改]
- 北大の理系数学15カ年［第8版］ [改]
- 北大の物理15カ年［第2版］ [改]
- 北大の化学15カ年［第2版］ [改]
- 東北大の英語15カ年［第8版］ [改]
- 東北大の理系数学15カ年［第8版］ [改]
- 東北大の物理15カ年［第2版］ [改]
- 東北大の化学15カ年［第2版］ [改]
- 名古屋大の英語15カ年［第8版］ [改]
- 名古屋大の理系数学15カ年［第8版］ [改]
- 名古屋大の物理15カ年［第2版］ [改]
- 名古屋大の化学15カ年［第2版］ [改]
- 阪大の英語20カ年［第9版］ [改]
- 阪大の文系数学20カ年［第3版］ [改]
- 阪大の理系数学20カ年［第9版］ [改]
- 阪大の国語15カ年［第3版］ [改]
- 阪大の物理20カ年［第8版］ [改]
- 阪大の化学20カ年［第6版］ [改]
- 九大の英語15カ年［第8版］ [改]
- 九大の理系数学15カ年［第7版］ [改]
- 九大の物理15カ年［第2版］ [改]
- 九大の化学15カ年［第2版］ [改]
- 神戸大の英語15カ年［第9版］ [改]
- 神戸大の数学15カ年［第5版］ [改]
- 神戸大の国語15カ年［第3版］ [改]

私立大学

- 早稲田の英語［第10版］
- 早稲田の国語［第8版］
- 早稲田の日本史［第8版］
- 早稲田の世界史
- 慶應の英語［第10版］
- 慶應の小論文［第2版］
- 明治大の英語［第8版］
- 明治大の国語
- 明治大の日本史
- 中央大の英語［第8版］
- 法政大の英語［第8版］
- 同志社大の英語［第10版］ [改]
- 立命館大の英語［第10版］ [改]
- 関西大の英語［第10版］ [改]
- 関西学院大の英語［第10版］ [改]

[CD] リスニング CDつき
[改] 2023年 改訂

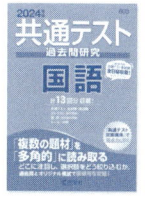

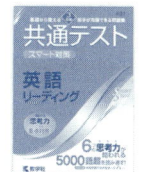

いつも受験生のそばに──赤本

大学入試シリーズ＋α
入試対策も共通テスト対策も赤本で

入試対策

赤本プラス

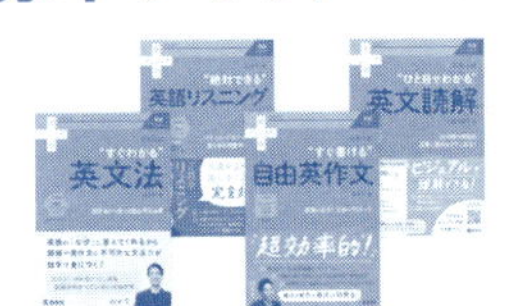

赤本プラスとは，**過去問演習の効果を最大にする**ためのシリーズです。「赤本」であぶり出された弱点を，赤本プラスで克服しましょう。

- 大学入試 すぐわかる英文法 DL
- 大学入試 ひと目でわかる英文読解
- 大学入試 絶対できる英語リスニング DL
- 大学入試 すぐ書ける自由英作文
- 大学入試 ぐんぐん読める英語長文〔BASIC〕
- 大学入試 ぐんぐん読める英語長文〔STANDARD〕
- 大学入試 ぐんぐん読める英語長文〔ADVANCED〕
- 大学入試 最短でマスターする 数学Ⅰ・Ⅱ・Ⅲ・A・B・C 新 ◎
- 大学入試 突破力を鍛える最難関の数学 新 ◎
- 大学入試 ちゃんと身につく物理 新 ◎
- 大学入試 もっと身につく物理問題集（①力学・波動）新 ◎
- 大学入試 もっと身につく物理問題集（②熱力学・電磁気・原子）新 ◎

入試対策

英検® 赤本シリーズ

英検®（実用英語技能検定）の対策書。
過去問集と参考書で万全の対策ができます。

▶過去問集（2023年度版）
- 英検®準1級過去問集 DL
- 英検®2級過去問集 DL
- 英検®準2級過去問集 DL
- 英検®3級過去問集 DL

▶参考書
- 竹岡の英検®準1級マスター DL
- 竹岡の英検®2級マスター CD DL
- 竹岡の英検®準2級マスター CD DL
- 竹岡の英検®3級マスター CD DL

入試対策

赤本プレミアム

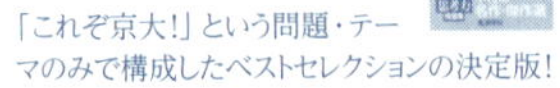

「これぞ京大!」という問題・テーマのみで構成したベストセレクションの決定版!

- 京大数学プレミアム〔改訂版〕
- 京大古典プレミアム

CD リスニングCDつき　DL 音声無料配信　新 2023年刊行　◎ 新課程版

入試対策

赤本メディカルシリーズ

過去問を徹底的に研究し，独自の出題傾向をもつメディカル系の入試に役立つ内容を精選した実戦的なシリーズ。

- 〔国公立大〕医学部の英語〔3訂版〕
- 私立医大の英語〔長文読解編〕〔3訂版〕
- 私立医大の英語〔文法・語法編〕〔改訂版〕
- 医学部の実戦小論文〔3訂版〕
- 〔国公立大〕医学部の数学
- 私立医大の数学
- 医歯薬系の英単語〔4訂版〕
- 医系小論文 最頻出論点20〔3訂版〕
- 医学部の面接〔4訂版〕

入試対策

体系シリーズ

国公立大二次・難関私大突破へ，自学自習に適したハイレベル問題集。

体系英語長文	体系日本史
体系英作文	体系世界史
体系数学Ⅰ・A	体系物理〔第6版〕
体系数学Ⅱ・B	体系物理〔第7版〕新 ◎
体系現代文	体系化学〔第2版〕
体系古文	体系生物

入試対策

単行本

▶英語
- Q&A即決英語勉強法
- TEAP攻略問題集 CD
- 東大の英単語〔新装版〕
- 早慶上智の英単語〔改訂版〕

▶数学
- 稲荷の独習数学

▶国語・小論文
- 著者に注目! 現代文問題集
- ブレない小論文の書き方 樋口式ワークノート

▶理科
- 折戸の独習物理

▶レシピ集
- 奥薗壽子の赤本合格レシピ

入試対策　共通テスト対策

赤本手帳

- 赤本手帳（2024年度受験用）プラムレッド
- 赤本手帳（2024年度受験用）インディゴブルー
- 赤本手帳（2024年度受験用）ナチュラルホワイト

入試対策

風呂で覚えるシリーズ

水をはじく特殊な紙を使用。いつでもどこでも読めるから，ちょっとした時間を有効に使える！

- 風呂で覚える英単語〔4訂新装版〕
- 風呂で覚える英熟語〔改訂新装版〕
- 風呂で覚える古文単語〔改訂新装版〕
- 風呂で覚える古文文法〔改訂新装版〕
- 風呂で覚える漢文〔改訂新装版〕
- 風呂で覚える日本史〔年代〕〔改訂新装版〕
- 風呂で覚える世界史〔年代〕〔改訂新装版〕
- 風呂で覚える倫理〔改訂版〕
- 風呂で覚える化学〔3訂新装版〕
- 風呂で覚える百人一首〔改訂版〕

共通テスト対策

満点のコツシリーズ

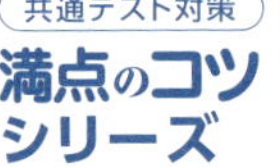

共通テストで満点を狙うための実戦的参考書。重要度の増したリスニング対策は「カリスマ講師」竹岡広信が一回読みにも対応できるコツを伝授！

- 共通テスト英語〔リスニング〕満点のコツ CD DL
- 共通テスト古文 満点のコツ
- 共通テスト漢文 満点のコツ
- 共通テスト化学基礎 満点のコツ
- 共通テスト生物基礎 満点のコツ

入試対策　共通テスト対策

赤本ポケットシリーズ

▶共通テスト対策
- 共通テスト日本史〔文化史〕

▶系統別進路ガイド
- デザイン系学科をめざすあなたへ
- 心理学科をめざすあなたへ〔改訂版〕